小学数学教师专业成长的实践探索

郝丽萍 姜丽民 主编

北京燕山出版社

序

————

　　教师是教育发展的关键，培养"有理想信念、有道德情操、有扎实学识、有仁爱之心"的"四有"好教师是学校日常工作中的重要任务之一。在新时代迅速发展，对社会公民数学素养需求越来越高的今天，小学数学教师的专业水平与专业能力对学生基础学科素养提升的影响也日益增强。2022年版课程标准对数学核心素养的内涵界定更加明确具体。如何提升教师的专业能力，切实减轻学生的课业负担，更好地落实"立德树人"的根本任务，培养学生具有终身学习与发展必备的最基本素养，获得适应社会生存与发展的必备品格与关键能力，满足党和人民对优质教育需求的迫切愿望，始终摆在每一位教育工作者的面前。

　　多年与教师共同发展的实践体验让我们深刻地感悟到，教师的成长有着自身的规律，但成长过程中学校的干预、专业的引领与自我的发展意识都直接影响着一名教师的成长速度和高度。作为学校管理者，积极采取有效措施，加快学校小学数学教师专业成长的步伐，尽快承担好立德树人的根本任务，让学生在小学阶段深深地埋下热爱数学、会学数学的种子，为他们"会用数学的眼光观察现实世界，会用数学思维思考现实世界，会用数学语言表达现实世界"奠定好坚实的基础。我们一直在思考着、实践着、探索着。

本书稿的撰写是多所学校干部教师的共同意愿，旨在以新的数学课程标准所倡导的理念与先进的教育思想的引领下，结合不同学校以及不同发展时期教师成长过程中鲜活的案例，探索本地区部分学校干部及教师在如何让每一名优秀的小学数学教师，自站上讲台的那一天起，就能尊重学生，热爱数学教育，研究数学教学。从开始的能上出符合标准、比较规范的课，到成长为一名合格的小学数学教师，上出优质的课，再到发展成一名优秀的小学数学教师，上出体现自己风格的课。通过梳理总结部分教师整个成长过程中的点点滴滴，真实地记录本地区小学数学教师成长中的心路历程，形成一些促进教师专业发展的有效策略，同时期待在减负提质的大背景下能给小学数学教师的专业成长，促进教学质量的提升带来一些新的启迪，也期许能给我们这些热衷于小学数学教师专业成长并始终不懈探索的教育工作者，不忘初心、坚定匠心、保持恒心的"痴迷者"提供进一步深入探索如何强化教师的基本功、提升教师育人本领、为培养更多优秀的小学数学教师提供平台和借鉴的方法，使他们尽快成长为"四有"好教师积累一些实践经验。

当然，我们更是为了用"构思书稿、撰写文章、沉淀智慧、提升自己"，引领和辐射不同学校、不同学科的教师尽快成长为研究型教师，更好地为学生发展服务奠定好坚实的基础。

姜丽民

目录

第三章　115

探索教学艺术
钟情课堂实践

附录：教师成长小记 | 435

第一章

坚定教育的职业信念
尊重教师的职业操守

——

在学生人生成长的舞台上，教师不仅是导演、演员，还是他们走实每一步的设计者与监督者。教师工作的点点滴滴都对学生的关键品格与必备能力产生着深远的影响。"洛阳亲友如相问，一片冰心在玉壶"，是每一个教师的美好愿望。

我经历过这样一件事：听一位五年级教师的课，当教师让学生自己回忆并整理：迄今为止我们都学过哪些图形？研究了这些图形的哪些知识？是怎样研究的？它们之间都有哪些联系？获得了哪些数学思想方法？试着把你能想到的知识点用思维导图的方式简单记录在你的学习单上，实在有困难的同学也可以与同桌商量，或者翻一翻数学书。记录完的可以和你的同桌交流一下。

学生按照教师布置的任务自主整理，当我看到学生的整理情况时，有两点引发了我的思考：一是学生很有想法，他们用各种方式呈现自己对知识的理解，并根据知识之间的联系构建思维导图，学生的学习能力与运用能力很强。二是学生学习过的知识在头脑中留下的痕迹让我想到了教师做事的严谨。全班38名学生对面积公式的记录都是"面积＝底×高÷2"，而且没有一名同学用字母表示。这不得不引起我们的思考：在学习新课时教师只关注到了知识的形成过程，但忽略了教给学生知识的严谨性；他只关注了教学的结论，没有关注到数学知识的简洁美。我的第一感觉认为，这位老师是不是在上小学时所学的知识就不够严谨？所以到他成为教师后就忽略了用严谨的数学知识来表达现实世界呢？我们追根溯源吧，这也可以映射出教师入职的后天学习研究、培训与培养的重要性。

团队研修加深我对"四有"好教师的理解

（北京小学大兴分校亦庄学校　华梦迪）

导读：参加学校数学团队研修活动让我对怎样做"四有"好教师有了更为正确的认识，加深了我对"四有"好教师的理解。

习近平总书记说："一个人遇到好老师是人生的幸运，一个民族源源不断涌现出一批又一批好老师则是民族的希望。"他号召全国广大教师做"四有"好教师。但怎么样才能成为好教师呢？在与姜老师团队研修的过程中，我真正理解了"四有"好教师的内涵：有理想信念，有道德情操，有扎实学识，有仁爱之心。我能看到"四有"好教师的标准在教师身上的具体体现，同时我们整个数学教研团队也朝着"四有"好教师的方向去努力。

一、好教师要有理想信念

让每一位儿童享受更优质的教育是我的理想和信念。从成为一名教师的那一时刻起，我就给自己定好了目标，要成为一名让学生获得知识、能力与快乐的教师。

要让每一位学生享受优质教育，姜老师告诉我们要尊重每一位学生，把孩子看成有尊严的个体，注意遵循学生的认知规律，研究学生的年龄特点，了解学生的认知起点，允许学生用不同的方式去探索和获取知识。姜老师善于欣赏每一个孩子，面向全体，重视学生在课堂中的获得，并能够放开手，让学生成为学习的主人。

还记得有一次在陈宇老师的课上，陈老师主要是让学生去讲自己的想法，让学生去做这节课的主人，当学生遇到了问题，老师在旁边只是稍稍提醒一下，或用简练的语言引导学生。在探究比较几个城市的人口数量时，陈老师是让学生自己选择想比较的数据，不限制学生的思维。于是学生自己就很自然地给出了好几种不同的大数比较的情况。在每位学生介绍自己的想法之前，都会说一句："大家请看，我是这样想的。"在说完想法之后会说："大家有什么问题吗？"这样不仅提高了汇报想法学生的语言表达能力，还可以引发全班同学的思考。在一位学生刚说完想法后，紧接着另一位学生举手小声说："你的数字写得离得太近了，我都看不清，不好比较谁大谁小……"

这时，姜老师及时进入，给我们做了示范，鼓励男孩声音洪亮一些，让全班都听得清清楚楚。姜老师的进入，培养了学生的自信表达，给全班同学留下的印象也很深刻，其他学生再写数时就会注意首先要把数写清楚，才好做比较。当时，我们看男孩的表情，他觉得自己的想法得到了老师的认可，表现得很自信。

课后评课时，姜老师告诉我们："一定要平等对待每一位学生，尊重学生的个性，理解学生的情感，包容学生的缺点和不足，善于发现每一位学生的长处和闪光点，让所有学生都体验到成长的快乐、成功的自信。"姜老师也常和我们说，一节课真正精彩的不是教师讲得有多精彩，而是看学生表达得、思考得、学得有多精彩，真正让学生成为学习的主人。学生在课堂上能够有所收获，进步得更快。

我的感悟是：做有理想信念的好教师，需要从日常的点滴做起，需要从脚下做起，需要从关爱每一位学生开始。

二、好教师要有道德情操

在与数学团队教师的共同学习与研究中，我觉得教师的高尚情操就是要一贯保持做事认真、严谨的态度。姜老师是我们的榜样，她不仅注重学生的发展，还非常注重我们数学团队中每位教师的发展。

每一次讲课之前的教案，姜老师不管自己多忙都会帮助我们反反复复修改进行批注，就是为了能在课堂上呈现最好的效果，学生能够真正学到知识。在每写或每改一次教案中，我们都觉得是一次提高的机会，每写一次或每改一次教案都相当于和姜老师的思维碰撞了一次，她每次的批注都非常细致具体，引发了我们深深的思考。我们懂得了，教师在设计一节课前都要充分地理解教材，根据学生的具体情况来设计教学环节和教学活动，在每个教学环节中都要"时刻想着本节课的知识点、重难点"。整个教学过程都要"处处关注着知识点、重难点"，始终围绕着三维目标实施教学。教师在写教案时要细致认真，充分预设每一个环节，且每一个环节要有落点和小结，这样整个教学过程就会思路清晰，逻辑关系清楚，知识、思想方法螺旋上升，经验不断积累，学生学得才扎实有效。

目前，我们基本上掌握了以学生为主体，遵循学生的认知特点和规律实施教学的教学策略与教学方式。我想，姜老师毫无保留地把自己在教育教学实践中积累的经验，以及对教材的理解、教学的感悟分享给我们，帮助我们在专业上有所发展，让学生能享受到优质的教育，这不就是高尚的道德情操吗？

我的感悟是：教师的道德情操就是心中想着学生的未来，就是认认真真地做好教育教学中的每一件事，就是把自己该做的事情、能做的事情做到最好！

三、做好教师要有扎实学识

随着时代的发展，新的知识不断涌现，做一名好教师，必须具备扎实的学识，并不断更新自己的知识结构，努力提升自身的学识魅力，这样才能满足学生绵延不绝的求知欲，促进学生的学习发展和自身的专业成长。姜老师在平时常和我们说，要想设计好一节课，首先教师对整节课的思路要清晰，反复研究推敲每节课要学习的内容，在脑海里要能建立起清晰的知识结构框架，这样才能帮助学生更好地掌握每一节新课的知识。除此之外，还告诉我们每节课后都要及时总结反思。听完别的教师讲课，我会把自己感触最深的地方写下来，这样能促进自己教学能力的提升。

记得在我讲"连加、连减"这节课时，课上我对加减法的意义突出得不是十分明显，孩子们对于加减法的意义理解不是很清晰，导致学生说不出来。经过反思后，我对教案再次反复修改，在另外一个班上这节课时感觉十分轻松。我体会到只要孩子们对加减法的意义真正理解清晰了，自然而然地就能把怎样列式和为什么这样列式，怎样计算和为什么这样计算的道理表达出来了。所以在课后及时总结反思是非常有必要的。

教学即研究，问题即课题，注重总结反思，将教学理念转化为自己的教学行为。有时候"图省事""想当然""凑合用"的心理让我们没有及时地、大胆地进行反思，也就无从改进自己的教学行为。长此以往，一成不变的教学只会导致教师教得心力交瘁，学生学得枯燥无味。反思是教师专业成长的快速通道，是教学创新的不竭动力。只有将反思变成教师自觉的行为，才能在专业上取得更大的进步。

本学期，我们数学团队成员一共写了56篇教学反思和研修收获，对我们的成长有着深刻的影响，不仅写作能力得到了提升，我们也能将所学的理论知识在课堂教学中更好地实践，对我们的教学，以及对我们获得扎实的学识有了很大的帮助。

我的感悟是：作为一名教师，就要不断更新知识结构，树立并实践终身学习的理念，只有了解各方面的知识信息，才不会落后，才能够利用所学知识加上自己的教学思想引导学生往正确的方向发展。

四、做好教师要有仁爱之心

"爱是一种伟大的力量，没有爱就没有教育。"我国教育家陶行知告诉我们："您不可轻视小孩子的情感……"仁爱之心是教师师德的灵魂。它包括教师对学生无私的爱，教师对职业的挚爱。姜老师也经常和我们说，教育是良心的事业！良心就是选择了教师的职业就要有教师的责任与担当。

教师对学生的爱正如崔丽、陈宇、黄晨曦老师平时课堂中培养学生思维让学生自由表达，对学生的那种尊重；张晨、董睿老师对于不自信学生的那种给予肯定的眼神和语言的鼓励；王璐、于自航老师对于特殊学生的那种温暖的关爱和悉心的照顾。他们从各个方面都能体现出对学生的关爱、对职业的挚爱，以及作为教师肩膀上的责任与担当。

我的班上有一个比较特殊的孩子——小凯，他回答问题的时候总是结结巴巴，在表达时很费力，但是他每次都会积极举手回答问题，认真地思考。在刚开始回答问题时，同学们笑他说话结结巴巴，觉得很好玩儿，从其他同学的表情可以看出有些看不起他。但是每个学生的自尊心都很强，在他每次回答完后我都会表扬他、鼓励他。我对其他同学说："小凯虽然说话慢一点儿，但是他很会思考，而且回答问题也特别积极！我希望所有同学都能像他一样认真思考，积极地回答问题！"这时班里鸦雀无声，我从小凯的脸上看出他很高兴，也很为自己自豪。从那次以后，再也没有同学笑话他，并且当小凯再回答问题时，就会有人鼓掌。一句表扬，看似很简单，但是能够帮助一位学生建立起自信心。

我的感悟是：作为一名教师，应该热爱自己的学生，用心来和学生交朋友，才能成为学生的良师益友，更好地了解每位学生的心理。

通过一学期的团队研修，我有了很大的进步，但是，我觉得本学期还有做得不够好的地方，比如，在课上要放开手让孩子们去探究、对于课堂要会及时地调控这些方面我还需要再加强，平时可以多听听同伴们的课，吸收其他教师好的做法，同时也要向姜老师多请教，这样才会进步得更快。

"以铜为镜，可以正衣冠；以古为镜，可以知兴替。"姜老师正如一面镜子，帮助我们数学教师团队在数学教学工作中不断学习与研究，优化教学方法，更新教育理念，帮助我们由传道、授业、解惑的"平面教师"，一点一点变成给予学生智慧与力量的"立体教师"。我们的路还很长，需要学习和研究的东西还很多，目标在远方，路在脚下，相信在姜老师的带领下，我们一定会不断进步和成长，不断超越自己！

在同伴研修中体会教师的责任感

（北京小学大兴分校亦庄学校　牛群）

导读：在教学实践中，我作为新教师深刻地体验到，不同年级、具有不同教学特点的教师都有着共同的特征，那就是教师要有责任感。一年来，在与教师团队共同研修的一次次教研中，我最大的收获就是教师应具备责任感。

教师的责任感是教师应具备的高尚师德之一。只有在责任心的驱动下，教师才会爱岗敬业、言传身教、钻研进取、关爱学生。一个教师要成功地进入自己的角色，在所教学科知识和教育科学方面知识够用的基础上，还要有很强的责任心。这是我刚刚走上工作岗位与同伴一起在学习与研究中对教师角色的认识。可以说，责任心是从事教育工作的首要条件，也是教师职业道德的核心。在我看来，教师的责任感应该体现在如下方面：

一、教师的责任感应该体现在平时认真备课上

我非常荣幸地加入学校的数学团队，团队中教师每次教研或者自己上课时都可以做到很快地准备好教案。备课时，他们首先研究教材、研究学生，研究学生的心理、兴趣和认知状况，要把"假如我是学生"作为备课的警醒语。一是备学生的认知水平，学生已经知道了什么，想要知道什么，教学中哪些是重点、难点。教师要心中有数，备课要备到"点子"上。同时备学生包括：学生的认知水平，还包括了解不同学生的认知水平，掌握不同层次学生的学习现状、智力状况和生活积累。我觉得研修团队的教师都做得非常到位。

对课程认真负责，对学生认真负责，这些都是我要向其他人学习的。在我们研修团队中，每次上课前，教师都会把自己的教案交给姜老师进行反复修改，直至自己的教案内容可以更好地呈现出来。同时李老师在讲课前会调查学生对于即将学的新知识是否有自己的认识，或者能不能和之前所学过的知识进行联系。

像华老师每次在讲课前都充分备好课，了解班中学生的实际情况。她治学严谨，要求严格，能深入了解学生的学习和生活状况，循循善诱，平易近人；注意启发和调动学生的积极性，课堂气氛非常活跃；上课例题丰富，不厌其烦，由学生自己发现数学信息，自己提出问题再解决问题，学生都有自己的收获。在"搭配中的学问"这节课中，需要学生自己找出搭配的方法，而这种方法是多种多样的。在课堂教学时，有一位学生使用的搭配方法是错误的，他并没有将所有的帽子和裤子进行搭配。而华老师则会认真听取学生对于题目和方法的理解，将自己的想法表达出来，再引导学生互相辩论，找出不同方法的优劣，从而解决问题。最重要的是，华老师能及时根据课堂教学情况做出调整，做到及时修正和调整自己的教学。华老师是我的数学导师，我还有很多向华老师学习的地方。

我自己本身在备课时，就不够仔细认真，没有吃透教材，局限于课本的相关教学内容。在教学"去商店"一课中，首先我备课就不够充分，没有弄清楚本节课我到底要教给学生什么，在课堂中，过分地要求学生去提出我所想要的问题。如"500元买两套文具够吗？差多少"？过分地想要学生提出混合运算的相关问题，没有注意到要培养学生自己解决问题的能力。

"去商店"一课中需要学生解决有关时间的问题，在计算经过时间时，我并没有让学生获得时间轴的相关知识，他们只知道单纯地列式计算，并没有用数形结合的思想。所以在下学期，我要着重培养学生先画图再列式计算的数学思维。

二、教师的责任感应该体现在对学生日常习惯的培养上

培养学生日常的行为习惯是小学教师的重要责任。教育就是培养习惯，好习惯终身受益。我认为学生良好的学习习惯可以分为：

（一）课前预习及复习习惯

课前预习是指在新课前的一定时间里，先自行对所要学习的知识内容进行提前学习，以提高学习新课的兴趣，掌握学习主动权，从而更好地理解和掌握新知识。预习既是学好新课、取得高效的学习成果的基础，也是培养自学能力的有效途径。并不是说学生需要自己通过预习把即将学习的新知识弄明白，而是通过预习可以和自己之前学过的知识产生联系，通过旧知识学习新知识。我觉得预习是一个很好的学习习惯。

在平时的学习中，可根据自身实际预习将要学习的内容，边读边思，了解要学的是什么内容，与学过的什么知识有密切联系，自己理解的是哪些，不理解的是哪些。把实在弄不懂的地方做上记号，这样有助于我们更好地理解学习内容，更有针对性地听讲，学会学习。

学习时做好复习对于提高学习效率具有十分重要的意义。对小学阶段的同学来说，复习则以当天所学的内容为主，学生可以用尝试的记忆方法，把当天学习的知识复述给家长，适当背一些要记的知识。每个周末再进行一周回顾。复习的形式多种多样，而我在教学"年、月、日"这节课中使用了"一三五七八十腊，三十一天永不差。四六九冬三十日。平年二月二十八，闰年二月把一加"这句口诀。首先我让他们在理解口诀的基础上进行背诵，然后回到家中给家长背诵所学知识，最后在课堂中我会以随机提问的方式进行回顾与复习。从学生的反应与对知识点的掌握来看，这些复习的方式对学生而言是有很大帮助的。

（二）培养认真听讲、主动探究的习惯

课堂上应该集中精力，聚精会神地倾听教师的点拨、引导，抓住新旧知识之间的联系，结合自己预习中遇到的难点，开动脑筋，积极主动地去获取知识，弄清知识的来龙去脉。

课堂中要认真地听其他同学的发言，对他人的观点、回答能做出评价和必要的补充。认真听讲、主动探究有利于课上师生之间的互动、课下同学之间的互动，能充分发挥各自的优势，创造互帮互学、比学赶超的学习氛围，增强课堂学习效果，提高课后学习质量。

陈老师是团队里除我以外的另一名男教师，更是我的榜样。陈老师上课诙谐有趣，他善于用凝练的语言将复杂、难以理解的内容清晰、明确地表达出来。讲课内容紧凑、丰富，并附有典型例题和练习题，十分有利于同学们在较短的时间内掌握课堂内容，同时陈老师在课堂上能够完全放开手教学，让学生通过自己探索总结出解题技巧与解题思路。面对新知识，也可以让学生通过自己的深入探究找出解决方法。

我在课堂教学中则过分地限制学生的思路。在"日历中的规则"教学中，看似本节课很顺利地进行下去，但是并不是所有学生都理解了所要学习的知识，在做题中就体现了出来。很多学生都不明白，为什么可以用下面的天数减7就等于日历上面的天数。主要原因就是课堂都是我在讲授，而不是让学生自己探索。我也是不够信任学生，不敢将学习的主动权交给他们，在以后的教学中，我要更加以学生为主体，将课堂交到学生手里。

像董老师的班级，就养成了非常好的学习习惯，对于教师安排的任务都是学生自主解决。对我而言，董老师的班级管理和在日常教学中对于学生数学思维的培养都是我所要学习的重点。教师对于班级中学生的培养尽职尽责，让学生养成了良好的数学学习习惯，更为以后的学习打下了坚实的基础。

只有一个善于表达自己的人，才能更好地适应社会，才能更有机会发挥出自己的潜力。因此，"四会"中会说是突破口，语言是思维的外壳，要说就得去想，两者相互促进，促进学生多想、多说。要会想，就要认真听、细心看，达到了"会说"就能促进其他"三会"。

同学们说的时候，要能说出是"怎样想的"，就是要求知其然和知其所以然。

在我们的教学团队中，我们都在有意识地培养学生如何上讲台回答问题，表达自己的想法。"请大家看我这儿，我是这样想的。"这样的教学方式可以让学生更好地在课堂中集中注意力，倾听别人的表达，从中学习别人的想法。而我未来要做的就是培养学生良好的课堂习惯、良好的数学学习习惯。在数学方面，应该着重培养学生练习利用画图解决问题的能力，面对题目先找到有用的数学信息，根据数学信息找问题，再找到数学关系式，最后画图列式计算。

三、有了责任心才能成为一名好教师

在这个学期中，我对自己的要求和管理不太严格，自从参加姜老师教研团队，从各位教师一堂一堂精彩的课堂到姜老师一次又一次直击心灵的点评，这些都是让我快速进步、快速成长的方式。我要通过向其他教师学习改变自己的问题，争取做到：

（一）课前积极备课。读懂课程内容，吃透教材中每一道例题、每一幅图画、每一个句子，让学生将该学到的知识学会，而且我也要教明白。能让学生听懂、学明白才是我们教师备课的意义所在。

（二）培养学生良好的学习习惯。在教学过程中，有意识地培养学生好的数学学习习惯，像在做数学练习题时，要让学生养成良好的学习习惯（找数学信息，根据数学信息找问题，再找到数学关系式，最后画图列式计算）。

在学校里，我认识了很多能带给我成长的教师，同时能参加到姜老师的研修团队也是我的荣幸。我觉得所有的教师都有值得我学习的优点。

成为一名教师容易，但想成为一名合格的教师、优秀的教师却很难，在以后的教学生涯中，我要更加严格地要求自己，改掉自己的缺点，增强自己的责任心，向好教师一点一点迈进。

教师专业成长中的加法算式

（首都师范大学附属中学大兴北校区　史可）

导读：在每一位教师从教的几十年中，都会经历成长。从新入职上课时的战战兢兢，有时不知所措，到成为骨干教师后的游刃有余。都说"台上十分钟，台下十年功"，这是颠扑不破的真理，我自己的成长历程完全说明了这一点。

美国心理学家波斯纳提出了教师成长的公式：成长＝经验＋反思。时值6月，我成为一名数学教师已经有五年的时间了，我与我的学生一起成长着，这个过程是漫长的，因为我慢慢理解到"教书"两个字是多么有学问，不仅要教学生书本上的知识，还要培养学生会学、乐学。所以入职之时我便开启了教学加法算式，一步一步地相加，我的教学能力也在逐渐增强。

一、课堂的成长 = 经验 + 反思

入职之时我就听到了叶澜教授说过的话："一个教师写一辈子的教案不一定能成为名师，如果一个教师写三年反思可能成为名师。"从此以后，我便开启了反思之路，在这漫长的成长过程中，一课一课的反思，为自己脚下放下了一块又一块的基石。

教学初始阶段，我每上完一堂课，总觉得有不尽如人意的地方，或者出现各种各样我没有想到的问题，让我总是很困惑。我明明认真备课，准备充足，为什么还会出现问题呢？我便去请教经验丰富的教师为我指点，从而找到问题所在，以弥补不足，凡此种种我都会一点点地记录下来。慢慢地，将其转换成自己的经验，而且每次课我都及时总结，认真反思，仔细查找不足之处，让以后的课不会重蹈覆辙。

我讲过一节"认识人民币"的课，课程设计从看到摸，从动手分类到交流和欣赏。设计的这几个步骤是让学生由浅入深地了解关于人民币的知识。首先直观地看，可以让学生看到人民币的特点，初步认识了解人民币。后面的环节我想到了在两年前的"可能性"一课中，让学生在袋子里摸球，感官的体验能让课堂更加活跃。所以摸一摸这个环节便设立起来用以活跃课堂气氛，但是我感觉气氛烘托到位也是需要来引导的。还记得入职初期讲"吨的认识"的时候，因为课堂太过于活跃导致课没法进行下去，知识点也没有落实到位，当时专家给的建议便是教师应学会在引出知识的同时及时进行奖励。

想到这里，我便设计了谁坐姿端正谁先来摸，并引导摸的学生说一说感受，从他们的回答中引导说出人民币的材质，可以分为纸币和硬币，这样自然而然地引出知识并把它板书到黑板上。接下来便是讲解和欣赏的环节，这样的环节最重要的便是教师的语言，专家曾和我说过，如何让一堂课称得上精彩，这在于教师语言的魅力，让学生能在学习知识的同时欣赏数学的美。后来我介绍人民币的时候用到了摘苹果的方式，摘下一个欣赏一个，其中人民币背面的图案也分别介绍了中国不同的大好河山。

本节课最重要的环节就是分类，如果是以前，我一定会自己把重点讲出来，一定要强调几遍，让学生把我的话深刻地印在脑子里。但是通过慢慢摸索与反思，我逐渐发现这样的方式并不能让学生印象深刻。就像之前讲数与代数中的简便算法，讲了很多遍，各种样式我都尝试了，但效果总是不尽如人意。然后我想到数学课程标准中说要以学生为主，我便让学生自己针对简便算法编一个故事，每次忘记的时候先想想自己的小故事，这样就不会分辨不清了。

现在我认为要把问题抛给学生，让他们自己分类，设计小组讨论，自己上来当个小老师，我会把重点进行引导并写在黑板上，学生很兴奋也努力地开动脑筋去当小老师。这样的授课十分顺利，当看到专家肯定地点头的时候，我知道我在不断地提高自己。

二、学情分析＝认真对待＋肯定

课堂以学生为主体，教师为主导。每一位学生都有不同的特点，每个班也有自己的特点，认真研究学生的实际需求、认知倾向，设计优化的教学过程，能更加有效地完成教学目标，提高教学效率。

1.认真对待学生的困惑和问题

学生是初学者，许多教师看来非常容易的知识对于有些学生来说是一道难以逾越的鸿沟。如若置之不理，从此便会陷入死胡同，就会出现那些令教师头疼的问题儿童，这些我们是可以把控的。

计算是数学中最基础的部分。当时我进行了调查问卷，也记录了作业情况，发现很多问题会出现在计算上。虽然这经常被称为马虎问题，但我觉得这不能小觑，一定要认真对待。针对计算，我设定了每日一练，并给予实时奖励。根据所学内容和学生学习情况当天出4道计算题，练习了21天。因为我知道21天养成的习惯确实是有效果的，计算中学生出现的问题减少了很多。

2.多采用学生的思维

思维是智力的核心，是创造力的源泉。我国古代就提倡"学以思为贵""学而不思则罔"，可见思维能力培养在学习中的重要性。教师总把自己的思维给予学生，这真的会让学生转为自己的吗？答案是肯定不会的。这需要教师培养他们的思维。学生是不同的个体，会有不同的思维，教师需要关注他们的思维，肯定他们的创造，激发他们的兴趣，培养其学习能力。

课堂教学中再次学习"认识人民币"的分类环节中，我放手让学生自主探究、自主分类，并给予充足的时间。在讨论时，我让学生在小组中组织自己的语言，理顺自己的思路。最后会请小老师在讲台上说出自己的观点，给他们舞台以使其充分展现自己，发挥学生的创造力，从而获得新知识。

三、线上教学 = 跟紧时代 + 创新

2020年春节，与往年格外不同，新冠来袭，面对突如其来的疫情，我是非常紧张的。延期开学，学校开启了线上教学，以空中课堂为主，我的工作是布置学习任务，及时批改作业，并进行线上答疑。在此期间，我发现，学生一开始面对改变的教学模式非常新鲜，所以认真学习，但是新鲜感退去后，没有教师面对面的监督，学习状态开始松懈，没有班级的氛围，学习积极性也减弱了，为此我进行了分析和研究。

我先分析了各种学习软件，在学习应用的小程序中择优挑选，然后信心十足地面对居家学习。我首先在空中课堂带领学生一起看，并利用新开设的学习软件，每堂课都邀请一部分学生开启摄像头，这样就有集体学习的氛围，开启摄像头的学生会培养他们的坐姿，以及专注度，营造一个良好的学习气氛。随着空中课堂的播放，我会随机暂停，听一听学生的回答，让举手发言的同学展示自己的答案，因为我知道线上线下都一样，学生的思维最重要。空中课堂结束后，我便开启了线上答疑，针对本班的学习情况有针对性地答疑，基于学生的实际情况提出问题，让学生感受到教师就在身边，她时刻关注自己的学习情况。然后，我针对低年级的学生情况设计一些小游戏等活动。在课程结束后，学生既能放松自己，又能巩固知识。

在作业方面以前我很是头疼，总会出现学生提交作业晚、不愿意改、家长无法监督等一系列问题。后来我改变了催作业的方法，利用电子奖状的小程序，开始进行奖励性教学。每周都会进行作业评选，表现好的同学就会获得可爱的小奖状，我会亲自发给他们或者发给家长。面对这样直接的表扬，学生的积极性增强了，家长跟我聊天儿的时候说，孩子让我把奖状打印出来晚上抱着睡觉，这样的形式让我们的家庭都和睦了。听着家长的说法我觉得有些夸张，但效果确实非常好。

数学教学是数学活动的教学，是师生的交往互动和共同发展的过程。教师应通过不断反思，去更新教育理念，结合学生的认知规律及生活经验对教学再度创新，为学生提供充分的数学活动和交流空间。真正把创造还给学生，让学生动起来，让课堂更加有生命力！

在新的课程改革有序推进的过程中，教师更应该去努力，要一直进行加法算式，不断地提升与创新自己的教学方法，让学生有更多的实际获得。

略谈小学数学教师的成长

（北京小学大兴分校亦庄学校　张然）

导读：对每个教师来说，他都需要一个成长的过程，成长的过程有快也有慢。如果想更快地成长起来，就需要找到合适的方法。因此，教师的成长是和学习、反思、实践三个方面分不开的。

工作一年来，我认为小学数学教师的成长应从学习、反思、实践三个方面来实施，其中学习分为道德修养、沟通能力、专业知识、教育知识等四方面。反思分为自我反思、他人建议两方面，并在教育教学实践中不断成长。

一、加强学习，提高自身的素养

走上教师岗位，最重要的是要加强学习，提高自身的专业素养，用坚定的理想信念鞭策自己。

（一）道德修养

作为一名小学教师，需要有一定的道德修养。尤其是低年级学生的教师，由于低年级的孩子年龄还太小，还不具备明辨是非的能力，再加上现代科学技术的高速发展，越来越多的电子设备进入孩子们的世界，孩子们又有强烈的好奇心，很容易被新鲜事物所吸引，很可能会染上网瘾。并且孩子们会接触到越来越多的网络信息，但网络信息有很多虚假或者有危害的内容，他们还不足以辨别这些。所以需要教师帮助孩子们树立正确的是非观念，知道什么事情应该做，什么事情不应该做，做每件事情应该承担的责任和后果是什么。

学生是有向师性的，喜欢模仿教师的一言一行、一举一动，所以教师应该时刻注意自己的言谈举止，规范自己的行为，多学习一些基本的法律知识，给学生做好榜样。

《义务教育数学课程标准（2022年版）》课程性质中提到了要让学生通过数学课程的学习，掌握适应现代生活及进一步学习必备的基础知识和基本技能、基本思想和基本活动经验；激发学习数学的兴趣，养成独立思考的习惯和合作交流的意愿；发展实践能力和创新精神，形成和发展核心素养，增强社会责任感，树立正确的世界观、人生观、价值观。因此，教师所要关注的不仅仅是学生能从课堂中获得多少知识这一个方面，更多的是背后的情感、态度、价值观，即使是在数学课堂上，教师也可以渗透一些人文思想。比如说，在讲到轴对称图形的时候，出示一些中国古代建筑的照片，让学生感受到我国古代的建筑之美；比如在讲到位置与方向这一课时，使用"一带一路"的路线图，让学生感受到各国之间的团结互助，了解到背后的历史文化；又比如讲到圆的时候，向学生介绍圆周率的背景知识，帮助学生树立起民族自豪感。

（二）沟通能力

作为教师，需要很强的沟通能力，尤其是与所要接触的学生搞好关系，只有这样才能使自己的工作顺利开展。

1.建立平等友好的师生关系

一般新教师关注的问题在于自己如何生存，如何和同事领导搞好关系，之后会逐渐变成关心课堂教学，自己讲的内容是否清晰明白，是不是按照教学设计进行的，最后才会过渡到关心学生，了解学生在课堂当中有什么收获。新教师把关注的对象从自己转向课堂，最后再转向学生。因此新教师要想获得成长，就需要进行关注视角的转变，将视角转向学生，多和学生进行沟通，了解到学生的内心想法，知道学生平时都喜欢看什么书籍，玩什么游戏。可以在班级中设置一个沟通交流角，学生可以把自己的一些想法和困惑写在本上，再将本子放在沟通交流角里。教师可以定期查阅这些本子，给予学生有价值的回复或是建议，帮助学生缓解心理压力，解决心理问题，因为有些孩子可能比较内向，不愿意当面和教师进行交流，通过这种方式可以拉近教师和学生之间的距离，让教师能够了解学生。只有做到这样，教师才能更好地融入学生当中，和学生建立起平等友好的师生关系。在学生出现问题和错误的时候，教师也应该多站在学生的角度去思考，思考学生为什么要这样做，背后有什么原因，采用最公平的方式，调查清楚事情的真相，处理方式要让每个孩子都能够接受，尊重孩子，不伤害到孩子的自尊心。学生还是在发展中的人，很可能会出现各种各样的问题，教师应该多去理解学生，不要以批评学生为目的，要让学生从事情背后获得经验，受到教育。

2. 建立相互配合的家校关系

家校合作是非常重要的。因为家长是孩子的第一任老师，也是孩子最好的老师，孩子每天在家里的时间要比在学校的时间长得多，家长的言谈举止也对孩子有着潜移默化的影响，所以教师需要和家长建立起良好的家校合作关系，这样做也能更好地帮助孩子成长。如果教师和家长之间因为一些事情存在矛盾，产生了隔阂，学生夹在中间身心都会感到痛苦和疲惫，会给学生造成很不好的心理阴影。

教师作为家校合作之中的关键因素，在其中应当起到很大的作用，需要多去主动联系家长，了解家长的一些想法，站在家长的角度思考问题，召开家长会，让家长能够了解到孩子近期在学校的各种表现，理解学校的各项工作，定期到学生家里进行家访，了解学生的家庭背景、家庭环境，在家里的表现，和家长之间相互配合，共同助力学生发展。

3.建立和谐共进的同事关系

作为新教师需要处理好和同事之间的关系，一个教师如果想在短期内迅速获得成长，尤其是对新入职的教师来说，就需要和同事相互帮助，共同促进。同事之间可以互相听课，根据课堂内容给出有针对性的建议，促进教师专业技能提升。

（三）专业知识

在科技高速发展的今天，教师如果想教给学生一杯水的知识，教师的知识仅仅有一杯水，甚至是一桶水都是不够的，教师的知识应当是长流水，不断保持更新和进步。因为学生可以通过网络和书籍获取到的知识数量越来越多，种类越来越丰富，难度也越来越大。小学阶段的学生又有着强烈的好奇心，喜欢发现问题，遇到问题问教师，所以当一位学生在课堂上提出一个难度很大，教师也不知道该如何解答的问题时，课堂气氛就会变得非常尴尬。因此，教师需要尽量避免出现类似情况，最好的方式就是不断地去学习，保持终身学习的态度，多接触新鲜事物，让自己的思想紧跟时代的浪潮。

（四）教育知识

教师也要掌握一定的教育教学知识，了解学生的身心发展规律，只有这样教师才能根据学生的情况更好地进行教学，找到更适合学生的教学方法。并且也只有当一个教师具备一定的教育教学知识，他才能够理解学生的想法和行为，站在学生的角度思考问题，促进良好师生关系的形成。

二、作为教师要学会勤于实践后的反思

美国教育学家波斯纳提出了教师成长的公式：成长＝经验＋反思。叶澜教授曾说："一个教师写一辈子教案不一定成为名师，如果一个教师写三年反思有可能成为名师。"一个教师如果不会针对自己的教学进行反思，即使有再多教学经验都是不能快速成长的，就像一个人在出现错误之后，不去分析错误的原因并进行改正，尝试再多次也只是在不断重复错误，不会有收获和进步。

教师可以进行自我反思，从教学和对待学生态度两个方面进行分析。首先是教学，教师可以将自己的教学过程录成视频，在下课之后反复观看自己的教学视频，找到其中的问题和不足，并且思考解决问题的方法和策略。在对待学生方面，教师也要多进行反思，反思自己和学生的交流是否存在问题，处理问题的方式学生能否接受，可以写成工作总结的形式，不断地进行回顾，找到更好的改进措施。

教师也可以多听取同事和学生的想法，在反思的时候认真聆听其建议，针对问题进行改正。除此之外，教师也可以定期召开班级例会，组织学生采用匿名的方式，对于课堂和教师提出一些建议，这样不仅能够让教师认识到自己的问题，促进教师的成长和提升，也确定了学生的主体地位，让学生成为课堂上真正的主人，敢于在课堂上发表自己的看法。同时，这样做也能增进教师和学生之间的感情，找到一个彼此交流想法的机会。

三、在实践中不断成长

"纸上得来终觉浅"，教师仅仅依靠教学理论是无法获得成长的。教师要想获得成长，还需要结合本班实际情况具体问题具体分

析。每个学生都是不同的，都是独特的人，因此每个班级也是不同的。不能把其他教师的优秀教学案例或者班级管理制度直接应用到自己班上，要根据学生的发展，进行调整和借鉴，找到最适合自己班学生的教学方法，因材施教。

例如，在讲授"小小养殖场"一节课时，我基于对学生学习情况的了解，学生在日常生活中会对数量的多少进行初步的比较，但是描述的词语还不够准确。因此，我结合学生生活中经常会遇到的真实情况——比较杯子中饮料的多少进行导入，帮助学生建立起知识和生活的联系。同时在板书设计上，考虑到本班学生都对美术有兴趣，我采用了简笔画和板贴相结合的方式激发学生兴趣。在之后的评课环节，专家和教研组的教师给了我很多有针对性的建议，让我有了很大收获。我意识到教师只有在实践中一次次尝试和改进才能有所进步。

教师想获得成长，就需要将学习、反思、实践这三点结合在一起，保持终身学习的态度，不断进行反思，在反思中总结教训，积累经验，最终将反思后得到的经验在实践中灵活运用。教师的成长也是多方面努力的结果，需要同事的帮助与教导、家长的配合和支持、学生的理解和建议，当然最重要的因素还是教师自身。教师自身要树立起自信心，有着强大的理想信念，制定好每一个阶段的目标，朝着目标的方向不断努力，最终一定会成为一名优秀的教师，做同事的合作者、家校合作的关键者、学生成长的指引者。

参考文献
[1] 蔚建军. 例谈小学语文教师通过反思促进专业成长的方法 [J]. 新课程（中），2019(05):1.
[2] 马倩. 小学教师专业化成长的有效途径与方法 [J]. 甘肃教育，2015(18):28.

[3] 马国栋. 小学教师专业成长的方法与途径 [J]. 新课程学习（下），2013(12)：158.

[4] 唐青梅. 浅议小学教师成长力现状及对策 [J]. 决策探索（下半月），2013(03)：61-62.

[5] 仇桂莲，李化柏. 小学数学教师专业成长"五步法"研究 [J]. 吉林教育，2013(01)：21.

文以载道　文道结合

（北京小学大兴分校亦庄学校　张曦）

导读：我国作为文明古国，一直注重通过各方面对人进行思想教育的提升。那么文字作为重要载体，必定同样承担着此项重任。教学工作是德育教育的重要路径，对学生的德育教育也要落实在每周一节的数学课中。

义务教育阶段数学课程[1]目标分为总目标和学段目标，从知识技能、数学思考、问题解决、情感态度四方面加以阐述。经过几年的教学教研经历，在教学过程中初步掌握并重视的是综合运用数学知识、技能和方法等解决问题的数学活动经验；而当学生数学知识掌握得越来越好的时候，不禁拿起教案与记录回忆起优秀课堂中关于文以载道设计的闪光点。

一、承担育人重任，进行思想品德教育

"文以载道"出自宋周敦颐《通书·文辞》[2]："文所以载道也。轮辕饰而人弗庸，徒饰也，况虚车乎。"意思是说写文章是用来说明道理和表达思想的。我国作为文明古国，一直注重通过各方面对人进行思想教育的提升，那么文字作为重要的载体，必定同样承担着

此项重任。

教学工作是德育教育的重要路径，那么对学生的德育教育是只交给班主任，然后落实在每周一节的班会课中吗？无独有偶，不仅中国一直在不断进行思考，德国教育家赫尔巴特也认为："教育的唯一工作与全部工作可以总结在这一概念之中——道德。""道德普遍被认为是人类的最高目的，因此也是教育的最高目的。"[3]古今中外诸多教育家都持一致观点：德育是一切教育的核心内容。

作为一名小学数学教师，我曾经不够重视德育的渗透概念，转折点发生在我接了班主任工作以后。三年级的小学生活泼、热情、善良，且是我作为副班主任接触过两年的小朋友。当我增添了班主任角色再次参与班级管理的时候，我不禁感慨：孩子们的人生才刚刚起步，仅有学习成绩是万万不够的，也许我只能陪伴他们走过六年的小学生活，但学习的能力、对世界的态度是跟随他们一生的。同时我也意识到，仅仅将德育工作放到两节班会课中是绝对不够的，这促使我思考如何在我力所能及的范围内将数学课也与德育紧紧联系起来。后续的中学数学教学课程标准也明确规定：在数学教育的过程中，要对学生进行思想品德教育；贯彻"思想教育与数学教育相统一"的原则[4]。

数学教学与德育教育都不能局限于当下，要做引路人。思想品德教育对帮助学生确立正确的政治方向，树立科学的世界观、人生观、价值观，形成良好的道德品质起着重要的导向作用。要把思想品德教育和数学知识传授有机地结合起来，发挥数学教学的德育功能。

二、尊重现实情境，树立正确观念

一次"摆筷子"与"帮忙摆筷子"的情景引发了我的思考。在一次教研活动中，引入环节是男孩摆筷子，一人两根筷子，已经摆了3双，共有9个碗，从而引出关于2的乘法口诀编制的过程。课堂呈现的环节清晰，我们也一致认为教师将本节课教材图运用得很恰当。通过后续评课我们了解了背后的故事：原始设计为"男孩儿帮家人摆筷子"，经过师傅的指点改成了"男孩儿摆筷子"。可能我们备课的时候都会有类似的疏忽，是啊，仅仅三字之差又有什么区别呢？而师傅的提问，一语惊醒梦中人："帮忙这个词到底该不该加？"

大家一致认为该去掉。长期以来我们都知其然，而浑浑噩噩其所以然。当将问题单独抛出来的时候我们都明白，学生也是家庭的一分子，自然也承担着做家务的义务，孩子自身的家庭责任感也是我们应该引领的。帮忙意味着这不是我们分内的事情，而是向他人伸出援手的过程。而摆筷子本就是学生力所能及的家务事，"帮忙"一词不适用在这里。这会在潜移默化中影响孩子，树立不正确的家庭观。

我还尝试思考了为什么我们作为教师，对思想品德教育渗透的思想不敏感，而不能从设计的初期就摒弃错误的家庭观呢？简单思考出了两点：第一点是因为现在年轻教师均为90后，我们时逢计划生育最严格执行的阶段，独生子女概率极大，那么也就意味着作为独生子女的我们也是在娇生惯养的环境下成长起来的。以我自己为例，作为独生女，回忆自己的童年时光甚至直至今日，家人都不曾要求我承担家务劳动。尤其是学生时期，我们固有的思想里，屈指可数的家务劳动便是"帮助妈妈扫地、帮助妈妈做饭、帮助妈妈摆碗筷等"。根深蒂固的思想影响了我们如今的备课。第二点是与学生接触很多，同样与他们的家长接触也很多，现如今双职工家庭很多，学生多是由爷爷奶奶、姥姥姥爷照顾日常生活，并且学生家长与我们年轻教师年龄相仿，我在后续调研中发现确实如此。大部分学生父母也很少参与家务劳动，大部分仍由祖父母承担。所以，学生与我们年轻教师都是明白道理，但却不能将道理运用到生活小事中。

三、培养家庭责任感，落实文以载道

首先是教师自身观念的转变，将学习的理论依据运用到生活中。比如增强家庭观念一事，应该从我做起，主动为父母承担本该承担的家庭责任，将自己"大孩子"的身份摆脱掉。在教学设计中要更细心揣度每句话的用意与出发点。谈到数学，人们往往想到的是枯燥算理、呆板的公式、抽象的符号。其实任何一门学科都包含着"科学"和"情感"两方面的内容。数学也一样，当前实行素质教育势必要培养的是德、智、体、美、劳全面发展的人。数学作为一门重要的学科，我们的数学教师更有义务实施到每节课堂中，对学生情感态度与价值观的培养应当得到充分的重视。

其次是学生家长意识的转变。在我之后的班会中，我会将此观点重申给家长。家长是学生的第一任且是最重要的老师，家庭教育更为重要，家长要做给孩子看。家校共育，共同为学生支起人生的阶梯。

对学生潜移默化的影响，落在语言、行动、文字上的行为更要慎之又慎。埃里克森的心理社会发展理论表明，6～12岁的孩子处于学龄期，正处于勤奋对自卑的冲突期[5]，我们应做到帮助学生适应勤奋感和自卑危机，教师应给予明确的指示，让学生独立完成任务。同时注意同伴之间的影响，应互相起到正向激励作用。

以伦理为本位的儒家思想，一向重视文道结合，而且提出"文以载道""尊德性而道问学"等要求。韩愈在《师说》中提道："师者，所以传道受业解惑也。"[6]开宗明义为教师规定了三项任务："传道""受业""解惑"。把思想品德教育放在首要的地位，而且渗透到全部教育工作之中。作为新教师，我深知任重而道远，唯有不断学习提高，才能将学生培养成德、智、体、美、劳全面发展的人。

参考文献

[1]《义务教育数学课程标准（2011年版）》。
[2]《通书·文辞》宋·周敦颐。
[3]《普通教育学》约翰·弗里德里希·赫尔巴特。
[4]《义务教育数学课程标准（2011年版）》。
[5]《埃里克森人生发展八阶段理论》。
[6]《师说》唐·韩愈。

在数学课堂中播撒爱的种子

（北京市大兴区第七小学　张迎）

导读：每个孩子都渴望被爱，在我们数学课堂教学中的学生也不例外。教师在数学课堂中播撒爱的种子，用真心创造自主的学习氛围，用爱心倾听学生的声音，用细心分析学生的错误，用耐心解答学生的疑惑，我们会慢慢发现学生已经爱上了数学课。

爱是一种理解、一种等待、一种信赖、一种尊重。教育正是因为爱而变得更加美丽。数学教学也不例外，倾听学生所想，分析学生错误，耐心为学生答疑，这些都是一种爱。孩子们在课堂上需要这种爱，只有教师用真挚的情感爱孩子，才能在数学课堂上碰撞出更多的知识火花，孩子们才能真正爱上数学。

一、用真心创造自主的学习氛围

在数学课堂上，最让教师头疼的是教师的讲解对学生没有吸引力，学生没有更多地和教师进行交流，而是端正地坐在那里，思考着自己的事情。于是就出现了这样的课堂现象：学生不积极举手回答问题，不跟着教师的思路走，在下面做小动作，教师讲到哪里学生根本不知道。

出现上面的这些问题，最主要的原因是教师的设计对学生而言只是知识性灌输，而没有值得学生去循序渐进思考的内容。因此，创造自主的学习氛围对于改变此现状至关重要。在进行"5的乘法口诀"的教学时，教师如果直接告诉学生"5的乘法口诀"，学生可能经过一段时间也可以背诵下来，并且能算出计算的结果，可是这样的数学课堂并没有活力和快乐，学生在这样的数学课堂上也找不到自己的价值所在，体验不到成功的乐趣。相反，如果通过学生进行自主探究，小组同学共同完成"5的乘法口诀"，并理解乘法与加法之间的联系，学生会发现其中的规律，从而编出口诀，这样既让学生主动地参与到课程学习中来，也能够让他们体会到学习数学的快乐。

又如，在进行"长方形和正方形的面积"教学时，我并没有直接告诉孩子们有关长方形和正方形的公式，而是让学生通过摆12个1平方厘米的小正方形，记录每次摆好后长方形的面积、长和宽的相关数据，发现无论怎样摆，长方形的面积都没有发生变化，而长方形的面积总是等于摆好后的长方形的长和宽的乘积。在自主探索、合作交流的过程中，学生经过实践得到了长方形的面积公式。这样自主学习的氛围，学生得到的知识记忆更深刻，同时也能理解长方形面积的真正含义。

二、用爱心倾听学生的声音

有了自主创造的学习氛围，但也会出现一些学生从来不愿意举手，只有遇到他们认为胸有成竹的题目时，才会高高举起自己的小手。当问及孩子不举手的原因时，我听到的都是这样的声音："我怕自己回答错误，老师会生气，会批评我。我怕同学们会笑话我。"总之，孩子们不敢举手或不愿举手的原因就是怕自己的回答是错误的。

要想消除孩子们的这些心理障碍，需要我们在数学课上用爱心倾听孩子的声音，让他们消除在数学课上怕回答问题时出现错误而产生的恐惧感。我们首先要学会认真倾听学生的回答，其次要接纳学生的错误，要对学生的回答给予肯定，抓住学生回答中的亮点，并利用亮点继续启发其更全面地回答。

例如，在教学"11－7等于几"时，学生大多是利用"破十法"进行解答。先把11拆成10和1，然后用10减去7等于3，再用3加上1等于4就是答案。这时，班中的另外一位同学站起来说的并不一样，他说："我先把7拆成1和6，11－1＝10，10－6＝4。"多么好的想法啊，如果教师不能够用爱心去倾听学生的回答，而是否定孩子的想法，有可能又失去了一位爱举手的孩子，天长日久就会让孩子养成不爱举手的习惯。

三、用细心分析学生的错误

在学生的学习过程中，由于学生的差异性，不可能每个孩子都很顺利地完成学习任务。学生也是在一次次的错误中找到经验，不断学习、不断成长的。作为一名数学教师，并不能仅仅停留在发现学生的错误就完成了判作业的任务，其中还需要教师细心地分析学生的错误，进行归纳总结，找到问题错误的根本原因，这样才能做到对症下药，否则做再多的题目也都是无用功。

例如，在数学教学中很重要的一部分内容就是数的运算，如何提高学生的计算能力，就需要教师针对学生的错误进行细心的分析。在学习"两位数乘两位数的笔算乘法"时，学生的计算错误率较高，分析原因主要有对于算理不理解，有的同学则是口诀不熟练，有的是加减法进退位发生错误，还有的同学得到的答案只要进行简单的估算就可以判断自己是否正确，因此还需要加强对学生估算能力的培养。同样是一道计算题，学生有可能在多个方面出现问题，这就需要教师用心全面地分析学生的错误。

有了上面这样用心的分析，在设计教学过程时每一步都会有很强的目的性，且是以学情为基础的。如果发现学生的解题策略单一，就精心进行设计，渗透数学思想方法，最终留给孩子的不仅有方法的收获，还有思想的渗透，提高学生的计算能力。

四、用耐心解答学生的疑惑

学生有了疑问，却都愿留在心里，不愿和教师进行沟通或是从教师这里寻求答案。究其主要原因是学生遇到不会的问题时，本身心里就有恐惧。美国著名教育家杜威说，把儿童当作"教育的起点"和"中心"，以学生为主体，尊重学生。

因此，在学生遇到不懂的问题来寻求帮助时，我知道这是孩子已经鼓足勇气想寻求问题的答案，他们有对于知识的渴望。于是，每次有孩子找我来问问题，我首先会缓和一下气氛，先肯定："你真是个不懂就问的好孩子。老师很喜欢你这种不将问题留给明天的行为。"然后，我会了解学生出现问题的根源，让学生把自己的想法大胆地说出来，从而对症下药。学生看到我耐心地一遍遍给他讲解，自然也就不害怕了。当孩子们将问题解决，并且真正理解的那一刹那，他们就会体会到将疑惑解开，豁然开朗的快乐。回到班级后，我还会在全班同学的面前表扬那些来向教师问问题的孩子，就这样只要问过一次问题的同学，就会再有下一次，慢慢地，来问问题的孩子越来越多，他们心中的疑惑也就越来越少，解答问题也就变得得心应手。

因为有爱，我拥有了真心、爱心、细心和耐心。心存爱，让我喜欢数学教学，愿意读懂学生，同时也让我的学生愿意活跃在数学课堂上，充分展示自己。我会一直用爱进行数学教学，并用爱感染我的每一位学生。

做研究型教师，为学生发展服务
——"用字母表示数"教学反思

（北京市大兴区安定镇中心小学　李巧亮）

导读：教育的本质意味着一棵树摇动另一棵树，一朵云推动另一朵云，一个灵魂唤醒另一个灵魂。我要做一棵翩翩起舞的树，一朵充满力量的云，一个精神饱满的灵魂。

参加过很多次吴正宪工作室的学习培训，每一次专家教师贴心的笑容、亲切的话语、精彩的点评，都能让人耳目一新。这一次，我有幸参与吴正宪工作室的同课异构活动，更有幸能和吴正宪老师一起讲课，这在我的职业生涯中是里程碑式的。同时，通过这次活动，我的教学技能、专业素养得到了飞跃式的提升，也让我对教师这一职业有了更深刻的感悟，深感教师这一职业，可不只是三尺讲台那么简单，需要不断研究。

一、研究课标，明确指导思想

在2022年最新小学数学课程标准中，强调学生应从已有的生活经验出发，让学生亲身经历将实际问题抽象成数学模型并进行解释与应用的过程，进而使学生在获得对数学知识理解的同时，在思维能力、情感态度与价值观等方面得到进步和发展。

新的数学课程标准指出，学生在四至六年级阶段，应达到能在特定的情况下用字母表示数字，且能够结合简单的实际情况，了解等量关系，并能用字母表示。这就要求教师在课程内容的选择上应贴近学生的实际，有利于学生的体验与理解、思考与探索。课程内容的组织应注重过程，处理过程与结果的关系；重视直觉，处理好直觉与抽象的关系；我们应该重视直接经验，处理好直接经验和间接经验的关系。课程内容的呈现应注重层次性和多样性。

在本次讲课的课件设计中，我的第一个示例是桌子和椅子。一张桌子、四把椅子是学生在日常生活中常见的桌椅之间的数量关系。我首先出示一张桌子配四把椅子，再次出示两张桌子配八把椅子。依次出示下去，提出问题：n张桌子配几把椅子？我的本意是想激发学生用字母表示桌椅的数量关系，但由于课件的桌椅数量比较整齐，导致有些学生看着课件数桌子，最后用一个实际的数字进行表达。经过试讲与听课教师的启发，我大胆地将桌椅凌乱地摆放并快速出示课件，学生从最开始一张桌子配四把椅子，两张桌子配八把椅子到看不出几张桌子，桌子叠桌子，椅子叠椅子。他们数不清了，遇到困难了，必须改变方法了，于是他们从机械地数数到开始思考桌椅数量的关系。

新的数学课标提出，信息技术的发展对数学教育的价值、目标、内容和教学方法都产生了重大影响。在课程设计中，我们也应当充分考虑信息技术对数学学习内容和方法的影响，开发和提供丰富的学习资源，利用现代信息技术作为学生学习数学和解决问题的有利工具，有效地改进教与学的方式，使学生愿意并能够进行实践性和探索性的数学活动。因此，我们充分利用信息技术能够引发学生的数学思维，体现数学学科的教育价值。

二、研究教材，奠定知识基础

通过这次活动，我深感自己专业知识的薄弱。本次我讲授的课程是"用字母表示数"。以前也看过很多相关书籍，我总觉得对知识的理解已经很到位了。但在实际的讲课过程中仍然发现，很多时候是我对教学内容的理解不够透彻，导致学生无法透彻地理解知识。而我也因为专业知识不够扎实，无法对学生课堂上的表现做出及时合理的反馈。

经过这几次磨课，我对这一堂课的教学目标和重难点的把握有了一个质的飞跃。最开始，我认为本课的教学目标是使学生意识到我们还可以用字母更简洁地表示数量关系。通过教师的耐心引导，我才理解到本节课的意义是在不知道具体数量时，学习用字母表示数是非常有必要的。要学生学会在具体情境中，利用字母表达和交流。在探索数量关系的过程中，体验用字母表示数的简明性，培养学生的代数思维。通过探索活动，发展学生的观察、抽象、概括能力，体会特殊与一般的关系，并学会从多个角度全面地思考问题。原来，我从根上就错了，就低估了这节课的重要性。

本次活动对我来说，不光是对一节课的学习，更是对我之后备课方式的一次改善。一节好课的基础是对知识点的准确把握，这项能力的提升绝不是磨一节课就能实现的，它需要对教材不断地摸索、思考、积累、沉淀，这里没有一步登天，更没有捷径可寻。

三、研究课堂，激发学生的学习兴趣

本次的同课异构活动，让我对自己的课堂教学有了新的改观。

在之前的课堂教学中更多的是我来讲学生来听，这抑制了学生的自主探究能力。学生习惯性地认为，课堂上所有给出的结论都是正确的，导致他们没有质疑的想法。

这一次的磨课，我意识到了，数学学习应该多让学生进行自主探究，应该通过学生的自主辩论，逐步探究出结果。我将这一方式应用到了我的常规课堂上，深感这一教学方式带来的有利改变。这种方式能够激发学生的学习兴趣，学生也对这种"辩论模式"异常喜爱。他们喜欢向教师提出疑问，更热衷于解答同学们提出的问题。比如，在学习用方程解决问题时，同学们问得最多的就是"你为什么要把它设为 x"。在学习求特殊长、正方体表面积时，学生就对用公式解决问题提出了疑问，明确了特殊长方体的上下两个面是正方形，其他四个面是相等的，所以求两个面再加上四个面就可以了。

学生自主探究，主动讲解，提出问题，解答问题，这一流程下来，学生不但能够自主探索，也激发了学生发现问题、解决问题的兴趣。

新的课程标准指出，教师应成为学生学习活动的组织者、引导者、合作者，为学生的发展提供良好的环境和条件。教师在教学活动中应利用好情境及时调节，努力营造生动的师生互动、生生互动的课堂氛围，形成有效的学习活动。通过恰当的问题，或者准确、清晰、富有启发性的讲授，引导学生积极思考、求实求真，激发学生的好奇心。鼓励学生以平等、尊重的态度积极参与教学活动，激励学生共同探索，与学生共同感受成功与挫败，分享发现与成就。

四、研究学生，点燃探索热情

如果只是为了完成任务而开展教学，没有感情的投入必然是苍白无力的，那么量变到质变的飞跃可能也会遥遥无期吧。在这次同课异构活动中，我深感对学生的了解不够深刻，经常在课堂上被学生带着走。

印象最深刻的是一次试讲时，我用PPT出示多套桌椅，请学生想办法表示出桌子的数量和椅子的数量。这一环节的设计，是为了让学生感知用字母表示数的必要性。学生可以用文字、图形或字母表示它们之间的关系。每到这一环节也是我最紧张的时候，总怕在学生的回答中没有我想要的数学信息。而那天，有位男同学立刻就用x表示出来了，而且非常自信地举起了手，表情很是得意扬扬。看到他的答案时，我的两眼都放光了，在别的班，这一环节要持续5~10分钟，而这位学生一分钟就搞定了。我马上请这位同学和大家分享，他说：因为不知道桌子有多少，所以要设x。这时，我有点儿蒙了，这不是之后的学习内容吗？于是我问他：你是怎么知道要设x的？"小天才"骄傲地说：这我都知道，我爸爸都教我了。这个回答着实让我有些意外，只说了一句：你真棒。这堂课，这位"小天才"几乎包揽了所有问题，其他同学也都乐于听他的回答。

由于没有对这名同学进行适当的引导，以至于整节课都被这位聪明的小男孩带着走，我的数学课变成了小男孩的"炫技课"。这导致这个孩子在本节课中并没有获得新知识，而其他同学也听得迷迷糊糊的，没有切实的知识获得。

在新的课程标准中也明确指出，教师要在课堂上处理好学生的主体地位和教师主导作用的关系。良好的教学活动应该是学生主体地位与教师主导作用的和谐统一。一方面，学生主体地位的真正实现有赖于教师主导作用的有效发挥；另一方面，充分发挥教师主导作用的标志是学生能够真正成为学习的主体，得到发展。

本节课后我进行了深刻的反思，自己应当在意识到他有相应的知识基础时及时做出相应的反应。比如，引导孩子学会倾听，听听其他同学的想法，跟你的想法有什么不同，有哪些问题，如何帮助他解决，等等。我想，如果当时我做出了这些调整，那么那一节课下来，每位学生的收获当会有所不同。

教学计划的实施，是将"预设"转化为实践教学活动。在这个过程中，师生之间的互动往往会"生成"一些新的教学资源，这就要求教师及时把握、利用好时机，调整计划，从而在教学活动中取得更好的效果。

感受至此，仍觉得不足以道出我的肺腑之言，篇幅与时间有限，寥寥数笔，字拙文浅，最后真是要真诚地说一声感谢！感谢其他教师毫不吝啬的倾情奉献，感谢每一位领导的辛苦付出，感谢与同事们在磨课过程中的交流和探讨，一切都值得感谢，期待下一次的成长。

通理明法　培养学生的运算能力
——"分数除以整数"教学实践与思考
（北京市海淀区五一小学大兴二分校　王嘉琦）

导读：回溯我作为一名新教师能够快速成长的原因，能够有幸加入我校数学专家工作室并结识姜老师绝对是功不可没的。姜老师对我数学专业知识、教育教学技能的指导不仅给了我教学的信心，更坚定了我走向教育之路的初心。因此本文就自身切实经历，分享点滴感悟。

《义务教育数学课程标准（2022年版）》指出："运算能力主要是指根据法则和运算律进行正确运算的能力。能够明晰运算的对象和意义，理解算法与算理之间的关系；能够理解运算的问题，选择合理简洁的运算策略解决问题；能够通过运算促进数学推理能力的发展。运算能力有助于形成规范化思考问题的品质，养成一丝不苟、严谨求实的科学态度。"从中可以看出，运算能力不仅仅是会算、算正确，还包括对于运算本身的理解，比如运算的意义、算理等。在教学北京版六年级上册"分数除以整数"时，我的体验很深，觉得作为新教师一定要从研读好教材、抓住知识核心、巧妙利用错误资源、精心设计板书等方面入手，培养学生的运算能力。

一、研读好教材是让学生明理得法的前提

作为一名青年教师，要轻松自然地上好每一堂课，首先要做的就是吃透教材，深入领会教材的内涵，理解教材的编写意图。只有对教材有了更深入的理解，教师在课堂上才能够做到收放自如。

北京版小学数学六年级上册的"分数除以整数"这一部分内容例题中给出："把9个$\frac{1}{10}$平均分成3份，每份是3个$\frac{1}{10}$，就是$\frac{3}{10}$。"（如图1）和"把$\frac{9}{10}$平均分成3份，每份就是$\frac{9}{10}$的$\frac{1}{3}$。"（如图2）

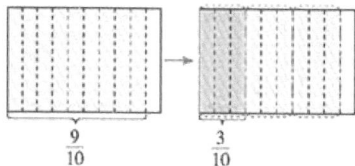

（图1）

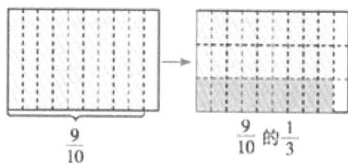

（图2）

两种方法，前者利用除法的意义（平均分）说明算理，后者利用分数乘法的意义说明算理，共同之处是都利用图的形式直观说明了每份就是$\frac{3}{10}$吨。沟通了分数除法与分数乘法之间的联系，明确了分数除法的算理，也就是为啥要这样算。继而，通过试一试"$\frac{5}{6} \div 3$"，由于5不能被3整除，因此分数除以整数等于分数乘整数的倒数。在此基础之上，议一议提出"分数除以整数可以怎样计算"，通过例题探究与试一试结合找到共同的算法，从而明确分数除以整数的通法。

　　本节课在我的实践时，由于对教材挖掘得不够，对于两种方法没做出明确区分，导致学生课堂上对于分数除以整数的算理不明晰。在最后没有明确总结算法，学生也不知道应该如何去计算分数除以整数，以致在课后练习时学生就出现了诸多的问题，比如，对于 $\frac{3}{5} \div 2$，学生不知道该如何计算，有的就写成了" $\frac{3}{5} \div 2 = \frac{3}{5} \div \frac{1}{2}$ "。教师对教材理解不透彻不仅会让学生的课堂收获减少，还会造成学生对新旧知识的混淆，长此以往，学生的知识结构建立就不清晰，会直接影响后续的学习。

　　由此可见，教师在上一节课之前去深入地研读教材是多么重要。深读教材是上好一堂课的基础，是教师对学生负责任的体现，也是提高课堂教学质量的第一步。

二、抓住知识核心，让学生经历理解算理获得算法的过程

　　如果说教师研读教材是上好课的基础，那抓住本单元、本节课数学教学的核心便是其灵魂。抓住核心才能看清数学概念的本质，让学生在只有40分钟的课堂上，能够收益最大化。教师只有抓住教学的核心才能既给学生充分的自主探究时间，又能保证课堂的实效性，让学生在课堂上学有所获。

　　"分数除以整数"属于数与代数领域中数的运算部分，其课堂教学的核心是帮助学生理解为什么"分数除以整数等于分数乘这个数的倒数"的算理，获得其计算方法。本节课教师应该不断引导学生从自主探究的过程中，利用迁移的方法，通过已有的知识经验，在自主探索出的各种解决问题的方法中对比、概括、总结，从而理解算理获得算法。在教学时，我让学生自主探究"说明 $\frac{9}{10} \div 3$ 的结果为什么是 $\frac{3}{10}$。选择自己喜欢的方法，可以画一画、写一写、算一算"。虽然给了孩子们自主学习的时间和空间，但是在汇报交流时却出现了问题，孩子们不能将算式和图对应起来：李同学指着图1说"把 $\frac{9}{10}$ 平均分成3份取其中一份就是 $\frac{3}{10}$"。在姜老师的指导下我将这里调整为："$\frac{9}{10} \div 3$ 为什么等于 $\frac{3}{10}$。可以画一画图把你的想法表示出来，并列出算式。"这样，通过数形结合的思想方法，引导学生将图与式一一对应，经过大脑加工后才理解了算理。学生对算理真正理解了，再概括抽象算法也就容易多了。后来经过补救，学生对这部分知识有了深刻的理解。经过这一部分的教学，我觉得画图的作用在于帮助学生理解、说明算理，而列式除了帮助学生说明算理也为总结算法做了铺垫。

看来，抓住核心对上好一堂数学课而言至关重要，直接关乎学生的所得，也关乎教师一节课的成功与否。当然，如果教师的每节数学课都能够抓住本节课知识的核心，学生的数学学习能力会在这样的日积月累中不断提升，学生的实际获得会比流于形式的课堂教学收获更多。同时，教师的教学水平也在看清数学本质的过程中得以提高。

三、巧妙利用错误资源是帮助学生明理通法不可或缺的环节

学生在数学学习过程中，出现错误是不可避免的，也说明他们在自主探究过程中对新旧知识之间的对接还存在着一些偏差。教师在数学课堂的教学中，正确合理地利用错误资源会帮助不同层次的学生加深对于所学内容的理解，同时经过同伴之间的辨析更能体验成功的喜悦。反之，不仅会对学生造成困扰，还会影响整个课堂教学的节奏。

在"分数除以整数"这一课的教学中，学生在解决"螃蟹3小时能爬行$\frac{9}{10}$千米，螃蟹平均每小时爬行多少千米"这一问题时，我向学生提出了这样的要求："你能从题中获得哪些数学信息？可以列个算式吗？并说一说这样列式的原因。"学生能够在原有经验基础上列出$\frac{9}{10} \div 3$，并解释自己列式的原因为"根据数量关系，速度＝路程÷时间"或"把$\frac{9}{10}$平均分成3份，求每份是多少，所以我的列式是$\frac{9}{10} \div 3$"。但是在学生没有理解这两名同学的想法时我把学生错例$3 \div \frac{9}{10}$引入课堂，反而容易让个别没有建立正确概念的学生出现思维混乱，辩论不清，打乱了课堂节奏，以致本节课没能按时完成教学任务。课后研讨时其他教师给我提出了建议，告诉我对于个别学习有困难同学的问题不如单独辅导，我想，这也从侧面说明我没能够抓住这节课数学知识的本质。可见，错误资源的不适时使用或是用不恰当会对课堂教学造成不可逆转的危害。

回想自己在五年级"用字母表示数"一课的教学中：小明的年龄为 x 岁，老师的年龄则表示为（x ＋ 20）岁。当时引入了"20×x 岁"等错例，却在学生积极参与辩论的过程中加深了其对于字母表示数的理解，让他们知道了除了倍数关系还有相差关系。因此，"分数除以整数"一课应在学生结合图与式说理的过程中加入错误资源，比如画图中$\frac{9}{10}$到底如何更加准确地用图来表示，而不是随意一条线段就是$\frac{9}{10}$。

课堂上资源的利用必不可少，而错误资源的有效、适时利用，能够让我们的课堂更充实，也可以在点燃学生学习热情的同时让他们对新知识的理解更透彻。

四、精心设计板书，帮助学生将算理与算法印在脑中

板书是课堂教学显性的艺术，好的板书会让课堂绽放独特的光芒。教师能更好地实现教学目标，学生也会对特定的、应该掌握的内容印象更鲜明、深刻，理解更清晰、全面，记忆更牢固、持久。板书是课堂教学的书面语言，是对教学内容的加工和提炼，是一份浓缩的教案。好的板书还能有效激发学生的学习兴趣，促进学生良好学习习惯的养成。因此，设计好板书要引起我们足够的重视。

"分数除以整数"一课的板书在姜老师的指导下和数学专家工作室教师的共同帮助下，我进行了完善。

（图 3　课后研讨共同调整板书）

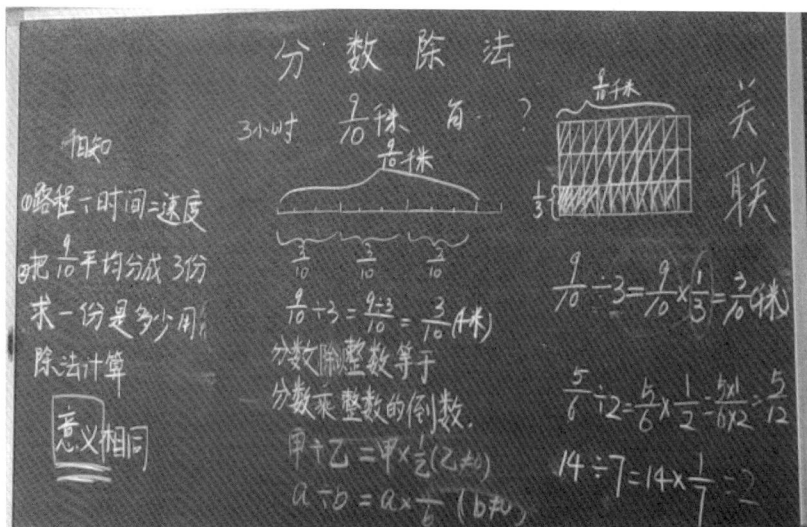

（图 4　完善后板书设计）

　　这样的板书更加有序、规范，详略得当，突出重点，并且有利于学生建立起知识之间的联系。

　　学生画的图是理解算理的过程，通过数与形的结合，更明白了为什么要这样计算。而我之前的板书，学生的图过小不能帮助学生更加深刻地理解算理。所以新板书在将图放大的同时，对于板书进行了重新规划，将算式分别写在图下，并加入了算法的文字与字母表示。这样能够在回顾本课的学习过程时，让孩子们对于所探究的算理、所总结的算法有更清晰的认识。

　　我也深刻地认识到板书是提高数学课堂教学效果的一种重要手段。板书作为书面语言，在教学中具有重要意义，数学教学中许多知识是通过适时板书来传递的。板书设计恰当与否，直接影响数学课堂教学的效果。因此，在数学教学中我们应充分发挥板书直观、简洁、知识、思想方法融为一体的核心作用。

　　总之，数的运算是要讲道理明算法的。数学运算的教学，我们也应该从只讲法、机械化大量做题、训练，转变为通理为先，后而能明法；有了理和法就掌握了运算的本质，从而减少机械训练，减轻学生负担。在教学实践中，我作为一名新教师还须不断积累经验，发展学生的数学思维，提升学生的运算能力。

第二章

强化基本功底
提升专业能力

———

在教师成长的实践中，我们经常会遇到这样的问题：一是新入职的教师按照自己上学时教师的样子及对其理解和感悟模仿上课；二是从网上搜集一些材料堆积成一节课，什么逻辑关系、循序渐进、学生的思维能力培养没有深入思考就上课；三是学生的课堂组织、良好的学习习惯没有建立起来，教师着急学生浮躁，直接影响教学效果。随着时间的推移，虽会逐渐向好发展，但学生是等不起的，他们的每一个40分钟都是十分宝贵的。凡此种种，都需要我们的教研人员与学校干部及早进入，帮助新教师尽快适应教学工作，让教师明白我们本节课要教学什么，怎么教学，其中的知识点、重难点是什么，学生的认知起点在哪里，他们掌握了什么，还要学习什么，关于重难点怎样去突出、突破。

凡此种种都需要教师的基本功底。教师备课的基本功底在教学实践中是非常重要的一环。教师备课首先要研究课程标准，对课程标准的理念、教学目标、教学方法等教师要研究透彻。其次，对教材要认真研究，理解教材的知识结构，研究理解教材的每一个例题所承载的教学任务，找出学生应该面临的知识的重难点及知识之间的联系，形成知识的网络结构。最后要研究学生，对学生的已有知识基础、学习经验、学习能力、学习方法等要了如指掌。这样教师才能根据学生所学知识准备好教学方法，以达到较为理想的教学效果。

第一节　从课标中明确学习与研究的方向

教师要落实新课标视域下的数学核心素养
（北京教育科学研究院旧宫实验小学　申艳枫）

导读：当今世界科技进步日新月异，网络新媒体迅速普及，人们的生活、学习、工作方式不断改变，儿童青少年成长环境发生了深刻变化，人才培养面临新的挑战，2022年4月21日新的《义务教育数学课程标准（2022年版）》（以下简称"新课标"）应运而生。学习了新课标，我有一些体会分享给有需要的人。

新课标是数学教师教学行为的指南，明确了"培养什么人、怎样培养人、为谁培养人"。如果作为教师，没有学习新课程标准就盲目地实施教学，无疑是闭门造车、盲人摸象。这也就再一次提醒我们教师，无论你是初出茅庐，还是老马识途，都应该把学习感悟数学新课标当作首要工作来做，这样教学的根基才会稳固，教学之路才能走得顺畅。

为了更好地研究新课标内容，我对比了课标前后的变化，发现新的数学课程标准不仅保留了之前版本数学课程标准的内核，还体现了与时俱进的发展理念。无论课程标准如何变化，数学核心素养贯穿课程标准变化的始终，体现了课程标准的发展。新课标指出：数学素养是现代社会每个公民应当具备的基本素养，是面向未来社会和个人发展的核心素养。由此可见，以核心素养为导向是新课标中所有课程都遵循的依据。因此，在数学教学中正确理解和落实对学生核心素养的培养是教学成功的关键。

基于以上的研究和分析，我发现，落实新课标视域下的数学核心素养至关重要，只有以落实数学核心素养为导向的教学才是真正意义上的教学，才是能够满足学生终身发展的教学。

一、数学核心素养的构成

新课标指出，将"三会"作为培养数学核心素养的指导思想。基于"三会"的数学学科核心素养是指：会用数学的眼光观察现实世界，会用数学的思维思考现实世界，会用数学的语言表达现实世界。新课标中具体的描述如下：

（一）会用数学的眼光观察现实世界

数学为人们提供了一种认识与探究现实世界的观察方式。通过数学的眼光，可以从现实世界的客观现象中发现数量关系与空间形式，提出有意义的数学问题；能够抽象出数学的研究对象及其属性，形成概念、关系与结构；能够理解自然现象背后的数学原理，感悟数学的审美价值；形成对数学的好奇心与想象力，主动参与数学探究活动，发展创新意识。

（二）会用数学的思维思考现实世界

数学为人们提供了一种理解与解释现实世界的思考方式。通过数学的思维，可以揭示客观事物的本质属性，建立数学对象之间、数学与现实世界之间的逻辑联系；能够根据已知事实或原理，合乎逻辑地推出结论，构建数学的逻辑体系；能够运用符号运算、形式推理等数学方法，分析、解决数学问题和实际问题；能够通过计算思维将各种信息简约和形式化，进行问题求解与系统设计；形成重论据、有条理、合乎逻辑的思维品质，培养科学态度与理性精神。

（三）会用数学的语言表达现实世界

数学为人们提供了一种描述与交流现实世界的表达方式。通过数学的语言，可以简约、精确地描述自然现象、科学情境和日常生活中的数量关系与空间形式；能够在现实生活与其他学科中构建普适的数学模型，表达和解决问题；能够理解数据的意义与价值，会用数据的分析结果解释和预测不确定现象，形成合理的判断或决策；形成数学的表达与交流能力，发展应用意识与实践能力。

二、数学核心素养的主要表现

小学阶段的具体表现，整理结果如下表中所示：

核心素养	主要表现
数学眼光	数感、量感、符号意识、空间观念、几何直观、创新意识
数学思维	运算能力、推理意识
数学语言	数据意识、模型意识、应用意识

"三会"是核心素养的三个维度，数学核心素养是新时代数学教学的价值取向，贯穿教学过程的始终。新课标指出："核心素养具有整体性、一致性和阶段性，在不同阶段具有不同表现。"因此，教师在教学时不仅要关注教学内容的数学本质，而且还要关注教学内容蕴含的核心素养，注重建立具体教学内容与数学核心素养主要表

现的关联。换言之，教学只有以落实数学核心素养为导向，才能深刻地把握数学学科知识的内容本质。

三、对数学素养的分析与思考

数学是义务教育中的基础学科，新课标指出："在形成人的理性思维、科学精神和促进个人智力发展中发挥着不可替代的作用。数学素养是现代社会每一个公民应当具备的基本素养。"说明数学核心素养的培养是数学教学核心目标。

而新课标视域下以"三会"为导向的数学核心素养，切实地为教师在教学中如何培育小学生数学核心素养指明了方向。因此，我以新课标中"三会"为指导思想，将理念应用到日常的教学中，并从教学实践中得出以下三点思考：

（一）让学生会用数学的眼光观察现实世界

1.重现实生活情境

首先，教学中要注重由现实生活中的情境引入，使学生充分经历由现实世界的数量关系抽象出数学规律的过程，学会运用数字符号进行表述，理解数的意义；其次，要注重由现实物体引入，使学生充分经历由实际物体抽象出几何图形的过程，理解现实生活中物体形态与结构，感悟几何图形的本质；最后，要注重让学生从现实生活中发现和提出问题，经历猜想、研究、验证等学习过程，激发学生数学学习的兴趣，发展实践能力和创新意识。

2.重引导观察现实世界

数学为人们提供了一种认识与探究现实世界的观察方式。教学时要引导学生观察问题情境中的具体数量与空间形式，理解所蕴含的数学知识；引导学生思考解决问题的方法，尝试用数学符号和度量来表达和解决问题；引导学生重视直观感知和数学本质的联系，逐步培养学生用数学的眼光观察世界。

（二）让学生会用数学的思维思考现实世界

1.重过程学会数学的学习

小学生精力旺盛、活泼好动，加之好奇心重，枯燥的教材和"灌输式"的课堂往往适得其反。"纸上得来终觉浅，绝知此事要躬行。"因此，学生只有全身心地参与到解决问题的"过程"中，才能真正获得"四基""四能"。据此，在教学时，一方面，要注重由现实中有趣的情境引入，引导学生充分经历观察、思考、发现问题的过程；另一方面，引导学生借助已有经验，运用符号运算和逻辑推理等方法，充分经历推理、分析、验证等解决实际问题的过程，培养学生符号意识和推理意识，从而会用数学思维建立起数学与现实世界的逻辑联系。

2.重表达用数学的思维认识现实世界

"表达"在这里有两层含义：一层含义是运用数学符号和运算来进行数学思维过程的表达；另一层含义是运用语言来进行猜想、假设、验证等探究思维过程的表述。也就是说，数学问题的解决不是为了求一个结果，引出一个结论，而是运用数学符号运算推理的数学思维的表达过程。此外，思维能力的发展与语言有着密切的关系。教育心理学研究表明，儿童是在掌握语言的过程中发展思维，并用语言材料巩固思维活动的成果。据此，我们应该把语言表达看作整个思维过程的一个组成部分，训练学生有条理、有逻辑地表达思维过程，培育学生用数学的思维观察现实世界。

（三）让学生会用数学的语言表达现实世界

1.重应用数学语言表达现实世界

在现实世界中，蕴含着大量数据及与数量和图形相关的问题。因此，数学学习不是纯书本的方法和结论的学习，而是要学以致用。当今社会是大数据时代，要学会应用数据意识来了解数据背后现实意义并加以分析，养成用数据表达现实世界的习惯。此外，生活中数学问题无处不在，学生要从中发现问题、提出问题，并应用数学模型等数学语言来分析问题和解决问题，从而将所学的数学知识应用到现实世界，用数学的语言表达现实世界。

2.重联系培养学生解决问题的能力

数学源于生活，应用于生活。因此，教学中要重视实际问题与数学知识之间的联系，引导学生用数学模型来解决问题；重视数量关系和空间形式与数学符号的联系，培养学生有意识地用数学语言进行表达。重视学生所学的"四基"知识与解决实际问题的联系，从而使学生体会数学在生活中的应用价值，培养学生主动运用数学知识解决实际问题的意识与能力，促进核心素养的提升。

四、注重教学实践，培养核心素养

课堂教学是培养学生核心素养的重要阵地，因此推进面向数学核心素养的教学研究具有重要的理论与实践意义。如果教师脱离新课标的指导，只是把数学知识通过语言的形式传授给学生，那么就没有做到真正意义上的教学，学生的核心素养就不会得到提升。教师需要以新课标视域下的数学核心素养为导向，进一步转变自己的教学理念，尊重学生的主体地位，优化教学设计，改进课堂教学，着眼于学生思维能力与品质的提升，逐步促进学生数学核心素养的发展。

此外，数学不仅仅是一种知识、一种工具，更重要的它还是一种思想、一种文化、一种方法和一种能力。数学的学习对学生终身发展具有重要意义。教师作为新课标理念的实施者，要勤勉认真、行而不辍，认真揣摩新课标理念，在实践中不断反思和进步，培养出有理想、有本领、有担当的社会主义建设者和接班人。

课标引领，精心备课，站稳讲台

（北京市大兴区庞各庄镇第一中心小学　李天洁）

导读：刚入职的青年教师针对如何备好一堂课有自己的理解。新教师在备课时容易出现没有抓手，缺少方向的问题。在教学实践中，我的感悟是教师备课时要关注课程标准，注重联系，关注学生能力的培养。与此同时，也要注重集体教研，集思广益，共同进步。

刚入职时，我总是听老教师放在嘴边的一句话是："站稳讲台，课比天大。"起初我并不理解这句话，直到我真正站上讲台，并且上好每堂课时，我才在解决重重困难中慢慢体会并理解了这句话背后的含义。2022年9月6日，我有幸参与了学校的校本教研活动，讲授了一节三年级上册的"两位数乘一位数的不进位乘法"。经过老教师的指导，我对小学数学课堂的理解迈上了一个台阶，对站稳讲台也有了很大的信心。

一、认真备课，理解教学实质

《义务教育数学课程标准（2022年版）》明确了数学是研究数量关系和空间形式的科学。三年级上册的数学教材"两位数乘一位数的不进位乘法"一课相对的核心素养主要表现为：运算能力、推理意识。运算能力主要是指根据法则和运算律进行正确运算的能力。①能够明晰运算的对象和意义，理解算法与算理之间的关系；②能够理解运算的问题，选择合理简洁的运算策略解决问题；③能够通过运算促进数学推理能力的发展。运算能力有助于形成规范化思考问题的品质，养成一丝不苟、严谨求实的科学态度[1]。在备课时，我先是打开了教材，看了第4页的例题，觉得这节课很容易讲，因为本节课的重点就是教会学生用竖式计算，明确每一位上的数的占位。学生已经有了运算基础，学习起来不会有什么困难。结合教学内容和学情分析，我的备课主要突出：

1.理解两位数乘一位数的算理，掌握两位数乘一位数竖式的计算方法。

2.探索两位数乘一位数竖式的写法，体会竖式每一步的道理，发展运算能力。

3.体会知识之间的联系，感受探索的快乐。

为了突破本节课的教学重难点，理解两位数乘一位数的算理，掌握两位数乘一位数用竖式计算的方法。我设计了复习导入、探索新知、自主探究、回顾反思和布置作业五个环节。

在复习导入环节首先是口算乘法的复习，让学生温习旧知，便于本节课新知学习和理解。而后是探索新知，以情境导入问题，让学生列式：$12+12+12+12$ 或 12×4，从而引出本节课的教学内容：两位数乘一位数的笔算乘法（不进位）。

为了重点突破本节课重难点，我设计了通过自主探究理解算理，寻找算法的环节。首先出示学习任务单，让学生自主探究独立思考，理解算理，寻找算法。其次请学生分享自己的计算方法。根据任务单做了两个预设：一个是用三个横式计算，另一个是用竖式计算。分别请两位学生说一说自己的计算方法。当学生展示竖式的时候，教师板书竖式，边板书边补充：相同数位要对齐，乘号写在十位前面；再说计算方法和算理：先用4乘个位上的2，二四得八，8写在个位上，表示4个2是8；再用4乘十位上的1，一四得四，4写在十位上，表示4个10是40，所以 12×4 的积是48。帮助学生突破重难点的重要点拨在于帮助学生找到每一步竖式对应的横竖，将三步横式与竖式建立联系，即将学生的新知与旧知相连，以旧知带新知，进一步理解算理，明确算法。

学习完新知识后，我设计了两道试一试练习，其中一道是两位数乘一位数的不进位乘法（21×3），另一道是三位数乘一位数的不进位乘法（122×4），让学生自主解决，分享交流，说明算理、算法。针对学生说得不到位的地方，教师做重点强调和补充。

本节课上完之后，我首先针对这节课内容，结合学生课堂表现进行了自我反思，我认为最严重的问题就是时间把控，课堂延时了6分钟。经过分析，我认为在点名学生说竖式计算步骤的时候浪费了太多时间。对于学生最后的回顾反思说不出来，原因可能在于我在突破重难点的时候，没有着重强调。

二、精心教研，倾听老教师建议

听完课后，老教师在教研时首先肯定了我作为新教师态度认真、教态沉稳，有旧知带动新知的意识，注重学生的说理表达。前辈们的适当鼓励能对新教师产生一定的积极心理暗示，这让我的教学信心倍增，增强了职业信念。与此同时，老教师也结合新课程标准及单元教学对本节课进行了细致的梳理与指导。老教师强调要注重新课程标准中提出的"三会"统领，即会用数学的眼光观察现实世界，会用数学的思维思考现实世界，会用数学的语言表达现实世界；注重学生"四基""四能"的培养，即"基本知识、基本技能、基本思想和基本活动经验"，以及"发现问题、提出问题、分析问题、解决问题"，合理利用教学环节和教学方法培养学生的表达、说理、合作能力，脚踏实地地落实数学核心素养。

通过聆听老教师的点评和指导，我明确了本节课缺少对学生进行以下三方面的培养：

第一是对学生"发现问题、提出问题、分析问题"能力的培养。出示真实情境后，应该让学生通过阅读理解题意，找出数学信息，提出数学问题。比起我给出数学问题，这种方式更能落实对学生"发现问题、提出问题、分析问题"能力的培养。

第二是对学生"自主创造能力"的培养。出示了任务单之后，虽然是对学生探索新知的一种提示，但也是对学生解决问题方式的一种限制，限制了他们只能在这两种方式之中进行选择，我忽略了学生用其他方法解决问题的能力。

第三是对学生"合作交流"的培养。会超时主要是因为没有关注这一点，可以在理解算理的环节，教师做完补充强调之后，让学生小组之间相互说一说算理和算法，进一步体会理和法之间的联系。还有最后的回顾反思环节，也可以采取小组合作交流的方式，这样每一位学生都能梳理所学内容，进行回顾反思。

其次就是板书存在的问题，第一就是板书的直观，板书要简洁、明确、直观及完整。在板书竖式的过程中完全可以加入箭头符号，表示先乘个位上的数，再乘十位上的数（如图1所示）。

板书设计：

两位数乘一位数的笔算乘法（不进位）

$$
\begin{array}{r}
1\ 2 \\
\times\quad 4 \\
\hline
4\ \ 8
\end{array}
$$

2×4=8   4 8 —→ 4 个 2 是 8

10×4=40   —→ 4 个 10 是 40

40+8=48   合起来是 48

（图1）

第二就是板书缺少"12×4＝48（人）"和"答：四年级共有48人"。这看似是板书缺少的内容，其实也是对真实情境中出现的问题没有解答完整。

第三就是对"计数单位"这个概念的强调缺失，而运算的本质就是计数单位的累加。正如义务教育数学教科书（2013北京课改版）中第4页的方块模型（如图2所示）强调的就是计数单位。模型图左边表示4个十，右边表示4个二，是以不同的计数单位为单位的，运算的一致性是计数单位个数的累加。

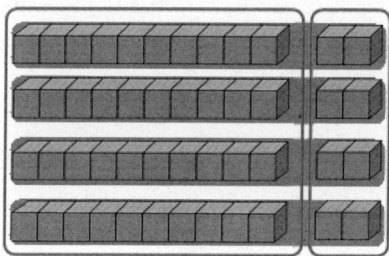

（图2）

三、积极反思，努力提高自己

经过老教师指导后，我对于原本的教学设计进行了如下修改：

1.增加了出示情境图之后让学生找数学信息，提数学问题的环节。取消了学习任务单，改成"用你自己喜欢的方式来尝试着解决这个数学问题"，关注学生的课堂生成。重点关注列三个横式计算的学生及用竖式计算的学生，并注意加以引导。对用其他方法解决的学生也要加以鼓励。

2.增加小组合作交流，说明算理、算法的环节，减少点名说算理、算法环节。这样既能解决时间的问题，又培养了学生合作交流的意识和能力。

3.把练习环节的两道题目进行修改，第一道改成22×3，提问两次乘积的6表示得是否一样？重点考查学生对于算理的掌握。第二道改成123×3，考查学生是否可以迁移知识，计算三位数乘一位数的不进位笔算乘法。还可以尝试添加一道试一试：124×3，整合多位数乘一位数的笔算乘法（不进位）和多位数乘一位数的笔算乘法（进位），进行单元整合教学，注重连贯性及运算的一致性。

作为刚刚入职的新教师，本节课对我的启发也很大。在今后的教学设计和课堂实施中，我会注重《义务教育数学课程标准（2022年版）》中要求的"三会"统领，培养学生的"四基""四能"，并且合理利用教学环节和教学方法培养学生的表达、说理、合作能力，脚踏实地地落实数学核心素养。同时，集体教研对我的教师成长之路帮助也很大，作为新教师，我们更应多参与集体教研，抓住前辈教师指导的机会，不断吸收教学经验，争取早日站稳讲台，成为一名优秀的小学数学教师。

如何培养学生量感
——以二年级上册"认识米"课题为例
（北京市大兴区庞各庄镇第一中心小学　张佳莉）

导读：量感的培养是为学生抽象思维的发展奠定基础，因此在小学阶段就要开始重视对孩子的量感培养。

新颁发的《义务教育数学课程标准（2022年版）》在核心素养的

主要表现及其内涵中写道："量感主要是指对事物的可测量属性及大小关系的直观感知。知道度量的意义，能够理解统一度量单位的必要性；会针对真实情境选择合适的度量单位进行度量，会在同一度量方法下进行不同单位的换算；建立量感有助于养成用定量的方法认识和解决问题的习惯，是形成抽象能力和应用意识的经验基础。"对于学生量感的培养，我认真进行了学习与研究。

一、认真做好上课准备

"认识米"这节课对于培养学生量感和测量能力是非常基础和重要的一课，能够让学生感受数学上量的存在意义，从而帮助学生养成良好的数学思维。本节课我更多的是想让学生通过观察和动手操作去体会"1米"的长度，去发现"米"和"厘米"的关系。

（一）对教材及学生的分析

"认识米"这一课是二年级上册第一单元第三课时的内容，属于"图形与几何"领域中"图形的认识与测量"这一部分，目的是让学生形成初步的量感。这也是学生第一次系统地、科学地接触测量，但是在学生日常生活中有一些测量的经验，这些经验都为本节课的学习打好了基础。同时在本节课学习之前，学生认识了"厘米"，以及如何测量物体，而本节课的学习为学生后期学习长度单位（千米、分米、毫米）、单位换算、测量角、估测一些物体的长度，以及立体图形测量的学习奠定了基础。

（二）确定教学目标

1.知识目标：认识"米"和米尺，初步建立1米的长度观念；认识"米"和"厘米"的关系，知道1米＝100厘米。

2.能力目标：通过制作米尺、借助米尺找一找生活中长度大约是1米的物品等活动，学生能掌握正确的测量方法，培养观察能力、实际操作能力。

3.情感目标：激发学生的学习兴趣，让学生体会生活中处处有数学知识。

（三）教学重难点

教学重点：认识长度单位米，理解1米等于100厘米。

教学难点：能够熟练运用1米等于100厘米解决问题。

（四）教学准备：提前制作的米尺、软尺、课件

二、努力与学生上好数学课

在教学过程中我是这样做的：学生前两节课学习的"认识厘米"和测量，与本节课学习"认识米"有着系统的联系，也为这节课的学习做好了铺垫，因此我采取了复习导入的形式，即让学生利用前两节课学习的知识来测量黑板的长度，从而发现"黑板太长了用'厘米'做单位测非常不方便"这一想法，再为学生引出"当测量长的物体时就应该用米作为单位"这一概念。

在引导学生学习新的知识时，为了突出本节课的重点，突破难点，我分成以下六个小部分进行：

（1）认识"米"：用讲授的方式向学生系统地介绍"米"及字母表示。

（2）认识米尺：让学生观察自己手中的尺子与米尺有什么不同，从而发现米尺上的特点，找到米和厘米的关系。

（3）分享制作的米尺：为了让学生能更好地理解厘米和米的关系，所以让孩子在预习时尝试着做一把米尺。

（4）借助自己制作的米尺找一找身上的"1米"：该环节是想让学生借助身上的尺子在头脑中建立更形象的"1米"意识。

（5）放下米尺比一比"1米"大约有多长：这一环节是在学生

借助米尺找到身上的"1米"之后进行，放下米尺仍然能大约比画出"1米"的长，这样能够更加深化学生对"1米"的认识和记忆。

（6）找一找生活中的"1米"：学生通过前面的环节已经对1米有了形象的认识，没有米尺也能够大约比画出1米的长度，因此能够让他们找一找生活中的1米来实际应用一下，同时也可以再次借助生活中物体的1米来反向深化对1米长度的加深。

学得好不好，实际应用才知道，因此练习部分题目设计的是难度逐步提高的。第一题让学生单纯地重现知识。第二题则是计算题，熟练运用"1米＝100厘米"这一关系进行计算，深化知识。第三题为解决问题型题目，虽然题目简单，但是既能够培养学生运用知识的能力，也能够培养学生的阅读能力。

在全课总结中，为了帮助学生更好地建立学习系统，全面地回顾这节课所学的知识，在头脑中形成相应的体系，我引导学生自己回忆本节课所学知识与已经学过的厘米建立联系。

三、问题及修改建议

备课后我进行了第一次试讲，我和听课的教师感觉有以下五方面应引起注意：

（一）学生展示时的仪态和语言要加强引导

学生展示时仪态要大方，注意侧身，让全班学生都能看清其所展示的题目。同时，声音洪亮，语言描述要清晰。如本节课中，学生拿着尺子测量黑板长度时，应让学生一边测量一边讲解，这样能让下面的学生跟着走，不走神。也可以让上面的学生测，下面的同学说，这样能够更好地联动，帮助全班学生一起复习上节课学习的知识，更好地运用上节课所学的知识来解决新的问题。

（二）合理运用学具，节省时间

本节课让学生自己制作了米尺，虽然本意是想让学生通过动手操作理解"1米＝100厘米"这一关系，但是由于制作米尺时有很多小细节是需要注意的，如100厘米需要10个10厘米的纸条粘成，但是制作时却需要学生考虑实际情况，需要预留一些长度来粘贴，这也使很多同学考虑得不够全面导致制作的米尺短了一截，而这种错误既影响学生对"米"的认识，也让这一环节占据了这节课大部分时间。

因此，这一环节可以让学生借助手中标准的米尺更加准确地认识"1米"，如可以用自己的尺子量一量米尺有多长、数一数米尺上有几个1厘米这两个活动来代替制作米尺这一活动，这样既节省时间，也能让学生更标准地认识"1米"。

（三）对知识点适当地整合提升

上节课学习的是"厘米"，这节课学习的是"米"以及"米"和"厘米"的关系，两者的进率是100，而在后期学生还会学习两者中间的长度单位"分米"，这节课完全可以将"分米"这一概念融入进去，这样能够让学生更加宏观地发现三个长度单位之间的联系，也能够更好地、更形象地用手势区分记忆。

（四）注意课堂评价用语的多样性

课堂教学中教师要对学生的表现进行及时的评价，学生在学习过程中也都想及时听到教师对他参与学习表现的评价，因此如果课堂评价运用得好，对于营造良好的学习氛围、激发学习兴趣、调动积极思维、增强学生克服困难的决心起着重要的作用。所以，教师要根据学生回答的具体情况、具体表现，更加细致、多样、生动地进行评价。

（五）要注重培养学生的合作意识

俗话说："单丝不成线，独木不成林。"合作学习不仅能帮助学生更好地掌握科学知识，还能够培养学生的探究能力、团队意识和合作能力，促进学生综合能力的全面发展，也能够让课堂氛围由原来的沉闷变得活跃，提高教学效率。

在本节课中，教师总是让学生自主学习、自主探索，有个别学生没有跟上教师的思维或者是没有理解教师要求，而这时候合作学习能够让生生更好地互动，更高效率地解决问题。

四、反思与改进

根据以上建议对该教学设计进行了改进，收到了良好的效果。比如，我在揭示课题时引导学生：刚才这个同学用"厘米"测的时候你们觉得麻不麻烦？那我们测量短的物体时用厘米做单位，量比较长的物体时用什么做单位呢？板书：认识米，量比较长的物体时用米做单位。

在认识米尺时我让学生观察米尺看到了什么，和我们手中的尺子有什么相同点，又有什么不一样。当学生认为刻度更多了，尺子更长了的时候，我引导学生从一个格是1厘米，认识了米及米与厘米之间的关系，1米等于100厘米。

接着借助米尺找一找身体上藏着的"1米"，用手比画1米的大概长度，引导学生在生活中再遇到需要米尺的问题时就可以借助我们身上的尺子了！然后引导学生寻找生活中的"1米"。学生的学习热情高涨，学习效果也很好。

其他方面也进行了改进，自己觉得在教学方面有了很大的进步，尤其是让学生经历知识形成的过程，培养他们的量感，我觉得自己提高了很多。通过这次教研活动，我认为自己又成长了一大步。

第二节　在研究教材中汲取教育智慧

读懂教材和把握教材是实施课堂教学的基础

（北京小学大兴分校亦庄学校　崔丽）

导读：研读教材要挖掘深层次的数学知识和数学思想方法；在整体把握教材的基础上，丰富教学内容，让知识具有延伸性、发展性，为后续知识的学习铺路；利用教材创造性地设计教学活动和教学过程，提高课堂的时效性。

《义务教育数学课程标准（2011年版）》中提出："数学教材为学生的数学学习活动提供了学习主题、基本线索和知识结构，是实现数学课程目标、实施数学教学的重要资源。"教材是教师教和学生学的重要依据，对教材的理解和把握在备课过程中起着关键性的作用。对教材的不同理解，直接影响了教师的教法、学生的学法及学习活动的形式，制约着学生的学习效果。因此，我认为作为教师在教学研究中应注意以下三点：

一、读懂教材，了解编者的真正意图

数学教材的编写是以课标为依据的。教材内容的呈现体现了数学知识的整体性，体现了重要的数学知识和方法的产生、发展和应用过程，是遵循学生认知规律，从学生的综合素养出发而编排的。教材十分重视发展学生的数学素养。

我之前在研究一节课时，基本上是把大部分精力放在数学知识上，总是在想怎样能让学生理解知识。经过与姜老师及伙伴们一起

研究课，我发现不仅要研究数学知识，还要研究知识蕴含的数学思想方法，在读教材时要多问几个为什么。

例如，北京版小学数学一年级上册第六单元"认识图形"一课中，在研究之前我认为学生能认识、辨认和区分四种图形就是完成教学目标了。那教材的设计中为什么桌子上放着篮球、盒子？为什么同学说"不行，一点儿也不听话"？为什么又要设置这样的练一练呢？

在教研过程中我发现，"认识图形"这一内容还要帮助学生初步建立空间观念。学生空间观念的建立是由实物到抽象再到实物运用的过程。而教材中的设计正是学生空间观念建立的过程。学生由生活中的球、盒进行分类，再通过观察、触摸、对比等方式，感受不同图形的特点，进而抽象出长方体、正方体、圆柱和球，然后再说一说、辨一辨生活中的图形。学生经历了"实物—抽象—实物—应用"这样一个认知过程。在这个学习过程中，学生借助已有的对图形认识的生活经验，通过观察、触摸、两两对比的方法，发现图形的特点并且能区分和辨认图形，再回到生活中去感受图形在生活中的应用。学生在掌握知识的同时，感受对比的数学思想，无形中培养了学生的空间观念，更让学生积累了数学活动经验，体会到数学与生活是密不可分的。

再如，在北京版小学数学一年级上册第三单元"大于、小于和等于"这一课中，学生能比较数量的多少，用符号表示大小关系是本节课的重点。我们能想到的是站队时的比较多少，那为什么教材中设计中间空一人的排队方式呢？为什么要用圆点摆一摆？虚线又表示什么？

这样的情境设计和简单的排队问题相比，更能培养学生观察、分析、思考问题的能力，也能体现出数学源于生活。在接力赛的问题情境中，学生发现人数不一样多的问题，产生了比较的需求。在比较两队人数的过程中，一个蓝队队员对应一个红队队员，当红队队员对应不上蓝队队员时，就可以说蓝队人数多于红队人数。蓝队有4人，红队有3人，我们就说4大于3，写作"4＞3"；反过来也就是3小于4，写作"3＜4"。在比较的过程中，把蓝队队员抽象成蓝色圆片表示，红队队员抽象成红色圆片表示，一个对应一个，发现都对应上了，说明4和4同样多，写作"4＝4"，这是比较的方法，也是一一对应的数学思想。通过把蓝队队员和红队队员对应起来，发现哪队多，哪队少的数量关系，找到了比较的方法，进而抽象出数学图形表示两队一一对应的关系，最后用"＞""＜""＝"这样的数学符号，把数量关系表示出来。这是数学知识抽象、符号化的过程。简简单单的一节"大于、小于和等于"的教材设计，不仅要让学生掌握比较大小的方法，更渗透了一一对应和符号化的数学思想，培养了学生的符号意识，积累了学生数学活动的经验。

每次的教研活动，都让我对教师备课首先要读懂教材有更深刻的理解，也学会了一些读懂教材的方法。我认为，读懂教材就要多思考，多问为什么要这样设计例题，这样编写有什么好处。在读懂数学知识的同时，更要发掘数学知识背后的数学思想。

二、整体把握教材，帮助学生建立知识结构

小学数学知识是连贯的、循序渐进的、符合学生认知规律的，所以在读教材的同时，要结合课标对各学段的要求，准确地理解和把握教材。把握教材要了解本节课之前学生掌握了哪些知识，后续要学习哪些知识；整体地把握教材，要让每节课都具有延伸性，在学生头脑中形成知识树，为后续知识的学习做好铺垫。学生头脑中形成了知识结构，遇到问题时就会从新旧知识的联系中，从新旧知识学习的思想方法和积累的学习经验中找到解决问题的策略，形成新的认知结构，这样学生的学习能力，尤其是迁移能力会得到很好的发展。学习能力强了，学生的数学素养也得到相应的提升了。

在研修中，我逐渐理解了研读教材要把握每节课的知识点，找到知识的起点、重点、难点和易错点，要结合课程标准的具体要求制定教学目标，开展教学活动。例如，在一年级"认识图形"一课中，学生会区分、辨别图形即可。如果让学生说出图形的特征，这是教师对教材后续内容不了解，超出了一年级认识图形的目标，增加了教学的难度，学生只是用那些特征去套图形，而不是通过观察、操作、对比分析中抽象出所认知的图形，从直观的感知中去体验、感悟图形的形状及它独有的特点，这样会影响本节课的教学目标扎实有效地达成，学生只是空空地记住那些特征。

又如，我在教学"小数除法解决问题"一课中，学生能够厘清数量关系，利用数量关系解题就完成了教学目标。题目中给出了"已经走了6小时""平均每小时走5千米""总共需要1.5小时走完"三个条件，让学生提出问题。在学生提出问题后，为了节省时间，让板书更简洁，我决定用字母来表示他们提出的问题。"S总是多少千米？""T已走是多少？""T未走是多少？"等，这样的表示方法让学生在解决问题时有些蒙，无从下手。用字母表示数、表示问题学生还没有学习，大部分学生以现有的经验理解起来有些困难，这样的表示方法对学生来说不直观，增加了学生理解题意的难度，也就加大了学生分析数量关系、解决问题的难度。

以上两个例子都是教师对课程标准及对教材中的具体要求不清楚，导致在教学设计时出现不符合学生认知规律的教学活动，影响本节课的教学目标扎实有效地达成。

三、灵活运用教材，提高课堂实效

教材是课堂教学的依据，但教材不是唯一的课程资源。教师应灵活运用教材，结合学生情况和学生发展需求，选择教学方式和教学内容。

本学期的教研给我印象最深刻的就是陈宇老师的"用数对确定位置"一课。"用数对确定位置"一课的难点在于怎样让孩子理解要以观察者的角度描述位置。教材中提供的例题图为描述李强的位置，为了正确、简明地表示位置就可以应用数对来解决。我认为这样的例题图不够直观，不便于学生理解怎样用数对描述位置。

在研讨时，姜老师曾说过，学生空间观念的建立要经过从实际生活到平面图，再到抽象成数学语言，最后应用于生活。在进行新知识学习前，陈宇老师创设符合学生实际生活的情境："同学们，我们的家长要来班里参加家长会，你怎样向你的家长介绍你自己所坐的位置呢？"学生根据已有的生活经验，表达出了自己多种多样的想法。学生有了准确描述位置的需求，进而引出"在数学上规定，竖排叫作列，横排叫作行"的知识点。在处理观察者和观察对象的关系时，陈宇老师亲自做示范："假如我是一位同学的家长，进门以后，我怎样找到自己孩子所坐的位置？"说着就从门口走了进来。这样的演示，让学生一下就能感知到观察位置时要从左往右数的观察顺序了。这样生动形象的演示为学生学习用数对表示位置打下了坚实的基础。在实际的生活情境中学生理解了怎样描述位置，那么描述平面图中的位置也就轻而易举了！

这样灵活地运用教材，让"数对"这一教学内容变得生活化，更具有趣味性。学生在自己熟悉的生活情境下，不仅激发了学习的兴趣，还能更直观地帮助学生理解如何观察和描述，同时也帮助学生在脑海中建立"数对"的数学模型，在无形中建立空间观念，大大提高了课堂的时效性。

对我们这些年轻教师来说，出于教学经验不足或备课不充分等种种原因，很少会选择跳出教材，这就让课堂教学内容变得很局限，学生的获得也受到了局限。教材虽然具有标准性和规范性等优点，但是教师不能被标准和规范所"束缚"，要把传统的"教教材"转化成创造性地"用教材"。

读懂教材和把握教材是进行课堂教学的基础，是教师备课中的重点，灵活地运用教材更是我们努力的方向。在进行教学设计时，教师要先整体地把握教材，了解新旧知识的联系，充实数学知识，帮助学生构建知识结构，发展学生的学习力；再理解编写意图，要多思考例题中各部分的意义和目的，在理解知识内容的同时，挖掘蕴含的数学思想和方法；最后在理解和把握教材的基础上，重视对教材的灵活处理，主动跳出教材的束缚，富有创造性地设计符合学生年龄特点和认知规律的教学活动，在有限的40分钟里，让学生的收获最大化，提高课堂效率。

在以后的教学工作中，我要注重了解和积累数学思想与方法，挖掘深层次的数学知识；在整体把握教材的基础上，丰富教学内容，让知识具有延伸性、发展性，为后续知识的学习铺路；在平时多跟同组教师探讨，利用教材创造性地设计教学活动和教学过程，提高课堂的时效性。

作为一名教师，要提高自身的数学专业素养，完善自身的学科知识体系，不断学习，不断反思，这样才能多角度、多思路充分探究教材，让课堂教学充满创造和生机，让学生会学、乐学。

整体把握教材 积淀教学智慧

（北京小学大兴分校亦庄学校 张曦）

导读：数学是一门严谨、逻辑性强的学科，教师在教授数学新知识前，要统观全册教材内容，把教材整体脉络弄清楚，厘清各个单元的联系与区别，再深刻、整体地解读教材。

新教师所面临的问题多种多样，在摸着石头过河的途中，大家相互搀扶，借助集体的智慧大步向前。本次感悟同样是通过集体说教材的过程而记录的有所思、有所得。

一、整体解读数学教材

数学是一门严谨、逻辑性强的学科，大到不同学段的数学学习，小到同一年级的不同单元，每个知识点都息息相关、环环相扣。因此，教师在教授数学新知识前，要统观全册教材内容，把握教材整体脉络，厘清各个单元的联系与区别，再深刻、整体地解读教材。只有站在较高角度，真正做到数学结构清晰、脑中有完整数学知识体系，才能更好地将新知以一种科学、严谨而富有逻辑性的方式引导学生进行建构。以北师大版四年级数学教学为例，教师通过解读数学教材，钻研教学内容，能够创造性地使用教材，将教学内容以一种更高效、更有趣、更易于被学生接受的方式呈现在每一节数学课堂上。

在准备说教材的过程中，我将重点放在了一节课的解读上，也就是关于三角形的内容进行了大量的调查与研究并撰写。专家姜老师拿到我的初稿便马上指出了：这是说课，不是说教材。

按照姜老师的建议我进行了修改，在修改的过程中我逐渐理解到：说课是研究"点"，而学期初说教材的意义是站在更全面的角度整体看待整册教材与整个学段的知识体系。研究教材的前提便是自己不能局限在一节课，才能把眼光放长远，经过修改，我的思路也逐渐清晰了起来。

说教材当天也汲取了许多教师的优点，尤其是陈宇老师将核心素养加入其中：大概念融入、单元目标清晰、单元内容解读完整、新授课程前后联系，都清晰地显示了陈老师研读教材的方法。

二、读懂单元内容，领悟编排意图

数学是一门承上启下、前后内容紧密联系的学科。因此，教材编排人员在编排单元顺序时，是根据一定的逻辑和学生学习特点进行有目的、有选择的编排。这就要求数学教师在备课时要深度钻研教材，充分理解教材的编排目的，厘清单元脉络，更好地进行新知教学。例如，四年级下册数学教材共有六单元，各有联系，环环相扣。

"数与代数"领域包括：

第一单元"小数的认识和加减法"。进一步了解小数的意义。结合具体情境，学习小数加减法和加减混合运算，运用小数加减法解决日常生活中的一些问题，感受小数与实际生活的密切联系。

第三单元"小数乘法"。结合具体情境，使学生了解小数乘法的意义，经历探索小数乘法计算方法的过程，掌握小数乘法的计算方法，运用小数乘法解决生活中的简单问题。

第五单元"认识方程"。结合生活情境，使学生初步了解可以用字母表示数；通过直观教具，初步了解方程；通过游戏活动，初步了解等式性质，并能用等式性质解简单的方程。

"空间与几何"领域包括：

第二单元"认识三角形和四边形"。通过对三角形分类，了解各类三角形的特点；通过操作，探索并发现三角形三个角的度数和等于180度，三角形任意两边的和大于第三边；进一步认识平行四边形，了解梯形的特征；会运用学过的图形设计一些简单的图案。

第四单元"观察物体"。能辨认从高低、远近不同观察点拍摄到的图片及其先后顺序；通过实际观察，使学生体会到同一景物在不同的位置，看到的画面不同；能辨认从不同位置拍摄的图片及其先后顺序。

"统计与概率"领域包括：

第六单元"数据的表示和分析"。通过实践活动，使学生掌握条形统计图和折线统计图所表示的意义。同时理解并掌握平均数的意义与方法。

所以当教师拿到教材时，不要急于备第一课，应该先总览全书，厘清目录中的脉络，找出单元间的联系和区别，钻研教材编排意图，这样往往会带来意想不到的教学效果。

三、把握教材重点，突破教学难点

找准学生学情，确定学生认知边沿，把握教材重难点是有效教学的关键。在教材中处于核心地位，对知识整体结构、后继学习有着重要影响的内容，都可算是教学重难点。小学数学教材由于篇幅有限，呈现的是高度浓缩的素材，并不是大家想象的那么简单，里面也涵盖了很多知识内涵需要解读，建构时需要学生运用数学空间思维能力、想象能力、逻辑能力等，而这些也构成了小学数学中的重难点，也是学生较难掌握的知识。

这就要求教师做好以下两点：

（一）备课时深度解读教材，找准教材中的重难点。教师要钻研教材，瞻前顾后地构建单元体系，结合学生实际，找出关键，选择有效的教学方法。

（二）教学时，要创造性地使用教材，善用知识迁移，横向对比。数学知识是融会贯通的，在教学中遇到重点难点时，教师可通过对比之前的知识，由旧知引出新知，由易入难，层层推进。例如，"图形分类"①是本单元的第一个教学内容。本节内容正是在学生已经直观认识了一些图形的基础上，通过分类整理，进一步了解图形的类别特征，感受它们之间的联系，同时渗透了分类的数学思想，积累了数学活动经验。教科书安排了两个问题：第一个问题是通过分类活动初步认识图形类别特征，第二个问题是在操作活动中发现三角形的稳定性，而后设计练一练，让学生能运用所学的知识解释生活现象，感受数学与生活的紧密联系。

通过旧知迁移到新知，有对比，有联系，实现整体建构，学生学起来也就更容易和轻松。

综上所述，教师在平时的教育教学中，事先要做好充分的备课工作，读懂课标理念，读懂教材编排意图和脉搏，厘清教学内容中隐藏的数学关系，深入挖掘教材的例题价值，统观全册教材，准确把握各个单元的脉络，找出联系和区别，才能更好地在课堂上将知识以一种更高效、更符合学生实际的方式呈现给学生。

认真研读教材，提高理解教材的能力

（北京小学大兴分校亦庄学校 王璐）

导读：教材在教学工作中的主导性、核心性、权威性的地位是不可动摇的。作为教师必须正确地理解教材并在教学活动过程中灵活地运用教材。教师在研读教材时，要深入思考教材的编写意图，同时要站在学生的立场研读教材，再进行教学设计，学生的学习才能产生良好的效果。同时，教师要明确例题意义，认清例题与习题的关系，从而更好地进行教学工作。

作为刚刚走上教师岗位的新兵，在专家的带领下，我从中真的学习到了很多。渐渐地，我对于如何研读教材、如何根据教材内容设计教学活动的全过程有了一些感悟，进一步理解了教材是依据课程标准编制的，是最基本和最主要的课程资源，是实现课程目标的重要载体，具有相当大的特殊性，在很大程度上反映了国家意志，代表国家对学科教育的基本要求，为学科教育树立了一个基本的、统一的标杆和尺度，是政策性很强的课程资源。它是系统反映学科内容的教学用书，是教师教和学生学的主要凭借，是教师通过学科教学做好教书育人工作具体的且重要的依据，是学生获得系统知识、发展智力，进行情感态度价值观教育的重要工具。因此，教材在教学工作中主导性、核心性、权威性的地位是不可动摇的。教师必须正确地理解教材并在教学活动过程中灵活地运用教材。我在以下三方面体会很深：

一、研读教材，深入思考教材的编写意图

教师研读教材时必须明确课程的内容是什么，编者为什么用这

样的生活素材，教材是以何种形式呈现学习内容的，这样编排的意图是什么，教师设计怎样的教学环节才能更好地体现教材意图，进而准确把握课程材料的精髓和教学本质，科学合理地把教材上的课程材料转化成每一节课的教学内容，将静态的知识转化成动态的思维。

在教学"探究规律"这一课，我一开始认为这是一节对于20以内加法的复习课，让学生发现横行和数列两个数相加和相同的格子呈一条斜线。再根据这一发现，进行涂色，让学生自由发挥，创造出自己喜欢的表格。但是通过专家教师一次次的启发引导，并和我一起仔细研读教材、教参，我知道了本课教材的探索规律，一是探索另一种形式的加法表，将横排和数列的数做加法，把结果写到对应的方格里，为在今后学习中认识坐标系，学习函数做一些准备。二是让学生观察表格，分别发现横行和数列两个数相加10、9、8、7……的规律，再运用加法算式中的规律灵活地进行计算。这时教师就应该深思教材背后的意图，通过引导学生发现这些规律，从而找到这些规律背后的规律：和不变，其中一个加数大几，另外一个加数就小几，从而为正确、熟练、合理地计算，养成运算技能奠定基础。

数学教材内容是由许多素材组成的，不同的细节有着不同的编写意图。对教材细节的理解与把握，是教师个体智慧的展现。因此，教师不仅从宏观上整体把握教材的数学知识结构体系，还要从微观上深入研究每节课教材内容中主题图所承载的问题与情境、信息与呈现方式、提示语与旁注等，深刻领悟每节课教材内容的教学本质和核心价值。

一开始在设计"认识图形"这一课时，我了解到大部分学生已经认识了长方形、正方形、圆柱和球，所以我就将一部分时间放在了观察这些立体图形上面，使劲地引导学生找图形的特征，上课时很费时费力，都40分钟了感觉学生理解得也还是模模糊糊。在评课时，专家教师让我读教材和教参的相关内容，我仔细研读教材后发现教材中反复出现"×× 物体是 ×× 形状"，所以这节课的重点在于引导学生将生活中的物品和数学中的立体图形结合起来，初步感知立体图形的特征，找出长方体、正方体等立体图形的具体特征是五年级的学习内容。

二、站在学生的角度读教材，事半功倍

站在学生的角度研读教材，首要条件是教师必先透彻地研究学生。通过对学生的研究，明了学生的认知规律、整体的认知水平和具体的认知差异，清楚学生的层级分布，从而灵活地运用教材、有针对性地设计教学，真正做到因材施教，因学论教，提高教学的实效。

在"8、9的加减法"这一课中，我预设的是学生可以运用已有的知识经验，即整体与部分的关系，自主完成"一图列四式"的任务。但是实际教学中，大部分学生只能列出一个加法算式。这说明学生对于"两个数相加时，调换两个数的位置得数一样"及"整体与部分"的关系掌握不到位。反思自己的教学，一是我前面的教学过程不够扎实。教材是有连贯性的，在学习数的分与合、5以内数的加减法中对于数量关系就重视不够。所以，学生再学习8、9的加减法就会出现问题。二是学生虽然学习了，但也会遗忘，教师应采取策略唤醒学生已有的知识和经验。然后再让学生自主探究，学生就会很容易地根据一幅图列出四道算式。

三、遵循学生的认知规律设计教学过程

教师设计教学过程要遵循学生的认知规律和心理特点。低年级的学生注意力不稳定，容易被自己感兴趣的事物吸引。开始我常常通过设计一些小游戏来吸引学生的注意力，激发学生的学习兴趣，

但是经过专家教师的提示："学生喜欢挑战性的学习。"我开始在教学设计上下功夫，设计对学生有一定高度的挑战性学习活动。

比如，在"探索规律"一课的导入部分，一开始我设计的是一个点将游戏。让横行和竖列的学生按照指令分别举起左手或右手，然后教师找到两只手都举起来的学生，让学生初步感知坐标。备课时，专家教师告诉我，削枝才能强干！这个导入首先用的时间过长，影响了重要知识的学习，其次降低了学生思维的难度。上完这节课我发现学生不需要这个导入部分也可以发现表格中的规律。教师不应该因为怕学生不会解决数学问题，而把教材的难度降低再教给学生。学生的心理特点是有意注意时间短，教师更不应将宝贵的时间用在非重点的内容上。

"吃"透例题　把握精髓
（北京市大兴区第七小学　熊金凤）

导读：例题是小学数学教材中的重要组成部分，在课堂教学中起着示范性、代表性的作用。教师应在充分了解例题的内涵与外延的基础上，精心创设例题的生活情境，激发学生主动获取新知的兴趣。在自主、合作、探究学习的过程中，厘清算理，明确算法，规范表述，从而发展学生的数学思维能力和解决问题的能力，使他们感受数学的价值与魅力，培养严谨认真、勇于探索的科学精神。

例题不仅仅是一个教学例子那么简单，其中蕴含了数学概念、规律和模型，能帮助学生掌握数学知识，获得数学能力，积淀数学情感。我们要不断研究教材的设计意图，保持学生的主体学习地位，确保其自主地展开动脑思考、动手操作、动口对话等认知活动，深入研读例题信息、探究解决问题的方法，从而发现例题中存在的数学规律和解题方法。

作为小学数学教材重要组成部分的例题是把知识、技能、思想和方法联系起来的一条纽带。知识的价值、技能的操作、思想与方法的作用都是通过例题来体现的。例题的讲解与示范是教学中传授知识、培养能力必不可少的一个环节。教学中只有正确理解例题的编写意图，才能准确把握教学内容、把握例题的精髓。

一、了解例题的内涵与外延

例题具有引入性、示范性、教育性、发展性等多种功能。我们要从丰富的教学素材中找到例题所要完成的教学内容，理解例题内容呈现的情景化、生活化的实际目的，看到各个组成部分之间的关系；明白例题中展现的操作、交流、实验等活动的意图……对于例题的作用和使用，不能只停留在知识内容的层面，不能机械地按照教材环节走过场，或者任意地改变例题编排内容，使许多很好的例题没有发挥出应有的价值。

因此，在教学中我认真研究例题的内涵和外延，了解例题的作用和功能，然后从例题应该承载的任务出发，尝试从不同维度解读教材中例题的内涵和外延，从而达到正确理解例题编排意图的目的。

二、在例题情境中激趣引入

有的例题创设了许多生动、具体的贴近学生的生活情境，引起学生的兴趣，激发学生学习的动机。如北京版三年级上册"合理搭配"一课中的例题是以学生外出旅游搭配衣服为内容，因此，我这样操作：

2.合理搭配

有几种不同的穿法？

（一）情境引入，产生探究兴趣

先通过假期里小芳的爸爸妈妈要带她去旅游，她非常高兴，快速去衣柜找衣服。她从衣柜里选出一些自己喜欢的衣服犯愁了，穿什么衣服好呢？例题从生动、具体贴近学生的生活情境出发，引起学生的兴趣，体会研究的快乐，进而激发学生学习的动机，产生自主探索解决问题的想法。

（二）动手操作，探究学习

一共有6种不同的穿法。

1. 让学生拿出衣服图片操作。看一看，有几件上装，几件下装？我们来猜一猜，小芳可能怎么穿衣搭配呢？自己试一试！提示：一件上衣搭配一件下衣。学生摆一摆再进行展示。

2. 看看还有别的搭配方法吗？

教师揭示：这就是我们这节课要学习的内容"数学广角——合理搭配"，从而引入了新课让学生操作、展示、观察、总结（有序、全面不重不漏）。最后把总结出的6种方法写出来。

三、在例题的引领下规范表述

例题通过示范性的引导、启发、说明等方式，让学生掌握概念表述、思路分析、解题方法与规范的书写格式。如北京版三年级上册"乘法估算"一课，我是这样进行的：

教师引入：这次我们的实践活动要去参观科技馆了！你们想到了什么？孩子们浮想联翩，然后教师出示例题：

1.通过例题图引导学生去观察，启发学生思考问题，明确要解决的问题：仔细看图，你从题中获取了哪些数学信息？要解决什么数学问题？（知道门票价格和参观人数，要求大约需要多少钱）

2.用什么方法解决这个问题呢？有的学生用笔算出精确的结果比较；有的就运用估算，并说明只要算出大约是多少就可以。比如，把98看成100，100乘8大约是800，所以大约需要800元。

3.估算在这时能更简便地比出结果。引出课题：乘法的估算。（初步认识"乘法估算"）

4.研究估算方法：怎么知道98×8大约得多少？（自主探索、同桌交流、全班反馈）

把98估成接近整百的100，$100 \times 8 = 800$，所以$98 \times 8 \approx 800$

板书：$98 \times 8 \approx 800$(元)

98接近100，把98估成100

这样的例题清楚地表达了乘法估算思路、解题方法与规范书写格式，凸显了例题的示范作用。

四、在例题的基础上发展思维

例题的设计是鼓励学生独立思考、合作交流、自主探究，鼓励学生大胆猜测、实践验证、抽象概括，发展数学思维能力和解决问题的能力。如北京版三年级上册"长方形和正方形的周长"一课在认识周长的基础上出示小李家新装修了，买了一个漂亮的长方形画框要放墙上，我们快来帮她求出画框的周长，出示例题（画框）让学生独立完成：

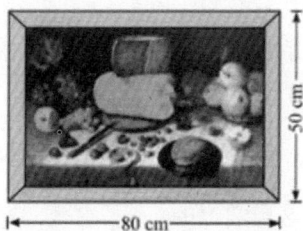

$$80 + 50 + 80 + 50 = 260（厘米）$$

$$80 \times 2 + 50 \times 2$$
$$= 160 + 100$$
$$= 260（厘米）$$

$$（80 + 50）\times 2$$
$$= 130 \times 2$$
$$= 260（厘米）$$

答：画框的周长是260厘米。

1.学生独立完成：求出长方形画框的周长。

2.交流方法：长＋长＋宽＋宽；长 ×2+宽 ×2；（长 +宽）×2。

3.探究还有没有新方法，鼓励学生大胆猜测、实践验证。方法灵活多样为后边知道长方形的周长和长求宽、知道长和宽的和求周长等多样练习打下基础。

4.抽象概括出：长方形的周长 =（长 +宽）×2。

5.迁移到正方形周长＝边长 ×4。

这样学生从初步探索解决问题、展示方法、优化方法再到举一反三的学习过程中，学生的思维在发展，解决问题的能力也得到了锻炼。

五、在例题的学习中接受教育

例题体现了知识的发展、知识的联系、知识的应用，使学生在思想上和行为上都接受数学的熏陶，感受数学的价值与魅力，培养了学生严谨认真、勇于探索的科学精神。如在教学北京版三年级上册"24时记时法"一课时，学生是这样学习的：

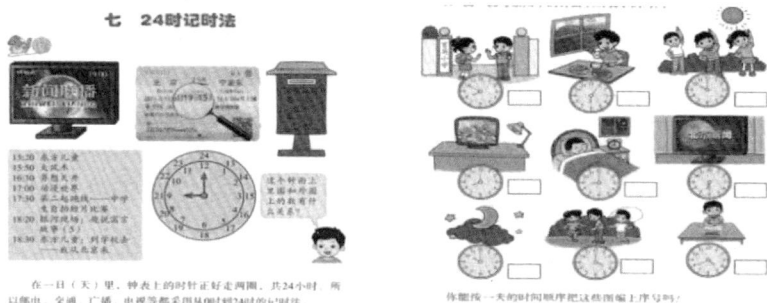

学习24时记时法之前，学生已经认识了钟面，学习了有关时、分、秒的知识。从生活经验来看，在他们的日常生活中常常接触到24时记时法表示的时间。比如，每天的《新闻联播》、电视里的节目预告、乘车的时刻表、邮局的开箱时间表等。可见本节课的内容是前面知识的发展，与以前知识紧密相连，在生活中经常可以看到24时记时法的广泛应用。学生感受到了数学的价值。本节课的例题更是凸显了这一特点，通过以小朋友一天的生活为载体进行学习。教学如下：

师：你知道一天是从什么时刻开始的吗？

生1：从1时开始。

生2：从12时开始。

师：到底是从什么时候开始的呢？我们一起来看一个春晚倒计时的小视频。

师：新的一年，新的一天开始了。（师手指钟面）新的一天是从晚上12时开始的，晚上12时也叫0时。

一天是从什么时候开始的，绝大部分人都是在睡梦中，毫无感知地度过子夜时分。教师播放学生非常熟悉的春晚倒计时视频，帮助学生理解0时的特殊性，深刻地体会一天是从0时开始的。了解一天有24小时，教师引导学生进行联想，培养学生的创新意识。做时间的管理者，合理安排自己的时间，设计一天的时间安排表。

本节课联系实际让学生感受数学就在我们身边，我们的生活离不开数学知识，使学生在思想上和行为上都接受数学的熏陶，感受数学的价值与魅力，培养学生严谨认真、勇于探索的科学精神。

总之，教材中的例题作为知识的载体有其重要的作用和功能，例题中的情境能激发学生兴趣，让他们在快乐中学习；例题能起到示范作用，让学生掌握概念、厘清解题思路、掌握解题方法与规范的书写格式；例题能为学生独立思考、合作交流、自主探究，鼓励学生大胆猜测、实践验证、抽象概括，发展数学思维能力和解决问题的能力做铺垫，在此基础上发展；让学生在学习中接受数学的熏陶，感受数学的价值与魅力，培养学生严谨认真、勇于探索的科学精神。例题呈现的是一个教学过程，既有学生认知的过程，也有教师教学的过程，我们要从多维的角度去解读它、理解它、应用它。

参考文献
[1] 刘延革 . 我读小学数学教材 [M]. 北京：北京出版社，2013.

第三节 由学情分析中找准教学的切入点

问题引领下学生自主学习中的思考

（北京市大兴区礼贤镇第二中心小学 张鹏）

导读：《义务教育数学课程标准（2022年版）》指出，数学素养是现代社会每一个公民应该具备的基本素养，并设计"知识技能、数学思考、问题解决、情感态度"的总体目标来综合体现小学数学核心素养的培养方向。数学思考，它是数学核心素养的灵魂，始终贯穿数学核心素养的培养过程。在当前的小学数学课堂教学中，如何进行问题引领并引发学生思考显得尤为重要。

随着新课程改革的持续深入，小学数学教学越来越强调对学生核心素养的培养。通过培养学生的核心素养，可以使学生具有数感、符号意识、空间意识和应用意识，强化学生的逻辑思维、多向思维，全面提升学生通过理论联系实际进行分析问题、解决问题的综合能力。这就要求教师不仅要使学生"学会"数学，还要让学生"会学"数学，"爱学"数学。我们都知道学生的学习应从问题开始，围绕问题进行探究，最终以问题解决为学习动力。问题的设计，要讲究技巧，而良好的问题设计，应在新旧知识的连接点上，应体现出重、难点，应在知识的变化迁移的地方，应设在总结知识的规律时。那么，怎样设计问题促进学生发展是一线教师应重点关注和研究的问题。

一、注意问题的思考性，提升学生的思维水平

问题是放飞思维和想象的钥匙。设计的问题，必须有思考性，

要具有一定的思维深度和广度，为学生提供一定的思考空间，提高学生的思维水平。

（一）设计能产生认知"冲突"的问题

周玉仁教授曾指出：数学问题来自两个方面，有来自数学外部的（现实的生活实际），也有来自数学内部的。无论来自外部还是内部，只要能造成学生的认知矛盾，都能引起学生的内在学习动机，就会出现发展，都是具有价值的。教学时，设计的问题要激起学生与已有经验或新旧知识之间的矛盾，使学生产生主动探究的内在驱动力。如上课时教师这样做：

师：同学们，前面我们认识了分数，请你们自由说几个分数。

生1：1/4。

生2：7/8，11/15。

生3：2/5，6/10。

师：（指着黑板上记录的这些分数）同学们列举了这么多分数。请你仔细观察一下这些分数的分子和分母有什么规律。

生：我觉得它们都是分子比分母小。

师：这些分数确实都是分子比分母小的分数。但是，是不是所有的分数都这样呢？有没有不是这样的分数？

由于前面学生接触的分数都是分子比分母小的分数，"是不是所有的分数都这样呢？有没有不是这样的分数？"问题的提出使学生与新旧知识之间产生了矛盾，使学生出现了主动探究的内在驱动力。

（二）设计发散类和探索类问题

从问题涉及的内容看，可以分为四类：判别类问题——对事物加以判定，代表词是"是不是""对不对"；描述类问题——对客观事物加以陈述和说明，代表词是"是什么""怎样"；探索类问

题——用对事物的原因、规律之间的内在联系加以说明，代表词是
"为什么""你从中能发现什么"；发散类问题——从多角度、多方面
去认识事物，代表词是"除此之外，还有哪些方法""你从中体会到
什么"。探索类、发散类问题具有较大的难度和广度，为学生提供了
一定的探索空间，需要学生经历认真思考，运用多种思维方式，才
能寻求到结果。如在"对称"这一教学内容中出示一个对称图形对
折后的形状（如下图）。

师：这是一个对称图形的一半，想一想，它原来可能是什么样子？

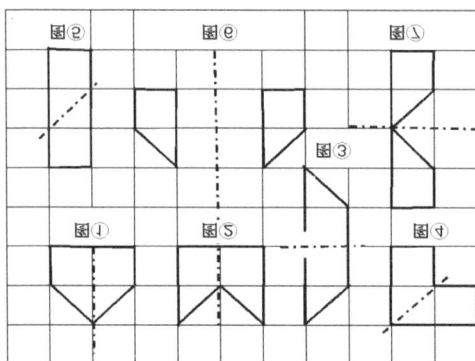

生1：原来可能是一座房子（如图①）。对称轴是中间的长边。

师：还可能是什么样呢？请同学们想一想，先确定对称轴，再
动手画画。学生想了一会儿，纷纷在方格纸上画了起来。

生1：原来可能是图②，以竖的短边为对称轴。

生2：以下面的边为对称轴，就成了图③。

生3：以斜边为对称轴，原来可能是图④。

生4：我有不同意见，以斜边为对称轴，原来是一个长方形图⑤。

师：你同意谁的想法？为什么？

生5：我同意生3的想法，因为这个图沿斜边对折后，两边完全
重合。

生6：生4的画法是错的，这个图沿斜边折，两边没有完全重合。

师：我也同意生3的方法。除了这几种，还有别的画法吗？

生7：可以这样画，像图⑥，对称轴在外面。

师：真了不起，对称轴在图形外，也能画出不一样的图形。

生8：那还可能是图⑦。

……

教学时，教师出示一个对称图形的一半，提出一个开放性的问题：它原来可能是什么样子？这个问题激起了学生思考的兴趣，引导学生从多个角度去思考。学生经过探索，发现分别以这个图形的四条边为对称轴，可以得到图①～④四个不同的图形。"除了这几种，还有别的画法吗？"又将学生的思维引入深层的思考，从不同的层面、角度去探索问题。原来对称轴在图形的外面或经过一个点，图形又不一样，进一步拓展了学生的思维空间。对于图⑤和图⑥的争议，教师抛出一个问题：你同意谁的？为什么？让学生在这个容易混淆的地方产生疑问，引发讨论。通过探索，使概念更清晰，思维更深刻。

二、以核心问题为基础，引导学生自主思考

教学要始终以核心问题为基础，引导学生展开广泛、深入的自主探究活动，促进学生自主思考，发展学生的数学思维，让学生体验到数学探究的乐趣。如人教版教材六年级上册"圆的面积"教学片段。

师：以前我们用什么方法来推导平面图形的面积计算公式？

生1：通过剪、拼、旋转等方法把新图形转化成已学过的图形。

师：通过转化策略可化未知为已知。圆的面积计算公式是不是也能这样获得呢？

生2：能。可先把圆等分，然后再拼成平行四边形。

师（为各个组准备将圆分成16等份的学具）：请动手拼一拼，并按要求进行小组合作探究。

师：继续分下去（将圆分成32等份），拼成的图形会是怎样的呢？

生（齐）：更接近平行四边形。

师：是不是这样呢？你还想把这个圆等分成多少份？可以任意选择。

师：继续平均分，当分的份数无限多时，会拼成什么样的图形呢？请你仔细观察这些图形，它们有什么相同之处？

生3：它们的面积都是相同的。

上述案例中，教师未满足于学生的"浅表学习"，在学生思维的连接处和转折处进行两次有效追问，这样的问题串，能够引导学生围绕问题自主、深入、逆向思考，从而启迪和发散他们的思维，培养他们的问题意识，提升他们的自主学习能力。

以问题为导向的自主学习，是培养学生主动学习、主动探索、敢于竞争又善于合作的学习方式。在问题的驱动下，学生会主动去学习与思考，从而养成反思习惯。个人反思是自我的对话，是教师专业发展和自我成长的核心因素，更是学生不断自我定位、确立学习目标的前提。

三、以关键问题为引导，引领学生自主学习

在探索学习的过程中，教师应引导学生以关键问题为起点进行观察比较、实验操作、讨论归纳等自主学习活动，使学生学会用数学的方法去探究问题，增强学生的思维能力。如教学"认识角"，为了让学生感知数学与生活的联系，配合教师设计的我们去旅游的情境，教师出示了一系列与交通标志相关的实物："出口"指示牌（长方形）、"转弯"指示牌（三角形）和"限速"警示牌（圆形）等，让学生比较它们的不同（长方形、正方形、三角形都有角，而圆形没有角）。比如：

师：请同学们仔细观察，这些图都表示的是什么？

生：交通标志。

师：它们有什么不同？

生1：有些是圆的，有些是方的。

师：还有吗？

生2：它们表示的意义不同。

师：什么不同？

生：转弯指示牌表示可以转弯，限速警示牌表示速度不能超过要求。

生2：我不同意……

之后学生争论起来。

在这种满堂问的课堂里，教学气氛是活跃了，甚至显得有些热闹，但学生受益不多。我们教师总是想让学生体会数学与生活的联系，千方百计创设情境，再引出问题。在这些情境的渲染下，教师有意无意地会抛出一些无关的问题，并且认为完全尊重学生的所有问题和兴趣才体现了学生的主体作用。当生1已经讲到要害时，教师的那句"还有吗"，本是想让更多的学生来叙述，提高课堂的参与度，不想教师的随意发问是画蛇添足。可见，教师的设问如果没有明确的目的，随意发问，就不能发挥相应的价值和作用。教师的问要适可而止，把握好度，当学生偏离基本的思维方向的时候，教师来一点儿武断的纠正也是必要的。比如，教师的问题如果设在"请你仔细观察这些交通标志，看看你有什么发现"，如果学生说出"交通标志"，教师即可追问："交通标志怎样？接着说。"这样学生的思维就会有目的地朝着教师所设定的方向发展。

四、精心提问，带着思考解决问题

"问题是数学的心脏"，有效的数学问题是课堂中灵动的音符。余文森教授指出："有效问题要有点睛之妙，启思之效，逻辑之序，激趣之味，适时之度。"适时适度与思考性的问题，让学生外显的活动与内隐的思维联系起来，将引领学生在数学思考中经历探索与体验，从而提升课堂效率。

在教学一年级下册"认识时间"一课时，通常教师都会出示钟面，提问："同学们，仔细观察一下，钟面上有什么？""钟面上一共有多少个大格？每一个大格里有几个小格？""从12到1里面有5个小格，从12到2里面有几个小格呢？""你知道钟面上一共有多少个小格吗？"这些问题特别零碎，显然没有太多的思考价值，起不到引领思维深入的作用。因为钟表的知识在一年级上册已经认识了，有了以前的知识经验，这几个问题可以用"关于钟表上的知识你都知道了哪些"这一问题来代替，以激起学生对旧有知识的回顾和整理，在此基础上再出示一个时间，让学生来观察、讨论交流："请你仔细观察，你知道这个钟表现在表示几时了吗？你是怎么看出来的？"这样便可引发学生对本节课的重点知识——认识时间的方法进行研究和讨论。

课堂教学是师生双边活动的过程，教师只有让有效的问题成为师生教学活动的纽带，成为课堂生成的生命线，才能真正生成具有实效的课堂。当然，教师的专业素养问题、课堂教学时间的利用、教学资源的有效整合、重难点的突破问题、教师的主导地位发挥与学生主体地位的实现问题、面向全体学生、教师的示范作用与课堂教学细节问题等，都值得我们每一个教师关注，只有解决了这些问题，我们的课堂才有可能成为有实效的课堂。

总之，思考是人类智慧的源泉，是通往学习的最佳道路。真正有效地让学生进行数学思考，这就要求教师必须将"数学问题"目标作为课堂教学设计与实施的一个基本出发点，让思考贯穿课堂教学，进而让学生拥有一个用数学思考来解决实际问题的头脑。

参考文献

[1] 王丽杰，关文信. 新课程理念与小学数学课堂教学实施 [M]. 北京：首都师范大学出版社，2005：67.

[2] 钱兴明. 学生数学自主学习能力的培养策略探究 [J]. 成才之路，2019(16)：41.

[3] 余文森. 论有效教学的三条"铁律" [J]. 中国教育学刊，2008.

精心设计课堂提问，促进学生主动探究

（北京小学大兴分校亦庄学校　张晨）

导读：提问是课堂教学中的重要环节，教师精心设计问题是提高课堂教学质量和效率的措施之一。虽然课堂提问被广泛运用于教育教学中，但是在小学数学课堂中，提问环节还存在着诸多问题，往往无法达到预期的效果。因此，我针对小学数学课堂中的有效提问展开探究，从而提高数学课堂教学效率。

课堂提问是小学数学教学中激发学生学习兴趣，发挥其主体作用和教师主导作用的关键。有效的课堂提问能调动学生的学习积极性，促进教师和学生间的交流和沟通，同时还可以激活学生的逻辑思维，培养学生的数学能力。由此可见，课堂提问是提高数学课堂教学效率的最直接的手段。但是在我们的数学教学中，课堂提问还存在着低效、无效提问等现象，这大大降低了教学效果。因此，在研究中我对课堂提问环节十分重视，注意结合数学学科特点，尊重学生认知规律，从学生实际出发，合理设计课堂提问，满足学生的学习需求，让学生积极主动探究、质疑、解疑，从而提高数学课堂教学效率。

一、课堂提问要具有科学性

课堂提问的内容应当紧扣教材内容，围绕教学目标和学习要求展开，不能"捡到篮子里都是菜"，随便拼凑几个问题。经过在团队中学习与研究，以及自己的课堂实践体验，我认为科学有效的课堂提问内容的设计应注重以下三个方面：

（一）目的性

课堂提问必须有明确的目的，我们应根据不同目标设计不同的问题，保证每一次提问都有助于启发学生思维，有助于学生对新知识的理解，有助于对旧知识的回顾，有利于实现课堂教学目标。教师必须心中有数，通过这一问题要解决什么，达到什么。那种漫无目的的盲目提问会让学生感到不着边际和无所适从，起不到应有的作用。

在我刚站上讲台的初始阶段，经常提出目标过大的问题。比如，你在图中发现了什么？由于一年级学生思维非常发散，经常会出现很多种与我的初衷不符的答案。例如，我发现天空是蓝色的、天上有白云、地上有小花……这样的提问不仅耽误时间也得不到我想要的答案，学生说着说着也会开始迷茫和疑惑："老师到底想让我们回答什么？"所以在后来的教研活动中，姜老师建议我把"你都发现了什么"改为"你在图中发现了什么数学信息"。一说数学信息，孩子们自然而然地就会往数字上靠，不仅得到了我想要的答案，而且能保证课堂快速、顺利地往下推进。

（二）启发性

一年级学生生活阅历较少、认知能力有限，面对数学问题缺乏深层次的思考，对数学问题经常一知半解，这时教师就可以对学生进行提问，由浅入深、由表及里地让学生步步探究、逐层深入，加深学生对数学知识的理解，提高学生的思维水平。如我在教学"学看钟表"一课时，学生认识完8时、9时、10时后，需要自己归纳得出认识整时的方法。这时我直接出示了三个时间钟面的对比图，接着问："你能发现什么规律吗？"其实发现规律这个问题是远超学生当时的思维水平的，我的问题也不准确，目的是让学生对比归纳总结出看整时的方法，问题是发现规律，所以直接造成了有一点儿数学基础的学生就会说：三个钟表都是圆形的，三个钟表上都有数字。而不明白什么是规律的学生就会在原地干坐着，被动接受来自其他人的发现。所以在课后反思时，我认为不能急于一步到位，而是要慢慢地启发学生自己去归纳总结看整时的方法。我在这一步应放慢脚步，运用了这样几个问题：

1.请同学们仔细观察钟面（教师手指钟面上的时针和分针），想一想我们是怎样认识8时、9时和10时的（同样手势引导），看你有什么发现。

2.你能用自己的话说一说你是怎样看钟表上的时刻的吗？学生自然就会发现并且能说出：分针都指向12，时针有指向8的，有指向9的，有指向10的。

然后教师小结，同学们很会观察，也会思考，当分针都指向12时，时针指向8，就是8时；时针指向9，就是9时；时针指向10，就是10时。教师随机板书方法："分针指向12，时针指向几就是几时。"即使概括能力稍弱的学生经过探讨这几个层层深入的问题后，在心里也能感知并且更容易理解。

（三）适时追问

适时追问，对教师是一个挑战，教师必须有明确的教学目标，只有对教学目标有清晰、恰当的把握，才能在不脱离教学内容的基础上对学生进行及时追问或补问，这样会引发学生深入思考。在课堂教学中，还有些学生在回答问题时，对问题表述不清，给出的答案简单又模糊。为此，教师可以对学生进行追问性提问，用追问的问题深化学生对数学知识的认知，让学生在追问中对数学知识进行深入思考。

在教学"认识图形"一课时，我让学生把长方形、正方形、三角形和圆四种图形分类。孩子们有的把圆单分为一类，其他图形是一类；有的同学又将三角形与长、正方形分开，各成一类；还有的将长方形与正方形分别分成一类。如果只是通过分类让学生记住图形的名字和它们的样子，到这儿就可以了，但是我们要引发学生的深入思考，通过分类初步感知图形的特征，知道它为什么叫某某形，所以此时教师应追问：你为什么把它们分成一类？你是怎样想的？这样的追问，直指图形的特征，引发学生的深入思考，探究图形的本质特征。

二、课堂提问要具有艺术性

课堂教学提问的艺术是教师要研究和努力达到的，教师在课堂教学中应注意研究并加以实施。

（一）趣味性

课堂提问赋予情境之中，才能吸引学生的注意力，学生在思考中感受学习数学的快乐，在轻松、愉悦的氛围中学到知识，增长能力。我们现在课堂的提问中缺乏问题情境的创设，经常很直白地把问题表述出来，对学生没有吸引力，收不到好的提问效果。在一年级可以创设一些森林运动会、雪地里的小画家、和妈妈去超市购物等有趣的情境，只有把问题放到学生喜欢的情境中，才能够和学生的心理产生共鸣，使学生产生解决问题的兴趣和积极性。

（二）灵活性

在一堂课的导入、新授、讨论、练习等诸多环节中都可以组织提问，或者说带着问题进行；课堂教学是千变万化，难以预料的，所以我们要尽可能地把所要提的问题，事先周密地考虑到、设计好，并根据课堂上教与学的发展情况，随机应变地调整提问策略。

我在教学"两位数加、减整十数"一课时，因为有之前几课时的铺垫，所以在学生自己动手探究 $45+20$ 和 $78-30$ 等于几时已经具备了将自己的想法记录在作业纸上的能力。但我在巡视时发现，几乎所有学生都选择了小棒和计数器等学具进行计算，当时所能呈现的资源很单一。这时我抛出了这样一个问题："同学们，大家都能用学具来帮助我们解决问题，但是如果有一天我们手边没有了这些学具帮忙，你又能用什么方法呢？能不能将你的想法在作业纸上写一写或者画一画呢？"有了这样一个问题的引领，学生就敢于动笔写写画画。课堂提问没有固定的形式，一旦问题出现，就要灵活地根据教学活动中的情况，随机提出一些问题，以调整和改善教与学的活动。

总而言之，课堂提问既是一门科学，又是一门艺术。在日后课堂教学中，我们要做到心中有学生、心中有目标、心中有策略，学会善问、巧问，创设学生主动参与的良好氛围，诱发学生学习的内在驱动力。同时，还要善于开发不同的提问资源和时机，引发学生的深度思维，帮助学生建立数学知识体系，提高数学课堂教学效率，让数学课堂成为学生学习的乐园！

教师要注意培养学生的数学思考

（北京市大兴区庞各庄镇第二中心小学　祁雪梅）

导读：在教学实践过程中自己积累了一些经验，也有真切的感受，一堂好的数学课应该是让学生头脑发热的，是让学生主动思考、主动探究、猜想求证和尝试归纳的过程。

学生学习数学，它的本质就是在教师的引导下进行自主思考的过程。数学学习是学生经验、活动、思考、再创造的过程，而数学思考是数学教学的核心内容。一节好的数学课，一定是能让学生充分思考的。学生经过了充分的思考，调动已有的知识探究新知识的过程，就是学生数学素养的培养过程。让学生学会用数学思维进行思考是学生数学素养的核心内容。通过让学生学会数学地提问、数学地思考、数学地交流，感受数学与生活之间的密切联系，体验成功的快乐，从而提高学生的数学素养，让学生学会数学思考是每一位教师值得注意并必须思考的问题。

一、激活经验，引发思考

数学来源于生活。我们的生活中处处蕴含着数学，比如，学习角的初步认识时，把角的学习与生活实际相联系就很容易。我们的生活中很多物体上都有角，红领巾是三角形的，它上面有三个角；数学书是长方形的，它上面有四个角；剪刀上面也有角；等等。这都是生活中的角，它们都是什么样子的？学生就会联系原有的生活经验在观察中思考。

数学教学就应从学生熟悉和感兴趣的事物出发，通过数学的观察、数学的操作总结归纳，使学生更多地从周围的事物中学习数学，联系生活实际理解数学。教师应创设种种情境与机会，鼓励学生探索、实践，自己动手动脑寻找知识、情感与个体心灵的结合点，将生活与自我融进课堂，寓教于乐，让学生感受到数学的美。

二、自主探究，激发思考

教师要善于引导学生发现问题。心理学研究表明，意识到问题存在是思维的动力。如在学习三年级数学"角的初步认识"一课中有动手环节。在动手操作环节中，学生操作得要够多，领悟得要够多，才能把这个环节吃透，后面的教学环节才能顺畅。在孩子们比较角的大小时，会经历直观—矛盾—质疑—思考的过程。学生有的准备大的活动角，也有的准备小的活动角。通过比较他们手中的角的大小时，就能发现虽然两个角边长不一样，但是角是一样大的。角的大小和边长无关，那和什么有关？这个时候教师就要抓住学生的好奇心、求知欲，提出能引起学生的认知冲突，激发学生从浅层次的感知到深层次思维的问题。

在数学学习中，交流是思考力提升的重要手段。学习是相对的，每个人接受知识的能力水平因个人而异，交流能够取长补短，它不仅可以加强学生之间的合作意识，还可以将不同学生的想法与自己的进行对比，进而找到更多的学习数学的方法和思路，然后将其用来促进学生思考力的提升。教师要尽可能多地为学生提供交流沟通的机会，让更多的学生参与到讨论的队伍中来。独立思考过后小组进行交流，目的就是让学生将自己的想法说出来，分享给别人。当一位同学表达自己的观点时，其他同学则是去认真倾听，相信只有认真倾听后才能产生认同或疑问。然后呈现同学的想法，通过让学生自己将想法展示给其他同学，也培养了孩子表达的能力。

这样层层递进，诱导学生参与问题的解决全过程，打破了已有知识的局限性，激活了学生思维，让学生真正地思考起来。

三、鼓励猜想，善于思考

猜想是人们在揭示问题实质、探索客观规律时凭借自己的想象，进行估计、推测的一种思维方式。教学中鼓励学生大胆猜想，多方进行验证，能锻炼学生丰富的想象力。放手让学生尝试验证、合作、交流，必定能发现特征。没有大胆的猜想，就没有发明。伟大的猜想造就了非凡的智慧，启发学生独立思考的思维，丰富他们的想象力。

在教学中，大胆猜想的过程其实就是一个充满智慧挑战和精神历险的过程，是一个应用已有知识解决新问题的过程。鼓励学生更多地试图对问题做出猜想，是培养学生探索兴趣的重要教学策略。教师要告诉学生，猜想不是无根之木、无源之水，而是立足于自己已有知识经验和数学思考上的合理推测，形成良好的猜想意识，学会合理的猜想是知识上的要求，而且也是情感上的要求。如教学"乘法的初步认识"时，首先用小棒摆一摆，列式计算得出 $3+2+4=9$，$2+2+2=6$，$3+3+3+3+3=15$，$4+4+4+4+4=20$，接着比一比这几道式的每个加数，它们可以分为几类，哪几类？（不相同加数相加，相同加数相加）然后肯定学生的分类，并指着第二类题目说："这几个式子都是求几个相同的加数和的题目，现在只要你们出一位数的几个相同加数相加的题目，如6个2相加、9个4相加，老师都能一口报出得数，相信吗？谁来出题考考老师？"学生一听要考教师，就想出难一点儿的题目把教师考倒，可是教师都能很快算出来。这时，教师抓住时机引发学生的学习积极性："你们出的题目都是求几个相同加数的和，老师都又对又快算出来了，猜猜看今天这节课会学习什么？"学生猜出可能学习求几个相同加数的和的又对又快的算法自然呈现出来了。"乘法"这一概念非常抽象，但这一设计使课堂气氛十分活跃，从来都是教师考学生，今天却是学生考教师，师生之间的距离一下子变小了，既有了民主的学习氛围，又使学生对新知的学习产生了强烈的心理需要，急于想知道其中的奥秘，这就为新知的教学做了良好的知识铺垫和心理准备。

在平时的教学中，教师还要多设计一些有多种答案、多种解题策略的题目鼓励学生从多方面、多角度大胆猜想，激发学生的创新意识。为学生创设各种机会，让他们想猜、敢猜是很有价值的，因为问题的解决往往是以假设的形式出现，有了一定的假想才有验证的目标，才使创新有了可能。

学生是学习的主人，要充分发挥学生的主体地位，改进教师讲授、学生练习的单一教学方式，同时要引导学生进行猜想，猜想是学生对问题的主动探索。一位学生一旦表示出某些猜想，就会主动地关心这个问题，并关心课堂上的进展。教师要给学生以支持，为学生的思维提供充分的发展空间和良好的发展环境，给学生畅所欲言的机会，尊重学生的猜想，以满腔的热情给予支持。通过猜想来调动学生学习的积极性。

四、引导归纳，思辨于行

教学过程中要注重让学生去探索，总结经验和方法，思辨于行。在解决实际问题的过程中，提升学生的思考力、学习力。课堂教学中很多教师对学生不"放心"，从上课讲到下课甚至还要占用课间十分钟，激情飞扬，口若悬河，结果一节课下来教师往往疲惫不堪，学生也早已听得索然无味，坐立不安。因此，教师要"懒"动口，把说的机会让给学生，使每位学生都有说的机会，都能表达自己的想法、观点，鼓励学生敢说善说，敢于提问，善于提问，抓住机会，不怕说错。例如，三年级教学某一年有多少天时，学生已经熟练掌握了大月、小月和2月的具体天数，我放手让学生根据自己已有的经验，在小组内互相交流，然后让每组推选出一位学生说出他们是怎样得出问题答案的，用什么方法记。

"我来，我来……"同学们的热情被点燃了。接着我放手让学生当"小老师"，让他们自己说，我适时加以补充。整个课堂气氛也被调动起来了。有的说我把每个月都列出来然后加起来的，也有的说我用7乘大月的31天再用4乘小月的30天，最后加上2月的天数。可见只要让学生去说，学生是能说得好的，这不仅提高了学生的参与度，而且也丰富发展了学生的思维和语言表达能力。教师只是去呈现、组织、交流，把问题抛给学生，要相信学生的想法是丰富多彩的。思维是有逻辑性的，它是客观的而不是随意的，当面临新的数学问题时，教师要求学生依据一定的逻辑顺序思考，顺应思维的基本形式，去归纳总结。引导学生归纳推理，这种根据多个探索结果总结出的结论，不仅加深了学生对知识的理解，而且在思考中感悟了思考的方法。

总之，在数学课堂教学中，教师不应只关注学生的知识、技能目标，更应关注学生的数学思考，使学生用数学的思维方法去多多地思考。在每一个教学环节中思考，提高数学思考能力，需要从多方面、多角度入手，并且是一个长期复杂的过程，作为教师一定要在平时的教学中多加注意。

培养学生探究能力引发的思考

（北京市大兴区安定镇中心小学　李艳）

导读：教师通过对"圆柱的体积"实践课教学设计的完善与反思，从"任务驱动使课堂活动更具价值；教师要敢于放手，发挥学生的主体地位；教师要注重培养学生的语言表达能力"三个方面阐述了在课堂教学中如何培养学生的探究能力。

在学校课堂教学系列校本教研活动中，有幸得到其他教师对我"圆柱的体积"一课的精心研究与指导。经过本次的校本教研，我又有了新的收获，同时也引发了我的进一步思考。

一、任务驱动使活动更具价值

教学"圆柱的体积"这一课，在教学设计中的第二个环节最早时我是这样做的：

（一）动手操作，研究转化策略

1. 大家先猜想一下，如何把圆柱转化为长方体？借助学具动手操作试一试，注意安全。

2. 学生动手操作并展示。

预设1：学生把圆柱的底面先平均分成四份，然后竖着把学具平均切成四份，拼插成一个近似的长方体。

预设2：学生把圆柱学具的底面先平均分成八份，然后竖着把学具切成八份，拼插成一个近似的长方体。

预设3：把圆柱学具放到装有水的长方体的容器里，计算上升部分水的体积就是圆柱的体积。

3. 教师小结：通过刚才的展示，我们发现，把圆柱平均分成若干份，拼成的长方体并不那么标准，那如果把圆柱的底面平均分成的份数越来越多，再把圆柱切开，像上面那样拼起来，就更接近长方体了。

（二）观察思考

1. 想一想，拼成的长方体与原来的圆柱有什么联系？能利用拼成的长方体与圆柱的关系推导出圆柱的体积计算公式吗？小组之间交流探讨。

2. 学生汇报交流。

关于这个环节，我最开始的想法是先让学生动手操作体验如何把圆柱转化成长方体，汇报操作转化的过程，然后再让学生观察圆柱与长方体之间的关系从而推导出圆柱的体积公式。经过第一次上课后的校本研究，大家的观点是：要是把这两个小环节合并成一个环节，开始就把"在操作的过程中看看你有什么发现"这个任务布置给学生更好。于是我把教学设计进行了修改：

（一）动手操作，探究新知

1. 学生自主探究，发现圆柱体与长方体的联系

（1）借助你们手中的学具动手操作试一试！（用刀切的时候注意安全）

（2）在操作的过程中看看你有什么发现。你能试着计算一下圆柱的体积吗？

2. 学生汇报交流：师生共同总结出计算圆柱体的体积公式。

$$V_{长方体} = S \quad H$$
$$\updownarrow \qquad \updownarrow \quad \updownarrow$$
$$V_{圆柱} = S \quad H$$

修改后的教学设计更能突出学生的主体地位，让学生在动手体验如何把圆柱转化成长方体的过程中边操作、边观察、边思考，做中思、思中悟，学生在体验的过程中很容易发现长方体与圆柱的关系，省时高效，还符合学生的认知规律，活动更加充分，学生的探究更有价值。学生有了目标，就能够带着任务去操作与体验，从而有更多的感悟。

二、教师要敢于放手，发挥学生的主体地位

《义务教育数学课程标准（2022年版）》指出，有效的教学活动是学生学和教师教的统一，学生是学习的主体，教师是学习的组织者、引导者与合作者。因此，教师在教学过程中不仅要承认和尊重学生的主体地位，而且要创设情境，激发和发挥学生的主体性，培养学生的主动精神，促进学生生动活泼地成长，为学生创造自信自强、朝气蓬勃的人生奠定良好的基础。数学课堂教师更应该放手让学生去探究，激发他们学习数学的兴趣。

在自主探究圆柱体体积如何解决的环节，虽然我也是让学生自己动手根据已有知识与经验，以及思想方法去研究圆柱体与长方体之间的联系，但是我分的步骤太多，开始只是动手做，没有要求边做边去思考，浪费了时间，忽略了学生做中就会有思考的学习特点，同时忽略了学生的兴趣与主体地位。

课后其他教师让我把"拼成的长方体与原来的圆柱有什么联系？能利用拼成的长方体与圆柱的关系推导出圆柱的体积计算公式吗"这个任务换一种说法，改成"在操作的过程中看看你有什么发现。你能试着计算一下圆柱的体积吗"。我深有体会，通过这两个问题的对比，我感受到第一种问法教师的语言开放度不够，这种问法就把学生的想法禁锢了，没有重视学生的认知规律，主要原因还是教师在课堂上不敢放手。活动结束后，我又仔细反思了一下自己的这堂课，整节课我还是没有充分体现出学生的主体性。这不禁让我想到了冬季奥运会赛场上，谷爱凌在自由式滑雪大跳台比赛的最后一跳中，妈妈建议让她做有把握的动作，而她却想挑战该项目世界最高难度动作1620，最终她逆转夺金。

我的这堂课对待学生就像谷爱凌的妈妈一样，比较保守，舍不得放手。如果教师了解学生，为他们的自主学习着想，就能给学生更多发挥的空间，学生就能像谷爱凌那样勇敢地去实践，相信学生也会收获更多的精彩。

三、教师要注重培养学生的语言表达能力

我以前教学时只要学生会做题理解了就行，没有关注学生的语言表达。经过与其他教师的研究，我知道了实际上在数学学习中对学生语言表达能力的培养也是非常重要的。在数学学习中，需要学生敢于质疑，不断发现和提出问题，需要学生主动与他人沟通，能清晰地、有层次地阐述自己的观点。能与他人交流思维的过程和成果，阐明自己的观点，而这些都离不开语言的表达。俄国文艺批评家车尔尼雪夫斯基说过："倘若思维不清晰，则语言不明确。"如果学生能够准确地表达出来，那么他对于相关的知识一定是掌握得较为扎实的。

数学语言的表达对学生的思维发展，数学能力的提高有着非常重要的作用。因此，在数学课堂教学中，我要把培养学生的数学语言表达能力看成是一项重要的教学任务。首先，数学课堂中我要关注自己的教学语言规范、完整，用我的语言表达给学生做好示范。其次，关注学生的表达要完整清晰，如果不完整，可以教给学生或者让他们像说得好的同学一样再重说一遍，这样坚持练习，学生就

能说完整的话、说规范的话，逐步达到流利地进行语言表达。

　　培养学生的能力不是一朝一夕的事情，作为教师要想着学生的未来，想着学生走向社会时所需要的核心素养。只有这样才能在教学当中给他们时间和空间，让他们自己去真正地运用已有知识和经验学习新的知识，解决新的问题，从而提高学习能力。

关注资源生成，提高学习效率
——以"角的初步认识"一课为例
（北京市大兴区安定镇中心小学　赵悦）

　　导读：在新课程改革与"双减"背景下，小学数学课堂更加强调师生、生生之间的交流互动，重视沟通与合作中产生的思维碰撞，关注课堂资源的生成，有利于促进各种资源的整合利用，使学习真正发生。本文就此展开探讨，希望教师能够关注生成性的课堂资源，把握学生的学习状态，从而提高课堂学习效率。

　　在教学北京版三年级上册"角的初步认识"这部分内容时，我与学校数学教师进行了多次研讨与磨课，反思这一过程，我有很多收获，也发现了自己的问题和不足，尤其是在研读了《义务教育数学课程标准（2022年版）》之后，我对自己的教学有了一些新的思考和感悟。新标准中提出了数学核心素养的内涵，注重"用数学的眼光观察现实世界""用数学的思维思考现实世界""用数学的语言表达现实世界"。以核心素养为导向，关注课程内容和教学活动，这是教学的基本保障。在这一理念下，学生的学习是质疑探索、主动发现的过程，重视课堂上学生的活动经验和学习过程，提高解决问题能力和课堂学习效率，是对一线教师提出的具体要求，也是"双减"政策下数学课堂的必然选择。

数学学习内容必须具备现实意义，要有效开发和利用各种教学资源，其中学生活动经验中生成的资源是课堂学习的重要资源。合理利用学生资源能够更好地促进师生、生生之间的交流，拓宽课堂的教学广度，加深课堂的教学深度，真正让学生学有所获，逐步形成核心素养。

一、抓住错误资源，及时改进与反思

学生的课堂活动是丰富的，其中会有一些错误资源，这也是课堂教学中重要的生成资源，教师如果能够抓住学生的错误资源，并积极妥善地处理，会收到事半功倍的效果。

（一）关注学生的认知偏差

学生在数学课堂中出现的错误，是对新知识认知的偏差现象，也是数学知识体系构建过程混乱的一种表现。在备课、上课的过程中，要重视学生资源，尤其是学生的错误资源。通过学生所犯的错误，教师可以分析学生思维方式的特点，了解学生的认知水平和学习状态，更能发现学生对数学知识的理解程度。

在设计"角的初步认识"这一课之前，我对本班学生做了简单调研，发现学生或多或少对"角"都有模糊的认识，但当我摸着一个圆润的桌角问学生这是不是角时，学生也很坚定地点头说是。从这里可以看出，学生原有的知识结构中对角的认识的建构是混乱的，需要通过系统的学习将角的概念清晰化。经过在上课中的体验与课后反思研讨，我明白了，学生原有的对新知识的模糊认知正是教师教学新知识、让学生经历新知识形成过程的着力点，教师备课时可以根据反馈信息调整教学方式，引导学生在对错误资源进行思辨的过程中逐渐清晰认知，获得正确的知识、思想与学习方法，使数学课堂更加符合学生的学习期待。

（二）及时分析与改进，积累教学经验

由于年龄特征和认知规律，学生的思维水平也会有所差异，出现错误属于正常现象。但作为教师，当学生出现错误的时候，需要对学生固有的学习水平进行分析，控制好课堂秩序，引导学生认识到自身的错误，并采取措施予以纠正。

第一次试讲"角的初步认识"时遇到学生数角错误的情况，学生争论很大，意见不统一。课后，在与其他教师的研讨过程中，我们分析学生的意见出现分歧、产生错误的原因是学生是第一次在数学课堂上正式接触角，属于初步认识阶段，所以我应该随机调整学习目标和难点，充分重视角的概念形成过程，让学生真切体会角是由一个顶点和两条边组成的，有了角的形成过程的体验，再有序细致地数角就大大提高了正确率。

此时，我也意识到错误的产生，其实是学生在用新的数学知识去优化自己的知识结构时出现了问题，而教师应该通过学生的表现去分析自己的教学哪儿存在着问题。在课堂互动与交流中，学生的资源完全可以成为一种信息载体，利用错误，让学生找到深入学习数学知识的动力，将错误转变成内在动力，才能不断优化一节课的教学内容，让课堂教学效果更加贴近期待水平。这对新教师是一个挑战，我们应善于"挑战"，不断积累这方面的经验，达到灵活处理课堂教学中学生的错误资源。

（三）注重课堂知识的衔接与迁移

在学习新知时，由于受到头脑中旧知识的影响，部分学生对数学新知识点的敏感度不高，不能将一节课的知识串联起来并加以灵活运用。这就需要教师在平时的教学中注意有意识地引导和培养学生运用新知识解决问题的能力。

例如，在数角的过程中，出现基础角较多的情况时，个别耐心不足、认知敏感度较低的学生，不会结合角是由一个顶点和两条边组成的这一知识点进行数角，容易出现数错的现象。所以当学生出现类似错误的时候，教师应该及时引导学生充分地思辨，在思辨中结合回顾本节课的重点内容——角的组成，发现数角时要借助这节课学到的角的知识去解决数角的问题，从而促进学生完成知识的衔接与迁移，提高学生解决问题的能力。

二、抓住课堂生成，深化学习内容

在日常的课堂教学中，会有大量的生成性资源出现，其中不乏学生在思维碰撞中的奇思妙想。而这些来自学生"奇思妙想"的生成性资源，对推进学习进程有着非常积极的作用。当面对这些"不速之客"时，教师应善于及时捕捉，巧妙转化，顺势引导，使课堂教学得到延伸和升华。

（一）在课堂生成中将未知转化为已知

在磨课过程中，我总是担心自己在课堂教学中会出现错误，所以整个课堂都遵循编排好的教学设计，争取做到有章可循。在每次试讲前，我都要确保自己的教学环节环环相扣、毫无遗漏，以保证自己的教学过程完整，但通过几次试讲及研讨，我意识到课堂上师生、生生的互动是一节课最具有价值的部分，师生互动、信息交换的过程是课堂产生碰撞的一种直观表现。在"角的初步认识"这一课的学习中，刚开始试讲时，我总是有意无意地忽略学生给出的"非标准答案"，去寻找自认为准确的答案，通过和其他教师课后研讨与反思我才发现，当时学生的回答可以通过教师的引导、学生之间的互动，逐步趋向正确理解知识。在认识角的过程中学生有摸角的环节，我让学生选择一个身边的角摸一摸，说说有什么感觉。有的学生拿出一块橡皮说这个角摸起来是圆的。虽然这个回答是错误的，但如果引导学生对此资源进行互动辨析，再摸一摸身边的其他物品上的角，让他用手势描绘出来，直观感受角是有尖的，便能及时纠正错误的认识。

（二）及时发现典型资源，助力课堂生成

"角的初步认识"一课的难点是理解角的大小与角的两条边叉开的大小有关，与边的长短无关。学生在借助活动角探究角的大小与什么有关的活动过程中，有很多新奇的想法。有的学生的想法很接近我想要的答案，但总是有偏差，得出的结论也不是很明确，时间一点点地从课堂上溜走，当时我很困惑，不知道该怎样引导学生。在课后与其他教师的研讨交流中我明白了，在突破这一难点时，要留给学生充足的操作和思考时间，并且抓住学生在课堂上随机生成的资源，深入挖掘，而不是浅尝辄止。比如，当我请学生到前面进行操作演示时，应该一边让学生说自己的发现，一边引导他们发现其中的规律。有的学生能说出不管边的长度怎样变化，角的大小始终不变；有的学生会说当两条边的距离变大时，角就变大了。这时教师应该追问两条边的距离变大，实际上是什么发生变化了。通过逐步引导，学生才会真切感受到角的大小与两条边叉开的大小有关，与边的长短无关。这一非常典型的重要资源既突出了本节课知识的重点，也突破了难点，教师要及时抓住并逐步深化。

三、积极学习与实践，在探索中努力前行

课堂生成的资源是非常宝贵的，是教师有针对性地开展有效教学活动的重要保障，没有生成性资源的课堂是缺少生长点的课堂。

在"角的初步认识"的磨课和反思中，我真切感受到抓课堂生成和学生资源是多么重要。对于学生提供的资源，如果教师可以敏锐地发掘其可挖的内涵，并引导学生一点点去揭晓答案，这堂课无疑是有深度、有广度的，是真正以学生为本，重视形成学生核心素养的。相反，如果教师在课堂上不能很好地接住学生的奇思妙想，导致整堂课的知识生长点单薄，那么师生之间是很难形成良好的化学反应的，学生的各方面能力也无法得到提高。

正如《义务教育数学课程标准（2022年版）》中对核心素养的阐述，要让学生用数学的眼光观察世界，用数学的思维思考世界，让学生主动参与、动手动脑、积极体验，在师生、生生互动的过程中，引导学生对所学知识和方法进行总结、反思、迁移和应用。所以在今后的数学教学中，我会更加关注课堂生成和学生资源，真正把学生看作学习的发生者，认真倾听并且重视他们每个人的声音，遇到问题不是逃避或者搁置，而是大家群策群力、共同研讨，在师生、生生的互动中，寻找解决问题的方法，真正让学生动脑、动口、动手，让学生去操作、感受、交流自己的看法，让他们的思维不断碰撞出火花，在这样的学习环境下，让学生爱上思考、学会质疑。

作为一名参加工作不久的教师，跟随众多优秀的数学教师一起学习研讨，让我对数学教育有了更深入的认识，更是被众多教师优秀的专业素养和精益求精的探索精神深深折服，在未来的教学中，我会更精心地研究数学教学理论和教材，更努力地和身边优秀的教师、专家请教，多去观摩优质课，用心上好每一堂课，从理论和实践上让自己不断进步。

备好学生是教师备课的关键

——以"认识11～20各数"为例

（北京教科院旧宫实验小学　马琴）

导读：教师是课堂教学的组织者，高质量的教育在很大程度上取决于高质量的课堂教学。而备课是取得高质量课堂教学的前提和基础。学习不是教师向学生传递知识，而是在教师的引导下学生自主构建知识的过程。因此，通过在备课中充分了解学生，从而培养学生的数学核心素养，进而培养有理想、有本领、有担当的时代新人显得尤为重要。

《义务教育数学课程标准（2022年版）》提出："通过义务教育阶段的数学学习，学生逐步会用数学的眼光观察现实世界，会用数学的思维思考现实世界，会用数学的语言表达现实世界。"作为一名数学教师，在实际的课堂教学中，如何落实对学生核心素养的培养？体现数学课程的育人价值？一连串的问题迫使我在课堂教学中不断摸索、探究、反思。我认为，一切问题的解决都要从备课这个环节开始。然而，备课，不仅要备教材，备教学方法，更重要的是备学生。

备学生，到底备什么呢？在教学"认识11～20各数"时自己有着实践体验。本课在发展学生基础知识与掌握计算基本技能的同时，注重使学生获得必需的数学基本思想和基本活动经验，从而让学生从爱学到会学，进而达到学会的目标。

一、备学生能力，在捆一捆中，初步建立"十"的模型

在试讲时，当教学进行到"10个一是1个十"小环节时，我一边示范一边讲："为了计数的方便，我们把10根小棒打成一捆，变成了

1个十。下面请每个人数出10根小棒，打捆表示1个十。"话音刚落，课堂上出现了很多高高举起的小手，呼喊着："老师，我不会使用皮筋。""老师，我不会打捆。"顿时，我的教学内容变成了教孩子如何打捆，耽误了教学时间，影响了课堂效果。课后，我认真反思了这次突发事件，我认为主要是因为在备课时没有考虑到学生缺少利用皮筋打捆的生活经验，多数男同学不具有打捆的能力，所以课堂教学时，发生了上面所述的突发事件。我意识到备课时要备学生，备学生已有的能力。

二、备学生可迁移力，让活起来的"10"多飞一会儿

捆小棒环节，规定一捆是10根，进而得出"10个一就是1个十"的结论。从结果输出的角度来看，这一环节并没有问题，但是从过程经历来看，这样的引导还远远不够。

例如，引导学生用捆小棒的方式让人一眼看出来时，可以先师生一起讨论，如果只有两三根小棒，那是一眼能看出来的，这是人的本能，但数量达到五六个时就不行了，需要一个一个地数，对于10根散乱摆放的小棒，如何处理能让人看出来呢？

在真正的课堂教学中，有学生争辩自己本来就知道那是10根小棒，"嘴硬"不承认自己是一个一个地数的，那教师就可以提前准备一把10根的小棒，突然散乱地呈现在多媒体上，学生一眼看不出来，对比强烈，经历难忘，以此"说服"这些孩子，学生才会在课堂里获得真正的成长。

也有孩子提议打标签，有几根小棒就做一个标签写上几，就像超市里的价签一样，这位孩子思考问题已经十分深入，如何进一步引导呢？教师可以这样说："如果这样操作的话，我有8根小棒就做一个8的标签，我有13根小棒就做一个13的标签，有几根小棒就做多少的标签，这样，会需要做很多很多的标签，也很不方便，该怎么办呢？"学生意识到得做一个特殊数的标签，那具体选哪个数呢？这又是一个进阶问题。

对于0~9各数，0是没有必要做专门的标签的，因为它代表没有；对于1~9，数数时是一个一个地数的，没有必要每一个数字都做，再结合人民币（10元以内）只有1元、5元、10元的例子，迁移过来，所以做数"10"的标签是比较科学的。有了以上的基础，认真回答学生的问题，把堵在心中的边边角角都解决掉，那些拗口的、不顺畅的难点自然解开，充分暴露问题，才能一招制敌，实现课堂的深度学习。此刻，我意识到备学生，还应备学生的迁移能力，进而发生知识的迁移应用。

三、备学生差异，在摆11中理解10个一是1个十

在展示课上，因为学生事先练习了打捆，所以在"建立1个十是10个一的关系"的环节很顺利，效果也很好。但在后面"摆出11根小棒，可以一眼让别人看清楚你摆的是11根小棒"时，发现一些孩子把刚才已经打好捆的10根小棒打开，重新一根一根地数出10根，旁边放了1根。课后，我认真反思了部分学生的这个做法：这部分学生虽然会数出10个小棒打捆，但却没有在头脑中形成计数单位"十"的概念，建立1捆就是1个"十"的概念不扎实。我又意识到备学生时，还要备学生差异，要考虑到活动设计能否让不同层面的学生理解，做到教师心中要有学生，既要有整体的学生，又要有个别的学生。

因此，我在改进的教学设计中，将"建立10个一是1个十的关系"和"摆11"这两个小环节整合，在"摆11"中，通过讨论、交流突出"十"的价值和作用，建立关系"10个一是1个十"，从而真正体会打捆的价值，突出新课标下用数学的眼光观察现实世界的核心素养导向。

四、备学生学习兴趣，用多种方法表征数

本课再次进行展示时，因为有了多次打磨，所以效果比较理想。整堂课学生的思维在不停地碰撞出火花，借助微课、动画有趣的展示，学生学习氛围浓厚，不仅知其然，更知其所以然。新授环节教学流程如下：

（一）摆小棒数数，初步认识"11"

通过微课再现"古人计数"的过程，既还原了古人计数的方法，激发了学生学习的兴趣，又唤起了学生已有的数数经验，即逐一计数、一一对应的方法，在这个过程中，学生初步认识11，并会用算式表示11。

（二）摆小棒，建关系，深入认识"11"

摆11，学生经历数小棒，摆小棒，捆小棒的过程，对各种摆法辨析交流。在多样化的摆法中，借助学生生成的资源，从1根1根地摆，到2根2根、5根5根，最后到按10根一捆，自然引导学生认识了"10个一"就是"1个十"，初步建立了对计数单位"十"的模型的认知。利用"1捆"与"1根"的表象，切实体会按群计数的必要性，从而完成了对11的第一次抽象认识。

（三）建立数位感受位值，再次认识"11"

教师通过创设问题情境，两颗珠子能否表示11的讨论，认识计数器并认识个位和十位表示的意义。启发学生思考"十进制计数法"的产生和发展过程，初步体会位值制原则。在拨珠子的过程中，又一次通过数形结合，建立了数的表象与抽象的过程，完成了对11的第二次抽象认识。

（四）借助"11"迁移认识其他数

通过"你说我拨，你摆我说"的游戏把对11的认识迁移到对十几的其他各数的认识，学生反复体会摆、拨、数的内在联系，建立了1个十和几个一是十几的表象，借助几何直观理解了十几的含义，尤其是对"十进制计数法"的本质有了比较清晰的认识。

经过几次打磨和修改的这节课受到孩子们的喜欢，扎实有效地完成了教学重难点。

五、备学生的知识基础及生活经验和情感因素

备学生除了备学生的能力和他们之间的差异等以外，还可以从以下方面入手：

（一）备学习的重难点

学生的知识基础是确立教学重点和难点的依据。对某一课的重难点确立，应根据学生所掌握的知识基础，如果学生超前学习了，而且已经掌握了，在课堂上还要按备课本上的重难点进行，就会给这些学生造成时间上的浪费，同时也会削弱学生的学习兴趣，接踵而来的就是影响了教学效果。所以，课前要考虑：

第一，学生是否已经掌握或部分掌握了教学目标中要求掌握的知识和技能？掌握的程度怎样？没有掌握的是哪些知识？

第二，哪些新知识学生自己能够自主学习？哪些需要教师的引导和点拨？

通过对学情的了解，确定哪些知识应重点进行辅导，哪些可以略讲甚至不讲，从而很好地把握教学的起点，有针对性地设计教学过程，突出教学的重点，提高课堂教学的效率。对于"认识11～20各数"这节课，11～20各数的数序就是孩子们已经掌握的知识和技能，而对于"十"这个计数单位，孩子们陌生又不易理解，所以教师应准确抓住每节课的难点，舍得在难点上花时间，下功夫，这样才能回归我们要培养具有核心素养的时代新人和有效的数学课堂上来，凸显认数的本质。

（二）备学生的经验

每名学生在来到学校学习的同时，也有着各自不同的生活经验。教师要用发展的眼光、辩证的思想看待，深挖不同层次学生的潜质。教师要特别尊重学生由生活经验引发的思维，最大限度地调动其潜能，促进学生的主动发展。在"认识11~20各数"备课的过程中，要考虑到学生是否有利用皮筋独立打捆的经验，这样不仅培养的是学生动手操作的能力，还建立了学生打捆成功的成就感和自豪感，增强了学生的自信心。

（三）备学生的情感因素

当教师在课堂提问学生时，出现学生乱回答或者胡乱搅和的情况，教师要通过观察、交流等方式备学生的情绪，了解每位学生在学习过程中的情绪变化和体验程度的不同。备课时要确定不同问题由不同层次的学生进行回答，学生在这个过程中尝到成功的喜悦，激发学习激情。每堂课，我们的问题难度不一，教师课前应该仔细斟酌，什么样的问题适合什么样的学生来回答，采用低起点、慢步走、稳步前进的教学方法。这样一来，不仅加深重难点的突破，还可以促进学生从无疑到有疑再到无疑的数学思维发展。

问题不是"问题"，暴露方能"解惑"；简单并不"简单"，追根才能"溯源"。要给孩子一滴水，教师需要拥有一片海。所以，教师只有在充分了解学生、尊重学生志趣的基础上备课，在遵循儿童的认知规律和心理发展规律的基础上进行教学设计，才能备好课，进而上好课，达到"教学有法，教无定法，贵在得法"的境界，从而为培养有理想、有本领、有担当的时代新人奠定基础。

第三章

探索教学艺术
钟情课堂实践

———

　　如果说教师的备课是上好课的前提，教师的课堂教学实践同样是不可忽略的重要方面。教师教学经验的积淀均来自教学实践，需要教师在教学中不断地进行实践、反思与积累经验，不断地在教学实践中调整自己的教学，实施有效策略，以达到理想的教学效果，从而探索并形成自己的教学艺术。这就需要教师在课堂教学实践中不断探索和有意识地进行积累，精心设计教学目标，准备测评工具，在新课程标准的引领下，真正达到学习、实践、反思、积累与不断提升的过程，从而在课堂教学实际中探索出有利于学生发展的教学艺术，将新课程标准的具体要求真正落到实处。

第一节　培养学生思维能力　让核心素养落地生根

培养学生的思维能力，让核心素养落地生根

（北京小学大兴分校亦庄学校　董睿）

导读：数学思维是培育数学核心素养的基础。课堂教学中数学知识的形成、数学方法的获得与问题解决的发现等过程都是发展学生形成数学思维的有效途径。本文主要介绍的就是在课堂教学过程中，教师如何充分挖掘和渗透数学的思想，将数学教学过程转变为学生数学思维活动的过程，从而不断提高思维能力，有效提升学生的数学核心素养。

数学是一门具有抽象性、严谨性的学科，学生获得数学知识这一过程是思维发展的过程，所以在学习数学的时候离不开思维。而语言表达能力是和思维能力的发展相辅而成的。无论是哪一门学科，都没有脱离用语言帮助思维，也没有脱离思维的语言。在教学中，如果教师的语言带有一定的启发性，那么就能潜移默化地影响学生的语言表达能力，同时又能促进学生思维能力的发展。因此，专家在指导我们的教学时，经常要求我们要重视对学生数学语言表达能力的培养。要求学生说话要完整，要有条理、有根据，因为这不仅可以增强学生对所学数学知识的理解，同时也培养了学生的思维与表达能力。本学期通过专家的指导及与团队中伙伴的相互学习，我主要有以下四点收获：

一、在课堂中多让学生介绍自己的想法、提出问题

本学期在听陈宇和崔丽两位老师的课时，我们发现两位老师的

课堂都有共同的特点，就是不断训练学生的语言表达和思维能力，学生的发言很积极，思维也十分活跃，学生的学习都很投入，兴趣很浓厚，课堂教学效果很好。

就拿陈老师的"方阵问题"和崔老师的"鸡兔同笼"问题来说，两位老师都以直观的方式给出了主题图，让学生通过观察信息、分析问题，从而解决问题，学生独立思考，从不同的角度列算式，以图式结合的方式得出结果。每一位走上讲台的同学都能够自信大方地讲出自己的想法，表达得十分清晰，台下的同学提出的问题也十分精彩，同学之间经常能够擦出智慧的火花。可以看出两位老师平时对学生的逻辑思维和语言表达能力的培养已见成效。究其原因，就是两位老师了解学生，清楚他们的认知起点，给他们时间和空间，让学生运用已有的知识和经验自主学习新知，并把自己的想法完整地、有条理地表达出来。这正是课程标准所倡导的"教师教学应该以学生的认知发展水平和已有的经验为基础，面向全体学生，注重启发式和因材施教。引导学生独立思考、主动探索、合作交流，使学生理解和掌握基本的数学知识与技能，体会和运用数学思想与方法，获得基本的数学活动经验"。专家常和我们说，教师要给学生充足的时间和空间，他们才能自主探索、合作交流；要让他们独立思考，才能有独特的想法，创造性地解决问题，获得新知；学生有了学习方法，不断积累学习经验，尤其是学习中不断地将自己的想法，也就是思维过程完整地、清晰地表达出来，这样长期坚持培养和训练，学生的学习能力才能提高。

二、利用直观手段帮助学生学习数学知识

在数学课程中，应当注重发展学生的数感、符号意识、空间观念、几何直观、数据分析观念、运算能力、推理能力和模型思想，此外还要特别注重发展学生的应用意识和创新意识。我们在研究一年级上册"认识11~20各数"这节课时，初看教材，感觉内容比较简单，学生也有一定的生活经验及认知基础，教学应该相对轻松。但是通过不断地解读教材、听课评课、修改教案，才发现看似简单的一节课，要想使学生真明白，的确是一件不容易的事。

在教学"数的认识"时，专家建议我们运用学具让学生充分体验"10个一就是1个十"，在拨珠时，学生通过一个一个拨数发现拨完9再拨10，计数器的个位上就是10颗珠子了，这时就需要把个位上的10颗珠子拨回去，在十位添上1颗珠子。这一过程，其实就是计数单位"一"个已经不够用了，需要产生新的计数单位"十"。在摆小棒表示数的过程中，学生认识到要想一眼看出小棒的数量，就要把10根小棒捆起来，边打捆边说出"10个一就是1个十"，同时学生要表达出"11是由1个十和1个一组成的，1个十和1个一合起来是11"。这样，既运用直观的学具帮助学生建立了数的概念，学生经历了数数、用小棒和计数器计数以及计数中根据需要产生一个、十个计数单位的过程，发展了学生的数感，同时也培养了学生的思维能力与语言表达能力。

三、用直观体验感悟帮助学生发展空间观念

教学北京版教材二年级上册"平移与旋转"时，在备课与磨课中我一直有这样的疑问：这样抽象的一节课，我要怎样做才能让学生体会"平移与旋转"两种不同的运动方式的特点呢？

这个疑问专家在评课时给出了指导。那还是专家第一次听课后为我指导。她告诉我，由于平移和旋转现象在生活中经常见到，学生对此已经有了感性认识，因此本节课应该重在让学生充分地体验和感悟。学生通过用手势模仿生活中的平移和旋转现象，用线和箭头的方式把物体的运动方向和运动轨迹画在纸上，这样学生就有了更直观的体验和感悟，把直观的思维抽象出数学符号。同时也要注重学生语言表达的完整性，比如，火车的车身是平移的；风扇的扇叶是旋转的；等等。教师有意识地培养学生的观察能力及思维和表达能力，学生在不知不觉中就认识了平移与旋转的现象，感悟到平移和旋转的特点。学生经历了知识的形成过程，在操作体验中突破了本课的教学难点，同时培养了学生的观察能力、思维能力、语言表达能力和空间想象能力，也帮助学生初步建立和发展了空间观念。

再如，在教学一年级上册"位置与方向"单元中的"认识前后、上下、左右"一课时，教学目标是结合具体情境，体会前、后，上、下，左、右的位置关系，会用"前、后""上、下""左、右"描述物体的相对位置，让学生能用"前、后""上、下""左、右"确定物体的位置与顺序，初步培养学生的空间观念。但在实际教学中，由于我没有关注学生的语言表达，没有引导学生将自己所观察到的物体的位置用自己的语言描述出来，只是认为学生知道了哪儿是前、后，哪儿是左、右，哪儿是上、下就行了，让学生表达得也不是很充分，导致有的学生没有完全表达清楚物体之间的相对位置关系。

专家告诉我，首先要让学生自由说说座位中的前后位置关系，这主要是为了让学生直观地体验，结合自己的生活自主地将观察到的物体的位置用自己的语言完整地描述出来。其次出示教材中的情景图，引导学生说一说"汽车在火车的上面，火车在汽车的下面"，让学生描述两个物体的相对位置关系。最后再让学生自己说一说"汽车在火车的上面，在飞机的下面"，体会三个物体"上下"位置的相对性。让学生在"观察——在头脑中建立物体的表象，思考——把表象加工梳理成有条理的认知，表达——将加工好的有条理的认知用语言表达出来"中发展空间思维，初步建立空间观念。

四、重视学生思维习惯的培养

在一次次的指导中，专家总是强调让我们在学完新知识的教学活动后注重沟通新旧知识间的联系，帮助学生建立完整的认知结构，积累活动经验。

在"20以内的退位减法"复习课中，学生通过观察发现退位减法算式表中的规律，专家建议一定要让学生从上到下、从左到右有顺序地充分观察、分析表格，通过横着观察、竖着观察、斜着观察，在活动中渗透有序的观察与思考。发现规律后，学生通过合作交流，说一说自己的发现，从而培养学生的观察与表达能力。最后，专家以退位减法联系到不退位减法、不进位加法、进位加法的算式表，既回顾总结了本学期学过的加减法的所有算式，让学生发现快速计算的方法，又帮助学生梳理本学期教材中数的运算的知识，形成知识结构，为后续学习百以内的加减法做好铺垫。

细细想来，专家每堂课都让我们在课后引导学生回顾总结，从知识、方法、经验等方面，帮助学生梳理本节课的学习过程，积累活动经验，培养学生的数学思维，养成良好的思维习惯。这对学生学习能力、对学生核心素养的提升都有很大的帮助。

总之，语言是思维的载体，思维是语言的内容。数学语言表达能力的提高并不是一朝一夕的事，"字无百日功，言需千日熟"。我们只有把数学语言与数学思维紧密地联系起来，才能更好地培养和提高学生的表达能力及思维能力，真正实现学生敢想、敢说，会想、会说。在今后的教学和教研中，我会更加努力学习，不断地反思和改进，争取更大的进步。

"三管齐下"，培养学生的"思"与"说"

（北京小学大兴分校亦庄学校　董睿）

　　导读：数学语言作为数学逻辑推理过程的表达方式，规范使用数学语言能够直接表现出学生的数学素养。小学阶段是数学语言培养与建立的重要时机，因此在教学中我们积极开展培养学生数学语言能力的工作。

　　在数学课堂中经常会碰到这些情形：有些学生想说，但却无法用完整、清晰的语言有条理地表述出思维过程；有些学生则因为性格内向、胆小害羞，不敢在课堂上发言。这些情形归根结底反映的就是学生不敢说和不会说的语言表达缺陷，同时也反映出低年级学生思维的混乱和不成熟。为了解决这一问题，我从日常的课堂教学中注重对学生进行有目的、有层次、多形式的语言训练，培养学生敢说：激发学生语言表达的欲望；会说：主动、清晰、完整、流利地表述数学知识；进而多说，以促进学生思维的发展，达到学好数学的目的。

　　在学校数学团队教研中，我们对在教师的引导下让学生"独立思考、自主探索、合作交流、动手操作"的教学方式有了更深刻的认识。对在教学过程中培养学生的数学表达能力，促进学生的思维发展有了更深刻的理解。我认为人思维的发展和语言的发展紧密相关，学生的语言表达过程反映出学生的思维过程，语言的准确性体现着思维的严谨性，语言的条理性体现着思维的逻辑性。尤其是低年级是训练说话的最佳时期，教师注重对学生数学语言的训练是促进学生思维能力发展的有效途径。作为教师如何通过调动学生的手、眼、口、耳、脑等多种感官来开拓学生的思维，尤其是如何通过训练学生的语言表达能力，促进思维的发展，我认为"三管齐下"，可以促进学生的思维与表达能力的提高。

一、多种感官参与活动，发展学生的思维与表达

苏霍姆林斯基曾指出："小学生往往用形象、色彩、声音来进行思维。"低年级学生的思维具有很强的直观性与形象性。学习时学生可以通过认真观察、动手操作等亲身体验来突破学习中的重难点。例如，在教学"认识平面图形"时，为了让学生体会"面在体上"，发展空间观念，我们引导学生先观察学过的立体图形，学生通过摸一摸手中的立体图形感受到。像长方体、正方体、圆柱等立体图形上都有平平的、滑滑的面，通过描、印等方法将这些面搬到纸上，学生发现后汇报："我把长方体放在纸上，沿着它的四周描画出来，就得到了一个长方形，我从长方体上搬下来了长方形。"学生通过直观体验与感受，体会了立体图形与平面图形之间的联系，发展了观察能力、动手能力和语言表达能力，也促进了学生的思维能力提升。

在教学"两位数加减一位数"时，学生对于"借走了6本书，还剩42本书，书架上原来有多少本书"这一问题，由于受思维定式的影响，认为"借走了"应该用减法计算。王璐老师引导学生分析信息与问题之间的数量关系，学生用两只手分别表示"借走的"和"剩下的"两个部分，"要想求书架上原来有多少本书，就要把借走的6本书和剩下的42本书合起来，所以用加法计算"。用两只手合并的动作表示合起来，学生通过手势和肢体语言逐步体会到把两个部分合起来，就是加法；从总体中去掉一部分，求还剩多少就是减法。学生在自己的操作感知中，通过动作促使大脑的相应区域活跃起来，逐步体会到加减法的意义。

教材中的插图可以帮助学生直观地观察发现信息，这些信息要让学生读出来。例如，在教研"探索规律"时，学生通过观察，没有直接发现气球的颜色是有规律的，这时于自航老师引导学生，有节奏地按顺序读出气球的颜色，看到什么就说什么，边读学生就发现"这组气球都是按红、红、黄三个为一组重复出现"的规律。让学生观察后再有节奏地读出来的做法有利于学生发现规律、表达规律、理解规律。

学生通过用眼睛观察、用手势比画、用语言表达想法等方式，把看到的信息说清楚、说明白、说具体，接着说出思考的过程。这一过程不但帮助学生形成了细心观察、认真审题的良好学习习惯，而且有利于学生语言的发展，同时还激发了学生思维的兴趣。

二、给学生充分的时间和空间，让思维与表达真正发生

想就是一种思维，学生只有通过自己动脑筋去想，才能将现实中存在的各种信息经过大脑的加工呈现出必要的结论。这一过程就需要教师给学生一定的时间和空间让学生去想，让学生在信息加工的过程中真正理解所学的知识。例如，在最初教学"解决问题"时，我总是在让学生发现信息、提出问题后直接列式计算，忽略了学生的思维过程，导致学生缺乏深入思考，语言表达就会缺乏条理，使思维训练与语言训练落空。

在教学"两位数加减整十数"这一课时，学生发现了"书架上有45本图书，又买来20本书"这两个数学信息，只有少数人能根据信息提出数学问题，大部分学生不敢提问、不知道怎样提问，其原因是平时的训练和教师的引导不够，没有发现信息与信息之间的数量关系。而当我让学生用自己喜欢的方式计算"$45 + 20 = ?$"时，学生几乎都是用口算和竖式这两种方法来计算的，计算方法比较单一，有局限性，其原因是我在课前没有给学生准备充足的小棒、计数器等学具，这样一来就限制了学生的思维发展。

在专家的引导下，我找到了问题所在。评课时专家和同伴们给我提出了建议：一是要培养学生的问题意识。"发现问题、提出问题比解决问题更重要"，于是我在之后的教学中有意识地调动学生提问题的积极性。当学生问出关键性问题时，我会及时给予表扬；当学生都不能提出问题时，教师可以引导："大家都没有问题，那老师有个问题，同学们仔细听，你能像老师这样提问吗？"

经过一段时间的训练，在进行"两位数加减两位数"关键能力进课堂展示时，学生可以根据"画画的同学中男生有24人，女生有13人"两个数学信息，提出"男生和女生一共有多少人？""男生比女生多多少人？""女生比男生少多少人？""男生和女生相差多少人？"这些不同的问法，可以看出学生对数量关系的理解能力及问题意识正在逐步增强。

教研中针对学生解决问题的方法比较单一的问题，专家和团队中的伙伴也给我提出了建议。专家指出："教学时应留给学生足够的时间和空间去独立思考，分析信息和问题之间的数量关系，并用完整的语言有条理地表达出来，促使学生思维的发展。"还经常提醒我们："要培养学生的思维能力，一是要给学生充分思考的时间和空间；二是教师的要求要明确、具体，让学生知道做什么；三是在学生没有达到预设目标时教师要适时地引导，启发学生的思维。"

在接下来的教学中，我注意了以上几点，通过不断反思与改进，学生的思维也逐渐变得开阔。例如，在教学"两位数减两位数的退位减法"时，学生用喜欢的方法计算"32－15＝？"自主探究前，教师提出要求：可以借助手中的小棒、计数器，或是在纸上画一画、写一写，看谁想到的方法多。学生在展示交流时，有的摆小棒，有的画数位图，有的拨计数器，有的分步计算，还有的列竖式计算……短短几分钟时间，学生的计算方法多种多样，反馈交流时学生也基本能够完整、清晰地表达自己的想法。可以看出，经过这样的训练，学生的思维逐渐开阔，解题思路也变得更加灵活多样。

三、言传身教，助力学生思维与表达能力的发展

教师的语言对于培养学生的语言表达能力和思维能力也同样重要。作为数学教师，在教学中使用数学语言时要成为学生的表率，教师的课堂语言应当是精心设计的，在教学中力求语言严谨、准确、精练，对学生的活动要求要明确，表达时要条理清晰。

例如，在探索"两位数加一位数"时，学生根据"借走了6本连环画，还剩42本连环画"这两个信息，可以提出"一共有多少本连环画"这样的问题。通过教师引导，学生发现问题应该是："原来一共有多少本连环画？"这样的引导让学生提问的语言逐渐变得更严谨、更准确。作为新入职不久的教师通过不断规范自己的语言，也直接影响、带动和规范了学生的语言，学生逐步认清数量关系，感悟信息和问题之间的联系。这样长期坚持培养和训练，再加上教师自身严谨规范的语言的影响和带动，学生的语言和思维会越来越清晰、越来越有条理。

课堂上教师要有意识地组织、引导学生。比如，在学生交流想法时，教师提示"请大家认真听，有问题一会儿向他提问"，学生要提出关键性问题就必须仔细听，认真思考。在教学"两位数加减两位数"时，学生需要完整地表达算式的计算过程，如果大部分学生不能完整、有条理地用自己的话表述出来，这时教师可以让会说的同学把想法介绍给大家，其他同学认真听，一会儿也像他一样说一

说。这样一来，学生的语言逐渐规范化，还能帮助语言能力弱的同学厘清思路，使他们更好地表达自己的想法，从而掌握知识。长此以往，学生会养成认真听、完整说的好习惯，不仅表达能力提高了，也发展了学生的思维能力。

经过一段时间的教研、反思和实践，有收获也有不足，学生解决问题的方法变得更加多样化，思维更开阔了，表达想法时语言变得更清晰、有条理，从原来的不敢提问、不会提问，变得现在会独立思考，敢于提问了。但我深知自己在课堂教学中还存在很多不足，如有时还不能准确把握教学目标，其原因是没有深入地研读教材、分析学情；教师的语言应该更精练，问的问题要引发学生思考；在组织教学上还要多下功夫，课堂上应该注意调控，特别是学生反馈交流时，应适时地组织其他学生仔细听、认真思考、积极提问；还应该注意统筹时间，将课堂效率最大化。

通过以上分析和总结，我准备从以下方面改进教学：培养学生的数学思维和表达能力是一个长期的过程，我会继续加强对学生数学思维和表达能力的培养；备课时充分研读教材、教参，结合学情制定教学目标，完成自己的教学设计后再参考借鉴其他优质资源；有意识地锤炼自己的语言，备课时设计好关键问题，不重复学生的话；加强组织教学，继续培养学生的课堂常规和认真听讲、积极思考的好习惯。

总之，在教学中教师要有意识地对学生进行数学语言的训练，精心设计数学语言的阶梯，使学生的思维过程更明确、严谨，从而让他们更好地进行思维活动，促进学生思维的有效发展。

基于核心素养下的小学数学思维能力培养策略

（首都师范大学附属中学大兴北校区　周波）

导读："会用数学的思维思考现实世界"是义务教育阶段数学课程要培养的学生核心素养之一，培养学生的数学思维能力是教师数学教学的核心目标。本文讲述的是教师在教学过程中，如何利用多种途径引导学生发展数学思维，提升学生的数学核心素养。

小学是学生学习数学的初始阶段，如何让学生建立数感、学会独立思考、体会数学的基本思想和思维方式、发展形象思维和抽象思维，是教师教学的重要目标。在教学实践中，如何培养学生的数学思维能力，我有五点体会：

一、注重生活实际，树立学生主动思考的意识

数学知识来源于生活，又服务于生活。学生掌握数学知识，不能依赖死记硬背，应以理解为基础，并在实际运用中不断巩固和深化。在教学中教师要注意加强数学知识与学生生活实际的联系，让学生体验情境中的数学问题，增加学生的直接经验。

一年级教学"认识人民币"单元时，我给学生布置的课前任务是：在家和爸爸妈妈一起观察、对比认识各种不同面值的人民币。课上，学生利用真实的人民币，互相介绍自己学到的人民币知识，教师再给予适当的补充，学习的氛围和效果特别好。在学完人民币的加减法后，我组织学生在班内开展了一次"跳蚤市场"活动，学生每人准备1个5元、5个1元、2个5角、5个1角的人民币学具和标价3元以内价值不等的书籍，他们互相之间自由进行买卖活动。学生在购物活动中

进一步认识并学会使用人民币，体会货币单位的换算，加深对人民币加减运算的理解，形成初步的量感，积累运用数学知识解决实际问题的经验。联系生活实际是树立学生主动思考的有效方法，有认识才有理解，有事实才有思考，才能提升他们的数学思考力。

二、注重知识类比迁移，培养学生创造性思维品质

"学而不思则罔。"数学学习一定要认真思考，理解题意和方法，做到活学活用、融会贯通。小学数学教学时一定要掌握方法和规律，沟通知识之间的联系，帮助学生建立良好的认知结构。

二年级教学"7的乘法口诀"时，为了提升学生的数学思考能力，在学生熟记口诀及掌握口诀的规律后，我设计了如下教学环节：

师：同学们，口诀之间藏着很多的秘密呢，比如我知道了 $2 \times 7 = 14$ 和 $5 \times 7 = 35$，那么我就能算出 $3 \times 7 = 35 - 14 = 21$，$7 \times 7 = 35 + 14 = 49$，谁能说说老师是怎么算的？学生经过独立思考、合作交流，汇报如下：

生1：3个7等于5个7减2个7，所以 $3 \times 7 = 5 \times 7 - 2 \times 7 = 35 - 14 = 21$。

生2：7个7等于5个7加2个7，所以 $7 \times 7 = 5 \times 7 + 2 \times 7 = 35 + 14 = 49$。

师：如果你知道了 $3 \times 7 = 21$ 和 $9 \times 7 = 63$，你能推算出什么？

生3：我知道9个7减3个7是6个7，所以 $6 \times 7 = 9 \times 7 - 3 \times 7 = 63 - 21 = 42$。

生4：我知道9个7加3个7是12个7，所以 $12 \times 7 = 9 \times 7 + 3 \times 7 = 63 + 21 = 84$。

师：你们真的太棒了，都能计算出 12×7 的积了。根据刚才的思路和想法，$7 \times 15 = 5 \times 15 + 2 \times ( )$，括号里应该填几呢？

生5：7个15等于5个15加2个15，所以括号里填15。

师：你很会观察和思考，谁能再说几个这样的算式？

生6：$7 \times 20 = 5 \times 20 + 2 \times 20$，7个20等于5个20加2个20。

生7：$8 \times 30 = 3 \times 30 + 5 \times 30$，8个30等于3个30加5个30。

通过这样的环节设计，加深了学生对乘法意义的理解，发展了学生问题解决的能力，有效地提升了学生的数学思考力。

三、设计核心问题，挖掘学生数学思考的深度

《义务教育数学课程标准（2022年版）》指出：有效的教学活动是学生学和教师教的统一，学生是学习的主体。"核心问题"是数学课堂上启发式教学的重要载体，它能激活学生思维，引领学生深度学习。

二年级教学"有余数的除法"单元时，问题情境是：有10个梨，每盘能放3个，可以放满几盘，还剩几个？学生：$10 \div 3 = 3$（盘）……1（个）。我设计了如下核心问题：

1. 余数和除数有什么关系？

学生：$1 < 3$，余数比除数小。

2. 在其他算式里，余数也比除数小吗？请你举例说明。

学生：有23枝花，每个花瓶插5枝，能插满4个花瓶，还剩3枝。算式是 $23 \div 5 = 4$（个）……3（枝），$3 < 5$，余数小于除数。

3. 余数为什么要比除数小，比除数大或者等于除数可不可以？请你举例说明。

学生：每盘放3个梨，如果余数等于3，那么这3个梨就可以再放满1盘，这时就没有余数了；如果余数大于3，就能继续3个3个地放满盘子，直到剩下的梨少于3个为止。

通过这三个核心问题，瞬间激起了学生的求知欲望，引发学生积极思考。学生在用观察、猜测、计算、推理、验证等方法分析问题和解决问题的过程中，不仅理解了余数和除数之间的关系，更发展了核心素养。在教学中，教师一定要以学生为本，关注学生思维的困惑处，设计核心问题，让学生开展头脑风暴，挖掘学生数学思考的深度。

四、加强教学变化，培养学生思维灵活性

为了培养学生思维的灵活性，教师应当增强数学教学的变化性，为学生提供思维的广泛联想空间，使学生在面临问题时能够从多角度进行数学思考，并迅速建立起自己的思路，真正做到举一反三。

一年级的"相差问题"一课，白兔有12只，灰兔有5只，根据数学信息提出数学问题。学生在真实情境中发现和提出问题，并用自己喜欢的方法分析和解决问题。在巡视过程中，我发现学生有画图的，有列算式的，能用不同方法分析和解决问题。学生提出的问题有：白兔比灰兔多多少只？灰兔比白兔少多少只？白兔和灰兔相差多少只？通过学生对问题的解读，他们很容易理解"谁比谁多""谁比谁少""谁和谁相差多少"都是相差问题，用减法计算。

二年级乘除法的一图四式问题：△△、△△、△△、△△，根据这个图，你能写出哪些算式？并说一说算式的意义。学生独立思考并交流汇报：

生1：这是4个2，乘法算式是$4 \times 2 = 8$，或者$2 \times 4 = 8$。

生2：把8平均分成4份，每份2个，除法算式是$8 \div 4 = 2$。

生3：把8平均分，每份2个，能分成4份，除法算式是$8 \div 2 = 4$。

学生在独立思考、合作交流的过程中，进一步加深了对加减乘除四则运算含义的理解，发展了模型意识和应用意识，提高了他们由表及里、由此及彼的认识能力。

五、优化作业设计，提高学生数学思维能力

作业练习具有巩固学习效果、促进思维水平发展等功能，是促进学生数学理解、发展数学思考和问题解决能力的重要资源。教学时我们要注重思维的训练，设计实质相同但思维方式不同的题型，培养学生灵活运用知识解决问题的能力，进一步形成良好的认知结构。

在教学四年级数量关系"速度 × 时间＝路程"一课时，我设计了如下习题："小明家离学校有600米，他4分钟走了200米，照这样的速度，小明10分钟能走到学校吗？"学生作业有如下方法：

1.求时间：$600 \div (200 \div 4) = 12$（分），$10 < 12$，不能。

2.求速度：$600 \div 10 = 60$（米／分），$200 \div 4 = 50$（米／分）$50 < 60$，不能。

3.求路程：$200 \div 4 \times 10 = 500$（米），$500 < 600$，不能。

学生从不同的角度出发，用数学的眼光多角度观察问题，用不同的方法解决实际生活中的数学问题，既提升了数学思维能力，又获得了解决问题的成就感。教师引导学生把自己的数学思维、数学思考都激发和展示出来，相互启发、相互交流、相互促进，让数学的多元思维路径真实发生，使学生的数学核心素养得到提升。

在小学数学教学中，教师要注意整体把握教材，弄清知识内涵，抓住知识与知识之间的联系，高效利用教材和课后习题资源，引导学生积极主动地参与到数学学习中来，让学生在学习数学知识的同时，学会理性地去思考、去创新，提升自己的数学思考能力，养成良好的数学学习习惯，形成良好的数学核心素养。

参考文献

[1] 中华人民共和国教育部制定 . 义务教育数学课程标准（2022年版）[S]. 北京：北京师范大学出版社，2022.

[2] 孙伟辉 . 浅谈小学数学教学中学生思维能力的培养方法 [J]. 学周刊，2018（15）：32-33.

[3] 金鑫 . 在小学数学课堂教学中培养学生的数学核心素养 [J]. 教育界，2021（28）：39-40.

小学数学课中学生思维能力培养的研究

（北京市海淀区五一小学大兴二分校　魏峥）

导读：从任小学数学教师开始只注重学生学习的结果，经历多次磨课、上研究课，逐渐意识到小学数学教学的目的，不仅是传授知识，让学生学习、理解掌握知识，更要注重教给学生学习的方法，经历学习的过程，培养学生思维能力和良好的思维品质。

培养学生的思维能力是教师教学的一项基本任务。思维训练对学生是至关重要的，我们要培养社会主义现代化建设所需要的人才，基本条件之一就是要具有独立思考的能力，勇于创新的精神。《义务教育数学课程标准（2022年版）》中指出：作为促进学生全面发展教育的重要组成部分，数学教育既要使学生掌握现代生活和学习中所需要的数学知识与技能，更要发挥数学在培养人的思维能力和创新能力方面的不可替代的作用。所以，小学数学教学从一年级起就担负着培养学生思维能力的重要任务，在日常教学中要重视对学生数学思维能力的培养。

一、注重引导操作，培养学生思维能力

学生思维的发展过程是具体形象思维逐步向抽象逻辑思维的方向发展的过程。借助操作活动，引导学生通过对材料的观察、比较、分析逐步上升为理性认识。因此，在教学中要重视引导学生的操作，让学生在学习过程中运用多种感官参与教学，通过积极思维来获得新知。在教学中，教师要根据教学内容和学生的认知特点精心设计操作的程序和方法。操作适时、程序合理才能收到良好的展现知识

形成过程的效果，才能突出重点，突破重点。例如，在教学五年级"平行四边形的面积"这一课中，教师出示自学提示：想一想平行四边形的面积和谁有关？利用手中的学具直尺等，画一画，测一测，想一想应该怎样计算它的面积？自己试着计算出它的面积。当学生在看完提示后，并未有所发现。这个时候教师的适时引导就尤为重要。首先要让孩子动手做一做，再追问他们：你怎么想的？还有没有别的办法？如果学生还没有发现，那就引导他们想办法把平行四边形变成已经学过的平面图形，可以利用教师给的工具（剪刀）剪一剪。这样的引导，给迷茫的孩子们指明了学习的方向，他们找到了研究的方法，问题就会迎刃而解了。

二、注重日常教学，培养学生思维能力

教学过程不是单纯传授和学习知识的过程，而是促进学生全面发展的过程。从小学数学教学过程来说，数学知识和技能的掌握与思维能力的发展也是密不可分的。

（一）在教学中培养学生思维能力

一年级开始，教师就要注意有意识地培养学生的思维能力。在一年级上学期，学生在比较这一内容中初步认识大小、多少、长短、轻重等，其中就有初步培养学生比较能力的问题。在认识10和11～20各数这一内容就有初步培养学生分析、综合能力的问题。在课堂上需要教师引导学生通过实际操作（小棒、方块等）、观察，逐步进行比较、分析、综合、抽象、概括，形成数的概念，在学习数加法、减法的计算时，要初步培养学生的抽象、概括能力。利用学具帮助理解加法与减法的含义，学会加法与减法的计算方法时，要引导学生理解算理，能清楚地说出每一步。如果不注意引导学生去思考，从开始学生就只会死记数的组成，机械地背诵加、减法得数，这对后面的学习毫无帮助。所以一年级对于学生思维能力的培养是尤为重要的，要抓住培养学生思维能力的关键时刻。

（二）在各部分内容的教学中培养学生思维能力

在教学数学概念、计算法则、解答实际问题或操作技能时，都要注意培养思维能力。教学计算法则要注意培养学生判断和推理能力。例如，教学乘法时，不能简单地举一个例子，就做出结论。最好多举几个例子，让学生感悟到当加数比较多时，采用乘法是非常简单的。$4+4+4=12$，学生可以用$4+4=8$，$8+4=12$来计算，还可以用$3\times4=12$来计算，然后引导学生对两种方法进行对比找出它们之间的联系，加数是乘法算式中的一个因数，加数的个数是另外一个因数，从而感悟乘法计算的方便。而每一个数学概念都是对客观事物的数量关系或空间形式进行抽象、概括的结果。

在教学数学概念时也不要忽略对学生思维能力的培养。例如，在一年级认识立体图形，我们不能拿出一些物体，告诉学生这个是长方体、正方体、球、圆柱。而应先让学生观察具有这些立体图形的各种实物，引导学生利用学具，放在手中摸一摸，感受它们的相同点和不同点，然后抽象出图形，并对立体图形的特征做出概括。

（三）在每一节课的各个环节中培养学生思维能力

不论是教学新知识，还是巩固练习，教师都要注意结合具体的内容有意识地培养学生的思维能力。例如，复习20以内的退位减法时，教师给出练习题如$15-9$以后，不仅让学生说出得数是6，还要说一说是怎样想的：个位5不够减9，向十位借1个十，10减9等于1，1加5等于6，所以$15-9=6$。如果当学生出现计算错误时，也可以引导学生说一说计算过程，在叙述的过程中，学生就能发现错误的原因，从而加深理解"破十"的计算方法，之后学生举一反三，经过练习后就会掌握此类题的计算方法。在教学全过程中始终注意培养学生思维能力的前提下，学生的思维会慢慢地得到提升。

三、在培养学生表达能力的同时发展思维能力

课程改革强调在师生交往互动的对话中学习新知，但在我们的课堂中往往会有这样的感觉，越到高年级孩子越不爱回答问题，尤其是数学课，无论是他不会表达，还是害怕答错，总之，愿意发言的学生少之又少，归根结底就是我们没有教给学生方法。教师应该注重在课堂中培养学生会倾听、善表达的习惯。每当孩子不会汇报时，我们做的不应该是责备，而应该更多的是引导。当学生独立思考完问题后，我们可以安排学生在小组内交流一下，这样就会使那些不会表达的学生有学习的对象。除此之外，我们还要鼓励学生勇敢地回答问题，告诉他"你怎样想的就怎样说"，让他把自己思考的过程表达出来，就是思维能力的培养。相信长时间下去，孩子们叙述的能力就会有很大的提高，思维能力也有所提升。

如复习课"数的整除"中，学生按照教师提问整理出这一单元知识的网络图：

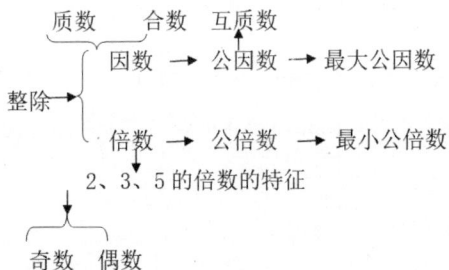

当汇报时学生说不出如此连接的原因，这个时候教师就可以引导："你是怎样想的？把你思考的过程说一说。"生："因为'一个数只有1和它本身两个因数，这个数叫作质数''一个数除了1和它本身，还有别的因数，这个数叫作合数'。是用因数的个数来判断一个数是质数还是合数，所以我认为质数、合数是和因数有关的。"学生把思考的过程叙述出来，同时也解决了"为什么"的问题。除此之外，教师的适时追问也可以帮助学生提高表达的能力，追问既能促进学生积极思考、主动探索，又能实现教学目标，使课堂教学效果最优化，从而培养学生的思维能力。

学生思维能力培养是数学教学中的重要任务。教师要引导学生去思考，给学生一片广阔的天地，给他们一个自由发挥的空间，让他们乐学、好学，让他们的数学思维能力在课堂学习中得到充分的发展。

参考文献

[1] 吴正宪. 小学数学课堂教学策略 [M]. 北京：北京师范大学出版社，2012.

[2] 温寒江. 学习与思维 [M]. 北京：教育科学出版社，2010.

[3] 中华人民共和国教育部. 义务教育数学课程标准 [M]. 北京：北京师范大学出版社，2022.

"说"数学　明算理　培养学生的思维

（北京市大兴区庞各庄镇第二中心小学　张海英）

导读：在教学中作为教师要注重对学生数学语言表达能力的培养，以"说"促"思"，充分挖掘每一位学生的创新潜能，真正让每位学生都能在不同程度上满足自我。

"由于语言表达具有重要的提炼功能，所以思想经过语言精练表达以后，就增加了意义和迁移的可能性。因此我们应该把言语表达看作整个思维过程的一个组成部分。"这是邵瑞珍老师在《教育心理学——学与教的原理》中说的。由此看出，语言是思维的物质外壳，它的迁移作用，促进了学生逻辑思维能力的发展，在培养学生逻辑思维能力方面起着关键性的作用。所以，我觉得要想让学生说得清楚，就必须让他们想得清楚，要想得清楚，就必须认真观察，仔细倾听，认真思考。因此，教师在课上必须抓住学生"说"这一环节，才能促进专注看、倾心听、认真想这三种习惯的形成。

一、创设民主环境让学生敢说

首先要发挥教师的主导作用，处理好师生关系，努力创设一种民主、和谐、宽松、活跃的学习氛围，调动学生的求知欲望，激发学生克服学习中的困难，奋发向上，使学生乐学。学生在和教师的交往中，感到自己与教师是平等的伙伴，是独立的学习主体，不仅是教学过程的参与者，而且是教学过程的创造者，从而全身心地投入学习中，成为学习的主人。数学课堂上师生交流的过程，不单单是认知方面的交流，更是情感的沟通。教师要容许学生说错，允许学生不齐步走，容许学生表达他所愿意表达的想法，甚至容许学生批评教师。教师要永远对学生充满信心，把他们看成学习的真正主人。创造一切条件让学生积极参与各种各样的数学活动，在活动中积极思考。创设宽松民主的课堂环境为学生自如发言提供心理保障，打消后顾之忧。

怎样对待说错的同学呢？吴正宪老师为我们树立了楷模。她客观、公正、平等，不偏袒任何一位学生，把爱的阳光洒在每个学生的心田。比如，在每次争论之后，吴老师都会真诚地祝贺胜利者："祝贺你们，是你们精彩的发言给大家留下了深刻的印象。"孩子们的脸上洋溢着成功的快乐。这时吴老师并没有忘记暂时败下阵来的同学，仍然深情地握着他们的手说："谢谢你们，正是因为你们问题的出现，才给全班带来一次有意义的讨论！"吴老师彬彬有礼地向他们深深地鞠了一躬，"谢谢！"孩子们笑了。别小看这一握手、这一感谢，它使成功者体会到快乐，使暂时失败者找回了面子，这无不体现着吴老师对孩子们的热爱与尊重，体现着吴老师以学生的发展为本的教育思想。如果不去理会这些暂时的"失败者"，有可能使这些孩子产生自卑心理或抵触情绪而造成负面影响，将会使他们长时间生活在失败的阴影中。几次打击之后，学生就不再有积极踊跃的表达欲望了。吴老师正确处理与学生的关系，把自己当成同学们的合作伙伴。她发扬民主，尊重每一个孩子，保护每个孩子的积极性，把学生的错误当作课堂生成的资源，值得我们每个数学教师学习。

二、精心设计问题，让学生多说

学生回答问题质量的高低取决于教师的设问。要想让学生在课堂上想得多、说得多、说得好，教师就应该精心设计问题。当前课堂上设问的形式主要有四种：①判别式，如：对不对？是不是？②叙述式，如：是什么？怎么样？③述理式，如：为什么？根据什么？④扩散式，如：你想到了什么？还可以怎样？在课堂上学生积极思考得多和少，说得多和少，取决于教师提出述理式和扩散式的启发性问题。比如，"能不能想出更好的解法？""你想出了哪些方法？""谁能编一道'归一'类型的实际问题？"教师坚持述理式和扩散式的提问，引导孩子想得多、说得多。

例如，长方形周长计算公式的推导过程，是在学生掌握了周长的概念和长方形的特征的基础上来学习的。我放手让学生根据长方形对边相等这一特征自己去探索和概括出求周长的公式。我是这样设计问题的："自己先摆出一个长方形，说说你是怎样计算出这个长方形周长的，比比谁的方法多。"每个学生都有四根小棒，有两根6厘米的，另外两根是4厘米的。要求他们先自己用小棒摆出一个长方形，然后在本上列式计算这个长方形的周长，最后向大家汇报自己是怎样想的。

在实际操作后，有一个同学说："我想出四种方法，第一种方法：用 $6+4+6+4=20$ 厘米，把长方形的四条边都加起来就是长方形的周长；第二种方法：用 $6+6=12$ 厘米，这是两个长的和，再用 $4+4=8$ 厘米，这是两个宽的和，再用 $12+8=20$ 厘米，就是这个长方形的周长；第三种方法：用 $6×2+4×2=20$ 厘米，就是长方形的周长；第四种方法：用 $(6+4)×2=20$ 厘米，就是长方形的周长，6加4的和，表示一个长加一个宽的和，再乘以2就是周长。"很多同学都想出了多种方法，我及时组织大家进行比较，最后学生理解并得出长方形周长的计算公式。在这个过程中，学生想出了多种方法，这主要取决于教师提出了开放性、扩散式的问题。在回答问题时，学生说得有根有据、有条有理，培养了他们的逻辑思维能力。通过大家理性的思考和比较，深刻地理解了周长的概念和计算方法。

三、训练数学语言让学生善说

数学课上学生发言质量的高低，还有一个重要方面，就是学生掌握数学语言的熟练程度。数学语言是学习数学基础知识的一个方面。数学语言既是数学知识的重要组成部分，又是数学知识的载体。各种定义、定理、公式、法则和性质等无不是通过数学语言来表述的。严谨缜密、具有高度逻辑性的数学语言更是发展学生逻辑思维能力的"培养液"，离开了数学语言，数学知识、数学能力就成了"水中月，镜中花"。

例如，判断2/3和3/2是不是互为倒数。学生就会回答："因为2/3乘以3/2等于1，所以2/3和3/2互为倒数。"这是利用"倒数"的概念进行判断。

又如，在进行平行四边形面积公式的推导过程中，学生通过用手里的学具进行剪一剪、拼一拼。他们这样叙述自己的推导过程：沿着平行四边形的高剪下，移动后拼成一个长方形，平行四边形的底相当于长方形的长，平行四边形的高相当于长方形的宽，因为长方形的面积等于长乘以宽，所以平行四边形的面积等于底乘以高。在这个公式推导过程中，学生运用了过去所学的长方形计算公式的知识与等积变形的数学思想。

新知识的学习离不开数学语言的参与，数学知识是数学语言的内涵。学生运用数学知识获取新的概念，进行比较、分析、综合、判断、推理及运用数学概念解决实际问题等都离不开数学语言。学生对数学知识的理解与掌握，实质是对数学语言的理解与掌握。因此，掌握数学语言是学习数学知识的基础，数学语言教学是数学教学的关键，是培养学生逻辑思维的过程。可见学生逻辑思维能力的发展依赖于数学语言。

总之，学生各种能力中逻辑思维能力处于核心地位。培养学生的逻辑思维能力是数学教学的中心任务。语言是思维的物质外壳，严谨缜密、具有高度逻辑性的数学语言是发展逻辑思维的"培养液"。因此，它要求教师要在课堂上抓住一切机会，注重对学生数学语言表达能力的培养，以"说"促"思"，充分挖掘每一位学生的创新潜能，使更多的学生在不同程度上满足自我实现的需要，让课堂教学真正成为实施素质教育的主渠道，成为培养学生思维能力的主战场。

灵动的数学课堂　思维火花的舞台

（北京市大兴区第七小学　陈秀梅）

导读：学生的数学学习是探索性的学习过程，是激发学生学习欲望、创造精神和开发学习潜能的过程。在解决问题中，发现问题、提出问题在很大程度上调动了学生的积极性、主动性和创造性。教学中教师创设学习情境激发学生兴趣，运用多种方式引发学生的数学思考，培养学生的数学学习能力。

新课程理念对教育提出的一个新要求是改变学生学习方式，唤醒学生问题意识，由关注学生回答问题转向关注学生发现问题和提出问题。发现问题是思维活动中最重要的环节，没有问题的思维是肤浅的、被动的。提出问题是建立在一定的知识积累和较强的逻辑思维和语言组织能力的基础上实现的。学生没有问题就是教学的最大问题，学生只有具备了发现问题和提出问题的能力，才能真正成为学习的主人，成为一个善于思考、独具个性的学习者，而不是知识的容器和考试的机器。下面结合自身的教学实践，谈一谈我从数学教学中是如何指导学生发现问题和提出问题的。

一、在问题情境中，让学生的问题意识逐步被唤醒

在教学实践中，我们不难发现越是学习好的学生越是问题多，学习能力较弱的学生，他们总是不能提出问题。正因为没有问题的学习是没有思维的活动，是被动学习，长此以往，学困生越学越"困"，也就不足为奇了，究其原因是他们对问题意识的淡漠。所谓问题意识是指人们在认识活动中遇到难题而产生怀疑、困惑的心理状态，并由此激发积极思维，不断地发现问题和提出问题的一种心理品质。

如何唤醒学生的问题意识，让学生乐于发现问题和提出问题呢？"生活是创作之源，素材是思维之泉。"教师应该在提供有助于学生发现问题的感性材料上多下功夫，启发学生发现问题。创设新颖的问题情境，激发学生的好奇心和求知欲，让学生乐于发现问题，并提出自己关心、想知道的问题，培养学生对所遇到的问题不断追问的习惯。

例如，在教学"分数的初步认识"时，可以这样设计：请学生用手指表示每人分到的月饼个数，并仔细听清楚老师的要求，然后再去做。"如果有四块月饼，平均分给两个小朋友，请用手指个数表示每人分到的月饼块数。"学生很快伸出两个手指。教师接着说："现在有一块月饼平均分给两个小朋友，请用手指表示每人分到的月饼块数。"这时许多同学都难住了，有的同学伸出弯着的一个手指，问他表示什么意思，他回答说："因为每人分到半块月饼。"教师进一步问："你能用一个数来表示'半个'吗？"学生被问住了。这时对新知识的学习成为孩子们的一种主观欲望。在充分认识了二分之一这个分数以后，教师拿出一个被平均分成三份的圆，同时让学生说出："看到这个圆，你想到了什么？你能提出什么数学问题呢？"这时候，孩子们的思维被打开了，有的说想到了三分之一，有的说想到了三分之二，有的问三分之三是不是1，三分之二是不是比三分之一大……这些问题的提出完全有赖于上课开始时候的问题情境的创设。

实践证明，教师只要精心创设问题情境，运用学生喜欢的图形引出问题的呈现方式，训练学生从常规的提问角度去思考，适时启发、点拨，学生才会发现问题和提出问题。而且他们提出问题的能力并不比教师逊色，也时常会令教师惊讶。

二、在示范引领下，让学生善于发现问题和提出问题

现代研究表明：一切思维都是从问题开始的，放手让学生自己提问题比通过被动阅读寻找答案的策略更有效。但教学中，教师精心创设了各式各样的问题情境，而会提出问题的学生总是极少，其主要原因是学生发现了问题，但不愿提出来。其实学生提出问题的信心来自教师的肯定和鼓励。教师应该创造机会让学生拾级而上，民主和宽容地让学生大胆想象，大胆创新。所以无论学生提出的问题正确与否，提出问题的质量高低，只要学生积极主动地提出问题，都要给予热情的鼓励和真诚的表扬，告诉他们能站起来提问就是好的开端、勇敢的表现。当学生提出有价值的问题时，更是要给予肯定和高度赞赏，并示范引导，会收到"一石激起千层浪"的效果。

例如，在讲"数的整除整理与复习"这堂课时，结合本单元的知识内容，我设计了如下几个教学环节：①见到15你想到了什么知识？②见到14和49你想到了什么知识？③说出你或你们的学号是几，并用你或你们的学号说几句数学语言……其中第三个问题学生的回答很出乎我的意料。那天，小天、小宇、小静、小浩这四名同学分别是这样说的：我是7号，我是10以内最大的质数；我是19号，我是20以内最大的质数；我是29号，我是30以内最大的质数；我是47号，我是50以内最大的质数；最后四名同学异口同声地说："我们都是质数，我们是互质数，我们两两互质，我们的最大公因数是1，最小公倍数是 $7 \times 19 \times 29 \times 47 = 181279$。"这最后一句的回答极其精彩，体现他们不仅掌握了本单元的知识，而且能在此基础上进行创造。因为课本中只讲到两个数的最大公约数和最小公倍数以及三个数两两互质的问题。

一个开放性问题竟引来这么多的收获，多么有价值的问题呀！后来我发现同学们在课上不但敢于发问，而且他们的问题越来越具有探究性。可见，课上的鼓励对于促进学生的思维发展有着多么巨大的作用。教师的示范引导，"一石激起千层浪"，可训练学生有更多的问题视角，让学生突破思维定式，从容自如地应对各种新问题。只有教师真正"放胆"让学生发现问题和提出问题，学生发现问题和提出问题的能力才能真正得到培养和发展，培养创新人才才不是一句空话。

三、在激励肯定中，让学生养成不断追问的习惯

建构主义认为，知识不是通过教师传授的，而是学习者在一定的情境中，借助他人（包括教师和学习伙伴）的帮助，利用必要的学习资料，通过主动建构的方式获得的。新课程注重关注学生的学习过程，教材只是学科学习的载体，课程资源丰富多彩，每个学生富有个性的生活体验，奇思妙想和大胆探索往往是课堂的智慧之源。教师在课堂上应留给学生充足的时间和空间，让学生合作探究，交流互动，畅所欲言。学生互动交流时，教师应耐心倾听，及时捕捉课堂生成的动态资源，尤其是发现学生思维中萌发的新知识和新问题。

例如，在讲完"数的整除复习"一课后，我班的两名学生刚刚和晨晨发生了争吵，"你不能下课！""我为什么不能下课？"被说成不能下课的晨晨此时已经面红耳赤，声调也比平时高了八度。全班同学和我的目光一下子集中到他俩的身上。两名学生的争吵起因于我的一句话。在这节课的末尾，我说了一句话："请学号是1的倍数的同学下课。"晨晨是1号，刚刚是他的同桌，于是下课后就出现了前面的那一幕。

我先制止了他俩的争吵，然后请他俩向全体同学说明了争吵的原因。晨晨问我："老师，我是1号，我到底能不能下课？"刚刚也眨着一双茫然的大眼睛看着我。我不想让这场争论因我而结束。我把目光转向全班同学，一字一顿地把他俩争吵的问题又说了一遍："晨晨是1号，根据我说的'请学号是1的倍数的同学下课'，请全体同学判断一下，晨晨到底能否下课。"同学们争先恐后地举手，都想说一说自己的理由，发表一下自己的观点。这时我叫起了芳芳，她说："1，也是1的1倍，所以晨晨能够下课。"她的话引起了许多赞同者的掌声，我不禁对芳芳竖起了大拇指。"1也是1的1倍，这句话中的三个1说得多好呀，一个'也'字用得多妙呀！"我由衷地发出了赞叹。这时，不仅是发生争吵的这两名同学，而且全班同学都会清楚地记住："1也是1的1倍。"在生生、师生思维碰撞中，群情激动，师生不得不大动脑筋，使本课的学习更为深入，课堂气氛活了，学生的思路开了，发现的新问题多了，提出的新看法更有见地了。

　　哲学家菩德曼说："播种言行，收获行为；播种行为，收获习惯；播种习惯，收获性格；播种性格，收获命运。"教师播种了培养学生"发现问题和提出问题"的行为，如何让学生收获"有更多的问题视角，能提出更好的问题"的习惯呢？教师应在课堂教学中，多留给学生发现问题和提出问题的机会，多留给学生表达自己的想法和见解的时间与空间。面对学生提出的各种问题，教师要坚持肯定为主的原则，这种具体的肯定不仅对提出问题的个体，而且对全班学生都有很好的教育意义。经过一段时间的耐心指导和精心培育，学生从最初不会提问或只问"是什么"，到能设计"为什么"了，更可喜的是学生在课堂上对"发现问题和提出问题"的活动充满激情，逐步养成不断追问的习惯。

　　实践证明，只要教师在平时课堂教学中坚持有意识地培养学生发现问题和提出问题的能力，善于示范引导，长期地加以方法指导，耐心地鼓励，学生问题意识加强了，发现问题和提出问题能力也就提升了。学生通过长期的训练，拥有了更多的问题视角，突破思维定式，从容自如地应对各种新问题，成为一个善于思考、独具个性的学习者，而不是知识的容器，这就是教育成功的最大收获，也是数学课堂焕发生命力之所在。

让学生发展思维 善于推理 乐于学习
——北京版数学二年级下册"分析与推理"课例分析

（北京市大兴区第七小学 高悦）

导读：依据北京版数学二年级下册"分析与推理"一课，我从情境创设、多策略解决问题等方面对课堂进行实录分析，创设有趣的情境，激发学生的学习兴趣，帮助学生形成简单的推理意识，拓展学生思维，培养学生推理意识，让学生乐于学习，爱上数学。

课堂要以学生为中心，发挥学生的主体作用，让学生成为课堂的主体。通过探究、合作、交流等活动，表达、交流自己的想法，获得学习成果。

《义务教育数学课程标准（2022年版）》中指出：推理意识主要是指对逻辑推理过程及其意义的初步感悟。推理意识有助于养成讲道理、有条理的思维习惯，增强交流能力，是形成推理能力的经验基础。

二年级学生对简单推理意识的建立难度不是很大，学生在本学期已经有了一些解决问题的方法，例如画图、摆一摆等，都能在本节课的学习中为学生提供辅助作用。学生在一年级时，接触过直观图形的简单推理，但没有分析的过程，所以本节课对学生来说比较容易，学生可以借助已有经验、思想方法等进行学习理解。让学生通过解决问题，在观察、比较、探究的活动中，初步理解逻辑推理的含义，并能用一定的方式，有条理地表述自己推理的过程，让学生切实地参与到活动中，经历用已知条件推出结论，进而解决问题的过程。以此体会逻辑推理的含义，学会推理的方法，增强推理的意识。

一、趣味闯关创设，激发学习兴趣

趣味闯关符合儿童的特点，能激发起他们的学习兴趣，让他们愿意参与学习。上课时我这样做：

师：我听说，咱们班同学足智多谋，有很多的智慧，老师给你们带来了三颗代表智慧的星星，每颗星后面都有一道很有意思的数学题，如果能顺利解决这道题，同学们就能获得相应星星的称号。对于课堂上积极回答问题、听讲认真的同学，老师可以把相应的星星作为奖励送给他。最后，集齐星星的同学可以获得星级小侦探的称号。你们想不想试试？

利用课件，为学生展示出三颗星星：神机妙算星、足智多谋星和奇思妙想星，通过这个闯关活动能引起学生好奇心，调动学生学习的积极性，从而引导学生进行独立自主的思考。通过学生对星星的选择，进入例题新授、巩固练习和课堂小结三个环节。

片段一：例题新授

师：我们已经顺利地摘到了第一颗星星，刚才也有一些积极发言、认真听讲的同学，他们也已经获得了一颗星，没有获得星星的同学还要继续努力哟！还有没有兴趣继续摘星？

片段二：巩固练习

师：刚才同学们运用了画图和用自己的语言描述推理过程解决了这个问题，恭喜你们顺利地摘到了这第二颗星星。现在，有些同学手里已经有两颗星星了，距离三星小侦探的称号越来越近了，我们还有一颗星没摘到，还有没有信心摘星了？

片段三：课堂小结

师：今天有的同学获得了三星小侦探，还有同学获得了两星小侦探，老师奖励给他们相应的小臂章，是对他们的鼓励，希望其他同学以后也能像今天这样，运用多种方法解决问题。

在这整节课中，将创设的集星闯关游戏贯穿课堂的每一个环节，让学生在玩中学数学。

二、拓展学生思维，简单推理分析

在新授环节中，首先让学生自主探究，表达自己的思考；其次进行交流汇报，拓展学生的思维，运用多种策略进行问题的解决；最后，将多种策略、方法进行总结，培养学生的初步推理意识。

片段一：画一画策略

师：说说你的想法！

生：我依据的是题目中的数学信息，用线段表示每盘的数量，线段长表示数量多，线段短表示数量少。通过观察三条线段的长短，可以直接观察得出结论。

师：这种方法在画线段图的时候就需要我们有简单的推理意识，将数学信息转换成图形，能直观地看出数量的多少，在画出图形后，通过简单的分析可以得出最终的结论，这就是简单的推理与分析。

片段二：信息转化策略

生：我运用了信息转化的方法得出了最终的结论。

师：信息转化？你来给大家讲一下。

生：这题中的两个数学信息都是比较大小的信息，都是与第三盘有关，我可以把两个信息都转化为与第三盘进行比较，得到两个新的数学信息：第一盘比第三盘多，第二盘比第三盘少，就可以比较出第一盘和第二盘的多少了。

师：这个方法不错，运用到了我们一年级学习的比多少的知识，都与同一盘进行比较，这也是推理的过程，在与同一盘比较时，一个多，一个少，就能得出最终的多少，这是分析的过程。

片段三：假设数量

生：我运用了假设的方法。

师：你是怎么假设的？

生：第一盘比第三盘多，我假设第一盘有10个，第三盘有7个，第三盘又比第二盘多，就假设第二盘有5个，这样就能比出三盘的大小了。

师：假设也是我们数学中常用的数学方法，也可以很好地帮助我们进行推理与分析问题。

总结：同学们通过分析数学信息，运用画一画、信息转换、假设数量等多种策略对信息进行推理分析，从而得出最终的结论，希望同学们以后再遇到问题时，能积极思考，拓宽思维，学会用多种策略解决问题。

在教学过程中，通过学生的自主探究，小组合作交流的方法，引导学生用多种方法解决问题。在交流的过程中，让孩子成为课堂的主体，培养学生的表达、质疑等能力。在学生汇报交流的过程中，进行适当的评价点拨，让学生知其然，也知其所以然。最后，为学生进行方法策略的总结提升。

三、评价与自我反思，获得推理意识

在本节课中，学生要掌握以下方法来辅助对简单事件的分析与推理：摆一摆、画图、假设数、信息转化等，通过对这些方法的交流、理解，在小组合作、全班交流的活动中，掌握这些方法的使用。课堂中，我还有意识地关注、提高学生的审题能力，通过对题目中的关键信息、关键字的圈画，分析数量之间的关系，让学生在做题过程中有意识地圈画重点信息来理解题意。本节课，大部分学生能掌握基础的画图、假设等方法，能根据相关信息进行简单、初步的推理分析。

在本节课的教学中，首先通过创设学生喜欢的集星闯关，并将这一闯关游戏始终贯穿课堂，激发了学生的学习兴趣，让学生乐于学习，爱学习；其次，在学生解决问题的时候，先让学生独立自主地解决问题，然后进行全班的汇报交流，既有了独立的思考，又有了全班的思维拓展，发展了学生的思维，并对学生的多种策略进行了总结提升；最后，通过对方法的总结，为学生夯实了运用推理与分析的方法和策略解决简单推理问题。

发散思维与分析推理是数学课上重要的思想方法与学习策略，作为教师在日常教学中要引起足够的重视，让学生乐于学习，学会学习。

在计算教学中培养学生的数感

（北京小学大兴分校亦庄学校　刘建新）

　　导读：数感是指关于数与数量、数量关系、运算结果估计等方面的感悟。在数学学习过程中，我们要在探究中，让学生初步建立数感；强化估算意识，发展学生数感；在巩固练习中，强化学生的数感；在实践应用中，优化学生的数感。

　　数感主要是指关于数与数量、数量关系、运算结果估计等方面的感悟。数感作为数学十一大核心素养之首，理解"数感"这个概念，并让学生在数学学习过程中建立数感，是小学数学教学的重要任务。

　　数感主要表现形式为理解数的意义；能用多种方法表示数；能在具体的情景中把握数大小的关系；能用数来表示和交流信息；能为解决问题而选择适当的算法；能估计运算的结果，并对合理性做出解释。学生在数学学习中，计算是伴随整个学习过程始终的，在计算的教学中，培养学生的数感是至关重要的。

一、在探究中，让学生初步建立数感

　　计算是由于解决实际问题的需要而产生的，它是解决问题过程中的一部分，而自主探究是建立数感的基础。

（一）在实际情境中感知

　　计算教学要让学生在实际情境中获得感知、体验、认识运算的实际意义，并利用情境的现实背景，经历、体会探索的过程。如在学习"2~5的乘法口诀"中，我创设了去游乐园乘坐小火车的情景。让学生从具体情境中获取相应的信息，感知生活中存在"几加几"的实际现象；使学生掌握2的乘法口诀，并进一步理解乘法的含义。图中一辆车上坐2人，突出了一份是几。1辆车2人，2辆车4人……突出的是有这样的几份，和是多少。我从学生的已有知识经验出发，让学生进行探究。有的学生2个2个地累加，有的用乘法计算，还有的用口诀。我充分利用学生的这些资源，在"抢答"几个几是多少的活动中，组织学生交流算法，使学生感受学习乘法口诀的必要性，为学生编制口诀做好情感上的铺垫。在这样的现实情景中，学生体会了乘法运算的含义，初步建立了数感，也有利于学生推导和理解乘法口诀，为以后探索乘法计算打下了基础。

（二）在动手操作中感应

动手操作过程是学生学习经验不断内化、提升的过程，也是学生主动发展的过程。比如，教学"9加几"的计算时，我创设情境引出"9加4等于多少"的问题，引导学生探索多种计算方法。有的学生一个一个地数；有的用小棒帮着"凑十"来计算；有的用带点的小方块来帮助计算，也是凑十的方法；有的学生则用计算器来帮助计算；还有的学生先把9看成10计算，再减去1等。在教学时，我引导学生把各种计算方法进行沟通，归纳概括，学生发现其中的共通之处——凑十法，从而得出了计算9加4的方法，并且进一步引导学生发现，在计算时可以给4凑十，也可以给9凑十。

二、强化估算意识，发展学生数感

估算是数学计算的重要组成部分，是计算策略的一种，更是人们在日常生活中运用相当广泛的计算方式和行为。估算本身是数感的一个重要方面，也反映学生对实际情境中数和数量及其大小范围的理解和把握水平。估算在日常生活与数学学习中都有着十分广泛的应用，培养学生的估算意识，发展学生的估算能力，具有重要的价值。

（一）把握好估算的尺度

课程标准明确提出："结合具体情境进行估算，并能解释估算的过程；在解决具体问题的过程中，能选择合适的估算方法，并养成估算的习惯。"在数学教学中，教师要让学生感受估算的合理性与价值。比如，北京版一年级下册中的题目：妈妈带了100元，估计一下，能够买哪两种食品？奶粉43元，大枣70元，火腿19元，牛奶98元，酸奶38元，果汁30元。学生要把43看成40，19看成20，98看成100，38看成40，把两位数估成整十数、整百数，再把两个数加起来进行口算，与100进行比较得出结论。

（二）选择合适的估算方法

学习掌握估算的技能，并能够在解决问题的过程中灵活运用方法解决问题，是学习数学的价值。比如，李阿姨去商店购物，带了100元，她买了两袋面，每袋30.4元，又买了一块牛肉，用了19.4元；她还想买一条鱼，大一些的每条25.2元，小一些的每条15.8元。请帮李阿姨估算一下，她带的钱够不够买小鱼？能不能买大鱼？本题有两问，第一问"够不够买小鱼"可以这样估算：买一袋面不超过31元，两袋面不超过62元；买牛肉不超过20元；买小鱼不超过16元；总共不超过 $62+20+16=98$（元），李阿姨的钱是够用的。第二问"能不能买大鱼"可以这样估算：买一袋面至少30元，两袋面至少60元；买牛肉至少19元；买大鱼至少25元；总共至少要 $60+19+25=104$（元），已经超过100元，李阿姨不能买大鱼了。从数学上看，第一问要判断100元是否超过三种物品的价格总和，适当放大；第二问要判断三种物品的价格总和是否超过100元，适当缩小。

三、在巩固练习中，强化学生的数感

数感的形成不是一蹴而就的事，需要一定的数量和足够时间的学习积累，并需要一定的重复性训练，才能逐渐形成。因此，计算的练习是形成数感的有效途径。

（一）培养学生对试题进行熟练的计算

计算的熟练性是指学生在计算中表现出的计算"自动化"程度的心理品质。提高计算速度不仅需要对计算过程中运算顺序了如指掌，还需要简化计算步骤。比如，在四年级学习除数是两位数的除法时，我安排了例题：王老师到新华书店购买图书。买《中国之最》花了272元，每本34元，买了几本？这道题是三位数除两位数，商是一位数，需要试商，还需要调商的除法算式。在解决问题时，我首先让学生估一估商大约是多少。

生1：把272看成270，34看成30，270除以30的商是9，所以272除以34的商可能是9。

生2：用竖式计算，根据"四舍五入"试商法，把34看成30试商，先看被除数的前两位，27比30小，再想272除以30最大商9。用原除数34乘9得306，所得的积比272大。这是因为被除数不变，把除数往小看时，商可能变大。所以要把初商往小调1。由于34乘8得272，与被除数正好相等，所以商8合适。

（二）提高计算质量，培养学生计算能力

在数学学习中，计算是否准确直接影响到计算结果，以及根据结果是否能做出正确判断，所以计算一定要准确。怎样提高学生的计算能力和计算质量，是教学中的重点。我注重培养学生养成认真审题的习惯；做完试题后认真验算、检查的习惯，通过让学生多练的方式不断熟练，提高计算能力和计算质量。

四、在实践应用中，优化学生的数感

数学来源于生活，并应用于生活，因此我们要在实际应用中优化学生的数感。应用计算解决问题是计算教学的重要方面。在教学时，可以创设、提供一些常见的实际生活情境，使学生能为解决问题而选择适当的算法，能估计运算的结果，并对结果的合理性做出解释。在解决问题中感受数学是人们生活、劳动和学习必不可少的工具，培养学生良好的数感。

（一）加强口算，优化数感

口算在日常生活中具有很高的实用价值，有助于提高学生解决实际问题的能力。口算是应用数学的基础，也是优化数感的基础。因此，在计算教学中，要让学生熟练地掌握100以内的加减法计算，以及表内乘除法的计算。在每节数学课我都要拿出2~3分钟，多种方式让学生进行口算练习。在期中和期末，我都会组织学生进行口算比赛，采用增值性评价对学生进行考量，看自己进步了多少。

（二）培养学生灵活地进行计算

在计算熟练的基础上，还应进一步培养学生计算的灵活性。在"吨的认识"教学时，我首先讲了"曹冲称象的故事"。按照曹冲的办法，大家共称了6次，果然称出了大象的重量。6次的数据是：320、280、350、300、350、400。请你计算一下，这头大象有多重？有的学生算得特别快，通过交流、比较，突出利用加法交换律，凑成整百的简便方法，在计算过程中算得又快又不容易出错。

计算教学是发展学生数感的重要途径之一。在计算教学活动中，我们要深入钻研教材，注意开发和利用身边的数学生活资源，善于从多角度、多层次挖掘有利于培养学生数感的材料，探索行之有效的教学方法，把对学生数感的培养渗透到具体的计算教学中。

借助生活情境，学会简便运算

（北京教育科学研究院旧宫实验小学　宋庆莉）

导读：在小学阶段的学习中教师在计算教学方面要重视与学生的生活实际相结合，引导学生理解算理，获得算法，体验和感悟简便运算的价值，培养学生的运算能力。

小学第二学段在简便运算的实际教学中，学生因不理解算理出现了很多错误。教师在任教简便运算时要结合学生的生活情境，引导学生在具体的情境中感悟简便运算的算理，体会简便运算的价值，从而培养学生的运算能力，发展学生的核心素养。

一、在简便计算的教学中，学生经常出现的问题

课程标准是数学教师教学的指导性文件。《义务教育数学课程标准（2022年版）》里明确指出在义务教育阶段，运算能力是数学思维的主要表现，在小学第二学段要求学生必须能够运用运算律进行简便运算，解决相关的实际问题，形成运算能力。作为数学教师必须严格落实课程标准，将简便运算这一内容夯实打牢。

简便计算是数学中运用运算定律和数学的基本性质，从而使计算简便，使一个很复杂的算式变得容易算的运算方式。然而在现实教学中，简便计算作为一种特殊的计算，灵活多样，学生在计算的过程中难以灵活地使用相应的运算定律而经常出现错误。尤其是在学习小数之后，错误率更是居高不下。如何提高学生简便计算的正确率，是数学教师要研究的内容。

二、教学实践中研究设计解决问题的方法

本研究以北京市某公立小学四年级某班35名学生为研究对象，通过做简便运算发现学生出现错误的原因。简便运算共7道题，包含加、减、乘、除四类运算，其中加法为整数和小数各一道；减法为一道整数计算，加减混合为两道小数计算；乘除法分别为一道整数计算。

学生对简便运算的掌握程度到底如何呢？本研究对此进行了数据分析。具体结果如下：

四年级某班简便运算正确率

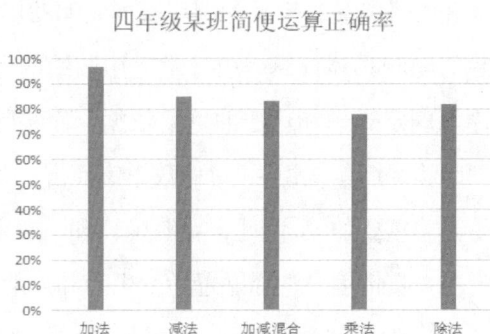

经过调查发现，学生关于加法简便运算的正确率最高，究其原因主要是加法简便运算目前学习到的主要是加法结合律，只要观察数字特点，将容易算的数字放到一起先进行计算就可以，不存在改变运算符号的情况，因此学生的正确率是非常高的。而其他四类运算的正确率都不算很高，究其原因主要是减法及加减混合运算虽然数字为1000以内，但涉及的简便运算形式多样，有减法的性质即分别减变为一起减、先求相差多少再计算等。这两种形式都需要学生在计算的过程中改变运算符号，所以存在一定难度；乘法运算中虽然主要涉及的就是乘法分配律的内容，但是题目并没有严格按照 $a×c + b×c = (a + b)×c$ 的形式来出题，而是采取了变形计算；除法运算中涉及所谓的"分组除变为一起除"，正确率低的原因是没有

考虑到除数变形这种方法，还有同学出错是因为除数变形后，在下一步计算时没有变号。

经过分析得出，以上错误原因归根结底是没有理解简便运算算理，学生只是凭感觉或平时见过的形式进行计算，而学生年龄较小，很多感觉或者记忆可能出现错误，因此理解算理再进行简便计算迫在眉睫。

三、采取措施帮助学生理解算理

如何理解算理？《义务教育数学课程标准（2022年版）》中明确指出，通过实际问题和具体计算，引导学生用归纳的方法探索运算律，感知运算律是确定算理和算法的重要依据。而实际问题和具体计算从何而来？弗赖登塔尔曾说："对非数学家而言，与亲身经历的现实的联系将是至关重要的。"因此，要明确算理，必须从学生的实际生活出发，创造真实情境，选择贴近学生生活和年龄特点的素材，提出合理问题，激发学生的学习动机，引起学生的数学思考，之后在解决问题的过程中感悟算理。

（一）利用生活情境中较小的整数帮助学生理解算理

根据皮亚杰的认知发展理论，四年级的学生正处于具体运算阶段，因此实际生活中的问题最能帮助学生理解算理。而无论数字如何变化，算理是不变的。在教学的过程中虽会出现小数，但是学生更容易接受整数的例子。并且，学生生活中大多数情况下是比较小一些的整数，例如5片面包、10个苹果，因此教学要选择整数偏小的情境，这样更容易被接纳。

（二）利用与食物有关的情境学习减法及加减混合运算的简算

减法在生活当中随处可见，例如算式24－7－3，可以引导学生想象妈妈买苹果、孩子吃苹果的情境。算式可以解释为妈妈买了24

个苹果，孩子第一个星期吃了7个苹果，第二个星期吃了3个苹果，求还剩几个苹果？此题可以按照正常运算顺序进行计算，先求吃完第一周剩下多少个苹果，然后再求最后剩下几个苹果，但是在计算的过程中涉及了不够减而前一位退位的情况，这样就会增加错误率。换个思路去思考，这道题也可以先求两个星期一共吃了多少个苹果，然后用总数减去一共吃的数量，就是剩下的数量，即$24-7-3=24-(7+3)$。第二种思路合情合理，而且通过计算发现，计算起来也更加简便，因此得出减法的这一性质："一个数连续减去两个数就等于减去两个数的和。"

　　针对可以先算出相差多少，然后再进行计算这种类型的混合运算，同样可以举出吃食物的情境帮助学生理解。例如，算式$17+15-5$，可以解释为妈妈买了17个橘子，又买了15个橘子，之后孩子吃了5个橘子，求还剩几个橘子？这道题可以按照正常的顺序进行计算，得出还剩27个橘子。通过思考发现，孩子只吃了一次，而且吃掉的数量比两次买来的数量都少，所以可以先求出买15个橘子并且吃了5个后还剩下10个，然后直接用第一次购买的数量加上剩下的10个就可以。通过计算发现，第二种思路计算起来更加简便，因此得出一加一减可以先求相差多少再计算的方法。

　　这样教学，学生既能感受到数学来源于实际生活，又能深刻体会到简便运算的优势，更容易内化成自己的知识。如果再遇到类似的题目，即使没有教师的指导，学生也能主动运用得到的结论进行简便计算。

　　（三）购买东西中感悟乘法分配律的简算

　　乘法分配律作为乘法运算定律中的重要内容，变形形式对学生来讲是难以掌握的。例如，算式34×101可以设置一个购物的情境帮助学生理解乘法分配律。例如，要购置一批衣服，一件是34元，一共买了101件，求一共要花多少钱？学生可以直接口算，但是经过尝试后发现不能马上得出结果。这时提示学生可以将34×101变成先求100件的价格，再加上1件的价格，这样还是101件的总价。学生按照此种思路进行计算，发现马上就能得出结果。并且在计算的过程中，学生发现101变成100＋1，其实就是乘法分配律中 a ＋ b 的和，学生恍然大悟，原来34×101其实就是34×（100＋1），只是乘法分配律的变形。另外，通过观察数字特点，学生发现好多数字可以变成整十整百加或减的形式，这样计算时，效率会大大地提高。

（四）在发作业本中体会有关除法的简便运算

学生学习除法的简便计算时，同样可以结合情境帮助学生发现、理解除法的内涵。例如，算式45÷3÷3，可以引导学生想象平时下发作业本的场景：45个本子分给3组同学，每组都是3位同学，求每人应该得到几个本子？按照算式计算顺序我们能够得出每人得到5个本子，但是在计算第一步时稍有不慎可能就会出现错误。如果换一种思路，可以先思考3组一共有多少人，然后再进行发本子，也就是将原算式45÷3÷3变为45÷（3×3），这样再进行计算，发现很容易就得出答案。

通过这样解释，学生理解了除以两次可以变为让这两个除数先相乘，下次再碰到除以两次不好计算时，自然会试着先让这两个除数相乘之后再去除的这种方法。

学生是学习的主体，因此可以鼓励学生在初步理解算理的基础上，认真观察生活发现数学问题，创设情境解决问题，使其牢固运用学习到的简便计算方式解决实际问题，充分感受简便运算在生活中的运用，同时培养学生发现问题、解决问题的能力，培养学生的核心素养。

　　总而言之，让小学生学会简便计算非常重要，可以使小学生的思维得到有效拓展，对学生学习数学课程起到重要的促进作用。情境教学赋予数字生命，让枯燥的简便计算变为通俗易懂的情境学习，帮助学生建立简便运算算理的支架。在此基础上，想达到熟练计算，教师还须抓住时机组织学生进行巩固练习。

关于"异分母分数加减法"一课的研磨与思考

（北京市大兴区安定镇中心小学　李婷）

　　导读："异分母分数加减法"属于"数与代数"领域的一节计算课，如何让学生经历在已有知识背景下自主建构新的知识是需要我们进行思考的。本课内容对计算教学进行了深入的探讨，从导入到呈现与获得新知识和经验，每一环节都突出了以学生为本的理念。

　　数学是一门会伴随我们学习生涯与实际生活的学科。如何实施有效教学是作为小学数学教师应该思考的问题。在教学"异分母分数加减法"这部分知识时，通过不断听课、评课与讲课，我有了很多的成长体验和感悟。

一、导入环节的设计要有利于教学目标的落实

　　计算教学是在学生已有知识和生活经验的基础上进行的。"异分母分数加减法"一课是在学生学习了分数的基本性质、约分、通分、分数与小数的互化、同分母分数加减法的基础上进行的学习。如何

把学生这些已有的知识与经验激活，为学习新知识做好铺垫，导入新课是每一位数学教师课前要考虑的。好的开始是成功的一半，导入环节在数学教学中尤为重要，要围绕教学目标而设定，它直接影响着课堂的效率。它是教学中的关键一步。我在设计"异分母分数加减法"一课的教学内容时，将教学目标和教学重难点设定为：

第一，经历异分母分数加、减法计算方法的探究过程，理解异分母分数加减法可以通过转化变成同分母分数加减法再计算，沟通与整数、小数、分数加减法的联系，明确它们都是相同计数单位相加减的道理。掌握异分母分数加、减法的计算方法并能正确计算。

第二，在探究新知的过程中理解统一分数单位的必要性，培养学生的问题意识，以及倾听、表达、质疑与推理等的意识与能力。

第三，培养学生的学习兴趣和自主学习的能力与合作交流的意识，养成良好的学习习惯。

教学重难点是理解异分母分数加、减法的算理，掌握计算方法，会正确计算异分母分数加、减法。

备课初始阶段，我考虑到学生刚学完同分母分数加减法，于是决定用口算唤醒学生学习同分母分数加减法的学习经验，为学习异分母分数加减法奠定基础。在第一次试讲时学生直接说出了计算的结果，然后我们就直接进入了新知识学习的环节。这样的处理虽然是在按照预定目标实施，但学生并没有说出是怎样计算出的结果，也没说出为什么这样算，导致学生对同分母分数加减法是相同的分数单位的个数在相加或相减的学习经验唤醒不足。显然，影响了学生运用转化的思想方法将"新问题——异分母分数相加减"转化为"旧问题——同分母分数加减法"来解决，也影响了学生迁移能力的形成和发展，对落实"四基"的形成和"四能"的发展教学目标促进作用也大大降低。

课后，我与教研组教师一起研磨本课，就导入环节进行了深入的探讨，决定将此环节设定为：出示口算 $\frac{2}{7}+\frac{3}{7}$，$\frac{7}{10}-\frac{4}{10}$，学生读题并说出是怎样算的？为什么这样算？上课时学生回答：我是这样算的，$\frac{2}{7}$ 是2个 $\frac{1}{7}$，$\frac{3}{7}$ 是3个 $\frac{1}{7}$，2个 $\frac{1}{7}$ 与3个 $\frac{1}{7}$ 合起来是5个 $\frac{1}{7}$，就是 $\frac{5}{7}$，所以 $\frac{2}{7}+\frac{3}{7}=\frac{5}{7}$。$\frac{7}{10}-\frac{4}{10}$ 的处理方法同上。然后教师再出示：$\frac{2}{5}+\frac{1}{4}$，学生尝试计算。这样的设计与处理，既节省了时间，又唤醒了学生的学习经验，帮助学生学会用整体的、联系的眼光看问题，为探究新知奠定了基础。

二、探究新知要让学生真正参与知识形成的过程

《义务教育数学课程标准（2022年版）》指出："要让学生在观察、操作、猜测、交流、反思等活动中逐步体会知识的形成。"在探索"异分母分数加减法"这个过程中，最初试讲时我提示学生用自己喜欢的方法解决问题，有困难或有想法后还可以与同桌交流一下。当学生用折纸、画图的方法将 $\frac{2}{5}$ 和 $\frac{1}{4}$ 细化成 $\frac{8}{20}$ 和 $\frac{5}{20}$ 的过程中遇到了困难，大部分学生会使用通分的方法解决问题，还有部分学生不知道该怎么解决问题时，作为教师不能直接叫停唱独角戏，让学生的自主学习没有时间和空间的保证，没有经历挫折与成功的体验，学生的学习兴趣会受到影响。在此时，教师要用明确的语言引导和启发学生，学生才能找准探究方向，建立学好数学的信心。于是在第二次试讲的过程中，我调整了自己的语言更加注意引导方式，使学生能够听懂教师的语言，进行自主探究。在课堂巡视的过程中我又发现了新的问题，学生实际操作时间过长，例题（如图1所示）中的 $\frac{2}{5}$、$\frac{1}{4}$、$\frac{8}{20}$ 和 $\frac{5}{20}$ 并不好折，于是我们进行了进一步探讨，最终决定降低难度，选用书中试一试（如图2所示）的 $\frac{1}{2}$ 和 $\frac{3}{8}$ 这两个数，扫清障碍，

注重方法的掌握。学生在课堂上进行自主探究时，进展明显比之前顺利许多。

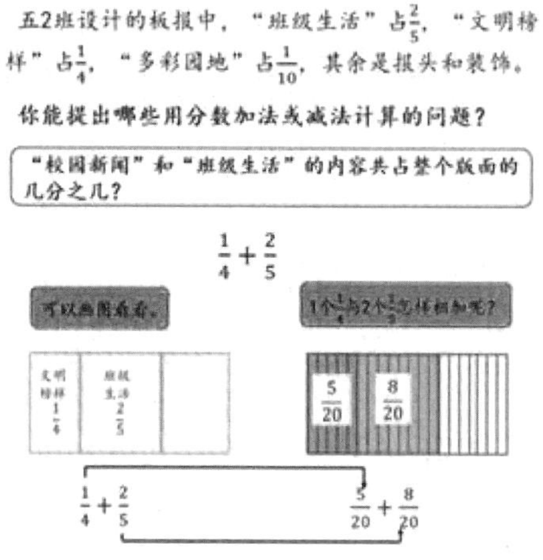

（图 1）

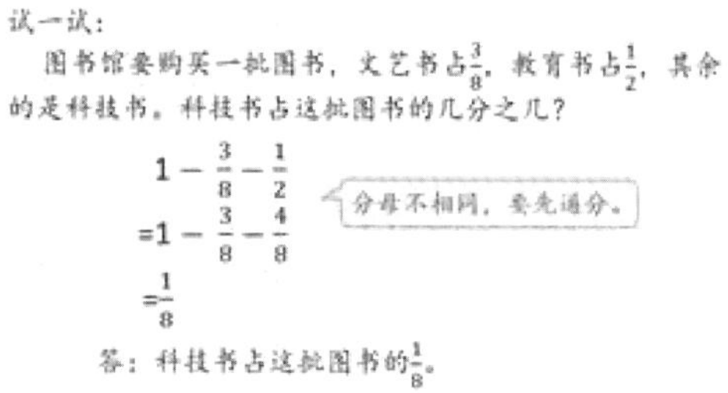

（图 2）

通过研究我认为，放手让学生独立探索的时候，教师要给学生提供符合实际能力和水平的学习素材，并有意识地注重引导学生间的交流，启发学生利用数形结合的方法、转化的方法探索异分母分数的加法和减法，体现了解决问题策略的多样性。学生在自主探究、充分体验的基础上，才能真正理解为什么要将异分母分数转化成同分母分数再相加减的道理。

在探究完异分母分数加减法后，我引导学生进行方法的归纳，并揭示课题。将异分母分数加减法与同分母分数加减法进行对比，找它们之间相同与不同的地方。学生通过对比后发现：无论是同分母分数，还是异分母分数的加减法都是相同的分数单位相加减。这样设计，既沟通了知识间的联系，让知识有个深化理解的过程，又帮助学生形成了完整的认知结构，为后续学习积累了经验，做好铺垫。我认为，设置恰当的导入方式，抛出数学问题，放手让学生自己去发现、归纳、总结更有意义和价值，更能激发学生的学习兴趣。

三、关注学生的感受与体会，做好巩固提升

在巩固练习的过程中，我设计了不同层次的练习（如图3），实现让每一位学生都能得到不同的发展。

计算下面各题。

$$\frac{1}{3} + \frac{2}{5} \qquad\qquad \frac{5}{6} - \frac{1}{3}$$

$$1 - \frac{1}{5} - \frac{3}{10} \qquad\qquad \frac{1}{6} + \frac{2}{9} + \frac{1}{2}$$

山西是我国最大的煤炭基地，已探明的煤炭储量约占全国的 $\frac{3}{10}$；内蒙古是我国的第二煤乡，已探明的煤炭储量约占全国的 $\frac{1}{4}$。

（1）山西和内蒙古已探明的煤炭储量共约占全国的几分之几？

（2）你还能提出什么数学问题？

（图 3）

数学不是孤立的学科，结合教材内容，我在练习环节融入了一些数学文化（如图4），注重学科内外融合。我认为学生对于数学的兴趣不应该只是建立在知识的学习上，还应该开阔视野，通过丰富的数学资料激发学生的数学兴趣，感受数学的文化魅力。同时对所学知识进行了拓展延伸，为小学到初中思维的衔接做好一定的联系。

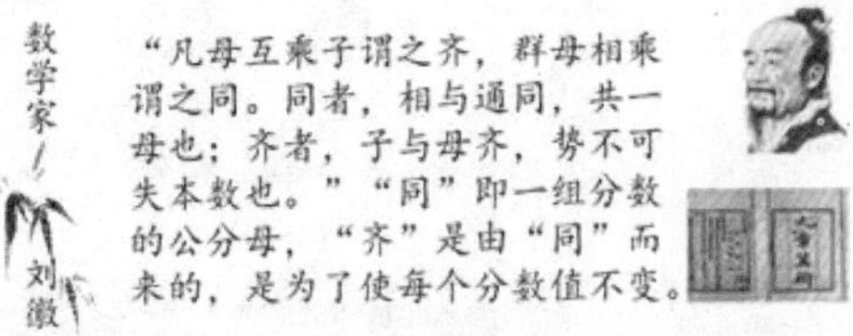

数学家/刘徽

"凡母互乘子谓之齐，群母相乘谓之同。同者，相与通同，共一母也；齐者，子与母齐，势不可失本数也。""同"即一组分数的公分母，"齐"是由"同"而来的，是为了使每个分数值不变。

（图 4）

四、板书设计要体现本节课内容的核心

板书是课堂教学中一种重要的教学媒体，它能向学生传递本节课的核心信息。由于它的直观，让知识深刻地印在学生的头脑中。好的板书是一种艺术上的享受，教师在备课中精心设计板书，更有利于学生获得知识。

每次试讲过后，我们会对板书进行研究、调整。在第一次的板书设计中，$\frac{2}{5}$ 和 $\frac{1}{4}$、$\frac{8}{20}$ 和 $\frac{5}{20}$ 是在一个图内用颜色标记出来（如图5），在教学的过程中发现板书内容并不完整，不能完全表示出分数加与减的过程，板书的内容呈现不清晰。

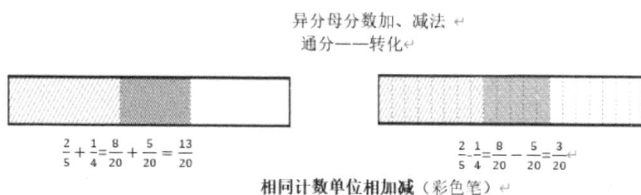

异分母分数加、减法
通分——转化

$$\frac{2}{5}+\frac{1}{4}=\frac{8}{20}+\frac{5}{20}=\frac{13}{20}$$

$$\frac{2}{5}-\frac{1}{4}=\frac{8}{20}-\frac{5}{20}=\frac{3}{20}$$

相同计数单位相加减（彩色笔）

（图 5）

后来我将板书（如图6）调整为图与分数一一对应的形式，清晰地呈现出计算的过程。对于核心内容，我使用了不同颜色的粉笔做标记，起到突出强调的作用。

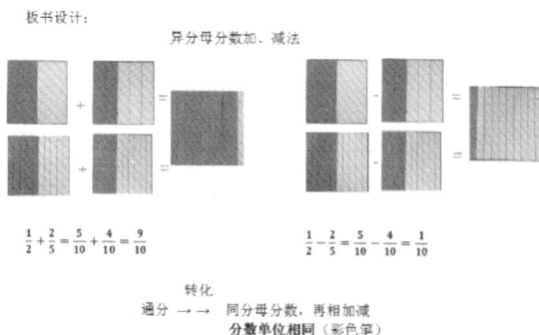

板书设计：

异分母分数加、减法

$$\frac{1}{2}+\frac{2}{5}=\frac{5}{10}+\frac{4}{10}=\frac{9}{10}$$

$$\frac{1}{2}-\frac{2}{5}=\frac{5}{10}-\frac{4}{10}=\frac{1}{10}$$

转化

通分 → 同分母分数，再相加减

分数单位相同（彩色笔）

（图 6）

在教学过程中，我感悟到要注意直观呈现知识间的联系，将说和写二者有机结合，才能较好地传递教学信息。异分母分数加减法是将分数单位细化的过程，我将"细化"加在了板书中间，便于学生理解和记忆知识。在多次与其他教师研讨后，我将语言进行提炼，书写进行规范，最终确定了板书的呈现方式（如图7）。

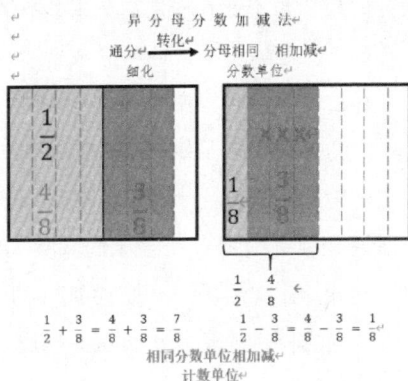

（图 7）

通过一次次的调整与修改板书，我深刻体会到一堂好的课，板书很重要。一个清晰的板书，是对一节课的归纳总结，也是本节课的核心，这一点睛之笔设计得好，对学生的学习大有益处。

经历磨课中的反复备课、上课，我深深地觉得：要想上好一节课，备好教案固然重要，但必须围绕教学内容设计好严谨的教学环节，给学生充足的时间和空间，以促进教学目标的落实。环环相扣、逻辑清晰的教学环节和教师扎实的教学基本功，以及与时俱进的教学理念，是上好数学课的基础。有了坚实的基础，才能够不断地进步和创新。作为教师要不断研读新课程标准，把握方向，力争创造更为高效的课堂，进一步全面提升课堂的教学质量。

让学生真正经历知识形成的过程

——一道数学题引发的思考

（北京市大兴区礼贤镇第二中心小学　张鹏）

导读：数学教师的成长离不开在课堂中的实践探索，并与课后的深入思考密不可分，要形成反思的习惯，逐步形成能力。学生学习数学也是这样的道理，只有真正亲历数学，完成针对现象进行猜想—验证—归纳—运用的学习过程，真正获取数学知识与数学思想方法，从而形成数学技能，积累数学学习经验。

"经历数学"的着眼点是过程，是学生的感觉。"经历"的感觉一个人一个样子，是个性化的，"经历"又是尝试性的，非一次完成的，允许失败。因此引导学生感受、探索数学知识的形成过程，更有利于激发学生学习的兴趣，增强数学学习的情感。

随着课程改革的日益深化，小学数学教学发生了很大的变化，无论是教学形态、教学内容还是教学目标都不例外。在数学课堂中学生能够进行实践体验，通过经历知识形成的过程，从而达到培养自主学习能力，完成针对现象进行猜想—验证—归纳—运用的学习过程，真正获取数学知识与数学思想方法，从而形成数学技能，积累数学学习经验。

一、一道数学题引发的思考

在五年级上学期期末测试中，一道数学题引起了我的重点关注和深入研究。

【案例】

数学题目：在数学课上，你知道了自己走一步的平均长度是（　）

米。如果你绕着操场的200米跑道走一圈，大约走（ ）步。

生1：我的一步平均长度是1米，如果绕着操场一圈大约是200步。

生2：我的一步是0.8米，绕操场一圈250步。

生3：我的一步是0.5米，绕操场一圈约400步。

在讲评环节，我是这样做的。

师：（指着黑板上记录的步幅长度）同学们列举了这么多种可能，并且大家都计算正确了。请你们想一想，他们的想法是否都有道理？

生：我有质疑。题目中提问的是我们"小学生"平均一步的长度是多少米？ 1米有我一条胳膊伸直那么长，我们走路时平均每步迈不了"1m或0.8m"那么远。所以我认为即使计算正确了，但不符合实际，所以是错误的。

师：其他同学的意见呢？

多数学生认为他说得很有道理。

师：你提出的问题很有道理。无论用卷尺还是用走步来测量操场，不同的测量方法都有联系，都是找一个标准，然后用标准来累加。这里我们同学用的标准是步长，但生1与生2没有像你一样建立起长度单位1米的具体概念，更没有设立起简单的参照物来对照，所以出现了不符合实际情况的数值。

基于学生掌握知识参差不齐的情况，我引领学生就二年级数学教学中学生长度单位的概念形成过程进行了回顾与反思。在与学生交流的过程中发现，有一部分同学能准确地回忆："当时课上我们要测量黑板的长度，发现自己的直尺要量很多次，太不方便了！在不知所措的时候，老师帮助我们换了把1米长的尺子，困扰的问题一下解决了！更是知道了100厘米就是1米，印象十分深刻！后来在学习的过程中更是发现和自己手臂伸长的长度相似，可以作为参照物，便真正建立起1米是多长的概念。"相反只是一旁观看，没有真正经历遇到问题想办法解决问题的同学，对那节课的印象均很浅，并且题目答错的同学也在他们之中。我也逐渐发现只有让学生遇到问题，亲身经历新知识形成的过程，才能使学生产生主动探究的内在驱动力。那么，怎样遵循学生的认知规律，从而行之有效地体验知识的形成过程，我认为这是一线教师关注和研究的重点问题。

我的思考：从儿童的实践经验入手进行研究，小学生在生活中通过亲身经历、体验而获得的对事物的认识和反映，具有自然性、生成性、发展性等特点。自然性是指学生生活在瞬息万变的社会中，各种各样的生活现象都会毫无阻拦地进入他们的认知领域，从而形成他们"自己的实践体验"。当然这种体验很大程度上是原始的、粗浅的、局部的、零散的，甚至是不准确的、不科学的，但却是十分难得和可贵的。生成性是指学生在生活和学习的过程中，存在着对自己已有的实践体验进行调用、调整、提升或者重新确立的过程，也存在着对活动中新的认识不断接受、理解和内化的过程。这些过程实质上就是新的实践体验建立和生成的过程。发展性是指体验的建立和运用是一个动态的、不断积累、丰富发展的过程，这也是人的内在素质和能力提高的过程。任何学习都是在先前体验基础上的主动建构，这种建构的结果又会导致体验系统的变化，在这种螺旋上升的发展过程中，学生的体验得以进一步丰富和发展，对学生的数学学习乃至全面发展都有着不可或缺的作用。

二、在动手操作中引发学生的数学学习

小学数学学习应是儿童自己的实践活动，要让数学学习与儿童自己的体验充分融合起来，将学习纳入他们的体验背景之中，再让他们自己在寻找、发现、探究、认识和掌握中学习数学。儿童的数学学习的组织，应源于他们的数学体验，即数学学习活动存在于儿童与外部世界的沟通和交流的过程中。数学学习应当成为让学生亲身体验数学问题解决的一种活动，让学生通过自己去仔细地观察、粗略地发现和简单地证明。

在五年级下学期，我将研究结果应用到数学课堂教学中，对教学方法进一步改进。在"正方体展开图"的课堂教学中，教师设计了实际的生活化情境，让学生从已有的拆包裹体验出发，观察、辨析并实验操作，使数学概念的形成过程变为在问题情境的尝试操作下的思考和分析过程，这种融生活化策略和操作性策略为一体的教学设计，充分考虑了儿童数学学习的特点，体现了在经历知识形成的过程中，学生的实践体验尤为重要。

【案例】

在学习"正方体展开图"这一内容时我是这样做的。

课前准备：用旧扑克牌做成的正方体、剪刀。

课上场景一：

1. 看一看：教师播放视频，正方体展开像花儿一样绽放。

2. 剪一剪：学生沿着棱剪开，不能把图形剪散。

3. 比一比：同桌两人比较展开图是否一样。

4. 画一画：请你将展开图画在作业纸上。

5. 议一议：仔细观察正方体展开图，看看你有什么发现。

设计意图：让学生动手操作，在课堂中进行实践体验，经历知识形成的过程，激发学习兴趣，从而在体验过程中积累自己的实际获得。

我的思考：好动是儿童的天性，好奇是儿童获取知识的内在动力。对他们来说，动手既是一种乐趣，也是一种心理需求。要让学生积极主动地进行思考就要设法引导学生对所学数学知识产生兴趣。因为数学知识比较抽象，学生不易理解，缺乏兴趣。在教学中，利用学生好动、好奇的心理，从学生熟悉的生活情境和感兴趣的事物出发，提供观察和动手操作的机会，充分发挥学生学习的自觉能动性，让学生在兴趣盎然的操作中，把抽象的数学知识变为活生生的操作，从感受中获得准确认知。

三、让学生在体验中学会数学学习

体验与验证是学习数学的好方法。学生有了想法可以让他们去实验验证，通过在验证中的体验来理解数学知识。

场景二：

师：经过我们的操作学习，初步形成了正方体展开图的空间观念。请你判断一下哪个折纸可以成功折为正方体。

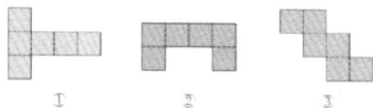

生1：图①和图③可以折成正方体。

生2：我有质疑，我认为图②也可以折成（非常自信）正方体。

生3：我也认为图②可以折成，因为它有六个面，而且相对面也没挨着（运用课堂中得出的结论）。

师：同学们都进行了猜想，当我们的观点产生分歧的时候，可以通过验证来说服别人，你们来试试？

学生实验操作后汇报：

生2：我用拼成相同形状的展开图来折一折。

（上台展示：两人经验证，多次尝试后，图②均无法折成。）

生3：我发现了，就算在展开图中，即使相对面没挨着，也不是一定能拼成正方体。不能直接运用这条来判断！

师：感谢两位"小老师"，虽然你们的猜想失败了，但是你们面对问题进行"猜想—验证—归纳"的学习方式非常好，你们让学习真正发生在了课堂上。

教师的设计意图是学生主动的"经历"和"体验"，培养了"在实践中学习数学"的意识，这是数学学习的具体体现。在此教师预设了学生的分歧，并在学生作答时走到每名同学跟前，深挖错误资源。利用学生的猜想，让"小老师"走上讲台，在教师的引导下分享自己解决问题的完整思路，让学习真正发生在课堂中，并逐步让"猜想—验证—归纳—运用"的解题思路在学习中真正能够得到落实。

我的思考：换一个角度，小学生数学学习的实质是用自己与世界相互作用的独特体验去建构有关数学学科知识和技能的过程。从这个意义上说，儿童的实践体验理所当然地成为他们数学学习的一个重要基础，进而成为构建小学数学学习和开发小学数学活动课程的庞大资源库。儿童的数学学习与实践体验是紧密相连的，他们的学习过程就是一个实践的激活、利用、调整、提升的过程，是"自己对实践现象的解读"，是"建立在实践基础上的一个主动建构的过程"。

儿童的数学学习活动与其说是"学习数学"，不如说是实践体验的"数学化"。学生从动手操作出发，经过反思，达到"数学化"。在这一过程中，"数学实践"是十分重要的。对小学生来说，"数学实践"也许就是他们的终身老师。一方面，丰富的实践体验是小学生数学学习的前提、基础和重要资源，是保证数学学习质量的重要条件；另一方面，有效的数学学习也能促进实践的应用、提炼和积累。

数学学习的过程其实就是一种实践积累的过程，就是一种新的"经历"和"体验"，这种"在实践中学习数学"的方法是数学思想的具体体现。因此，更多地通过真实的问题情境，运用数学来解决问题，这是我们教师应注意的，要引导学生在探索中发现数学和学习数学。

激发学生阅读兴趣　提升数学阅读能力

（北京市大兴区礼贤镇第二中心小学　刘珊）

导读：《义务教育数学课程标准（2022年版）》中提到了小学数学十一大核心素养分别是数感、量感、符号意识、运算能力、几何直观、空间观念、推理意识、数据意识、模型意识、应用意识、创新意识。作为一线小学数学教师，我感受到的是国家对于小学生学习数学的要求不再简简单单浅层次地学习数学知识并会正确计算即可，更多的是会理解、会分析、会应用数学知识。将新课标落实到自己的数学教学中，我更加关注学生数学能力的提升，在数学教学实践中注重培养学生的数学阅读能力，以点带面，促进学生综合能力的提升。

开展数学阅读是激发学生数学学习兴趣、提高学生数学学习能力的良好途径。在教学实践中，我一直都在尝试着使用各种教学方式激发本班学生的数学阅读兴趣，在和学生共同进行数学阅读的过程中，他们的数学阅读能力也在不断提升。

一、引导学生从爱阅读到会阅读

让学生喜欢数学阅读并逐步形成阅读能力是数学教师的教学任务之一。在教学活动中，要想落实素质教育的目标，让学生最终能够独立自主地学习，教师就必须对数学阅读教学给予充分的重视。

在日常的数学教学工作中，我也一直在关注每一位学生的数学阅读兴趣与能力的培养，让他们热爱阅读。例如，在进行数学解决问题教学的过程中，我会提供给学生充足的时间去理解问题情境，对该问题进行深入的阅读和思考，再与同伴进行交流、探讨，从而解决问题。我还会倡导他们进行数学故事的阅读，开展阅读交流活动，让学生在阅读活动中培养自己的阅读兴趣和能力。

我认为，充分进行数学阅读是学好一切数学知识的前提。经过一个多学期对学生数学阅读能力的耐心指导，班级中的学生都能对数学阅读加以重视，非常期待每一次的数学阅读及数学学习和活动。有了这样的期待之心，学生的阅读能力一定会有更大的提升。

二、帮助学生从会阅读到乐阅读

数学阅读需要较强的逻辑思维能力。教师对学生数学阅读的关注与培养，使学生在班级内部组织的数学活动中能够有充分的阅读准备，参与的意识逐步增强。在阅读活动中最大限度地展示自己数学阅读的才能，学生的阅读勇气、信心不断增强，能力不断提升，对数学知识、数学语言、数学符号等的理解会更加深入，逻辑思维能力也会越来越强。

培养学生的数学阅读时，教师需要提前给学生布置，引导他们收集数学活动所需要阅读的内容，让学生自己去收集和整理。长此下去，学生在参加数学小组和数学活动时都能够充满兴趣，用最饱满的状态去参与。学生体会到了数学阅读的好处，感受到了一个个数学小故事、数学小竞赛、数学小挑战的数学魅力，自然也就被数学阅读深深吸引，并喜欢上了阅读。

数学阅读是掌握数学语言的前提，是保证数学学习活动顺利、有效进行的一个重要基础。在准备过程中，学生兴趣盎然，积极做好准备，准备的过程就是阅读能力提高的过程，就是学生学习能力提升的过程。

三、鼓励学生从乐阅读到广阅读

教师努力创造让学生阅读的机会，给学生自由阅读数学的时间与空间，为他们提供一些有效的数学阅读材料，让学生通过多种形式的数学阅读，将数学与生活，抽象思维与形象思维融合在一起。阅读前教师要认真布置任务，让学生带着问题读，在阅读中发现问题、提出问题、分析问题与解决问题，从而促进学科和学科之间的整合。

在日常教学中，我有意识地训练学生从不同角度对同一问题进行分析，这样有利于学生掌握解题方法、提高解决问题的能力。在对学生数学阅读能力的培养方面，我采取了一系列有效的做法。

（一）数学报人人读、人人讲

学校会给每个班级下发数学报，每周都会有一节课的时间来阅读数学报。针对报上的数学小故事、报上人物遇到的数学小问题，每位同学都要进行充分的阅读、理解，有时还会评价故事中的人物，学习数学报上主人公们善于思考的优秀品质，将数学阅读和德育渗透结合起来。

在充分阅读和理解的基础之上，人人都要在课上讲一讲。一讲数学小故事，二讲其中的数学小知识，讲得好的同学还会在讲台前展示自己。久而久之，学生非常喜欢这样的班内数学展示活动，也大大增强了他们的自信心和阅读展示的欲望。

（二）读好书你推荐、我推荐

学生在学校和班级内进行一定数量的数学阅读后，很多同学自发地购买数学阅读的书籍，并且在班里不定期地推荐这些书籍。因此，我将这样的自荐数学阅读书籍活动列入了学生每周的在校阅读安排之一。学生每次都会兴高采烈地自荐数学阅读书籍里边的数学小故事、数学历史事件等，在自荐的过程中展示出来，其他同学也是沉醉其中。

（三）赛起来你参与、我参与

在阅读能力培养的过程中，学生读了不少关于数学阅读的小故事、小典故、人物传记、经典思维题等，在阅读能力提升的同时，他们希望有机会展示自己的所学所获，这时，为学生提供相应的展示、竞赛的平台则成为教师的责任。我择机在班内发布公告，开展多样的小竞赛，学生报名踊跃、积极性高，这样的小活动为学生学习交流搭建平台，更为他们的持续学习加油助力。比一比谁讲的数学小故事多？谁把在数学阅读过程中学习到的内容讲得最完整、最吸引人？谁的思维题最有意思？这样的规则也激发了学生的竞争意识，而这种竞争，是一种生生之间的良性竞争，极大地提升了学生的阅读能力。

要教给学生生活中的数学，因此我还注重将数学教学与学生日常生活相联系、相结合。例如，教学数学学科"节约用水"的实践活动这一内容时，课前让学生了解自家的用水情况，接着引出了小明和小刚在节水方面的做法。

具体情境如下：

小刚说："我早晨接水刷牙，需要3杯水，每杯用水约0.2升。"

小明说："如果刷牙时不间断放水30秒，用水约6升。"

针对节水问题，学生在了解自家用水情况和阅读这些文字后，自然而然地就提出了"谁的方法更节水"这个数学问题。与其说是数学问题，不如说是生活中每家每户都会遇到的节水问题。学生的兴趣油然而生，并且很快就计算并判断出小刚的做法更加节水，我也对这些勤于动脑的同学进行了及时的表扬。

这个问题并没有难住班里的学生，紧接着，一个个数学问题涌现出来，比如，"小刚的做法每次要比小明节水多少升？""小明刷一次牙所用的水量是小刚用水量的多少倍？""如果每次都用小刚的节水方法来刷牙，能够帮助到多少用水困难的家庭？"这些问题都是在探索中衍生出来的。

通过"节约用水"的实践活动，学生提升了对节水问题的重视程度，同时也提升了学生数学阅读的能力。

对于学生在数学阅读中取得的成绩，教师要给予积极、及时的激励性与肯定性的评价，同时注重在阅读活动中表现出来的积极情感与价值观的评价，帮助学生认识自我，建立自信，引导学生逐步形成良好的阅读习惯。教师引导学生遨游在数学知识的海洋里，学生也能真真实实地学在其中、乐在其中，数学阅读能力在一次次的活动中得到更大的提升！

数学兴趣从数学故事开始

（北京市大兴区礼贤镇第二中心小学　徐俊）

导读：数学故事能够让学生更容易理解数学知识，掌握其中的方法，理解数学从生活中来，并能运用到生活中去，还能让学生养成良好的数学思维能力，引起学生学习数学的动机，进而提高学生学习数学的兴趣。

数学故事是为学生的数学学习服务的，利用数学学科本身的严谨性和学科性等特点，结合小学生本身的心理发展特点，教师积极动脑，用学生热爱的故事去激发他们热爱数学、喜欢数学的学习热情。

数学是一门科学，也是一种语言。想弄懂数学，就要对问题进行剖析，厘清作者的意图，理解词句的意思。因此，从语言角度讲，对于数学教学必须让孩子们重视数学阅读。其实，学生在学习数学时会遇到一些困难，有时是由于不能理解数学语言的内容和不能正确使用数学语言而导致的。而数学故事可以由浅入深地，逐渐强化学生的思维，以至训练学生严密的逻辑推理能力，并发展学生语言，达到数学的严谨性，感受数学语言的魅力，提升学生用数学的语言表达想要阐述问题的能力。

那么如何让学生在读写数学故事中感受学习数学的乐趣，爱上数学、学好数学呢？

一、听数学故事，激发学生学习数学的兴趣

对于书籍阅读多的人，他们的语言表达能力和作文水平比阅读少的要好很多，这是尽人皆知的道理。阅读数学故事，可以开阔学生视野，培养数学思维能力，训练数学思维技巧。所以，有关数学方面的图书我们要积极推荐给学生，并组织他们积极地阅读。比如，《数学脑筋急转弯》《好有趣的数学》《数学课外读本》《有趣的数学故事》等，每天挤出时间让学生读一篇。学生通过阅读了解到动物也能成功地区分差别较大的两个数；通过阅读明白了为什么叫阿拉伯数字及加、减、乘、除的来历；学会了很多种在野外迷了路辨别方向的方法；从狐狸帮两只笨狗熊分肉的故事中了解到不能太计较，要互相谦让和平均分的意义。孩子们为一个个蕴含深奥道理的数学故事而感叹，感受到数学的生机勃勃，鲜活亮丽。他们渐渐地喜欢上了这些书，并且自己也买了一些数学故事书籍来阅读，极大地激发了他们学习数学的兴趣。

二、记数学故事，让学生拥有发现数学的眼睛

生活中有很多的数学，关键在于学生会不会用数学的眼睛去发现。在阅读了大量的数学故事之后，我要求学生用数学的眼光，从数学的角度，把所看到的、所遇到的事情记录下来，并且把对这些事情的看法和感受记录下来。下面是学生在学完"24时记时法"之后用记"流水账"的形式写的《我的一天》。

"今天早上我7时起床，7时半刷牙洗脸吃早饭，8时打会儿羽毛球，9时写作业，10时20分打扫卫生、整理房间，11时55分吃午饭，12时25分写作业，14时看电视，14时30分跳绳、踢足球，15时25分吃水果，15时50分练字，16时55分整理书包，17时30分看电视，18时10分吃晚饭，19时看会儿电视，20时上床睡觉。"通过记录一天的历程，让学生把24时记时法加以强化。通过对所学知识的应用，把在课堂中学习的知识与学生生活中的数学融合在一起。

经过不断训练，学生对生活中的数学特别留心了："今天早上，我想看看几点了，发现家里的钟的表面是正方形的；来到学校，看到操场上的沙坑是长方形的；到了教室，看到窗户、桌子、书也都是长方形的……下午到医院发现有个牌子是梯形的，那是什么梯形呢？哦！原来是等腰梯形……今天我在生活中找到很多图形，真有趣！"通过在生活中发现数学问题，让学生真切体会到数学就在我们身边。

三、创数学故事，让学生张开想象的翅膀

数学故事读得多了，学生对写数学故事跃跃欲试。学生能根据一个知识点，结合生活经验，构思出生动活泼的数学故事，加深了对知识的理解。二年级的学生已经有编写数学故事的能力了。

例如，学生创编的关于《西游记》中的故事就非常生动：唐僧师徒四人在西天取经的路上，走着，走着，师父又累又饿，说："你们去找点儿吃的吧！"因为八戒最贪吃，他就急急忙忙地跑到师父面前说："师父，师父，让我去吧！"八戒走到了一棵桃树下，看见树上的桃子又大又红，忍不住直流口水。他摘了8个桃子，看到树上还有1个，就想吃了这个桃子，他刚咬了一口就听到了悟空哈哈的笑声，原来这个桃子是悟空变的。悟空得意地说："就知道你会贪吃。"八戒不好意思地笑了。悟空和八戒高高兴兴地背着8个桃子回去找师父了。这8个桃子平均分给他们4人，每人分到2个，他们美美地吃饱了，又上路了。

学生在兴趣盎然的编故事的过程中领会了除法的意义，更加觉得数学好玩儿，不畏惧数学了。

要想让孩子坚持下去，就要给孩子们创造更多的机会，例如早读时间，课前三分钟，或者课后辅导时间，让孩子们按顺序，每天一个人讲一个数学故事，可以是收集来的，也可以是创编的，还可以是同学分享过的，自己觉得有意思还可以再讲一讲。

有些学生想法独特，与同组的同学一同讲故事表演出来，也是不错的选择，不仅有创意，还能让多数学生参与其中，这样参与的学生与观看的学生记忆会更加深刻。

四、坚持运用数学故事，提高学习能力

凡事都要坚持。学生能够在自我约束和家长、教师的监督要求下，每天坚持读书，和同学交流有趣的故事，笑话或脑筋急转弯等，实属不易。学生慢慢地从刚开始的被迫创编数学故事到后来养成了创编故事的习惯，现在好多学生都已经把数学故事书放到了书包里随时阅读，把创编数学故事作为一种数学活动，利用课余时间跟同学相互阅读、相互讨论、相互交流。

定期在课堂上或讲完习题后举行数学故事大赛，数学故事内容

可以是学生从书籍上、网络上、杂志上等摘抄的，也可以是自己编造的。通过此形式激发学生内在的竞争意识和学习兴趣，学生愿意去讲、爱讲，学生讲数学故事的过程就是学生不断收集、积累和反复思考的过程。通过讲数学故事，学生不仅锻炼了勇气、语言表达能力，还学会了互相欣赏、互相学习，共同互助提高。

经过了一段时间的学习，学生对于数学不再感到无聊和枯燥了，有些跟不上的学生不但不讨厌数学了，而且还都想展示一下自己对于数学故事的理解、想与同学们分享自己的收获。

数学里面有故事，故事里面有数学。在数学故事中感受数学的乐趣，欣赏数学的美丽，感受数学的魅力，以轻松的心态引领学生来学习数学是教师的职责。让我们认真履行职责，让学生的数学学习更有乐趣。

第二节　注重学习方法　提高课堂实效

如何提高课堂教学的实效性

（北京小学大兴分校亦庄学校　华梦迪）

导读：在课堂教学中如何使课堂效率变得更具有实效性，我在教学实践中总结了几种方法。其中最主要的是教师要研究儿童的特点，把握好教学内容，有的放矢地实施有效策略。

课堂教学中如何取得实效是教师非常注重研究的问题，作为新教师的我在刚刚走上讲台的那一天开始就不断反思和研究这个问题。在与同伴们的研究过程中，我有了以下四点理解：

一、了解儿童的认知特点

想提高课堂的实际效率，教师一定要了解所教年级学生的年龄特点及认知规律。像一年级的小学生，他们的特点就是：有意注意时间短，所以在教学时一定强化认知。比如："对于新知识一定要不断强化学生的认知，不断记忆。在课上讲授新知识，边板书，每到一个小的环节结束都要及时总结，回顾知识内容及学法，同时也要让学生跟着说一说。一年级的学生不认识字，但可以跟读黑板上的重点知识。"所以一年级的小学生的年龄特点就是有意注意的时间太短，需要教师去帮助他们对新知识不断巩固、不断记忆。

除此之外，呈现给学生的任何东西一定要直观，越直观越好。比如："在讲授比较抽象的计算时，可以选择用多媒体进行动态演示，帮助学生更好地理解比较抽象的知识，把抽象的知识变得更加形象具体。或者学生在展示自己的想法时，如果光说自己是怎样想的，其他同学光靠听是听不懂的，这时候就可以利用投影边展示自己的图式，边说一说，比直接说的效果会更好。如果让其他同学边直观地看边听想法，比较容易理解，如果光听就比较抽象很难理解，也容易造成有的学生听不懂就不听了的现象。"

二、实施有效的教学策略

一年级的小学生可以采取游戏的方式来提高学生学习的兴趣。同时教师的教学活动的形式要多种多样，让学生多种感官（眼、手、脑、口）参与活动。比如，在课中加入小游戏，学生很感兴趣，一年级的小学生可能学着学着，注意力就分散了，这时候可以加入小游戏来调控课堂氛围。

在教学时不能形式单一，要变换多种教学方式。比如，根据一年级小学生好动的特点，可以让学生伸出小手跟着教师边打手势边说一说，或是让一位学生说一说另外一名学生来前面指一指。学生对于这样的方式很感兴趣，都想参与，所以都在认真思考。在教学时可以让学生先独立观察，然后可以以师生互动、生生互动的方式学习交流，要保证学生参与面的广泛性，不能只有个别学生参与。在课上学习第三幅图时，学生已经学会了比较的基本方法想说一说，这时候让学生两人一组讨论，全班都参与进来了，每个人都能有说一说的机会。

在教学时每个环节都要有小结，回忆内容和方法，同时教师的课堂语言要直观，指令语言要清楚。

同时讲课要抓住新课知识的本质，要抓住课的重点和难点。比如，在学习"认识图形"一课时：首先让学生把图形进行分类，然后通过摸一摸、滚一滚，观察认识四种图形，紧接着要小结通过什么样的方式来认识的图形。在接下来的环节不要再让学生说一说图形有什么特点，尽量也不要用特点、特征等词汇。这里可以出示不同的实物或图形让学生来判断属于哪种立体图形。同时在百宝箱环节时间不应过长，要缩短时间，让学生直接判断实物是哪种图形。本节课最主要的是要认识图形，培养学生的空间想象能力。拿到一个实物或者图形能够快速辨认出是哪种立体图形就可以了，不要深入学习图形特点，要抓住主要问题来问，语言不要啰唆，要简洁。

其次要根据学生的认知规律设计教学环节，注意抓学生的生成。比如，在摸一摸长方体和球后找学生说一说发现了什么时，他们都喜欢把长方体和正方体对比进行记忆，正方体方方的，长方体比正方体长；把球和圆柱对比来记忆，球是可以随意滚动的，圆柱是不可以随意滚动的，并及时评价学生的学习方法。

要突出教学活动的"趣"。这里的"趣"不仅仅是指创设的情境的内容丰富有趣，还指教学活动是有趣的，学生的探究是有趣的。本节课应该从实物抽象出图形，再从图形到具体实物，在学习的同时也要发展学生的空间想象能力。

三、课堂上教师要大胆放手

教师在课堂教学中要真正放开手让学生去实践、思考，让学生真正成为学习的主人，让学生充分体验、感受知识的形成过程。比如，在教学时能让学生自己解决的问题，要放手交给学生自己去解决，不能老是让教师一味地去讲授。让学生自己真正参与进来，这样会记忆得更深刻。在遇到问题时，交给学生自己去解决，把问题抛给学生，让学生自己去辩论这个问题，肯定都会认真地去思考，有时候学生的语言可能要比教师反复强调更有说服力。学生之间自己能把问题解决比教师直接告诉学生要更有价值，课堂是属于学生自己的，精彩的不是教师讲得有多精彩，而是看学生自己解决问题的过程有多精彩。要大胆放手，把问题交给学生，这样的课堂会更加精彩。

要敢于给学生充足的时间和空间去思考、总结，让所有人都融入课堂。要有效地调控课堂，抓住学生的生成资源。真正放开手让学生去实践、思考，让学生真正成为学习的主人。

四、注意灵活运用评价激励措施

课堂教学是师生互动、生生互动的过程。在平时的课堂教学中学生回答完问题后教师要及时地进行评价。可以口头评价激励孩子，使学生获得自信心。比如："你既会思考，表达得又清楚完整。"教师还应注意评价要具体，对学生的表现要及时地、具体地给予评价。学生听到了很开心，树立起了自信，提高了积极性，在课堂上也越来越会思考。还可以采用肢体语言进行评价，比如，摸摸头、拍拍肩膀、竖起大拇指。这些方式都可以激励学生，使学生获得自信心，去更积极地思考并回答问题。

相信如果做到以上四点，课堂会更加具有实效性，也会更加精彩！

新教师要注意提高课堂教学效率

（北京小学大兴分校亦庄学校　于自航）

导读：新教师要注意提高课堂教学效率，实现教师高效地教和学生高效地学。教学环节的设计要符合学生的认知特点，让问题聚焦。关注学生的表现，及时有效地加以调控和引导。通过组织、引导、合作，保障学生的主体性、主动性。

很幸运本学期我继续能与姜老师团队共同学习与研究课堂教学，在这一年多中我有了很大的收获，我逐渐对构建省时高效的课堂有了更深的认识，这都离不开姜老师的悉心指导。

经过一学期的学习与研究，我感悟到，作为教师应该努力追求一种省时高效的课堂。真正让教师教得轻松，学生学得愉快；师生共同构建一种融学生认知结构与情感激活、教学控制与情境创设为一体的教学形态。努力为现实教学产生一种动力、牵引、导向作用，切实实现教师高效地教和学生高效地学。

一、教学环节要符合学生认知特点

小学生的学习特点是以直观形象思维为主，他们的学习在很大程度上需要依托对具体事物的感知和表象。因此，教学环节的设计要符合学生的认知特点，在探究过程中采取有效措施让学生要手、口、脑并用，这样不仅可以激发学生的学习热情，而且通过教、学具（实物、图形、课件等）的演示或情境的展示等手段，来锻炼学生的逻辑思维能力。

一次团队教师在听王璐老师的"做家务（2的乘法口诀）"的课，教师在组织学生自主探究的这个环节先让学生用小棒边摆边数，看看"一共用了多少根筷子"，然后再汇报自己是如何数的，最后填写乘法算式。每一个环节完成后，学生都需要坐好等待，也有的学生会不由自主地继续往下写。

在课后教研时姜老师提出，可以把这些环节进行整合，让学生边摆、边填、边思考，这样符合学生的认知特点和规律，也符合学生的心理特征。因为学生在动手摆和数的同时，就已经开始了思考。他们认知的第一步：观察图片看到了什么。第二步：从看到的图中信息有9个碗，每个碗旁边摆一双筷子，已经摆了3双，想到求9个碗需要摆多少双筷子。第三步：能不能用一个算式表达自己数的结果？学生边摆边把几双筷子有几根写在表格中，再写出乘法算式。这样可以让学生亲身体验有挑战性的数学问题，让零散的环节与问题聚拢、整合起来。在学习过程中有明确的目标，有挑战性的学习任务，学生带着这一目标和挑战性的学习任务，在直观的观察与操作中很快获得了知识，提升了逻辑思维能力，培养了学生的学习能力，使得课堂既省时又高效。

二、教师语言要准确且有明确的指向性

教师引导语言非常重要，如果语言非常准确且指向性强，学生在课堂上就会明确要研究的问题，需要学习的新知识，从而积极地

参与新知识的学习与研究。

我在准备上"探索规律"一课时，学生观察气球后，说出了自己的发现，一个孩子说："气球是有规律的，一黄二蓝分一组。"此时，我的语言就很啰唆："就是这样的规律，这个是一黄二蓝的规律，它的颜色是……"在这个时候我不应该重复学生的语言，应该抓住孩子的关键语言，有明确的指向性。在组织课堂中，我又说道："说得好不好呀？""真棒！给你一个大拇指！""同学们真棒，那好啦……"这些语言是无效的、啰唆的，学生无法知道他到底哪里好，教师的语言不明确，指向性不强，影响教学效果。在正式讲课的时候，我特别注意自己的语言，抓住学生发言中的关键词。在课堂中一位学生观察气球后，说出了自己的发现："气球是按照黄蓝蓝为一组排列的。"我用指向性很强的语言引导学生并及时板书"一组"。另一位同学指出："这些气球都是按照黄蓝蓝重复出现的。"我又针对这位同学所说，及时抓住"重复"这一关键词。因为我指向性强的语言，学生很快就寻找到了表达规律的准确语言："气球的排列规律是黄色蓝色蓝色、黄色蓝色蓝色，三个为一组，重复排列的。"所以这节课进行得十分顺利，学生对知识的掌握也非常好。

在张晨老师"快乐的动物（倍的认识）"一课中，让学生自主探究的时候这样说："刚才我们找到了两个数量之间有合起来和相差多少的关系，现在你能不能用自己喜欢的方式，摆一摆、画一画试着找找这两个数量之间还有没有其他关系？"任务布置后，学生提不出问题。姜老师告诉我们教师能不能引导学生思考：看看这两个小动物，你还有什么发现？由于"发现"一词是教师教学时经常用的，学生已经具备了份数、每份数、几份、几个几的学习经验，有了以上学习经验作为基础，很快就会找到这些关系。当然学生有生活中常听到的"倍"的知识经验也还有可能找到倍数关系，比教师说的还有没有其他关系要直观、距离学生认知的最近发展区近，很快就会出现教师预期目标中的知识——"倍"。如果不出现"倍"，教师也可以从份数、几个几等知识引入"倍"的概念。教师再引导学生"你能不能摆一摆、画一画，让人一眼就看出谁是谁的几倍"。通过教师的及时引导，学生产生了完成任务的需要，自己主动对新知识进行迁移，从而引出新问题，找到新知识的生长点。这时会解决问题的学生继续迁移，不会的学生继续根据旧知识研究，错误的同学倾听别的同学的想法看一看与自己的有什么不同和相同。这样学生的思维会活跃起来。因此，教师提出问题要让问题聚焦，这样才能提高效率，避免浪费时间。

三、教师要注意及时有效地组织课堂

教师有效地组织教学和培养学生的学习习惯是非常重要的，不然40分钟的时间就会慢慢溜掉。

在我的"数松果（5的乘法口诀）"课堂上，有一个叫小同的学生在别的学生进行汇报时，一直在修改自己的答案，经过教师的提醒后还在修改。我走到他的跟前发现这个学生其实是在抄正在汇报同学的答案，根本就不理解别人的想法，也不知别人的想法是否正确。课后姜老师告诉我们，课堂上要时刻注意组织学生，用吸引学生的语言"看谁的小眼睛亮""倾听也是一种学习"，让发言的学生组织"请大家看我这儿，我是这样想的"，汇报完自己想法后问大家："谁还有问题要问？"用以上语言组织课堂，将学生的注意力聚焦到发言学生的地方。教师及时有效地组织学生，慢慢地，学生就形成了良好的学习习惯，懂得了要注意听别人的想法。有时自己的想法也是有道理的，还可以从别人那儿学到学习方法，绝不能盲目地修

改自己的想法。同时，教师要眼观六路、耳听八方，时刻关注学生的表现，及时有效地加以调控和引导。这样既可以提高学生的注意力，又可以使得课堂省时高效。

学生的学习过程是否有效，就是课堂教学是否有效的关键。在学习中，学生是学习的主体，教师是学习活动积极的组织者和引导者。作为教师，我们适时地对教学活动进行组织、引导、合作，它能保障学生的主体性、主动性，让学生真正获得知识。

课堂教学是以学生终身发展的教学理念为指导，以规范具体的教学目标为导向的，最终目的是促进学生的终身发展。作为新教师，我们应该着眼于学生的未来发展，培养学生的学习热情，使学生"爱学习"；促进学生掌握学习的方法，使学生"会学习"，从而提高课堂教学效率。这些也还需要我不断地学习和研究。

以"认知结构理论"为依据的课堂教学实践探索

（北京小学大兴分校亦庄学校　陈宇）

导读：以认知结构为依据，探索数学课堂教学方法，并以课堂实例的方式呈现，帮助新教师尽快熟悉教学方式，帮助学生进行深度学习是我们教师要研究的内容。

小学生的数学认知结构特征主要包括开放性、生活化、变化性和形成性四方面。小学数学教学中，帮助学生构建合理的数学认知结构需要做到以下方面：引导学生亲历知识形成的过程，有效利用学生的生活经验，发挥比较的辨析功能，充分利用元认知的梳理功能。

一、教学设计整体思路的开放性，为学生提供探索空间

　　教学的开放性可以充分发挥学生的主体地位，学生在开放的空间中自主获取数学知识的同时，探索出获取数学知识的方法，增长了主动参与数学实践、经历知识形成过程的本领，进而获得终身受用的数学能力。因此，我们在课堂教学中不限制学生，给足学生思考的时间。

　　在"两位数减两位数（退位）"这堂课中，教师先组织引导学生观察图片收集数学信息，然后根据信息提出数学问题。在学生明确数量关系后，让学生自主列式并探究如何计算，以及理解为什么这样计算的道理。学生利用小棒摆一摆、用计数器拨一拨或者在学习单上画一画，更有用数位顺序表和列竖式解决的，方法多得让教师十分惊讶。学生在探索过程中用原有知识和各种各样的方法解决问题，充分培养学生思维的开放性。我们感觉这样长时间坚持下去，学生不仅学会了知识，还大大发展了创新性思维，创新意识的培养才能落到实处。

　　学生有了开放性的空间，自己就能借助已有的知识和经验探索新知识，在经历知识形成的过程中，像科学家一样发现数学知识理解数学知识。比如，在三年级"分米和毫米的认识"这一课中，教师先让学生测量桌子高度。由于学生已有知识结构中只有米和厘米两个长度单位，在测量时就会发现如果用米做单位自己不会表示，如果用厘米做单位的话又太麻烦，不方便测量。这个时候就需要一个新的长度单位分米。在这一过程中学生体会到产生新的长度单位的必要性。有了必要，有了需要，他们再认识分米肯定印象深刻。

　　再如，在四年级学习"平均数"这一课中，教师先出示两个参赛队伍中每个人的分数，然后提问："哪一个队伍获胜？"由于两队人数不一样，不能直接比较总分来判断输赢，已有知识不能解决问题，就要想新的办法。学生提议用平均数比较，然后让学生自主探究如何求平均数，通过画图和列式的方法求出平均数。在这一过程中学生体会到了平均数的意义和移多补少的思想。

学生有了开放的空间，就能充分发挥他们的主动性，想出更多解决问题的方法，更好地培养他们的创造性思维。

二、提供生活化的情境，让学生感受数学与生活的联系

数学是来源于生活应用于生活的学科，由于学生的生活中常常接触到数学，课堂上往往可以根据生活经历来学习数学。所以，教师在教学设计中所呈现的例题情境都是生活化的。

在四年级"描述行走路线"这一课中，教师先让学生根据已经学习过的数学知识描述一下自己的上学路线，看谁描述得能让别人一下就知道你是怎么到学校的。学生利用自己的生活经历描述上学路线时能够说明方向和参照物，对于具体距离的描述是本节课的新知识，学生还需要学习。这时教师再出示抽象的标有距离的平面路线图，再让学生进行路线描述，学生就会抓住方向、参照物、距离三要素准确描述出路线。

再如，在四年级学习"数对"这一课时，教师先设置一个家长到学校来开家长会，你要怎么给家长介绍你在班级里的位置这一生活情境，让学生先说自己在班里的位置，利用学生的生活经验进行学习，在完全掌握了现实生活中描述位置的方法后，再将学生的座位抽象到屏幕中，让学生介绍屏幕中某个同学的位置，这样进行新知识的学习，有利于学生空间观念的发展，在学生真正掌握新知识后，教师再引导学生应用于现实生活。

当我们经常以生活化的情境进行教学时，学生能体会到数学就在身边，感受到数学的趣味和作用，从而对数学产生亲切感。

三、回顾反思，在比较中深化学习内容，积累学习经验

德国拓扑心理学家 K. 勒温在20世纪30年代曾指出，学习是认知结构的变化。也正是通过认知结构的变化性和形成性，我们可以很好地帮助学生形成一种学习方式。因此，回顾总结反思，在对比中深化学生对新知识的理解，获得数学思想方法，积累学习经验是我们在教学中经常用到的教学策略，主要体现在学生对新知识的探究交流分享上。比如，在"植树问题"这一课中，学生探索出解决植树问题的三种方法后，教师引导学生：同学们回忆一下，我们是怎么研究植树问题的？同学们先画图，然后根据图中的数量关系列式计算，发现植树问题有三种情况，分别是两端都种、只种一端、两端都不种，最后总结出每种情况间隔数和多少棵树的数量关系，这样长期坚持回顾总结反思，可以帮助学生形成一种学习习惯，久而久之就形成了一种能力。

学生在独立探究中，每个人都有个性化的思考，也有独特的解决问题的方法，在集体汇报后及时地对比小结，有助于学生深入理解知识，开拓思维。如在"两位数减两位数（退位）"教学中，学生自主探究后出现了四种方法，分别是摆小棒、用数位顺序表计算、拨计数器和竖式计算。在学生分别介绍完自己的想法后，教师引导学生对比这四种方法，看看它们有什么相同处。学生通过观察、比较发现四种方法共同的地方都是个位不够减时向十位借"1"。十位退一当十。而这正是本节课数学知识最本质的内容。

设计教学环节要根据认知结构理论，有了理论的支撑，我们的研究会越来越深入，学生会有越来越多的实际获得。

巧用直观模型促进学生数学学习

（北京小学大兴分校亦庄学校　刘建新）

导读：直观模型作为课程资源在学生数学学习中，不仅能使抽象的数学知识变得直观形象，便于学生理解和掌握。同时，直观模型还可以成为一种数学工具，帮助学生习得学习数学的方法，当面对新问题时使学生有章可循、有法可依，也会使学生学习的水平和教师教学的质量有很大提高。可以说直观模型是低年级数学教学必不可少的工具。

直观模型指的是具有一定结构的操作材料和直观材料，如点子和袋子模型、小棒和正方体模型、数轴模型、小珠子模型等。在计算教学中，直观模型是帮助学生理解算理的一种重要方式。

一、借助小棒、点子图模型认数和计算

在数学学习中，借助小棒、点子和小正方体对应计数单位的个数，学生通过动手操作来学习，有助于培养学生的数感。

1.在数数中让学生经历数的过程。借助小棒和点子图有助于培养学生的数感。我们在数的认识教学中，应特别重视认数过程中小棒的使用和点子图数群的表象作用。在实际教学中，我借助小棒，用小圆形纸片代替点子，让学生通过动手操作来学习。比如，在教学"1~5的认识"时，摆一根小棒，拿出一个圆片，表示一个太阳；伸出4个手指，画出4个小圆点，表示4个小朋友……让学生主动参与数学学习活动，通过一一对应，帮助学生建立数感。

2.在计算中让学生直接感受。在计算教学中让学生明白算理很重要，尤其是加法和减法是计算教学的开始，更要注意让学生明白

计算的道理。无论是进位加法还是不进位加法、退位减法还是不退位减法，以及多位数的加减法，在教学中要让学生明白其中的共通之处。那就是相同计数单位上的数相加减；相同数位上的数相加满十向前一位进一，相减不够要向前一位退一当十。比如，在教学"9＋4＝？"时，我让学生运用小棒动手操作，经历10根小棒捆成一捆的过程，体会10个一是1个十，初步渗透了十进制和位值制思想。

3.建立大计数单位的直观表象。在万以内数的学习中，对于比较大的计数单位，学生在日常生活中接触较少，缺乏感性经验的支撑。因此，需要再一次借助小正方体的直观模型，帮助学生建立大计数单位的直观表象，同时也让学生通过模型来感受各单位间的十进关系。教学时，要让学生运用这些直观模型充分经历观察、比较，在进位的关键处教师要适时加以追问，以加深学生对计数单位之间关系的理解，直观感受计数单位的大小。

二、借助长、正方体模型促进学生数感的形成

借助长、正方体模型，让学生把比较数的大小和长、正方体的总高度联系起来，可以使学生更直观、清晰地进行观察，帮助学生建立数感。比如，在一年级上册比较大小的学习中，用小长方体和小正方体叠到一起进行比较，学生一眼就能直观地看出小长、正方体的多少。然后让学生数出小长、正方体，抽象出数，再进行比较。

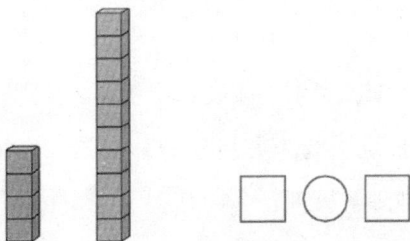

三、借助数轴模型理解数的意义及大小

通过数轴模型可以表示数，说明数的大小以及数与数之间的关系。在教学时，我们按照"直尺—数尺—数轴"的顺序，循序渐进地通过数轴表示数，说明数的大小及数与数之间的关系。比如，在数数教学中，我利用数格图来数数。

在教学百以内数的认识时，我运用数轴表示数，说明数的大小及数与数之间的关系。比如：

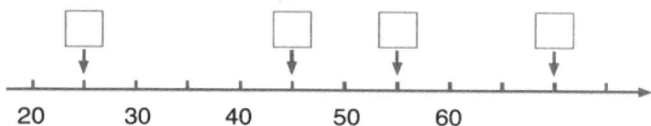

数轴模型的使用，使学生更好地建立了数感，理解了数的顺序和大小。

四、借助带点子的小方块模型和袋子模型学习计算

每个带点子的小方块对应1个"一"，每个袋子对应1个"十"。在实际教学中，学生借助操作学具来学习，积累基本的数学活动经验，认识计数单位。比如，在教学"13－9＝？"时，我让学生借助带点子的小方块，可以把13看成10和3两部分，也可以把9看成3和6两部分，通过操作进行计算。

在教学两位数加法时，我又运用点子和袋子图模型帮助学生进行计算。"45＋20＝？"用4个袋子表示4个十，5个点子表示5个一。4个十加2个十是6个十，再加上5个一是65。"42＋6＝？"的计算，通过点子和点子相加，突出了相同数位相加的算理。

可见，借助带点子的小方块模型和点子、袋子模型学习计算，可以使学生更好地理解算理，掌握算法。

直观模型的引入，符合学生的认知特点，培养了学生学习数学

的兴趣，为学生认识、理解位值制和十进制奠定了直观基础，也培养了学生的计算能力和实践能力，帮助学生积累了基本的活动经验，发展了学生的创新精神，促使了不同的学生在数学上得到不同的发展。

培养学生自主学习能力的几点探索
（北京市大兴区礼贤镇第二中心小学 杨慧娟）

导读：对于培养学生自主学习能力的探索，我一直在尝试。经过自己的努力，学生学习的效果有了明显的变化，学生的学习能力也得到提升。在日常教学中我敢于放手，让学生自主地去观察、操作、思考、交流，让学习真正发生，学生学习的积极性真正被调动起来。

在教学实践中，教师常常反映，到了高年级学生学习劲头不足了，不爱发言了，课堂死气沉沉的。作为一名从教多年的班主任和数学教师，我认为只有最大限度地给学生自主学习时间与空间，才能调动学生学习的兴趣和积极性，才能让他们在课堂上想说、爱说和会说，才能真正让学生动起来，让数学课堂充满活力，学生思维得到发展。

一、家校协同 兴趣助力

在学生学习成长的过程中，家庭教育与学校教育就像左手和右手，只有合力托举，才能成就一个孩子的健康成长。作为一名教师、一个妈妈，我在自己的教育教学工作中非常注重家校沟通，通过多种方式引导家长对我的教育工作予以关注和支持，这样才能形成合力。

在新知识的学习过程中，我注重多种方式并逐步培养学生的自主学习能力，同时不忘引起家长的关注和支持。例如，我每天都布置预习任务，第二天一定会在家长群内、在班级内大力表扬预习完成好的同学，引起家长和学生的双重重视，这样一来，家长的积极性被调动起来。学生回到家中，虽有惰性，虽有不自律的情况，但在家长的督促提醒下，能够及时、高效、优质地完成相应作业，既培养了好习惯，又促进了学生的学习。日常课堂教学过程中，我在允许的情况下会及时捕捉精彩瞬间的照片和视频，例如，学生的精彩发言、小组的精彩展示、师生生生的精彩互动等，我把照片和视频发到班级家长群，让家长及时了解课堂情况的同时，更大大激励了学生和家长参与学习的热情和积极性。

兴趣是最好的老师，学生有了兴趣才能有探究的欲望，才能积极主动去探索、研究书本知识与生活的联系，所以我平时设计的前置性作业总是以能否激发学生的兴趣为目标。

例如，在教学鸡兔同笼问题的时候，我出示："鸡兔同笼共8个头，20条腿，问鸡兔各有多少只？"让学生根据自己的生活经验探究，可以用各种方法，如列表、画线段图等。学生通过自己思考，大部分解决了这一问题。我充分放手，让学生上讲台将自己解决问题的办法讲给大家听，有的同学用列表法，争先恐后地上台列出自己的表。有的同学说还能列更简单的表，也将自己的表格展示出来。有同学说用的是画图的方法，并结合自己画的图讲解解题思路。有的同学说："老师，我既不画图也不列表就能做出来"……就这样，孩子们在跃跃欲试与争先恐后中既学习了知识，又锻炼了能力，最重要的是还乐在其中。

二、方法多样　融会贯通

学生对学到的知识能够融会贯通是我们的教学任务之一，日常教学工作中我也注重引导学生梳理、发现知识体系之间的关联。例如，在教学工程问题的时候，我布置了这一任务：一项工程，甲单独做10天完成，乙单独做15天完成。二人合作，几天完成？让学生根据自己的生活经验探究，可以用各种方法，如设数、画线段图等。学生通过自己的思考与探究，上讲台将自己的解决办法讲给大家听，有的用设数法，其他同学又争先恐后地上台列出更简单的算式；有的同学说："老师，我用的是单位'1'的方法。"然后他结合自己画的图讲解自己的想法。接着又有同学说："老师，我既不画图也不设数就能做出来"……就这样，孩子们在自主探究中解决了问题，掌握了多种方法，获得了知识与经验，体验了学习数学的快乐。

今年毕业班的复习，由于疫情原因在家上网课。毕业复习，要建立知识网络和体系，一题多解能使所学知识融会贯通。例如，在比较两个分数 $\frac{19}{20}$ 和 $\frac{20}{21}$ 的大小时我大做文章，让学生用自己想到的办法解决问题。一时间学生按捺不住小激动，开始动手操作，有的用绳子，有的用线段图，还有的尝试通分、化成小数，方法多样。班里一名脑腆的男生说："$\frac{19}{20}$ 与1相差 $\frac{1}{20}$，$\frac{20}{21}$ 与1相差 $\frac{1}{21}$，所以 $\frac{20}{21}$ 大于 $\frac{19}{20}$。"我来不及赞许，这时，又一名同学举手了，他神秘地说："老师，我可以用除法解决这个问题，用1分别除以两个分数，哪个商大哪个分数就小。"我给了他一个大大的赞。兴趣能调动学生学习的积极性与主动性，我想当学生的思维活跃起来的时候，课堂对于教师和学生都是一种美的享受。

三、动手实践　快乐体验

在数学学习过程中，让学生自己通过折一折、剪一剪、做一做自主形成认知在我的教学中已成常态。在讲圆锥体积的时候，学生用教具多次试验，用水和沙子在圆柱与圆锥教具间倒来倒去，反复操作、等量对比、列式计算，不但推导出等底等高的圆锥体积与圆柱是3倍关系，还得出等底等高的圆柱和圆锥体积相差两个圆锥。由于教师给了学生实践和探究的时间与空间，数学知识的学习对于学生便不再显得枯燥无趣，同时学生在探索数学知识的过程中动手能力、探究能力、沟通能力、团队协作能力等都得到锻炼和提升，学

生的成长与收获是教师的价值和满足。

例如，在学习"认识体积"的时候，杨子健同学给了我一个惊喜。她自己用量杯、土豆、白薯做实验，测量不规则物体的体积，做得有模有样，说得有理有据。她端着量杯，让大家观察没放土豆前水的刻度，然后将土豆放入量杯，再让同学观察刻度，并提问同学："大家说，土豆的体积怎么求？"大家很容易就得出了土豆的体积，对体积这一概念的认识也迎刃而解。

总之，学习是学生的主要任务，只有让学生有兴趣，才能让他们真正动起来、思考起来、讲起来，学生才有了学习的真正动力。教学无止境，我将不断探索，让我的数学课堂充满活力。

在观、做、思、说中落实概念教学　培养核心素养
（北京市大兴区庞各庄镇第一中心小学　孙妍）

导读：概念教学要处理好过程与结果的关系，不仅要在教学过程中把概念"讲"明白，更要在落实知识的同时关注学生的能力与核心素养的发展。教师要学会"放手"，让学生在完成有挑战性的学习任务中激发探究欲望，进行深度学习。

数学概念教学是小学数学教学内容之一。概念教学的目的是使学生了解概念的来龙去脉，从而掌握数学概念，形成对数学基本的概括性的认识，并能够正确运用概念。数学概念教学离不开对数学概念的认识。

"认识平均分"一课是北京版小学数学教材二年级上册第二单元第三小节"除法的初步认识"里第一课时的教学内容。除法的含义是建立在"平均分"的基础上的，要突破除法学习的难点，关键是理解分，尤其是"平均分"。由此可见，"平均分"这一较难理解的数学概念不仅是学生学习除法的开始，也是今后学习除法相关知识的基础，对学生除法的学习有着举足轻重的地位。

一、认真研究教材，厘清教学实质

在"除法的初步认识"这一小节中，教材一共安排了三个例题。教材注重引导学生经历"认识平均分—平均分几份—每几个一份地分"的探索过程，充分感知平均分的过程，为进一步学习除法做准备。

本课例1是要帮助学生初步建立平均分的概念。教材要求学生通过操作，把8枝花插在2个花瓶里，通过对不同分法的比较，使学生认识到把8个物体分成两份，每份的个数可以相同也可以不同。由此引出"每份分得同样多，叫作平均分"，从而使学生获得对平均分的初步认识。所以教学中一是要让学生在动手操作中体会"平均分"；二是要从任意分引出"平均分"，由一般现象引出特殊现象。

二、精心设计教学过程，提高学生能力

在充分研读教材后我设计了如下教学目标和教学过程：

（一）教学目标

1.在具体情境中，经历观察、操作、比较、分析、抽象、概括等过程，理解和掌握平均分的含义，建立平均分的概念。

2.在具体情境与实践中初步形成平均分的表象，经历平均分的过程，培养动手操作和抽象概括能力。

3.感受平均分和实际生活的联系，培养自主探索、合作交流的意识。

（二）教学重难点

1.教学重点：建立平均分的概念，理解和掌握平均分的含义。

2.教学难点：理解与掌握平均分的含义。

（三）教学过程

1.情境引入，动手操作

（1）回顾旧知：分析数的分与合。（预设：完成练习）

（2）情境引入，动手操作：红红买了8枝花，她想把这8枝花插在2个花瓶里可以怎样插呢？她思考了一下，说："把8枝花插在2个花瓶里，就是要将这8枝花分成2份，可以怎么分呢？"请你用小棒代替花，小组四个人赶快拿上学具，试着分一分吧。（预设：四人一组，动手操作分小棒）

（3）全班分享。（预设：8枝花插在2个花瓶里，可以一个花瓶插3枝，一个花瓶插5枝；8枝花插在2个花瓶里，可以一个花瓶插4枝，另一个花瓶也插4枝……）

【设计意图】通过回忆数的分与合的相关内容，提示学生可以怎么分，为接下来的分一分活动做铺垫。通过创设有趣的情境激发学生的学习兴趣，让学生以小组为单位讨论、分物，既可以产生思维碰撞，又可以培养学生的小组合作意识和能力。

2.对比思考，理解含义

（1）分类对比，初步感受

①刚刚我们一共找到了这么多种分法，你能给这些分法分分类吗？

②如果只分成两类，可以怎么分呢？为什么这么分？

（预设：两个花瓶各插4枝的方法为一类，其他的为一类。因为其他方法，两个花瓶分得的不一样多，而这种方法，两个花瓶分得的一样多，都是4枝）

（2）二次动手，深刻体会：要想每份分得同样多，8枝花还可以怎么分？（预设：动手尝试，寻找每份分得同样多的方法）

（3）全班交流。（预设：每份分得1枝，可以分成8份；每份分得2枝，可以分成4份……）

（4）对比思考：这几种分法有什么不同点和相同点？（预设：①不同点：分得的份数不同，每份数不同。②相同点：都是分8枝花；每一种方法里的每份分得同样多）

（5）得出概念，引出课题：不管分成几份，只要每份分得同样多，就叫平均分（板书：平均分）。在我们的共同努力下，我们一起认识了平均分（板书课题：认识平均分）。

【设计意图】通过分类对比，感受任意分和平均分的区别，从一般到特殊，感受平均分。通过二次动手、思考，在动手操作和思考相同点、不同点的过程中深入体会，感受平均分，理解平均分并内化平均分的概念。

3.巩固练习，再次体会

（1）巩固练习1：判断，下面哪幅图是平均分，请你在（ ）里

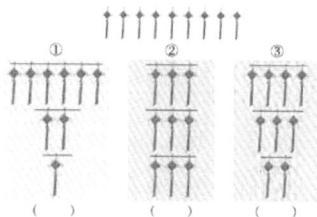

（北京出版社2013年教育部审定
义务教育教科书数学二年级上册第34页）

画"√"。

（预设：第二幅图是平均分，因为只有这幅图每份分得同样多）

（2）巩固练习2：

1.小兔兄妹俩分食物，下面哪种分法表示的是平均分，在（ ）

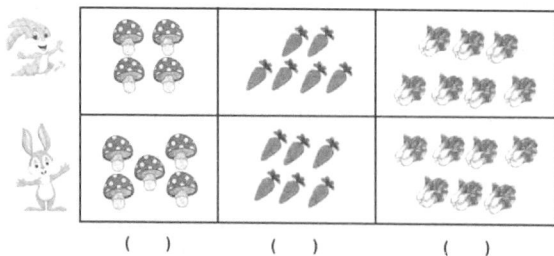

里画"√"。

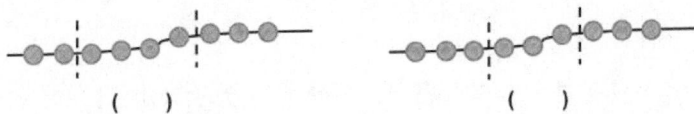

2. 把9颗珠子分成3份，哪种分法是平均分？在（　）里画"√"。

3. 下面哪些是平均分？请你圈一圈、数一数，是平均分的请在

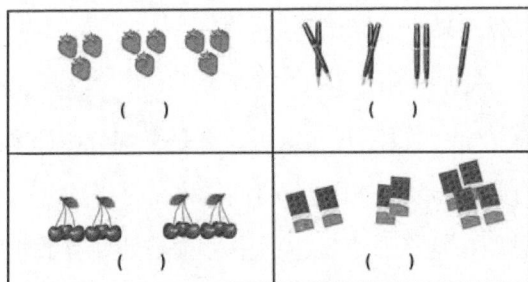

（　）里打"√"。

（预设：自主练习，全班交流）

（3）小结：今天我们不仅认识了平均分，还学会了如何判断平均分。

【设计意图】通过多次判断哪幅图是平均分，思考为什么是平均分来不断地内化含义，在做题、思考的过程中深化理解，为后面学习除法的意义做铺垫。

4. 联系实际，提升思想

（1）联系实际，解决疑问：两队进行拔河比赛，这样公平吗？

为什么？

（预设：不公平。因为左边有4人，而右边有6人，两边人数不一样，所以不公平）

（2）移多补少，提升思想，感受平均分的作用：怎样才公平？

（预设：让右边的一个小朋友去到左边，这样两边都是5个人，就公平了……）

（3）联系生活：你在生活中还见过哪些需要平均分的情况？（预设：分糖果、分水果、跳绳比赛……）

（4）课堂总结

①学生总结：（预设：我知道了什么是平均分；原来生活中有平均分和不平均分2种分法；每份分得同样多就是平均分……）

②教师总结：这么看来，生活中可真是处处有数学啊，学好了数学知识对我们的日常生活来说有很多帮助。相信通过今天的学习，你也可以自己解决这些需要平均分的小问题了。今天我们通过动手操作认识和理解了平均分，还想到了用移多补少的方法进行平均分，课下就请你再继续找一找生活中的平均分，并用一些物品进行平均分吧。

【设计意图】通过"拔河"的实际场景，感受平均分的作用和重要性。通过思考如何才能公平，让学生经历通过移多补少进行平均分的过程拓展提高。思考生活中还有哪些需要平均分的情况，调动学生的思维，将数学知识与学生生活实际相联系。

理想很丰满，现实很骨感。按照上面的教学设计上完课后出现了以下三点问题：

问题1：即使是在出示情境后又解释了要做什么的情况下不少学生仍然不明白要做什么。

问题2：复习了"数的分与合"的相关知识后对学生分小棒的帮助不大，学生不能将两部分知识进行连接，部分学生在分的时候分的方法仍然很少。

问题3：课堂时间分配不合理，最终超时。

在授课后，其他教师指出概念教学不仅难在要在教学过程中把概念"讲"明白，更难在落实知识的同时要关注学生的能力与核心素养的发展。要重视过程，处理好过程与结果的关系。教师要学会"放手"，让学生在完成有挑战性学习任务的过程中激发探究欲望，进行深度学习。

三、认真研读课标，把握教学本质

为了更好地调整教学，促进自我和学生的成长，课后，我认真研读了《义务教育数学课程标准（2022年版）》，结合其他教师的指导建议和本课中出现的问题，我对以下三方面有了一些新的思考和体会。

（一）要正确看待过程和结果，处理好过程与结果的关系

概念教学中要从"知识是什么""为什么"这两个角度入手。在概念教学中不仅要弄懂知识是什么，更重要的是要在探索的过程中明白为什么。如果教学时只专注于让学生明白一个概念是什么，只专注于得出结果而忽略探索过程，学生最终也只能对概念一知半解。学生对概念的理解来自探索过程中的发现与感悟，没有过程的结果是无源之水，无本之木。课堂中，教师必须把问题摆在学生面前，让学生在主动观察、思考的过程中发现和探讨出结果。

（二）在观、做、思、说的过程中落实概念教学、培养核心素养

《义务教育数学课程标准（2022年版）》指出："义务教育数学课程应使学生通过数学的学习，形成和发展面向未来社会和个人发

展所需要的核心素养。""课程目标以学生发展为本，以核心素养为导向，进一步强调学生数学基础知识、基本技能、基本思想和基本活动经验（简称'四基'）的获得与发展，发展运用数学知识与方法发现、提出、分析和解决问题的能力（简称'四能'），形成正确的情感、态度和价值观。""有效的教学活动是学生学和教师教的统一，学生是学习的主体，教师是学习的组织者、引导者与合作者。学生的学习应是一个主动的过程，认真听讲、独立思考、动手实践、自主探索、合作交流等是学习数学的重要方式。教学活动应注重启发式，激发学生学习兴趣，引发学生积极思考，鼓励学生质疑问难，引导学生在真实情境中发现问题和提出问题，利用观察、猜测、实验、计算、推理、验证、数据分析、直观想象等方法分析问题和解决问题。"[1]

概念教学中也同样如此，教师不能因为着急让学生获得相关概念而忽视了学生的主体地位，只看知识而忽视对学生能力和核心素养的培养。要充分利用学习情境培养学生的阅读习惯和阅读能力，让学生在观察学习情境中主动思考，提炼出有用的数学信息并提出数学问题。学生对数学信息和数学问题有了一个主动链接的过程才能更顺畅地深入思考。在解决问题的过程中，不仅要通过实际操作对比、交流、再次对比的过程体验和感悟平均分的概念，建立"平均分"的概念模型，还要在感知、建立、感悟概念的过程中重视对学生四基、四能、核心素养的培养。

（三）合理利用最近发展区，给予学生挑战性学习的机会

根据维果茨基的最近发展理论可知，教师在学生的最近发展区开展教学才能达到教学的最佳效果。挑战性学习就是在一系列具有挑战性的学科活动中，师生以现实问题为驱动，以学生的自主参与

和主动建构为方式，注重概念内化、技能运用及高阶思维发展的学习方式。

有时需要踮脚伸手才能碰到的果子比放在眼前的果子更诱人，在学习上也是一样的。有挑战性的学习任务能更有效地激发出学生的挑战学习的欲望，进而付出更多的努力去摘取"果实"。在引发深度学习的同时发展认知能力、解决问题的能力、创造能力、合作能力、培养核心素养，帮助学生经过自主探究从而获得成功的体验，增强自信心。

结合新的思考，我将可复习可不复习的内容删去，调整教学环节，按照情境导入引发思考、解决问题对比感悟、操作对比形成概念、解释应用内化模型这四个环节层层深入，变被动吸取为主动发现，让学生在有挑战的学习任务中自主探索、发现、感悟、建模。

调整后的教学设计如下：

1.教学目标

（1）在具体情境中，经历观察、操作、比较、分析、抽象、概括等过程，理解和掌握平均分的含义，建立平均分的概念。

（2）在具体情境与实践中初步形成平均分的表象，经历平均分的过程，培养动手操作和抽象概括能力。

（3）感受平均分和实际生活的联系，养成从数学角度观察现实世界的意识与习惯，用数学的思维思考现实世界，培养自主探索、合作交流的意识。

2.教学重难点

（1）教学重点：建立平均分的概念，理解和掌握平均分的含义。

（2）教学难点：理解与掌握平均分的含义。

3.教学过程

（1）情境导入，引发思考

①情境引入：出示主题图，寻找数学信息和数学问题（教师相机板书数学信息和数学问题）。（预设：数学信息：红红共买了8枝花，家里有2个花瓶；数学问题：把这8枝花插在2个花瓶里可以怎样插呢？）

②引导思考：你是怎样想的？请你用自己的话说一说这个问题。（预设：把8枝花插在2个花瓶里，就是要将这8枝花分成2份，可以怎么分）

【设计意图】通过创设有趣的情境激发学生的学习兴趣，再发现数学信息，提出数学问题的过程中培养发现信息、提出问题的能力。

（2）解决问题，对比感悟

①动手操作，解决问题：先用小棒代替花，自己试着分一分，再小组交流。

②全班分享：谁来和大家说说你是怎么分的？（学生交流过程中板书分法）（预设：8枝花插在2个花瓶里，可以一个花瓶插3枝，一个花瓶插5枝；8枝花插在2个花瓶里，可以一个花瓶插4枝，另一个花瓶也插4枝……）

③分类对比，初步感受：你能给这些分法分分类吗？（预设：自主尝试分类）

④组织交流。（预设：全班交流分类方法）

⑤精确分类，感受区别：如果只分成两类，可以怎么分呢？（预设：两个花瓶各插4枝的方法为一类，其他的为一类。因为，其他方法，两个花瓶分得的不一样多，而这种方法，两个花瓶分得的一样多，都是4枝）

【设计意图】通过动手操作，自主探究，激发学生探索问题、解决问题的兴趣，引发学生深度思考。在分类对比，思考交流的过程中感受任意分和平均分的区别，经历从一般到特殊的过程，感受平均分。

（3）操作对比，形成概念

①二次动手，深刻体会：要想每份分得同样多，8枝花可以怎么分？（预设：自主思考，动手操作并记录分法）

②组织交流（相机板书）。（预设：每份分得1枝，可以分成8份；每份分得2枝，可以分成4份……）

③对比思考：这几种分法有什么不同点和相同点？（相机板书每份分得同样多）（预设：不同点：分得的份数不同，每份数不同。相同点：都是分8枝花；每一种方法里的每份分得同样多）

④形成概念，引出课题：不管分成几份，只要每份分得同样多，就叫平均分（板书：平均分）。在我们的共同努力下，我们一起认识了平均分（板书课题：认识平均分）。

⑤齐读概念，再次感悟。

【设计意图】在二次动手操作的过程中发散思维，感受平均分。在对比思考相同点、不同点的过程中深入体会，感受平均分的本质特点，理解平均分并内化平均分的概念。

（4）解释应用，内化模型

①巩固练习：

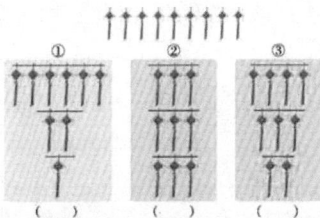

（上图出自北京出版社2013年教育部审定
义务教育教科书数学二年级上册第34页）

A.判断，下面哪幅图是平均分，在（ ）里画"√"。

（预设：第二幅图是平均分，因为只有这幅图每份分得同样多）

B.根据题目要求，自主完成练习

（1）巩固练习1：判断，下面哪幅图是平均分，请你在（ ）里画"√"。

（预设：第二幅图是平均分，因为只有这幅图每份分得同样多）

（2）巩固练习2：

1.小兔兄妹俩分食物，下面哪种分法表示的是平均分，在（ ）

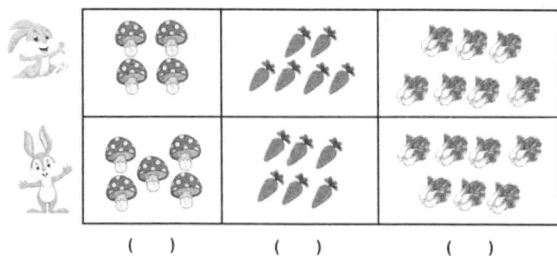

（ ）　　　　（ ）　　　　（ ）

里画"√"。

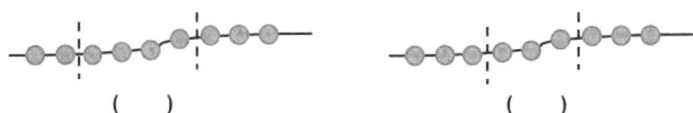

（ ）　　　　　　　（ ）

2.把9颗珠子分成3份，哪种分法是平均分？在（ ）里画"√"。

3.下面哪些是平均分？请你圈一圈、数一数，是平均分的请在

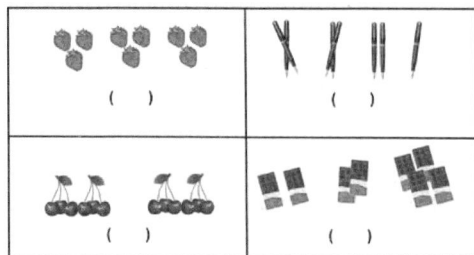

（ ）　　　　（ ）

（ ）　　　　（ ）

（　）里打"√"。

　　（预设：自主练习，全班交流）

　　②联系实际，解决疑问：两队进行拔河比赛，这样公平吗？为

什么？

　　（预设：不公平。因为左边有4人，而右边有6人，两边人数不一样，所以不公平）

　　③移多补少，提升思想，感受平均分的作用：怎样才公平？（预设：让右边的一个小朋友去到左边，这样两边都是5个人，就公平了……）

　　④联系生活，内化模型：你在生活中还见过哪些需要平均分的情况？（预设：分糖果、分水果、跳绳比赛……）

　　⑤回顾总结：今天你有哪些收获？（预设：我知道了什么是平均分；原来生活中有平均分和不平均分2种分法；每份分得同样多就是平均分……）

　　⑥教师总结：这么看来，生活中可真是处处有数学啊。今天我们通过两次动手操作、两次对比认识和理解了平均分，还想到了用移多补少的方法进行平均分，课下就请你再继续找一找生活中的平均分，并用一些物品进行平均分。

　　【设计意图】通过多次判断哪幅图是平均分，思考为什么是平均分来不断地内化含义，在做题、思考的过程中深化理解，内化模型。为后面学习除法的意义做铺垫。通过"拔河"的实际场景，感受平均分的作用和重要性。经历通过移多补少进行平均分的过程，

进行拓展提高，内化模型。思考生活中还有哪些需要平均分的情况，调动学生的思维，将数学知识与学生生活实际相联系，养成从数学角度观察现实世界的意识与习惯，会用数学的思维思考现实世界。

四、勤于总结反思，助力专业成长

随着教学经验的积累，在不断反思中，我逐渐意识到学生的主体地位不只是在课堂的40分钟内体现，而是在教育教学过程中的方方面面都应以学生为主体进行思考。在备课、教学的过程中不仅要考虑课堂的重难点、各个环节中的逻辑与衔接，更要思考学生在一节课中除了学会知识以外还要发展哪些数学素养，提升哪些数学思想。教师只有从学生的发展出发才能正视并处理好过程与结果的关系，促进学生核心素养的发展。

师生之间不只是主体和主导的关系，更是"共生"关系。教师以学生为中心研究教学，助力学生成长的同时不也正是自身成长的过程吗？我想这就是"教学相长"的魅力所在吧！

数学教学的目的不只是要让学生学会知识，更重要的是学生在探究学习过程中能力和素养的提升及实际获得。数学不仅是运算和推理的工具，还是表达和交流的语言。数学教育不是要培养知道概念、会运算的机器，而是要培养有知识、有能力、有思想、有态度的社会主义接班人。

因此，教学中必须处理好知识和育人的关系，发挥出数学课程培根铸魂、启智增慧的作用，以核心素养为导向进行教学设计。调动学生在主动学习的过程中用眼睛去观察与发现，用双手和大脑去主动探究。引导学生在真情境中发现真问题，在真问题中进行真研究，在真研究中领会真知识，发展真能力，做到以生为本，在观、做、思、说中落实概念教学、培养核心素养。

（图片均为北京出版社2013年教育部审定义务教育教科书数学二年级上册第34页）

以学生为主体，让其有真正的实际获得
——"倍的实际问题"教学实践与思考

（北京市大兴区庞各庄镇第一中心小学　张蕊）

导读：从教以来，有幸加入我校数学团队并受到姜老师的悉心指导，我在如何以学生为主体，最大限度调动学生学习的积极性、主动性上有了更深入思考。本文以此出发，探讨在课堂中如何让学生有真正的实际获得，以起到抛砖引玉的作用。

北京版数学二年级上册"倍的实际问题"这一内容的反思与再实践，我对让学生有更多的实际获得有了更深刻的感悟。倍是"比率"相关概念中小学生最早学习的，是学生后续学习分数、百分数、比等概念的基础。倍的学习需要学生经历认知结构的转变，即从加法结构到乘法结构，而认知结构的转变是学生学习的最大困难。如何在教学中切实提高学生的数学课堂效率，我进行了如下思考：在具体的教学情境中，如何促进学生逐步抽象领悟"倍"的本质？如何处理好知识之间的联系？如何把握数学课堂的本质，提高学生的数学课堂效率？针对这些问题，我对这节课进行了如下思考和再实践。

一、改变目标定位，建立结构化知识

在不同领域和不同内容的教学中，教师在关注具体的知识技能的同时，更应当关注这些知识技能中所蕴含的核心素养，需要的核心素养，以及可以培养的核心素养。良好的数学教育不仅要让学生理解和运用相关的数学概念，掌握相应的数学方法，还应当使学生感悟数学的基本思想，积累数学基本活动经验。比如，应当使学生具有一定的数感、符号意识、抽象能力、推理能力和空间观念，具有一定的数据分析观念和模型思想等。

学生在学习"倍"时，都要经历从加法结构到乘法结构再到除法结构的转变，认知结构发生变化是学生学习的难点。因此，本节课的教学目标定位为：引导学生在解决问题的过程中借助画示意图建立把"求一个数是另一个数的几倍"转化为"求一个数里面有几个另一个数"的数学模型，通过新旧知识的转化、操作过程中的物数转化、数形转化，以及语言表征、图形表征、算式表征等多种表征之间的转化，呈现"倍"的概念本质特征，抽象概括出基本的数量关系，从而有效地帮助学生建立"倍"的概念。

对于以上教学思考，我重新进行新授知识教学环节设计，帮助学生感悟"倍"的本质。在导入环节中进行了如下设计：

（北京出版社 2013 年教育部审定
义务教育教科书数学二年级上册第 74 页）

环节一：出示情境图，提出问题。

师：果园里桃子成熟了，大猴和小猴一起去摘桃子。仔细观察，你能发现什么数学信息？

（学生提取数学信息：大猴摘了10个桃子，小猴摘了5个桃子。）

师：你们能根据知道的信息，提出一个数学问题吗？

（学生提出问题：大猴摘桃子的个数是小猴的多少倍？）

师：今天我们就来研究有关倍的问题——大猴摘桃子的个数是小猴的多少倍？

在课堂教学中，既要深入细节，又需要注重整体结构。通过创设情境，关注学生的问题意识，引导学生设计具有针对性、导向性的问题，把"倍"的概念置于整体的知识体系中，学生根据已有生活经验和知识基础，提出"倍"的问题，促进课堂生成。

二、借助直观活动，让学生建立思维联结

学生的认知结构是通过直观感受—动手操作—分析思考三个阶段建立的，最后形成高阶思维升华，产生自己的认知结构，并形成具有个性化的方法论。

环节二：建立"几个几"和"倍"的联结。

师：要求"大猴摘桃子的个数是小猴的多少倍"怎样解答？你们能用画图的方式表示大猴摘桃子的个数和小猴之间的关系吗？（出示要求）

1. 先自己想一想、画一画、算一算。

2. 再和同桌互相说一说是怎样解答的。

师（重点引导学生交流两个问题）：你们是用什么来表示桃子数量的？怎样用图表示出大猴摘桃子的个数和小猴摘桃子的个数之间的关系？

方法一：用符号代替实物表示大猴子与小猴子摘桃子个数之间

小猴　⊙⊙⊙⊙⊙ 5个

大猴　⊙⊙⊙⊙⊙　⊙⊙⊙⊙⊙ 10个

　　　　　10里面有2个5

10÷5=2

的关系。

重点交流：说明图意，讲清解决问题的方法，与"乘法意义"建立联系，求10里面有几个5。

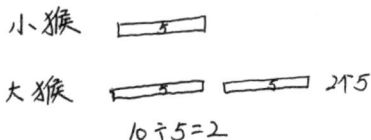

方法二：借助直条图分析问题。

重点交流：说明图意。大猴摘了10个桃子，小猴摘了5个桃子，用一个直条表示小猴摘了5个桃子，两个直条表示大猴摘了10个桃子，求大猴摘桃子的个数是小猴的多少倍，就是求10里面有几个5，可以用除法计算，$10 \div 5 = 2$，大猴摘桃子的个数是小猴的2倍。

师：我们通过不同的方法明白了要求"大猴摘桃子的个数是小猴的几倍，就是看10里面有几个5"。可以用除法计算，$10 \div 5 = 2$，大猴摘桃子的个数是小猴的2倍。

本环节引导学生通过画图来感知和分析数量关系，从而理解要求大猴摘桃子的个数是小猴的几倍，就是看10里面有几个5，并引导学生用完整的数学语言表达分析解决问题的全过程，提高学生在数学课堂的语言表达能力。

环节三：回顾总结解题过程。

师：为什么都能用除法计算？

师（小结）：要求大猴摘桃子的个数是小猴的几倍，就是看10里面有几个5用除法计算。

师："倍"表示两个数量之间的关系，不是单位名称，所以不需要写"倍"字。

在倍的概念的建立过程中，应注重将比较的事物的数量关系直观化，使学生经历"图文情境—图示化—模型化（算式）"的解题过程，让学生通过多元表征，在讨论环节直观形象地展示出两个数量之间的倍比关系，让学生多角度理解"求一个数是另一个数的几倍"就是"求一个数里有几个另一个数"的含义，初步构建求倍数问题时用除法计算的数学模型，帮助学生理解基本数量关系的同时，感受直观的作用，培养学生借助直观去思考的意识和能力，把解题经验上升为数学方法。

三、借助辨析活动，拓展学生思维宽度

"倍"是个抽象的概念，表明了两类事物在量的比较中的一种关系，是没有实物性的，学生理解起来比较困难。在概念教学中可以将学生的已有知识和经验作为认知发展的起点，给学生有效地提供结构性的学习材料。通过对比练习以拓展见多识广的宽度，学生的思维向三维空间发展，从而让思维变得立体，以便发展和培养学生的数学高阶思维，增加课堂实效性。

环节四：对比分析，加深理解"倍"。

师：现在大猴子摘了12个桃子，小猴摘了6个桃子，大猴摘桃子的个数是小猴的多少倍？

（学生画图列式；展示交流）

师：这两道题，大猴子和小猴摘桃子的数量都不一样，为什么大猴摘桃子的个数都是小猴的2倍呢？

学生交流后教师小结：虽然大猴和小猴摘桃子的数量改变了，但都是要求大猴摘桃子的个数是小猴的几倍，就是看10里面有几个5，12里面有几个6，用除法计算，所以都是2倍。

学生通过对比分析加深学生对语言表征、图形表征、算式表征等多种表征之间转化的体会，建立把"求一个数是另一个数的几倍"转化为"求一个数里面有几个另一个数"的数学模型。

四、实践反思，构建高效课堂

"倍"是一个比较抽象的概念，学生建立和理解"倍"的概念，是一个反复、持续的过程。对"倍的认识"需要引导学生在分析中建立"倍"的概念、加深"倍"的认识、发展学生的数学思维。以学生为课堂主体，给学生提供广阔的思维空间，让学生在直观、比较、分析中感悟"倍"的本质，从而培养学生的数学高阶思维，构建高效课堂。

对新的数学课程标准的学习和不断实践，我感悟到在教学中要注重学生核心素养的培养，设计以学生为主体的教学环节，拓展学生的思维能力，提高课堂教学效率。总而言之，以学生为主体构建高效小学数学课堂，可以从开展生动的情境教学、优化数学课堂教学内容、积极组织学生合作探究交流、重视课堂教学生成等方面促进学生全面性发展，突出学生在教学活动中的主体地位，让学生有更多的实际获得。

参考文献

[1] 陈学俊. 以学生为主体，打造高效小学数学课堂 [J/OL]. 学周刊，2018 (30): 113-114.

[2] 蒋云飞. 以"学生学"为主体的小学数学课堂教学 [J]. 数学学习与研究，2018 (19): 110.

[3] 马云鹏. 小学数学核心素养的内涵与价值 [J]. 小学数学教育，2015 (5).

注重课堂教学实践，助力学生能力发展
——"认识长方形和正方形"的课堂实践与思考
（北京市大兴区庞各庄镇第二中心小学 高晗）

导读：作为一名新教师，课堂实践是助力成长的重要阵地。教学实践就是一个与教材、专家、学生和板书对话的过程。在这个过程中，通过"教数学、想数学、学数学"，实现老师的专业成长和学生数学思维能力的持续发展。

"操千曲而后晓声，观千剑而后识器。"用这句话来形容教师的教学实践是相当贴切的。作为初上讲台的新教师不仅要"观千剑"——观摩优秀的课例，而且还要"操千曲"——自己深入讲台，在课堂上磨炼自己的技能，在实践中成长，在试错中进步，在与学生的交流中实现共同成长，特别是通过"教数学、想数学、学数学"，不断在专业成长的道路上取得更大的进步。

一、与教材对话，话出思考

读懂教材是教师一项重要的基本功，授课前深挖教材，读懂课标，对学生能力培养有着至关重要的作用。

"图形与几何"是义务教育阶段数学课程四大内容领域之一，其核心目标在于发展直观想象素养，培养初步的推理能力，进一步提升数学抽象素养，而运算能力、数学建模是"图形与几何"领域教学的"副产品"。这部分的学习包括"空间观念"和"几何直观"这样两个重要的核心概念。小学阶段的几何学习，主要分为三个阶段：直观感知、操作确认——初步建立和培养空间观念，认识现实生活中的物体，感悟三维空间；几何抽象——培养空间观念、建立几何直观，发展"四能"，从三维空间的图形中把点、线、面等基本概念抽象出来；度量计算、渗透推理——培养直观想象素养与初步的数学推理能力，发展运算能力，基于度量重新认识空间。

义务教育教科书北京版的数学教材根据学生的认知发展，基于数学与现实世界的联系，采取了由体到面，再到线的做法。"认识长方形和正方形"是北京版小学三年级上册第66页到第67页的内容，这部分的内容是关于图形的认识，也就是面的特征和性质。学生在一年级"图形的分类"中初步接触了"体"，在本单元中也初步认识了角和边，本课的学习为接下来的测量和计算做铺垫，因此有着至关重要的作用。因此在设计"认识长方形和正方形"这一课时，依据以上的数学思想和逻辑起点，从边和角的视角，让学生经历"观察—猜想—验证—结论—应用"这一学习过程，发展学生的观察、推理、想象、概括等思维能力，进一步发展学生的空间观念。基于此，我设计本节课的教学目标为：

（1）通过数一数、折一折、量一量，认识并初步掌握长方形、正方形的特征；

（2）经历观察、测量、对折等活动，自主探索验证长方形、正方形的特征，发展动手操作能力，发展空间观念；

（3）积累数学活动经验，激发主动探索的兴趣。

根据教学目标，设计了如下的教学环节：

活动一：观察长、正方形，猜想它们的特征。

活动二：小组合作，动手操作，验证猜想；展示交流，归纳总结长、正方行边、角的特征。

活动三：对比异同，发现二者关系。

活动四：回顾反思，总结方法与收获。

即使在经过清晰的逻辑思考准备下，在课堂教学中还是出现了"小插曲"，这些小插曲促使我对本节课展开了更深入的思考。

二、与专家对话，话出本质

与特级教师姜丽民老师深入交流，让我对数学本质有了更深刻的思考，课堂实践是检验教学设计的阵地。回顾整个教学过程，我们的确让学生经历了"观察—猜想—验证—结论—应用"这一学习过程，并且也给了学生足够大的空间和时间让学生想办法进行验证。但是，当学生的回答没有达到教师满意或者预设时，教师需要调整自己的问题，让问题聚焦。教学片段如下：

师：同学们，高老师今天给大家带来了两个老朋友，这是什么图形？

生齐说：这个粉色的是长方形，这个黄色的是正方形。

师：咱们教室有没有长方形和正方形？请你找一找。

预设：

生1：黑板、墙壁、数学书的封皮、课桌的表面是长方形的。

生2：地砖、电源开关、书包柜子的表面是正方形的。

生成：

生1：空调是长方形的，讲台是长方形的。

生2：地砖是正方形的，电闸盒是正方形的。

课堂在开始就出现了意想不到的插曲。教室里面有长方形和正方形吗？空调、讲台是长方形的吗？地砖、电闸盒是正方形的吗？教师要的和学生回答的为什么出现了偏差？接下来我在和特级教师姜丽民老师的对话中找到了答案。以下是对话内容：

我：在导入环节出现问题，真是太意外了。学生回答的不是我想要的，耽误时间。

姜：咱们教室有没有长方形和正方形？

我：有啊。

姜：你说说在哪里呢？

我：桌面、地面、天花板的面……太多了。

姜：你说的是面。学生说的是体。面在体上，面来自体。那你应该怎么问？

我：教室中哪些物体的面是长方形的？哪些物体的面是正方形的？

在姜老师的追问中，我恍然大悟：数学课堂上的师生对话不是日常生活中的数学问答，是数学化的课堂，需要由较为含糊的日常语言过渡到精确性的数学语言。同时，教师的提问要聚焦，教学的过程也是我们对自身的不断重塑，特别是由日常思维逐步转向数学思维，只有从数学化的角度进行分析，才能真正引导学生学会数学的思维。

课后，我再次询问了学生这个问题，让他们解释了自己课堂上的回答，一部分学生说的确实是面，一部分学生是用手摸一摸告诉我他们的答案，摸的也是物体的面。学生在一年级已经有了"体"的认识，建立了"体"的强烈认知，"体"到"面"是学生已有知识和经验的重建，将新的学习内容整合到主体已有的认知过程，对已有的认知进行重组以适应新的学习活动。在"图形与几何"领域的学习中，更重要的另一点是建立知识的前后联系，把"体"和"面"联系在一起，体面地学习数学，只有这样才能在教学中真正做到"心中有数"，让自己的数学课堂"由粗糙到精确"。

三、与学生对话，话出能力

经过姜老师的指导后我有了自己的思考，通过与学生对话读懂了学生，明确了教学设计要与学生已有知识经验对接，培养学生自主探究、合作交流的意识，积累学生活动经验，提升学生数学素养。

在探索"长方形和正方形特征"环节，我们设计了"观察—猜想—验证—结论"，我先让学生边动手操作边独立思考，并要完成学习单的填写，有困难可以与同学合作，完成后可以在小组内交流。在猜想的环节，学生的想法十分丰富，都是从"边"和"角"的视角进行的，这是在前面"角的初步认识"中积累到的经验，但是呈现在学习单上的却是另一番景象：

验证方法	直尺、三角尺	
你的发现	长方形	上边和下边都是7.8cm， 左边和右边都是5cm； 四个角都是直角。
	正方形	四条边一样长，都是5cm； 四个角都是直角。

（学生作品1）

验证方法		
你的发现	长方形	上边下边一样长； 左边右边一样长， 都是直角。
	正方形	四条边一样长， 四个角都是直角。

（学生作品2）

从上图中我们可以看到，学生的验证方法有很多：量一量、折一折、比一比。这些方法都可以验证边和角的特征。可是为什么他们的方法却写不出来？或者说他们的方法写的都是工具：三角尺、直尺或者是空白的。现在的数学课堂提倡解决问题方法的多元化，"动手操作"的主要目的是让学生理解和把握各个研究对象间的数量关系，在这个过程中应更加重视学生思维的深化，重视促使学生进行积极的思考，从而实现由"动手"向"动脑"的必要转变。操作仅仅培养了学生的直观能力，还要让学生明白其中的道理，需要学生的表达，在表达与交流过程中培养学生的思考力。这就是学生操作、表达、思维的结合，以说促思，以做促思，抽象出长方形和正方形的特征。

　　在学生汇报的环节，充分实现师生、生生互动，实现"数学地交流与互动"，这也是我们期望的新教师的课堂。教学片段如下：

　　师：我们先来研究长方形。说一说你们是怎么想的？

　　（1）边的特征

　　生1：我们组用量一量的方法进行验证的，长方形上下两条边相等，都是7.8厘米；左右两条边相等，都是5厘米。

　　（2）角的特征

　　生1：三角尺比一比，长方形的四个角和三角尺的直角都完全重合了，说明它们都是直角。

　　（接上边）我们组的看法说完了，大家有要补充的吗？

　　师：你说得真好，表达得真完整。经过同学们自己猜想验证，你们发现长方形有什么特征？

　　生得出结论：长方形的对边相等，四个角都是直角。

　　师：接下来我们研究正方形，除了测量，还有没有其他方法呢？你们组来说一说。

　　（1）边的特征

　　生2：一、二、三，大家请看我们。我们组是用折一折的方法进行验证的，长方形上下对折，这两条边完全重合；左右对折，这两条边也完全重合，说明长方形的对边相等；正方形的边上下对折，再对折，四条边完全重合，说明正方形四条边相等。

　　（2）角的特征

　　生2：我先折后再比，长方形和正方形的四个角分别重合在一起，再用三角尺比一下，就是直角。

　　师：你的方法真方便，是个爱动脑筋的学生。同意他的说法吗？

　　最后得出结论：正方形的四边相等，四个角都是直角。

师：为了便于把长方形的两组对边区分开来，通常我们把长方形长边的长叫作长，短边的长叫作宽。正方形每条边的长叫作边长。

在验证的环节，我们为学生准备了大小不同的长、正方形，这就要求学生必须认真听别人的发言，当发现和大家不一样时，要及时做出自己的反馈，在倾听中提出疑问，做出判断，对比验证，得出结论。本节课我的收获是数学教学中的"合作学习"必须依靠主体的独立思考，基础的充分交流，必要的论证、审视与批判、改进与综合等。同时，真正的数学交流，还要从教师做起，教师是课堂交流的主导者，交流要达到一定的维度与深度，达到自然流淌的境界，离不开教师的引导，因此有人把数学交流称为"流淌在课堂教学中的曼妙交响曲"。

四、与板书设计对话，话出精华

板书是无声的数学语言，是一节数学课的灵魂所在，是教师教学智慧的结晶。好的板书设计能直观地显现教学内容的脉络，精确地突出教学重点，有助于培养学生思维的连贯性，有利于学生概括能力的提高，精心设计的板书，能使学生赏心悦目，兴趣盎然，活化知识，加深理解，加深记忆。姜老师经常强调："板书设计要体现新旧知识的联系，同时还要符合儿童的认知发展水平。"在姜老师的指导下，我们的板书也进行了位置的更改：

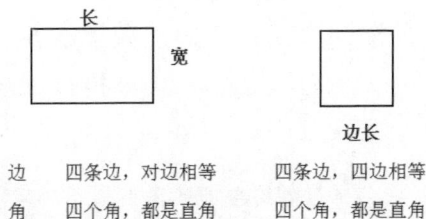

认识长方形和正方形

边	四条边，对边相等	四条边，四边相等
角	四个角，都是直角	四个角，都是直角

（调整前的板书）

由横向调整为纵横双向的板书，打破了知识间的隔阂，建立了前后知识间的联系，突出了长、正方形的特征，强化了这二者之间的异同和关系，由直观到抽象，实现了知识间的流动与向前延伸。

认识长方形和正方形

（调整后的板书）

台湾著名作家林清玄先生在谈论个人修养或者自我完善时说道："要通过生命不断转弯，发现多元的样貌，而不要生活在一元的状态下，今天比昨天慈悲，今天比昨天智慧，今天比昨天快乐，这就是成功。"以此对照，我们的数学课堂应当通过数学让学生一天比一天智慧，一天比一天聪明。简言之，应当努力促进学生思维的发展与理性精神的养成，特别是学会深刻地思考。在今后的教学中，我将继续关注课堂实践，深研教材教法，与学生的思维共舞，助力学生综合能力提升。

关注课堂实效，提升数学素养

（北京市大兴区庞各庄镇第二中心小学　王雅楠）

导读：作为一线教师应始终遵循减量不减质、减负不减效的原则，不断优化我们的课堂教学。预习是前提，精讲是关键，练习是辅助。更要关注学生的长远发展，促进其可持续学习力的提升。

"双减"政策出台旨在减轻学生过重的课业负担，这是学生、家长和社会普遍关注的热点问题。目前，更新教育理念，进行教育教学改革，减轻学生课业负担，提高教学效率成为一线教师面临的重要挑战！作为一线教师，我在教学实践中做了以下三点，力图实现课堂教学中的减负增效。

一、有备无患，前置设计

我非常热爱数学，这就要追溯到高中时期我的数学教师。那是一个外貌、身材并不是很标致的女教师，可我们全班同学都非常尊敬和喜爱她，甚至因为她我们全部爱上了数学课，因为每一次她的课都让我们感觉是在看一场振奋人心的演出，她的课总是那么慷慨激昂，即使在炎炎夏日，汗水挂满了她的脸庞，湿透了她的衣衫，也不曾在她脸上看出懈怠。这样的教师，这样的课堂无形之中就感染了学生，一个午自习甚至一个课间都能听到我们研讨数学的声音。而这样的影响一直持续至今，我也把对数学的热情和热爱传递给我的学生。

到底该怎样让学生"在享受中获取，在获取中享受"？又回到"备课"这个老生常谈的话题了。面对新知识，我会先自己思考这节课的重点、难点是什么；对教材有自己的认识和见解，明确要求学生掌握哪些知识；用什么学习方法掌握；独立解决或是合作解决抑或是我的讲解和帮助；学生会遇到什么样的困难，如何突破。然后，才是认真研读教参修正自己的备课思路。最后参考一些优秀的教案，取长补短，完善自己的备课。最终落实到课堂上，内容才不会冗长乏味，学生也学得高兴。

依据备课时要思考的这些问题可以给学生设置课前任务，比如，预习任务单，使学生对将要学的内容于课前进行初步自学，产生基本认识，并遗留问题。上课时学生带着问题进入课堂，会产生解决问题的迫切心情，从"要我学"转变为"我要学"。学生的学习心境变了，专注度也就更强，学生才能真正回归课堂。但这里提到的预习不是让学生没有目的、没有约束地自己去看书，而是教师要加强对学生课前预习的指导，对每次预习要提出任务与要求，也就是让学生明白在课前需要做什么、怎样做。

二、构建"攻略"，躬身实践

数学是和现实生活联系最紧密的学科之一，许多生产、生活实际都应用到了数学知识。作为教师要善于观察并挖掘生活中的素材，使学生发现数学就在身边，感受数学应用的普遍性。

（一）真实情境，合作探究

《义务教育数学课程标准（2022年版）》指出："数学教学应遵循学生学习数学的心理规律，强调从学生已有的生活经验出发，让学生用亲身经历将实际问题抽象成数学模型，并进行解释与应用的过程。"因此，在数学教学中，应从学生熟悉的生活情境出发，加深对所学数学知识的认识和理解，从而积极有趣地投入学习中。

荷兰著名数学家和教育家弗赖登塔尔教授说过，要从学生的生活环境中发现并创造数学，即强调从学生熟悉的生活环境和生活经验出发进行教学。教学新知识时，学生的生活环境和已经积累的生活经验可以成为构建新知识的事实材料，这种事实材料直接影响着学生对新知识的理解和掌握。

在教学六年级"黄金比"时，我先展示了一段杨丽萍跳的孔雀舞的视频，看完后给学生提出了几个问题：舞跳得怎样？杨丽萍长得怎样？舞美效果怎样？同学们几乎异口同声地回答："美！"然后我又提问："想知道为什么美吗？"于是我出示了几个数据：杨丽萍身材各部分的数据，舞台中心与舞台背景及与观众之间距离的数据，让同学们计算它们的比值，发现有什么结果。同学们的好奇心被激发起来，我趁势引入了"黄金分割"这个概念，带领学生一起领略了"黄金分割"的美。这节课在多媒体创设的美的境界中使学生享受了数学之美，真正达到了"我要学"的目的。

再如，教学二年级"平移与旋转"一课时，学生争先恐后地在说生活中有哪些现象是平移，"观光电梯的上下运动、景区缆车的运行、办公桌的抽屉"，等等。有一位学生提到了游乐园的过山车，瞬间全班同学陷入了思考中。我认为这是一个非常好的例子，可借机引入旋转的概念。"谁坐过过山车呢？谁来说说那是一种什么样的体验？"一提到过山车，学生更加活跃了，纷纷手舞足蹈、声情并茂地阐述自己在游乐园的经历。我指名一位同学说自己的想法："过山车有上有下，还会在空中转来转去，可刺激了！"同学们都表示同意他的叙述。我说："那你们认为过山车的运动方式是平移吗？"这时，同学们立刻就明白了过山车的运动方式不仅仅是平移，还有旋转。于是，我顺理成章地引入了旋转的概念，且强化了学生对平移和旋转的区别。

（二）愤启悱发，深化理解

"授人以鱼，不如授人以渔。"小学数学是一门系统性很强的学科，每个新知识往往是旧知识的延伸和拓展，同时又是后续知识的基础。知识的链条环环相扣，纵横交错，形成知识网络。教学时以原有知识为生长点，从学生已有的知识和经验出发，学生更能认识知识之间的联系，才能深刻理解，自主地进行知识的迁移。

比如，教学六年级"圆的面积"，在我的启发下，学生将圆形纸片分割后拼成了近似的平行四边形，由此联想，若将圆形纸片继续分割，分的份数越多，拼成的图形越接近长方形，并由长方形的面积公式推导出圆的面积公式。有了这部分学习的经验，学生在学习"圆柱的体积"时就能顺利地进行知识的迁移，由学过的长方体的体积公式推导出圆柱的体积公式，将新知识转化为旧知识，教师也能轻松地突破这节课的重难点教学。

教学二年级"6~9的乘法口诀"时，可以借助格子图帮助学生建立新旧口诀之间的联系。比如学生在探究6的乘法口诀时，我在教学中分层呈现方格图，先出示每行有5个格子的情境图，有几行说明就有几个5。进而再迁移到每一行的格子数量都是6个，在对比中引导学生发现1个6比1个5大1，2个6比2个5大2……在感悟口诀联系的基础上，探究得到6的乘法口诀，将乘法算式与乘法口诀之间建立起联系。有此学习经验，学生在学习8和9的乘法口诀时，就能自主地借助格子图发现规律。

（三）综合实践，巧思运用

马克思曾说过："一门学科只有成功地应用了数学时，才真正达到了完善的地步。"新课改也强调应用意识和实践能力的培养。因为理解知识、掌握知识的最终目的在于实际应用，即运用数学方法分析和解决实际问题。所以培养学生的应用意识和实践能力就一定要学生参与含有数学问题的实际活动，在探索解决问题的过程中应用数学。

教学五年级"剪纸中的数学问题"时，以激发兴趣的方式向学生抛出问题："你们喜欢剪纸吗？今天小明在做剪纸游戏时遇到了一件有意思的事情，你们想知道吗？"简单而直接地将学生的情绪充分调动起来。出示没有问题的例题并问学生："你发现了什么？"亚里士多德说过："思维永远是由问题开始的。"学生能提出很多不同的问题，但可以概括为两大类，分别是"剪下的部分占整张纸的几分之几""剩余的部分占整张纸的几分之几"。

原本我设定的问题是第一个，可是却不能生硬地直接给出。我想到了让学生自己选择去解决哪一个问题，同时促进了学生思考，不难发现，想解决第二个问题也是建立在第一个问题基础之上的，这样完整的一道题便顺理成章地呈现出来。"你们想怎么解决这个问题呢？"根据学生以往的学习经验，通分是他们第一选择，他们又快又准地得出了答案。"剪去6次呢？7次呢？100次呢？你去计算吧！"学生有的抓耳挠腮，有的直接放下了笔。"那怎么办？"学生会发现这组分数连加可能是存在规律的。于是，学生利用我发给他们的学具（一张正方形纸片、一张学习单）用自己喜欢的方法探索其中的规律，并进行交流。一部分学生会借助图形，进行大胆猜想；另一部分会直接计算推理。我分别找两名同学上讲台展示自己的方法，并鼓励其他同学有不懂的地方及时跟台上的同学沟通，促进生生交流。若学生并没有问题交流，此时我会进行一系列的追问，目的是在追问的过程中，使学生真正理解规律的意义及"化繁为简"地解决问题的策略。这个环节也是本节课的核心之处。

三、"玩转"数学，创新作业

"双减"之下，题海战术已然是过去时了。在有限的时间加强学生对知识的综合运用，就需要我们教师对习题的设置花一番心思。依照学生的水平分层留作业固然是一种好办法，但讲解并不是我全权包办。我会把题按难度分类由学生讲解，较易题由后进生负责，主要是让他们巩固一下所学公式。中等易错题我会找本班成绩上下浮动，马虎不认真分析的学生来讲解，加深强化他们对这些题的认识，防止下次再出现类似的错误。难度题我会找学习成绩优异的学生来分享他们的解题方法。在学生讲不明白或需要重点强调的地方我会介入指导。这样的训练不仅能够加强口语表达能力，还能够关注他们的思维情况，有问题做到及时调整。对于典型习题，我们可以只针对一道题进行由简到难的延伸和拓展，做进一步的研究，这样可以激发学生探究的兴趣，还有利于开阔数学的眼界，促进知识的综合运用，有助于学生形成知识的网络，提升数学素养。

针对后进生，一节课的时间并不能满足他们的需求，于是我促成了"一帮一"活动，一个小师父认领一个小徒弟，利用答疑辅导等碎片化的时间进行查漏补缺，效果良好。不管是每天的作业或是小练习，我都主张学生利用好自己的错题本进行错题积累和分析，这也是巩固知识的一项有效举措。

比如，二年级学生在学习了乘法口诀后，可以让他们以小组为单位，组织设计一张乘法口诀手抄报。内容不限，目的是让学生充分发散思维，可以是口诀书写、口诀记忆法、口诀的推理等，总之，在设计绘画的过程中，学生会自发地回忆本章学习内容，做到梳理与内化，效果可能比一节传统的数学复习课还要好。

再有，可以将课上的数学知识与生活有机地结合起来，将课堂上的知识采用多种形式拓展到课外，为学生创设无限的应用空间。

在学习完维纳斯断臂女神像的黄金比后，回到家根据妈妈的身高比例，给她设计一下穿多高的鞋子会有最佳视觉效果，这是"小造型师"的作业。

学了统计知识后，让学生课后调查自己家里每个月水电费的支出情况，计算一下本月比上月节省了百分之几还是增加了百分之几，让学生当个"小调查员"。

综上所述，预习是前提，精讲是关键，练习是辅助。作为教师，应始终遵循"减量不减质，减负不减效"的原则，不断优化我们的课堂教学，完善作业设计；更要关注学生的长远发展，促进其可持续学习力的提升，只有这样，我们的学生才能够成长为适应社会发展的人才！

敢实践　真探究　善思考　勇提升

——浅谈"双减"背景下如何提高课堂效率

（北京小学大兴分校亦庄学校　郭金）

导读："双减"背景下如何提高课堂效率？如何让学生拥有真实的实践体验？如何让学生带着合理有效的方法深入地进行探索研究？如何让学生养成乐于提问、善于思考的习惯和意识？本文将通过具体的教学案例及实践效果，与大家共同探索高效的教学方法，促进学生课堂效率的提高，以及数学能力的全面发展。

"双减"背景下如何提高课堂效率？如何抓真知和促灼见呢？我想，敢于放手，让学生拥有真实的实践体验；抓真问题，让学生带着合理有效的方法深入地进行探索研究；适时退后，培养、促进学生乐于提问、善于思考的习惯和意识。只要将这些扎实地落实到每一节课的课堂教学中，那么，帮助学生勇敢发掘自我能力、清晰表达自我认知、深切感受自我成长，最终达到实现自我价值、逐步提升自我能力的目标一定能有效实现！

具体如何在数学课堂教学中去操作和落实以上这些目标呢？

一、"真实情境的真问题"——让学生在数学课堂中，感受数学研究的生活意义和应用价值

学生要想在课堂中有高效的收获和深入的思考，研究内容的选择至关重要！因此，我们要筛选"真实情境的真问题"，才能让学生在数学课堂中，体验到数学研究的生活意义和实际的应用价值。

数学学习和探究的需要来源于生活实际的需要，它应当是现实的、有意义的、富有挑战性的。创设与学生的生活环境和知识背景密切相关的，又是学生感兴趣的学习情境，有利于让学生积极主动地投入数学活动中。教育家卢梭也认为，教师的职责在于引导学生直接从外界事物和周围事物环境中进行学习，同学生的生活实际相结合，从而使他们获得有用的知识。由此可见，"真实情境的真问题"是数学研究和学习的重要核心！因此，每节数学课堂的研究内容，我们都需要对教材进行深入性的研究、解读后，结合生活实际，提炼真实情境中的"真问题"，组织学生进行深入研究和探索，让数学学习更加具备研究的价值和浓浓的"生活味道"。

比如在教学"小纸杯大学问"时，"小小纸杯"的课堂引入强烈唤起了孩子们的亲近感。这一生活中应用十分广泛而又十分熟识的生活必需品出现在课堂上，对它的研究让学生感受到既"生活化"，又有"数学味"。而"如何求纸杯的表面积呢"一石激起千层浪！对于生活中熟识却好似又陌生的认知范围，强烈激发了孩子们探究的欲望！探究、实践、解决问题，都变成了学生的自主表达和需求！这样的"真问题""真研究"，才是课堂所需。

又如，五年级上册，在复习"解决问题"时，为庆祝2022年奥运会胜利召开，我们年级想组织"奥运画卷送祝福"活动。每班在门口宣传栏绘制一幅奥运画卷："如何购买相应大小的画卷呢？"激动人心的奥运场面，激发了孩子们爱国的热情和表心意的愿望！而策划"年级购买画卷"这一主题活动，让孩子们满心欢喜，智慧满满！

再比如，在学习"百分数的认识"这部分知识时，通过"比一比谁的射击水平高"来选拔奥运会比赛选手，这一特定情境，激发学生马上自主进行讨论和探究，实践多种方法辅助自己做出判断，从而实现：根据已有固定数据体会"百分数产生的必要性和实际应用价值"；同时，亲身感受"百分数的产生过程"。在实践、思考和讨论中，对百分数逐层积累了更深层次的认知。

这些都充分体现了陶行知先生生活教育理论表达的："在生活里找教育，为生活而教育。"激发学生学习的欲望和收获，从"真情境中的真问题"开始！

二、"敢实践中的大空间"——让学生在实践和表达自我中，实现智慧碰撞而精彩纷呈

敢于实践、乐于探索并深入碰撞与交流是学生学习数学的重要探究方式！苏霍姆林斯基说过："在人的心灵深处都有一种根深蒂固的需要，就是希望感到自己是一个发现者、研究者、探索者，而在儿童的精神世界中，这种需要特别强烈。"当然，这需要教师的精心设计、方法铺垫和抓准时机的引导与启发。

比如，在学习"平行四边形面积"一课时，我给出了平行四边形的底、高和斜边，直接让学生大胆猜一猜"平行四边形的面积是多大""如何计算"。学生从长正方形的面积公式中迁移，想到了底 × 斜边，也有学生用底 × 高。这些都为学生解决关键性问题——把平行四边形转化为长方形奠定了数学思想方法的基础。这时，我及时引导："到底如何计算平行四边形面积呢？"同学们这时已经思绪万千，跃跃欲试了。

这时，我及时提供出测量工具：方格纸，让同学自由探索，猜测、实践、推理、验证。有了之前的面积经验，学生有用数格子的方法进行测量的；也有通过剪一剪、拼一拼的方法，将平行四边形转化成长方形进行计算的。还有学生研究中发现了新的问题：认为"4.2"这个数字不适合出现在计算中，并猜测是不是底 × 高计算平行四边形？从猜测到验证，我都耐住性子，等待学生自己解答。同时适时提问：为什么沿"高"剪下来？为什么要变成长方形？学生在思考和探索中逐步体会到"平行四边形转化成长方形"在解决面积问题方面的优势，把未知转化成了已知，通过自己的逐步探索和智慧碰撞、交流，积累经验，学习方法，提升认知，获取知识。

再如，在解决"如何求纸杯的表面积"这个问题时，辽宁的张洋老师就处理得特别有智慧。他充分给予学生探索空间，不禁锢思维，鼓励学生大胆猜想、实践。学生充分开动脑筋，大胆实践探索，其最终的思维表达大放异彩！有的同学运用已有研究图形的方法——转化思想，将部分扇环通过割补法转化为梯形求解；有的同学在转化思想的基础上，将立体图形和平面图形结合起来解决问题；还有的同学打破原有形状，割成若干三角形再拼接成近似长方形，从转化思想另一角度成功突破！甚至还有利用"假设复原法"，将8个拱形复原成圆环，实现了逆向思维方式的突破，充分体现思维的创造性；或将扇环恢复成同圆心角的扇形，帮助接下来解决问题……

敢于大胆实践、碰撞交流的力量是无穷的！只要教师敢于为学生创设民主、宽松、和谐的学习氛围，给予学生充分思考问题的时间与空间，愿意忠诚地担当学生学习活动的组织者、指导者、合作者，那么，在这样的课堂学习中，学生一定会乐于思考、善于思辨、敢表达、尽情收获。有了思考空间的给予，孩子们的表现就会异彩纷呈！

三、"真研究中的深挖掘"——让学生在深入探究中，深化数学学习的专业性和深刻性

教师必须意识到：学习知识不能流于表层，必须有"抓其质，溯其源"的感悟和决心，引导学生层层深入，内化本质。

例如，数的运算部分，整数、小数、分数计算的逐步学习，就是学生逐层深入认识和理解并运用运算的一致性的深化过程。

其中，对于"同分母分数加减法"的学习，学生在三年级学习"分数初步认识"时已经有过接触，并积累了借助几何直观说明算理的经验，那么又见"同分母分数加减法"的教学着力点应放在哪里呢？

我通过深入钻研学习，并积极借鉴优秀同仁的有效教学方法，通过几个环节的精巧设计，紧紧围绕着"4＋3"这部分算式，抓住知识核心，以掌握算法为基础，深挖算理，打通整数、小数、分数运算的一致性，构建了知识结构的完整性。

（一）"4＋3"含义的一级拓展——从长方形到几何直观，辅助同分母分数加法算法算理的初步理解

首先，我们可以引导学生以长方形作为单位"1"，分别表示4/8和3/8，理解4个格和3个格及7个格与分数的对应内涵，直观理解"4/8＋3/8"的计算过程及运算算理。数形结合，初步理解同分母分数加法中"4＋3"的含义及4、3、7的意义。

（二）"4＋3"含义的二级拓展——从线段图到数线的认知飞跃，突破"计数单位累加"至"和超过一个单位"1"关系的难点

这种突破是从多种形式表示"4/5＋3/5"的含义开始的。引导

学生从用圆表示"4/5＋3/5"，到用多个线段图表示，再到用一个线段图表示，进而最终抽象到数线的过程。通过7/10和7/5对比的理解，突破了学生对于超过"单位1"数量的图形表达，更加明确"同分母分数就是'单位1'平均分成的份数相同，每个计数单位也相同"，打通了"计数单位"个数累加与多个"单位1"之间的关系的深刻理解，实现了思维的突破和飞跃！

而学生对于"4和3"的意义也在不断体验、思考和小结中逐渐拓展和丰富。

（三）"4＋3"含义的三级拓展——从一般到特殊的概括升级，实现同分母分数认知的升级

对问题"同样是算'4＋3'，为什么结果不同"的研究和理解打开了思考的阀门：

（1）"4/8＋3/8"这里的4和3表示4个1/8和3个1/8。

（2）"4/5＋3/5"这里的4和3表示4个1/5和3个1/5……

"4＋3"还能帮忙算其他分数的和吗？从"4/6＋3/6"再到"4/11＋3/11"："你能一下就说完吗？"学生在举例过程中，实现了知识的迁移，而4/x＋3/x的呈现，一下打通了"单位1""计数单位"，以及"同分母分数加减法"算法的紧密联系，学生对规律的表达更呈现了思维的提升和飞跃。本节课知识的本质跃然课堂，也深深印在学生头脑中。

但至此，对"4＋3"的深入剖析和挖掘还没有结束。

（四）"4＋3"含义的四级拓展——从"4＋3"到"0.4＋0.3、40＋30"，实现数学本质及运算一致性的终极目标

教师问："'4＋3'还可以帮我们算什么？"随着"0.4＋0.3""0.04＋0.03""40＋30"……的逐渐展开，整数运算、小数运算、分数运

算……板书上一幅运算一致性的思维结构图完整地呈现在学生面前，相同计数单位累加、递减的运算本质逐渐跃然纸上。教师引导学生逐步"开疆拓土"，最终完美架构了数学运算的一致性和完整性的知识网络图，深刻感受到学习的方法和本质。

最后，教师一个开放性实际问题的展现——"一杯牛奶第一次喝了全部的1/10，第二次喝了全部的……"打开了解决问题的新世界，学生思维的开放性得到尊重和发展，进而也统一了整数、小数、分数解决问题方法及运算定律运用的一致性。

至此，对于"同分母分数加减法"的认知，最终完成！

对知识深入研究的执着和做学问的严谨性与专业性，是我们教给学生最重要的品质和追求。

四、"真提升中的巧点拨"——使学生在总结升华中，会分析、善总结，提升数学素养

教师的"点金术"是学生提升数学素养的"金手指"。针对学生反馈的成果，教师的专业引领和点拨提升，让学生的研究更具科学性、层次性和方法性。

比如，长、正方形和平行四边形之间的区别与联系；整数、小数、分数运算之间的共同点和区别；平行四边形、梯形、三角形面积的推导方法和过程及异同点……

"优化方案"让思考和获得更具数学简洁、高效的特质；"知识的体系建构"让数学的学习更具体系性和完整性；"核心概念的深刻理解"让学习的本质更加清晰和深刻……教师的及时点拨和引导，为学生学习方法的总结提升、问题解决的方法优化，以及前后知识结构的网络建构和思维品质的完善和提升，都起到了至关重要的作用。甚至说成是"画龙点睛""点石成金"一点儿都不为过。

总之，无论是课堂研究的"真问题"，还是研究过程的"敢实践""大空间"和"真执着"，抑或是研究探索之后的"画龙点睛"，无不需要教师的"真热爱""真研究"和"真专业"。"双减"就像熊熊燃烧的火焰，帮助教师和学生在实践和学习中，逐渐探索和掌握更加高效的学习方法和更加本质的思维认知与提升，凤凰涅槃，烈焰成金！

让学生的实际生活与课堂教学有机结合
——以"可能性"一课为例

（北京市大兴区庞各庄镇第一中心小学　曹爽）

导读：教师在教学过程中，要注重教学内容同实际生活相结合，尽量借助生活化的情境，所教授的内容要为学生的实际生活服务。在这一过程中，教师在教学时能够进一步激发学生的学习兴趣，学生对于数学知识的学习也会变得更加有趣生动。

有效减轻义务教育阶段学生过重作业负担和校外培训负担为目的的"双减"政策 [1]，在全国义务教育阶段学校全面实施。"双减"并不意味着在校学习的效率与成绩要减弱，"双减"，一是要减轻学生不合理的作业负担，二是要严格管理校外培训机构。在"双减"之下，学生更好地回归了校园。学校的教育教学质量和服务水平能否满足学生需求？作业布置能否更加科学合理？这是需要我们教师认真思考的问题。

《义务教育数学课程标准（2022年版）》给我们指明了方向，作为教师应以教材为基础，做课程的建设者。我们如何将教材"教活"，让学生更乐于学、更乐于析、更乐于实践，这就需要教师的真情与激情，要参与到实践中去，才能更好地创设实际情境，让学生真正参与到学习中。

一、反思自己的课堂，深知教师要引导学生深度学习

回想几年前在讲授北京版教材五年级上册"可能性"的时候，结合课程标准和教材，我设计出了一堂课，课堂的主要活动就是"摸球"，学生玩得挺开心，我讲得也挺痛快。但是在反馈中我却发现，学生什么也没学到，一位学生在说收获的时候是这样说的："老师，您让我们摸小球我们就摸小球，摸完了我们就记录，我觉得我记录的表格挺不错的。"听了这样的"收获"我心凉了半截。经过与其他教师一起研究和讨论，再反思这节课，我明白了在教材的应用中，应聚焦学科核心素养，更加突出学生的主体参与，组织学生开展深度学习。深度学习不是深在知识难度上，而是要根据课程核心知识共同拥有的本质属性和相同的逻辑关系，找准关键能力培育的"发力点"，触发儿童的深度思考与主动探究，促进儿童思维的进阶发展，逐步实现深度学习。所以，就需要我们精心设计问题情境和探究活动，激发学生主动探究的欲望，引导学生借助已有知识和经验，开展探究性学习。当学生带着积极的情感"愿意参与"到课堂中来，并借助已有认知经验"能够参与"进来，通过多种感官或行为能"真正参与"，那么学生获得的不仅仅是知识技能，而是能够带得走、用得上的学科素养，实现了"教是为了不教"。

二、研读教材分析学情，制定教学目标

如果把《义务教育数学课程标准（2022年版）》比作圆心，那么教师对教材的理解与把握就是半径，无论圆有多大，都离不开圆心这个核心元素。教师通过解读教材来理解课程标准，同时用课程标准来驾驭教材。

备课时，教师首先应研读教材。北京版教材"可能性"的教学分为两个部分，其一是通过创设熟悉的情境，让学生在具体情境中判断哪些事件发生的结果是确定的，哪些事件发生的结果是随机的。其二是通过设计实验、游戏活动，在具体的实际操作中体会随机事件每种结果都有可能发生，事先无法确定会发生哪一种结果。多次操作后，根据实际发生的结果分析随机事件每种结果发生可能性的大小，并和同学进行交流，发展学生的数据分析能力、推理能力、评价和反思的能力。

学生在学习新知识之前，已有了不同程度的生活经验和知识积累。所以，我们必须从学生的实际出发进行备课。本班学生在学习的第二个学段已经积累了一定的生活经验和数学活动经验，能够很好地理解"一定""可能""不可能"所表示的具体含义，对生活中存在的随机事件有了初步的感知。同时，学生在三年级时借助直观，对统计与概率相关的知识有了比较深刻的认识，这些都为学生更好地学习本节课的知识奠定了基础。

以上述分析为支撑，我确定了教学三维目标：①创设摸球活动情境，根据小组实验结果和全班实验结果正确推测箱子里哪种颜色的球多，进一步体会随机现象的特点，感悟数据分析的价值，知道事情发生的可能性是有大小的。②经历猜想、实验、讨论等数学活动的过程，初步感受随机现象的统计规律性，培养学生思考、表达、交流与数据分析的能力。③在数学活动中，积累实验、思考、推理、分析等数学活动经验，发展数据分析观念，培养学生的学习兴趣。

三、课前的潜移默化引导学生落实教学目标

"双减"政策的实施使校园迎来了新气象，学生放学再也不用急着"转移战场"去校外辅导班了，也不用回家后奋笔疾书完成枯燥的书写作业了。学生在校的时间长了，也意味着学生大部分活动都是在学校完成的，学生大量的生活经验都是在校园生活中获取的。我们应该以此为抓手，充分找到校园生活中可以抓住的点，来提前为课堂教学搭建更加贴近学生生活的场景，让同学们感受到生活中存在着数学知识，这样既能提高课堂效率，也能更好地激发学生的学习兴趣。

场景一："老师，您这抽奖箱里到底有没有一等奖啊？我们大家伙儿都抽了好几十次了也没有人抽到一等奖！""我不是把一等奖奖券当着你们的面放进奖箱的吗？""这一等奖奖券就一张啊，可您这箱子里奖券总数怎么也得有100多张吧，我们不可能抽到一等奖啦！""怎么不可能，里面有一等奖的奖券，就有可能抽到！"一阵无语过后，我隐约听见"奸商"两个字从某些角落传出。

以上对话是某一周奖励兑换时间，我与同学们对话的片段。基于我们班学生平时的纪律、卫生、劳动、礼仪、学习、品德等方面的表现，利用小程序录下来，每位同学都有量化分值，并形成"可兑换"的分值。为了吸引学生，我们班每月都有不一样的兑换方式，本周是以可兑换积分、兑换奖券的形式进行抽奖以获得奖品。

场景二：作为班主任，我还根据自己的特长开设了篮球社团，篮球社团活动中组织学生练习定点投篮。小明："我第一次投中了，第二次没投中，第三次又该投中了。"小刚："我前两次都投中了，第三次还能投中。"听着他们的预测，我默默地把他们俩的对话记在"小本"上面。

四、课堂中的质疑与追问引导学生达成教学目标

在课堂中我以"问题链"的形式，让学生在不断质疑、不断"想方设法"解决疑惑中突破本节课的重难点。

教师手中有一盒白色的粉笔，从中抽取一支书写课题，你觉得会是什么颜色？以此问题为开端，引导学生猜测数量与可能性的关系。

接着提出问题：现在每个组都有一个盒子，里面有20个形状、大小、质量都相同的白、黄两种颜色的小球，任意摸出一个球，它可能是什么颜色呢？让学生猜测。

"咱们这样猜科学吗？""不科学。""猜，带有盲目性，有碰运气的成分，怎样才能让自己的猜测具有科学性呢？如果我们能根据实验获得的数据去判断、去猜测，这样我们的猜测结果才具有科学性。"通过这样的对话引导学生科学地去猜，自主设计实验并统一实验要求：小组合作，4人一个小组，每人摸5次；每个组的同学按顺序轮流摸，摸之前先要摇一摇，摸完后将球放回；小组完成好摸球记录表（如下表），根据摸球情况推测出哪种颜色的球多。

	用"正"字记录摸球结果	总计
摸出黄球次数		
摸出白球次数		
推测结果	我们组一共摸球（ ）次。摸到黄球（ ）次，白球（ ）次，估计（ ）。	

各组汇报后形成了如下表格，教师引导学生针对汇总表提出自己的疑问，同学们问出了如下问题：为什么2组、3组和其他三个小组的结果不一样呢？咱们每个盒子里的球都是一样的搭配，为什么摸出的结果不一样呢？

	1组	2组	3组	4组	5组	全班总计
摸出白球次数	8	10	11	5	7	
摸出黄球次数	12	10	9	15	13	
推测（ ）球数量多	黄球	白、黄相等	白球	黄球	黄球	

这时同学们已经有了有效的思考，我便揭示出：这就是咱们实验的随机性，盒子里既有白球又有黄球，你摸到的可能是白球，也可能是黄球，结果是不确定的。紧接着我又提出了问题：虽然咱们的实验结果具有随机性，但如果在相同条件下进行大量重复实验时，它就会呈现出一种规律。因为咱们每个小组的实验次数较少，所以这种规律还不太明显。怎样来增加我们摸球的次数呢？学生表示可以继续实验来增加实验次数，也有的同学提出为了节省时间，可以把五个组的数据加在一起，形成了如下表格：

	1组	2组	3组	4组	5组	全班总计
摸出白球次数	8	10	11	5	7	41
摸出黄球次数	12	10	9	15	13	59
推测（ ）球数量多	黄球	白、黄相等	白球	黄球	黄球	黄球

根据上述表格，我又让学生进行了推测，学生根据数据猜测箱子中黄球的数量较多，进行开箱验证后发现每组的箱子里都是11个黄球、9个白球。

问题链的设计让学生能根据小组实验结果和全班实验结果正确推测箱子里哪种颜色的球多，并能明白随机现象虽然对个别实验来说无法预知其结果，但在相同条件下进行大量重复实验时，却又呈现出一种规律性，达成了教学目标。

五、围绕巩固练习引导学生深化教学目标

在巩固练习时，教师拿出了社团活动时记录下来的投篮题目，让学生独立思考，并汇报自己的想法。因为是同学们真正实际接触到的问题，所以他们很感兴趣。通过汇报交流，明白了每次投篮，可能进球，也可能不进球，即使他篮球技术很好，也只能说他投进球的可能性很大，并不能保证每球必进，所以这也是一种随机现象。

借助抽奖问题，我介绍了一个街头骗局：在北京西直门立交桥附近，曾有一个摆摊摸球的人。当时围观的人们觉得很新鲜，有很多人参与摸球。他先摆出了4个大小形状一样的球，其中有2个红色球和2个黄色球。当着观众的面，把所有4个球装进一个普通的布袋中，然后怂恿大家来摸球。怎么个摸法呢？就是从这个装有4个球的布袋中，任意摸出2个球，看看其中有几个是红球，有几个是黄球。奖：摸到"2个红球"或者"2个黄球"，奖5元。罚：摸到的是"1个红球和1个黄球"，罚5元。让学生研究摆摊人最后是"亏了"还是"赚了"，通过讨论、分析，最终发现总共有6种情况发生，而摆摊人"赚"的情况占了4种，同学们大呼不公平。

以上巩固练习就是学生的一部分，它不仅激发了学生对知识的探索兴趣，还提高了课堂的学习效率。

教学是具有连贯性的，丰富多彩的学生实践体验活动为课堂提供了许多体现学科特色的研究资源，教师在课堂上为学生创设学科研究氛围，又为学生参与校园实践体验活动提供了更多的专业知识，两者相辅相成，让有意思的学校生活真正融入有意义的课堂学习中。

关注知识本质 提高课堂教学效率

（首都师范大学附属中学大兴北校区 田众依）

导读：课堂教学是发展儿童数学思维的主阵地。作为教师要做到用心备课，关注知识本质，读懂学生。好的教学策略，需要教师用心研读教材，建构知识体系，只有这样我们才能真正做到减负增效。

随着"双减"政策的颁布，全社会都为之出台了一系列措施。而作为教师的我们，更应该引起足够的重视。

首先我们要知道，"双减"减的是什么？一方面是减轻学生作业负担，另一方面则是减轻学生校外培训负担。我们不妨换个思路思考：为什么要减负？因为我们原来的作业和学生的课外班太多了，增加了学生过重的课业负担。究其根本原因，是学生在学校没有完全掌握所学的知识，才需要课后布置很多的作业去进行练习巩固，需要通过校外培训机构补习知识。那么如何才能从根本上解决问题呢？我认为，减轻学生课业负担，其根本之策在于全面提高教育教学质量，做到应教尽教，通过高质量的课堂教学，来减少绝大多数学生和家庭的补课需求，这样才能有效削减家长寻求校外培训的动机。

《中共中央国务院关于深化教育教学改革全面提高义务教育质量的意见》中提到，要强化课堂主阵地作用，切实提高课堂教学质量。由此可见，在"双减"的大背景下，如何做到既要少留作业，又不降低学生的学习质量显得尤为重要。这就需要我们抓住知识本质，高效利用好课堂教学的时间，使学习效率最大化。

一、抓住本质，促进课堂教学

我们知道，从一年级下学期开始，解决问题需要写单位名称。可是单位名称的确定，对很多孩子来说存在着疑惑。尤其是到了二年级，问题的复杂性增加，乘除法的介入，孩子们经常无从下手，不知道该如何确定单位名称。单位名称常常被认为是格式问题，事实上，它直指数学思考，要理解问题求的是什么，其实并不"简单"。

我们在教学单位名称的问题时，大部分教师会告诉孩子，只要找准题目问题中的单位是什么，你就写什么就可以了。例如，"学校体操队有男生29人，女生35人，一共有多少人？"这个题目学生直接应用教师给出的方法就能够直接找到单位名称。而事实上这种方法不适用所有的题目。当孩子们步入二年级接触乘除法以后，像这样的题目就会和以前的方法产生冲突。再如，"把42本练习本平均发给6个同学，每个同学发到多少本？"在这个问题中，学生的答案会出现这三种情况：①42÷6＝7（本）；②42÷6＝7（个）；③不知道该写什么单位名称。通过三种不同的答案，教师进行追问：你们认为这些单位名称哪个是正确的？为什么？怎样才能找准单位名称？这时孩子们会说："要看问题求的是什么，但不能简单地看最后一个字，要理解一下。"通过对比两道题目找单位名称的方法，学生认识到：找单位名称既不能简单地看问题的最后一个字或是"多少"后面的字，也不能完全根据数据后面的单位，而是要真正理解问题求的是什么，只有真正理解了题意，才能正确找对、找准单位名称。

通过这样一个看似简单的找单位名称的问题，我们可以发现，看数据后面的单位，在一年级是适用的，因为一年级的解决问题能力，只在于加或减的数量关系，属于同级数量的运算，计算结果依然是同级数量。但是到了二年级，随着乘除法的出现，问题中出现了不同级数量，使得一些学生在选择填写正确的单位名称时更加困难。在这样的矛盾冲突中使学生认识到要回到问题，理解问题本质求的是什么。这说明孩子已经意识到单位名称的确立不是由形式决定，而是要指向问题的本质，理解问题真正求的是什么。而理解问题真正求的是什么，正是我们学习解决问题的核心，也是其本质所在。

实践证明，充满各种情境而丰富有趣的数学课堂，确实很容易激发学生的兴趣，但同时也会使学生眼花缭乱。因此，在教学的过程中，我们在创设有效的数学情境的基础上，还需要紧紧抓住数学的本质，即根据教学内容的层次要求，适时地对学生在学习过程中生成的方法和策略进行优化总结，这样才能大大提高学生在课堂中的学习效率。

二、建构整体，促进知识联系

以往的教学，是以知识点为载体，以课时为单位，视角孤立的"课时教学"，过分强调"教学速度和知识效率"，不符合核心素养培养的要求。而数学知识之间具有衔接性，可以是一个单元跨课时的衔接，也可以是跨单元的衔接，甚至跨学段之间都能以一个切入点为中心，把知识穿成一个串。这样不但能够加深对于知识本质的理解、掌握知识之间的内在联系，还能大大减少重复性内容的课时，从而达到减负增效的目的。

想做好大单元的构建，就要认真找准"承重墙"，打通"隔断墙"，并找到两者之间的内在联系，从而构建完整的知识体系。所谓的"承重墙"就是知识的本质，从大单元的角度纵向观察，找到各个知识点之间的共性所在。"承重墙"，顾名思义，它是知识的根基。因此，在课堂上对这部分知识的形成要下足功夫。而"隔断墙"，就是知识之间的区别和内在联系。要学好知识，不仅要纵向观察，还要横向对比，找到知识之间的联系，加深理解。

例如，在"万以内数的加减法"这个单元的学习中，教材上把它分成了很多细碎的知识点进行教学，包括整十数加减整十数不进位、不退位、进位、退位、连加连减等。如果我们把"万以内数的加减法"放在大单元视角下，那么，它属于"数与代数"领域中"数的运算"这部分内容，而这部分内容需要从以下方面进行培养："数位"—"计数单位"—"位值"和"十进制"。明确了这样的大单元目标，那么无论是整十数加减整十数不进位、不退位，还是连加连减，都串联成了一个知识体系，此时"数位""计数单位""位值"和"十进制"，就是我们所说的"承重墙"，那么也就是需要我们在数的运算教学中响鼓重槌的地方。通过这样整合课时的教学设计，能够大大缩短单元课时，这样就能给教师和学生腾出足够的时间，用以更高效地利用课堂进行学习。

在单元内部，教师要认真思考知识核心，要有大单元的意识，以知识"本质"为纽带，打通课时教学的壁垒，构建大单元的知识体系，对本质上的东西响鼓重槌，从而减少课时教学，提高课堂教学质量。

三、读懂学生，促进认知发展

我们不仅要能够读懂教材，真正做到读懂教材所承载的核心素养，还要读懂学生。只有真正了解了学生对于知识掌握的水平，才能在他们之间寻找一个平衡点，才能更有效地在课堂上进行教学引导，让学生更好地学习并理解知识的本质。正如史宁中教授所说，我们要培养学生能够"用数学的眼光观察现实世界，用数学的思维分析现实世界，用数学的语言表达现实世界"。

以吴正宪老师"面积"一课为例，我们来听一听吴老师与孩子们的对话，品一品吴老师与学生对话背后的含义。刚一上课，吴老师问孩子们："你们在哪儿听说过面积？关于面积你都想了解什么？"有的学生说："我想知道面积有多长。"通过这一句话，吴老师听出来了孩子对于长度和面积概念的混淆。"继续摸一摸，面在哪里？"这时学生体会到"面长（zhǎng）在周的里面，周是细细的、长长的，面是平平的、一片一片的"，所以面要用大小来描述，而不是用长短。

吴老师不仅能够听准学生回答问题时字面的意思，更能够读懂他们背后的心声。看似简单的对话，吴老师非常轻松巧妙地解决了学生对于长度和面积概念的区分。正是因为吴老师能够读懂学生发言背后的认知水平，才能做到正确、有效的引导。相信这样的"对症下药"，才能使学生"药到病除"。相比于在课堂占用几分钟的时间来复习知识，这样简单的问答形式大大节约了课堂时间。同时，通过抓住学生的表达，了解学生当下的认知水平，从而更好地做出教学调整，大大地提高了学生课堂中的学习效率。

高效课堂，不仅要读懂教材，精心设计教学活动，更要读懂学生，读懂课堂，关注学生在课堂上的各种表现。通过学生在课堂中的表达，及时调整教学过程，从而达到提高课堂效率的目的。

"做一个读懂并理解孩子的好老师不容易，要真正读懂儿童心理这本书，教师要充分地尊重、理解儿童，要成为儿童喜爱的知心朋友，做儿童信赖的合作伙伴。平等、民主、友好、和谐的师生关系对儿童的成长格外重要。"这是吴老师在《吴正宪与儿童数学教育》一书中的一段话。

要想呈现出理想的课堂，并非一日之功。我们要努力学习专业知识，勤于反思，积累经验，大胆改革创新，努力构建科学高效的课堂教学。"减负"铺就了通向优质课堂的道路，优质课堂就会提高教学质量，从而增大教学效益，收获教学成果，体现素质教育。

授人以鱼，更要授人以渔

——大单元背景下的"面积"教学实践

（首都师范大学附属中学大兴北校区　刘旭东）

导读：新时代教学背景下，单一内容模式的教学不利于学生对知识学习的整体掌握。大单元整体教学模式不仅有利于学生形成知识网络，更能有效地提升学生的数学核心素养。

2022年版数学课程标准指出：小学阶段"图形与几何"的学习，要求学生经历从实际物体抽象出几何图形的过程，认识图形的特征，感悟点、线、面、体的关系；积累观察和思考的经验，逐步形成空间观念。经历统一度量单位的过程，感受统一度量单位的意义，基于度量单位理解图形长度、角度、周长、面积、体积。在推导一些常见图形周长、面积、体积计算方法的过程中，感悟数学度量方法，逐步形成量感和推理意识。在读完新版课标这部分内容时，我对这些概念只是建立在单一知识层面的认识之中。以单纯的教材内容进行教学，学生是否真正能够获得这些能力也没有被过多重视，感觉一堂课下来，学生似乎掌握了，但是一到解决问题中学生就会出现各种的问题。尤其是在教学"面积的认识"这个单元时，明明自己把面积的概念讲得很明白了，学生也用正方形实际操作了，可一到应用上，总是会把面积和周长混为一谈。下面就是我当时执教"面积的认识"的教学片段。

【片段一】基于单一知识层面的教学

师：同学们，物体都有表面（出示两个大小不同的长方形），这两个图形的表面哪个大、哪个小？

学生说一说。

师：你们说的大小是哪里？

学生上台摸一摸。（教师顺势将长方形的内部涂上颜色）

师：你是怎么比较它们的大小的？

学生用观察和重叠的方法比较两个面的大小。

师：请同学们摸一摸课桌表面和课本封面，比一比，谁大谁小？

学生摸一摸，比一比，说一说。

教师总结：物体表面的大小，叫作它们的面积。

教师出示两个面积相近的长方形，让学生说说哪个面积大。

学生说不准到底哪个大，哪个小。

教师追问：那怎么办呢？

学生有的用橡皮的面去量，有的用小正方形的塑料片去量，测量出两个长方形分别是几个橡皮面（或小正方形面）的大小，从而比较出它们面的大小。

在这个教学片段中，我始终围绕着面积概念展开教学，学生通过观察、操作、比较等形式建立面积的概念，体会面积到底说的是什么。可是到了后续的学习中，总是有个别学生将面积和周长混淆，两个概念的冲突一直困扰着我。直到听了吴正宪老师那次执教的"面积的认识"，我的困惑仿佛拨云见日，找到了自己与名师之间的差距。

【片段二】大单元背景下的教学

吴老师：同学们，根据你的生活经验或者在你的心目中什么是周长？什么是面积？

生：周长是封闭物体（图形）一周的长度，得量长度。面积是物体所占面的大小。

吴老师：对。面是面，周是周，面是平平的一大片，周是细细的一条线。面在周的里面，周在面的外面。

吴老师：在学习周长的时候，我们要说"量"，关于量周长我们得知道什么？

生：①量谁（物体的一周的长度）；②工具；③单位；④结果。

吴老师：太对了！

（出示三种不同大小的长方形）

图①　　　　　　图②　　　　　　图③

吴老师：上面的三个长方形，哪个面大？先比较①和②，哪个大？大多少？如何用数据说话？（给学生准备了小三角形、圆形、正方形和长方形）

学生借助手中的学具自主探究。

反馈一：学生测量两个图形的周长，行不行？（不行，测量对象不是面）

反馈二：用小正方形量，铺满①号长方形用12个，铺满②号长方形用8个。

结论：①比②多4个小正方形。

【我的思考】

通过上面的教学活动，吴老师不仅把面积的概念通过儿童易懂的方式让学生掌握了，更将周和面之间的区别展现得淋漓尽致。吴老师在此基础之上还关注了面积的本质是测量面的大小，要想测量面的大小就要用"面"的属性进行测量，用"线"是无法测量出来的。

这个活动帮助学生充分体会面的属性与线的区别，为学生对周长和面积做了进一步区分，真是妙不可言。

在这节课上，吴老师站在单元整体教学设计的背景下，既关注了面积的四要素，即度量对象、度量工具、度量单位及度量值，更关注了知识之间的前后联系，将周长和面积的属性进行区分，真可谓一场饕餮盛宴，让人醍醐灌顶。

从这节课中，我发现了自己与吴老师之间的距离：自己的教学只关注到一个知识点的获得，却忽略了"面积"这个知识背后蕴含着深远的含义。而吴老师却是站在大单元的整体背景下进行教学，不仅教授学生知识，更关注知识之间前后的衔接与联系。吴老师常说："要站在学生的角度设计问题，了解学生的元认知水平。在教学活动中，不仅要关注知识的本质，还要关注知识之间的联系。"因此，我在学习了吴老师的这节课的基础之上再次进行了如下教学尝试。

【片段三】融会贯通后的实践

师：同学们，我们之前学习过周长，我们是怎么学习周长的？你都知道了什么？

生1：通过摸物体的外边一圈，测量物体外边一圈的长度认识了周长。

生2：周长要测量长度，需要用到测量工具，比如直尺、软尺等。

生3：周长需要用到长度单位，还学习了如何测量和计算长方形和正方形的周长。

师：同学们记得都很清楚，今天我们学习面积，你想知道面积的哪些知识呢？（板书：面积）

生1：什么是面积？

生2：测量面积要用到什么工具？

生3：面积要用到什么单位？

师：同学们的问题都非常有意义，那么我们就一起来探索面积的奥秘。

（出示两种不同的长方形）

图④

图⑤

师：上面的两个长方形，哪个面大？

学生异口同声说：④号面大！

师：你是怎么知道④号面大的？你们说的面在哪里？

学生到前面摸一摸两个长方形的面，但是没有说出④号面大的理由。（部分同学说可以重叠比较大小）

教师：那④号比⑤号大多少呢？怎么说明你的理由呢？

（教师为学生提供尺子、小长方形、正方形、三角形和圆形的塑料片）

学生动手操作学具，并反馈结果。

反馈1：用尺子测量周长的，结果只能说明周长大，不是面大。

反馈2：用小正方形测量的，④号有12个，⑤号有8个，④号比⑤号大4个。

反馈3：用小长方形测量的，④号有6个，⑤号有4个，④号比⑤号大2个。

【我的再思考】

要想区分"周长"和"面积"这两个概念，就要抓住概念的本质，不能独立学习，更不能急于求成。大单元整体教学模式改变了单一知识的学习，将数学知识系统地进行整合，有利于学生对知识的整体把握，形成知识链和结构体系。周长和面积本就是两个不同的概念，但是由于两者出现在同一个图形之中，学生就很容易混淆。通过本次教学的再尝试，学生不仅掌握了什么是面积，还将周长与面积的本质进行彻底的区分：周长是图形外围的线性体现，表示的是一段线段的长度，面积是图形内部围成面的大小；两者在属性上没有直接的联系，只是存在于同一物体上的两种不同属性，面在周的里面，周在面的外面。

通过这次教学的改进，真正体现出学生在课堂活动中学习的主体地位，明确了面积度量的对象，理解了面积的本质，发展了学生的度量意识。本次尝试，我站在吴正宪老师这位"巨人"的肩膀上，同样上出了"好吃又有营养"的数学课，感受到大单元整体教学模式有利于学生形成完整的知识结构，帮助学生对知识内容与生活实际建立联系，有效提高学生的学习效率和求知欲，让学生的学习有的放矢，让教师的课堂教学事半功倍。

吴老师常说："我们的教学活动不是要解决一个问题，而是通过学习去解决一类问题。"吴老师"大道至简，殊途同归"的教育理念值得我们每一位数学教师学习。她用自身的修养激励着每一位走在教育路上的教育工作者，是我们前进道路上的引路人。我要做一名有思想、真研究、善反思的教师，能够读懂学生、读懂教材、读懂数学的数学教师，成为既能授人以鱼也能授人以渔，更能让学生悟其渔时的好教师。

让学生体验自主学习的快乐

（首都师范大学附属中学大兴北校区　张薇）

导读：教师在长期的教学实践与反思中，可以将理论学习和教学实际不断融合，帮助教师逐步形成对教育教学工作的规律性把握，促进教师创造性驾驭，深刻洞悉、敏锐反应和灵活应对能力的提升。

2019年10月，我设计并施教的"立体图形的表面积"一课荣获了北京市大兴区教育教学资源建设"千百十"工程暨"智慧杯"教学展播活动一等奖。回想这张证书的取得，从最初的教学设计到提交一节绝非完美的课堂实录，我经历了2次说课、3次试讲，数次教案修改以及课件制作，在这个充满艰辛和智慧的过程里，我收获的又不仅仅是一张奖状，还有我对"以学生为主体"更深刻的理解，对"培养学生数学思维"更切实的体会，对"落实教学重难点"更全面的思考……这是一次师生共同的学习，是作为教师的一次成长。

一、找准知识生长点，有序建构知识网络

数学教学活动须建立在学生认知发展水平和已有知识经验的基础上，利用知识之间的联系，可以唤醒学生的迁移思维，促使学生使用旧的知识解决新的问题。

"立体图形的表面积"一课是利用直观图的方式呈现问题。

"小华用10块棱长为1厘米的小正方体摆出了一个立体图形（图1）。这个立体图形的表面积是多少平方厘米？"

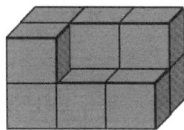

长、正方体的表面积、观察物体是本课

（图1）

学习的知识基础；在以前的数学学习中，学生所获得的探索规律的方法与能力，以及借助几何直观探究解决问题的经验，是本课学习的能力基础。五年级的学生已经具备一定的知识迁移能力，大部分学生可以熟练地利用解决长方体表面积的方法来求原立体图形的表面积，但是仍有部分学生因为立体图形的不规则，找不到解题的思路。在第二次试讲时，我鼓励学生观察求原立体图形的表面积和已学过的长方体的表面积有哪些相同和不同之处，找到解决问题的突破口。在简单的提示下，学生通过观察、对比、总结很快发现：虽然现在的立体图形并不是标准的长方体，但是在计算表面积时仍可用"上下面＋左右面＋前后面，或（上＋左＋前）×2"的计算方法。

　　方法1：$6×2＋6×2＋4×2＝32$（个）

　　　　　　$1×1×32＝32$（cm^2）

　　方法2：$6×4＋4×2＝32$（个）

　　　　　　$1×1×32＝32$（cm^2）

　　根据学生的学习情况，从学生认知的最近发展区出发，我调整了第一环节的教学设计，并由笔算改为口算，缩短计算原有立体图形表面积的时间，为下一环节探索规律创设了更充分的条件。

　　本节课，学生通过探索学会了在立体图形上放置一块小正方体，使其至少有一个面和原立体图形完全接触，求所摆的立体图形的表面积的方法，即用"原面积－接触面积＋外露面积＝新面积"。在随堂练习中要解决的问题是从立体图形上拿走一块小正方体（如图2），知识的生长点就在于"放"和"拿"面积的增减变化情况，这一次，虽然没有用学具拼摆，但是在原有知识的基础上，学生能够应用知识迁移的方法较快速地得出答案，一方面体现了学生本节课自主探索、发现总结的规律已经熟练掌握；另一方面也证明了学生已经在本节课的知识生长点上构建出知识之间的对应联系，在解决和处理问题时达到融会贯通。

可见，紧扣学生认知的最近发展区，寻求符合学生认知规律的教学方法，可以最大限度地帮助学生理解、掌握数学的基础知

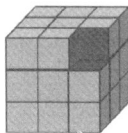

2. 一个棱长是3cm的正方体木块，它的表面积是（ 54 ）cm²，在它的表面上挖去一个棱长是1cm的小正方体，剩下的立方图形的表面积可能是多少cm²？

54 - 3 + 3 = 54 cm²

（图2）

识和基本技能，形成数学的基本思想，积累数学基本活动经验，逐步构建完整的知识网络。

二、创设适宜教学活动，发展学生的数学思维

数学为人们提供了一种理解与解释现实世界的思考方式。通过数学的思维，可以揭示客观事物的本质属性，建立数学对象之间、数学与现实世界之间的逻辑联系，能够根据已知事实或原理，合乎逻辑地推出结论，构建数学的逻辑体系。从核心素养的角度出发，学生在学习数学时不应只是记住书本上的内容，而是应该通过对数学知识的思考，真正理解数学知识，将背诵式的记忆转化成为理解式的记忆，这才是真正意义上的学习，而这也体现了学生数学思维培养的重要性。数学课程标准指出，在义务教育阶段，数学思维主要表现为：运算能力、推理意识或推理能力。

小华用10块棱长是1厘米的正方体摆出了一个立体图形（如图1）。如果再放上1块同样的正方体，并要求它至少有一个面和已有正方体的面完全接触，摆出的立体图形的表面积是多少平方厘米？

（图3 2013年教育部审定义务教育教科书北京出版社
五年级数学下册第97页）

　　在立体图形上再放置一块小正方体（使其至少有一个面和原立体图形完全接触），求放置后立体图形的表面积（如图3）。借助教具学具，学生观察起来更加直观，可以更深刻地理解立体图形的概念，进而展开思考。在拼摆中，学生的创造性思维和总结性思维被不断激发，充分的探索和操作也给了学生思维开放的空间，让他们的思维不仅停留在操作层面，还在操作中有所发现。在精彩纷呈的汇报中（如图4），学生的方法也多种多样，有的说用数一数小正方形面的个数得到新的面积；有的说用求长方体表面积的方法来求新的表面积，有的同学则找到了放置小正方体位置的变化与立体图形表面积增、减的关系。经过交流讨论（如图5），学生逐渐厘清思路，发现了虽然摆法不同，但都会出现"接触的面"和"外露的面"，并且在不同的摆放方法下，露在外面的面数是不同的；即使露在外面的面数相同，但摆法还不同。多种摆放方法和多种摆放结果，激发了学生多层次的活跃思维，学生情绪高昂，学习兴趣和信心倍增，接受能力明显提升。

（图 4）　　　　　　　　　　　（图 5）

　　培养学生良好的思维能力能够让学生把知识学会，在学会的基础上还能够作用于新知识的学习，从而做到"会学"。在生活中也能够更好地把知识向能力进行转换。新知后的练习就是最好的验证，在解决"在立体图形上拿走一块小正方体后，求新的立体图形的表面积"的问题上，有的同学能够迅速地找到并发现新的规律，并且应用规律解决问题，充分体现了学生思维能力的灵活性和应用性。通过这节课，学生的空间观念、推理意识和推理能力都得到了充分的锻炼，我也从中体会到良好的推理意识有助于学生养成讲道理、有条理的思维习惯，增强交流能力，形成推理能力；推理能力有助于培养学生重论据、合乎逻辑的思维习惯，形成实事求是的科学态度和理性精神。

三、明确学生主体地位，提高学生学习能力

《义务教育数学课程标准（2022年版）》中指出：数学课程要实施促进学生发展的教学活动。有效的教学活动是学生学和教师教的统一，学生是学习的主体，教师是学习的组织者、引导者与合作者。学生的学习应是一个主动的过程，认真听讲、独立思考、动手实践、自主探索、合作交流等是学习数学的重要方式。

"立体图形的表面积"这一内容是探索在由小正方体摆成的立体图形上增加或减少一块小正方体，表面积所发生的变化的规律。但是，得出规律不是教学重点，教学重点是让学生通过操作、观察、分析、推理解决问题，发展学生借助几何直观探究解决问题的能力，发展学生的空间观念，发展学生的推理意识和推理能力。

理解课标和落实教学是每位教师在组织教学活动时应时刻注意的。"立体图形的表面积"一课是在一定的空间想象能力的基础上的探索规律内容。课前我

（图 6）

为每一位学生准备了一套立体图形的实物模型，大大激发了学生的探索兴趣，实现了多种感官参与学习活动（如图6）。

在一次次的磨课、试讲中，我从不敢放手，到充分放手让学生自主探索、交流汇报、总结规律，逐渐为学生创造了一个独立思考、动手实践的学习空间。学生的种种表现也证明了，在课堂中教师的放手，对学生是一种锻炼，教师相信学生的学习交流能力，他们便会乐此不疲地去发现、尝试、讨论、交流，虽然有时会出现错误或困难点，但是他们在互相启发、互相激励中获得新知，在积极思考、大胆质疑中，提高分析问题和解决问题的能力。

教师不再是课堂的主角，学生悄然成为课堂的主体。在这节课上，学生能够主动参与数学学习活动，在解决问题的过程中，体验成功的乐趣，相信自己能够学好数学，感受数学的价值。正如数学教育家波利亚所说："学习任何知识的最佳途径是自己去发现。因为这种发现理解最深，也最容易掌握其中的内在规律、性质和联系。"这样良性的氛围成就了一节充满思维火花和激情洋溢的数学课。

"智慧杯"的活动已经过去两年，在多次磨课与学习的过程中，我不断地反思、调整，确保每一环节教学目标的实现。从学生知识的生长点入手，从学生探索的兴趣点出发，给学生足够的探究时间，把课堂还给学生，在大胆放手的同时适时点拨引导学生，培养学生独立思考的习惯和合作交流的意愿，让不同的学生在数学学习上得到不同的发展。

作为一名数学教师，不仅要时时反思回顾，还要与时俱进，学习新的课程标准与教学理念。《义务教育数学课程标准（2022年版）》更具指导性和实践性，我会继续努力，理解标准的精神和理念，用新的标准指导教学实践，分析教材，创造性地理解教材。坚持尝试更多有效的教学方式方法，让学生学会在实际生活中感受数学，用数学的眼光看待和解决问题，更好地完成教育教学任务，让数学的核心素养在教育实践中落地。

把快乐带进课堂，把课堂还给学生

（北京小学大兴分校亦庄学校　贾梦杰）

导读：深化教育领域综合改革指出：要全面贯彻党的教育方针，坚持立德树人，加强社会主义核心价值体系教育，完善中华优秀传统文化教育，形成爱学习、爱劳动、爱祖国活动的有效形式和长效机制，增强学生的社会责任感、创新精神、实践能力。一节课的好与坏不是教师是否将知识全部教给了学生，而是不同层次学生的自主学习、积极思考、实践能力是否得到了不同程度的发展。本文想通过反思自己的教学个案，思考把课堂还给学生，促进学生自主学习、积极思考的问题。

回溯教学

一、创设情境，制造冲突

1. 猜测获奖人数。语文小达人6人，数学小达人4人。请学生猜一猜获奖的一共有几人。

学生猜测结果为10人，算式：6+4＝10（人）

2. 出示获奖名单，请学生仔细观察，说说你发现了什么。

学生发现有2人既获得了语文小达人又获得了数学小达人，说出有的人重复获得小达人称号。

3. 排队。请获奖的学生到前边排队，排队过程中大家讨论重复的人应该站在什么位置。

4. 多数同学同意重复的人站在中间。

二、研究方法，生成直观

1. 发现问题。提出问题：为什么"重复"的两个人要站在中间？请学生思考回答。

2. 尝试解决。请你在本上试一试，用你喜欢的方式表示出来，看谁表达得一目了然。学生独立完成，写完的同学组内交流，教师巡视。

3. 汇报交流。

（1）创造直观，认识韦恩图。汇报的学生说说自己的图表示什么。

（2）理解意义，认识韦恩图。

（3）符号升华，培养符号意识。介绍用符号表示的方法，请同学说说意图。课件出示约翰·韦恩，让学生了解一些简单的数学史。

4. 探究算法。

（1）独立计算，汇报算法多样化。我们用韦恩图把这个问题分析得很清楚了，你能试着列式算一算获奖的一共有多少人吗？

学生独立完成并汇报。

（2）变式研究，归纳算法。语文小达人6人，数学小达人4人，3人既获得语文小达人也获得数学小达人。

学生独立完成，展示汇报。说说图中每个部分表示什么，并说说算式中的每个数字表示的是图中的哪个部分。

同样是语文小达人6人，数学小达人4人，重叠的人数还有其他可能吗？

可能是0、1、4。

请学生思考重叠人数最多是几人？为什么？

三、深化理解，拓展联系

1. 寻找生活中的重叠问题。

运动会比赛报名情况，学生喜爱的课外活动，等等。

2. 回顾归纳。

在这几年的教学过程中，我经常会遇到这种情况："咦，这个原来是这样解决的！"在我们小学的时候很多问题教师会直接告诉我们解决的方法，只要记住就可以了，根本不会讲为什么，所以我们通常都不太明白是怎么一回事，对于课堂中存在的问题教师都是停留于教授学生而学生是被动接受的状态。如今自己成为一名教师，就是想让学生明白为什么这样解决。因此，我在进行教学设计时都会想想为什么，也希望在我的课堂上学生能够问为什么。所以，本节课我没有直接教给学生韦恩图，而是让学生自己创造了一些图。本节课就是想通过学生的自主探索、生生对话来解决问题。

感悟反思

一、创设情境，自主探究，将快乐、自信带进课堂

在进行教学方案设计时，我着重体现通过学生自主探究、合作交流了解韦恩图，掌握计算重叠问题的方法。坚持以学生为本，以学生为主体，让课堂成为学生健康成长的学习乐园。

例题源于生活，学生乐意接受并积极参加。本次我创设的情境是我们每周的语数小检测获得小达人的情况，当学生看到自己的名字或者熟悉的名字时是非常兴奋的，这就增加了学生的参与度，让学生快速地进入思考状态。陶行知先生说："在'做'上教，乃是真

教；在'做'上学，方是真学。""教的法子要根据学的法子，学的法子要根据做的法子。"因此，在教学过程中一定要给学生留有足够的实践活动空间，本节课创设了让学生设计排队、设计图，学生设计的图各式各样、各具特色。可见，创造源于实践，提供实践操作平台，激发学生学习数学的兴趣和热情的同时也培养学生的创新思维。当学生汇报自己独特的表示方法时，我们将四种图形进行比较，发现每幅图的优缺点，进而引导学生借助一种图——韦恩图来理解解决这一问题，让学生经历韦恩图的产生过程并充分感知体验韦恩图的作用。在此过程中，着重表扬设计出韦恩图的同学，他们的想法和伟大的数学家是一样的！通过让学生在情境体验中"学"、在解决问题中"悟"，调动了学生学习的主动性，激发了学生的学习兴趣，使学生发现问题、提出问题、分析问题、解决问题的能力得到提高，思维也更加活跃。

在这节课过后，有不少学生找到我，兴奋地跟我说着本节课自己的感受，不少学生说道："原来数学只要我想得周全了就这么简单了。""数学课怎么这么有趣，我现在最喜欢数学课了。"

二、生生互动，充分交流，把课堂还给学生

数学教学是数学活动的教学，是师生之间、生生之间交往与共同发展的过程。师生、生生之间的交流与探讨能促进学生对数学知识的理解和数学认识的发展。利用小组合作共同探讨的形式，让每个学生有效地参与，鼓励每个学生明确地表达自己的想法和接受他人的思想。本节课中最重要的就是生生交流。全班交流之前，完成的同学先在自己的组内进行交流，将自己的想法跟组内同学说一说，厘清思路后进行全班交流。一名同学汇报，结束后很多同学进行反馈，这时就请汇报的同学指名请学生回答，让汇报的同学感受到了自己的自主选择权，其他同学也具有了自主发言权。这样学生就更加愿意投入讨论当中，大家可以积极地互动，也锻炼了学生的语言表达能力。课堂上你来我往，热闹非凡。很多同学在互动中与平时完全不同，能够勇敢地表达，敢于向其他同学提出疑问，极大地激发了学生的参与热情，让学生真正成为学习的主人。教师还是要走到学生当中去，去了解学生的想法做法，当学生在哪里出现问题时，作为课堂的引导者，教师要适当地引导。希望积极主动的学习，切实有效的互动交流能够成为数学课的主旋律。

三、有效评价，认真倾听，创造高效课堂

学生只有认真听其他同学的想法，对于其他人的想法进行理解、思考等处理，才能更好地促进能力的发展，才能让学生主动地学习，提高课堂教学的效率。而教师对于这方面的重视体现在对倾听习惯的评价上，这也是我本节课所欠缺的部分。不管是几年级的学生对教师的评价都非常在意，教师的一句话、一个眼神、一个动作都能够让学生感受到教师的用意。本节课对于评价部分我自己注意得不够，由于关注了大多数积极参与活动的学生，对个别溜号学生关注得不够，而且对认真倾听、积极思考的学生评价不到位。

这又让我想到了吴正宪老师的评价。每次听吴老师说话，都给人一种轻松的感觉，让人听了还想听。例如，"掌声还不响起来，我看了都感动了""课堂是允许出错的地方"等，这些语言让孩子们感受到教师是热情的，是和他们有共鸣的，面对这样的教师谁不愿意认真思考、认真倾听、认真学习呢！我们在教学过程中尤其应该注意培养学生的良好习惯，学会欣赏他人、尊重他人、认真倾听。

数学教育不是每个孩子都得到一张满分的试卷，而是要培养孩子们会运用数学的思维方式去观察、分析、解决问题的能力。教师要摆正自己的位置，把学生放在学习的主体位置，把课堂还给学生，引导学生喜欢数学，以积极向上的态度投入数学的学习，爱上数学、爱上思考。

线段图让解决实际问题更容易

（首都师范大学附属中学大兴北校区　苏雅楠）

导读：用线段图解决实际问题是数学研究的重要方法之一，是转化数学思想的重要体现，在数学教学中采用线段图的方法，往往能达到化难为易的教学效果。但是，在实际教学中，我发现学生利用画图来解决问题的意识不强，画图能力薄弱，利用画图检验解题过程和结果的学生更是寥寥无几。所以，在数学课中我设计了一些活动，目的是培养学生用线段图解决实际问题的能力。

小学数学教学中的实际问题既是小学数学的难点，也是教学中的难点。有不少的应用题，文字叙述比较抽象，数量关系比较复杂，小学生对于一些抽象问题理解起来比较困难。如果教师一味地从字面去分析题意，可谓事倍功半。线段图在小学数学应用题教学中起着奇妙的作用，它可以帮助学生轻松、愉快地学会复杂关系的应用题，既提高了学生的理解能力，又促进了学生思维的发展，是行之有效的教学方法。

在教科书中，关于线段的定义：直线上两点间的部分叫作线段。特点：有两个端点，有限长。关于线段图没有定义，字典中也没有解释。可以这样理解：线段图是由几条线段组合在一起，用来表示应用题中的数量关系，帮助人们分析题意、解答问题的一种平面图形，它的特点是：从抽象的文字到直观的再创造、再演示的过程。

如何让学生喜欢画线段图，并在学习中自觉地应用呢？下面是我对线段图具有的优点的一些思考：

一、线段图最大的特点就是直观，它可以化抽象为具体

心理学研究表明：小学生的思维以具体形象思维为主，逐步向抽象逻辑思维过渡；由具体运算为主，逐步向形式运算过渡，这是一个缓慢的、渐进的发展过程。而小学阶段的数学概念大多具有简洁、抽象的特点，为了使学生准确地理解数学概念，需要教师充分利用直观教学，借助数形结合，引导学生去观察比较，化抽象为具体形象。

例如，在讲北京版数学三年级上册"解决实际问题2"中：两辆卡车，小卡车上有6台电视机，题中文字是：我车上有6台电视机，另一辆大卡车上装满电视机，大卡车上电视机的台数是小卡车上的5倍。问题：两辆车上一共装了多少台电视机？教师问学生：从题目中你能得到哪些数学信息，以及问题是什么？生很迟疑。教师接着问：遇到什么困难了，你能说出来大家一起交流吗？这时候，有个学生回答："老师，这个题目有点儿复杂。"另一个学生说："题目中没有直接给出大卡车上有几台电视机。"对于题目，大部分学生感到无从下手，一脸茫然；也有个别的学生能够回答出来，但是大部分孩子都无从下手。这时有个同学举手，说出了自己对这道题的理解，我觉得很对，就趁机问了该学生："有什么办法能够让大家一下子就明白你的想法吗？"该学生迟疑了一下，说："可以画图。"接着，学生通过图把题目中的数学信息清晰地表示了出来，在解释图的过程中，其他同学也明白了题意。

对学生而言，纯文字形式呈现的问题相对比较抽象，仅凭文字叙述有时很难直接看出题中的数量关系。这类问题对大部分学生来说具有一定的挑战性，他们会感到很困难。这种时候，在同学们对数量关系理解模糊之际，通过教师的启发引导，让学生说出自己的困惑，相信学生会想到画图，产生画图的需要。引导学生画图，并且完整体验将数量关系用画图策略与数形结合思想有机结合的过程，是提高解题能力和技巧的重要方法，更是教学过程中必须具有的一种策略意识。

二、线段图可以化动为静

例如，相遇问题：甲、乙两地间有一条公路长217.5千米，甲车以每小时25千米的速度，从甲地开往乙地，1.5小时后，乙车从乙地出发，经过3小时后，两车还相距15千米。乙车每小时行多少千米？学生如果只看文字，哪段路程是甲车单独走的？哪段路程是甲、乙两辆车共同走的？哪段路程是两辆车都没走的？学生如果用线段图，就可以很清晰地表示出甲车1.5小时单独行驶的路程，3小时是甲、乙两辆车共同行驶的路程，以及经过3小时后，两车相距的15千米。通过线段图可以清晰地表示出来，这样学生很轻易就可以从图中看出，要求乙车每小时行驶多少千米，关键要知道乙车已经行驶的路程和行驶这段路程所需要的时间。再根据行程问题的公式：速度＝路程÷时间，求出乙车的速度。

三、线段图更便于学生比较数量之间的关系

一些比较难解决的问题，由于其所包含的信息量更大，数量关系也更为复杂，相应地，学生会更难厘清自己的解题思路，并做出正确的解答。而运用线段图的方法可以逐步地找出有效的信息，并正确地分析出它们的数量关系，方便学生对各个数量关系的比较，将比较复杂的应用题分解开来，并逐步地分析思考问题，用正确的方法得出准确的结论。

例如，在学习六年级上册第二单元"分数除法"中的例4，让学生解决简单的"已知一个数的几分之几是多少，求这个数"的实际问题。这是分数乘法中"求一个数的几分之几是多少"的逆向问题。这类问题如果用算术的方法解，学生较难理解，往往难以判断出谁是"单位1"，数量关系也比较复杂。所以，在解决此题时，根据乘法的意义，利用已有知识画线段图，找到数量关系，写出对应的等式并列出方程。

在学习例4前，第一单元"求一个数的几分之几是多少""求比一个数多（或少）几分之几的数是多少"的问题，都是已知"单位1"的题型，在教学中要引导学生运用线段图来分析数量关系，理解已知"单位1"就用乘法计算的解题方法。而第二单元的例4恰好是这两个题型的逆向问题，这类问题如果用算术方法解，直接告诉学生"单位1未知，用除法计算"，学生未必能理解。而运用算术方法，数量关系也比较复杂。因此，在教学中应加强分数乘、除法相应问题的比较，引导学生在第一单元知识的基础上运用线段图来画出两个量之间的关系，明确谁是"单位1"，并根据数量关系写出等量关系式。只要把关系式的数量分别用未知数和已知数替代，并列出方程，然后通过解方程就可以了。

所以，在课堂上，教师应充分发挥学生的主观能动性，让学生自己动手画线段图，学生从最开始的实物图，到简图，最后到线段图。虽然过程有些复杂、有些拖沓，但是符合学生的认知过程，学生也会更容易接受，并且能够深刻记忆。如果直接让孩子接受线段图，对学生而言还是有些困难的，且不容易接受。只有这样一步步，循序渐进，最后通过学生自己总结，发现解决实际问题，画线段图是最方便、快捷、直观的方法。

在小学数学的教学工作中，解决问题是一个非常重要的板块，其对于学生的综合能力要求也较高。而由于解决问题包含了丰富的信息量，数量关系也较为复杂，是教学中的重点和难点。而引入线段图来辅助解答小学数学的实际解决问题是非常有效的科学方法，不仅能提高学生的解题效率，并能在一定程度上培养学生的分析问题能力和解决问题能力，所以培养学生运用线段图解答实际问题的能力也应该是非常值得我们重视的教学环节，我们应该规范小学数学应用题教学工作的具体流程，并能达到让学生熟练地运用线段图解答实际问题这一最终目标，让学生能比较轻松、愉快地掌握到这一高效的解题技巧。

参考文献

[1] 陈树江. 线段图在小学数学应用题教学中的应用 [J]. 空中英语教室（社会科学版），2011.

[2] 杨成. 线段图在小学数学应用题教学中的应用 [J]. 新课程（教育学术），2010.

[3] 卢艳. 线段图在小学数学应用题教学中的应用 [J]. 商情，2013.

借助游戏活动，构建智慧树法则的思维模型

——以《酷拉米》一课为例

（首都师范大学附属中学大兴北校区　葛美玲）

导读：《义务教育数学课程标准（2022年版）》明确指出：会用数学的思维思考现实世界。数学思考力是数学课程要培养的核心素养之一。小学生数学思考力是指小学生达到小学阶段数学思考目标而具备的能力。《酷拉米》游戏课中应用的智慧树法则体现了深度学习的模型思想，即把隐性的思维显性化，显性思维结构化，结构思维模型化，模型思维品质化。本文主要研究如何在《酷拉米》中渗透思维模型的建立过程。

史宁中教授在《数学基本思想与教学》一书中指出：数学模型是用数学的语言讲述现实世界中与数量、图形有关的故事。由此可见，数学建模的过程就是将数学与现实建立数量、图形的联系的过程。我们需要有一个"现实世界"、有数量、图形的有关数学知识，最重要的就是将两者建立联系。学生通过观察、分析、对比、交流等学习活动，将智慧树法则运用到《酷拉米》中。在进行《酷拉米》的游戏时，教师可以这样做：

一、初识游戏，感知智慧树法则思维模型

《酷拉米》是一个双方博弈的游戏，双方在一个7×7的方形棋盘上分别执黑、红棋子按照如下规则进行游戏：

1. 双人对弈，每方选择一种颜色的小球，每局10分钟。
2. 两人轮流放球，第一球可以放到任意地方，但接下来轮到的人必须遵守以下三条规则放球：
（1）球必须放在与对手最后放的那颗球所在的行或者列上。
（2）球不能放到与对手最后放球的同一块板上。
（3）球不能放到与自己最后放球的同一块板上。

熟悉游戏规则后，学生就会希望得知如何结束游戏，教师顺势给出游戏结束规则：

> 1. 谁先于对手在行、列或者对角线上将至少4颗棋子连成一条直线，谁就获得了比赛的胜利，比赛结束。
> 2. 当所有的球都放完或者有一方无法放球，比赛结束，判定为平局。
> 3. 比赛时间到，若双方棋局没有结束，判定为平局，比赛结束。

在游戏时，学生发现《酷拉米》跟现实生活中的五子棋有相同之处，也有不同之处。那么学生就容易将五子棋的一些经验用到《酷拉米》游戏中。但是在实际的游戏过程中，同学们发现识别对方的威胁这件事儿在游戏中非常重要。为了发现并识别对方的威胁，每一次出棋都需要停下来，观察对方的出棋，分析对方可能放在什么位置。这些简短的思想就是学生初步感知到的智慧树法则模型，但是学生的这些想法还是比较模糊、无章法的。

二、分析棋局，探究智慧树法则思维模型

为了将学生星星点点的想法梳理得更加清晰，教师以分析棋局为主，协助学生将思维慢下来并将其显现出来。例如，（教师贴出红灯）同学们请仔细观察黑板上的棋局（贴出黑色和红色铁圈）。

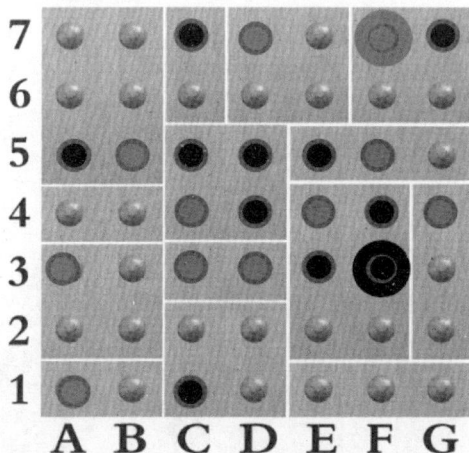

　　教师通过三个启发性的问题，引导学生将智慧树法则的步骤显现出来。第一问（红灯阶段）：黑棋子可以放在哪儿？第二问（黄灯阶段）：当黑棋确定后，红棋可以放在哪儿呢？第三问（绿灯阶段）：如果你是黑棋，你会放在哪儿？为什么？运用红绿灯法则后，学生零星的思想已经有了非常清晰的思考过程。再加上回顾分析棋局的过程，学生已然能够概括出智慧树法则解决问题的过程了，也就真正建立了智慧树法则模型。

三、继续游戏，应用智慧树法则思维模型

　　学生既然已经建立了模型，就必然急切地想去游戏中试一试。在游戏中，很多学生已经有意识地应用智慧树法则，但是也总是寥寥几次运用智慧树法则，所以智慧树建立得不够大，模型思想建立得不够深入。为了克服这个难点，教师就将上次的棋局继续分析。依据上次的棋局分析，黑棋子放在 F1 或者 A6 都不会输，但是也不会立刻就赢，那么黑棋子最终放在哪里更好呢？看来只分析一步是不够的。

　　那我们需要进一步分析：

　　1. 如果黑棋子放在 F1 的位置，我们通过智慧树法则模型就会得到下面的结论：

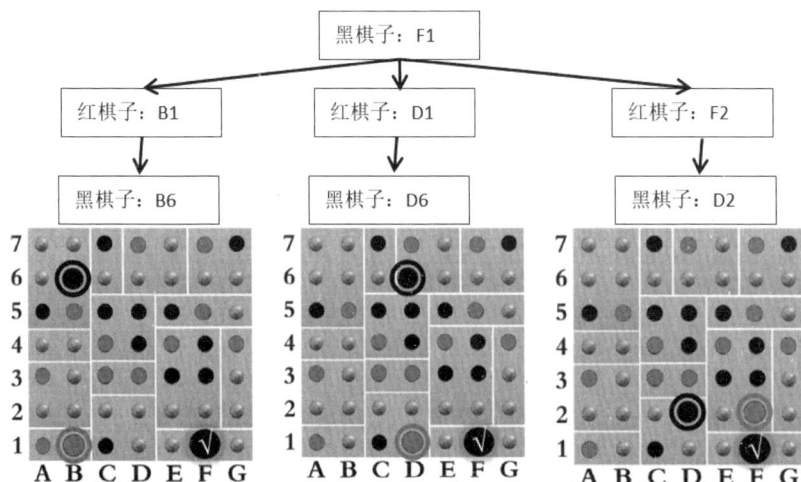

通过进一步分析，黑棋子如果放在 F1，黑棋子必然会赢得这次游戏。

2.如果黑棋子放在 A6的位置，我们通过智慧树法则模型就会得到下面的结论：

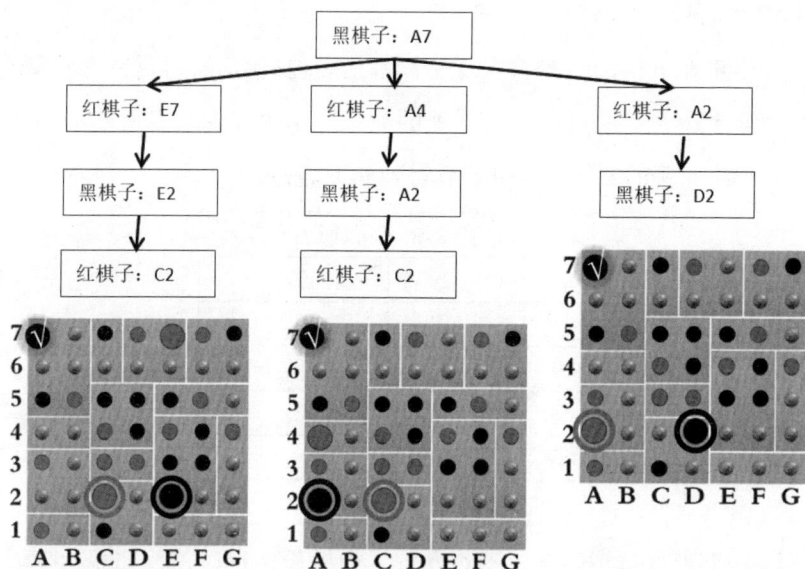

红棋子拥有了出棋的主动权，红棋子一定利用智慧树法则选择对自己更有利的位置。所以黑棋子如果放在 A7的位置，红棋子必然会赢得这次游戏。

棋局中学生发现运用智慧树法则只分析一步是不够的，有时候需要分析多步，智慧树建立得越大，自己的胜算也就越大。

四、游戏之外，拓展智慧树法则思维模型

在三年级学习"长方形和正方形面积"这一单元中有一节"探索规律"。书中介绍：用24米长的绳子围一个长方形或正方形的绿地，它的面积可能是多少平方米？怎样围面积才能最大？在学习这节课的时候，我先引导学生停下来（红灯阶段）仔细观察题干中的信息

"20米长的绳子围成一个长方形或正方形绿地"，找齐所有可能出现的长方形或正方形，（黄灯阶段）分析：每一种可能的绿地的长是多少米，宽是多少米，再计算出每一种可能的面积是多少？把长、宽、面积记录到下面的表格中，（绿灯阶段）观察表格，发现怎么围面积才是最大的。

学生在分析的时候就发现：20米是绿地的周长，只要确定了长和宽或者边长，就可以求出绿地的面积。学生找到所有可能的图形才是解决问题的关键，通过计算得到如下表格：

长／米	宽／米	面积／平方米
11	1	11
10	2	20
9	3	27
8	4	32
7	5	35
边长／米：6		36

仔细观察这个表格，不难发现：当周长一定时，长和宽越接近面积越大。

这节课中能够找齐所有的可能性是解决问题的关键。找齐所有可能性，然后再依次分析每一种可能的结果，也是智慧树法则模型的关键之处。

此时的学习经验，也正好适用在"总复习——问题与思考"中的一个判断题：

一些长方形和正方形的面积都是36平方米，那么正方形的周长是最大的。

学生开始自己动手画一画、围一围，最终找齐所有可能性，并分析出每一种可能的周长：

长／米	宽／米	周长／米
36	1	74
18	2	40
12	3	30
9	4	26
边长／米：6		24

通过观察这个表格，不难发现：当面积一定时，长和宽越接近周长越小。

《酷拉米》游戏课中学生不仅获得了智慧树法则模型，而且经历了模型建立的过程，可以培养学生用数学的思维思考现实世界。

参考文献

[1] 史宁中．数学基本思想与教学 [M]，商务印书馆出版社，2018.

主动构建联系，形成模型思想

（首都师范大学附属中学大兴北校区　葛美玲）

摘要：数量关系是小学数学学习中比较重要的内容之一，也是数学建模中非常重要的内容。理解数量关系、构建联系，是形成模型思想的重要环节。本文从单价、数量、总价这三者之间的数量关系入手，探索如何掌握数量关系，促使学生形成数学模型思想。

"数量关系"是北京版教材四年级上册第六单元的教学内容，主要包括"单价、数量、总价""速度、时间、路程"数量关系。小学生建立"单价、数量、总价"的数学模型，不仅有助于学生深刻理解单价、数量、总价这三个概念，而且有利于提升学生独立解决实际问题的能力。

一、创设情境，体会数学模型的意义

史宁中教授在《数学基本思想与教学》中指出：数学模型是用数学的语言讲述现实世界中与数量、图形有关的故事。数学模型使数学走出了自我封闭的世界，构建了数学与现实世界的桥梁。由此可见，找一个适合的现实世界是数学模型建立的出发点。"单价、数量、总价"三者之间的数量关系最常出现在超市购物中，教材中设置的三个场景是：超市、建材市场、售票口。教材这样设置有助于提高学生的应用意识，但是不利于学生理解单价、数量和总价的本质，也不利于学生体会数学模型的意义。所以教师要根据学生的学习情况，选择更合理的教学情境。

教材中设置的情境是：

解答下面的问题。

（1）买3千克苹果需要多少元？

8元/千克

（2）买160块瓷砖需要多少元？

15元/块

（3）买2张车票一共需要多少元？

为了激发学生的学习兴趣，能够主动学习，所以我稍微做了调整：同学们，这节课我们去超市中找一找数学问题。请仔细观察大屏幕：

16元/个　　12元/个　　2元/支　　21元/支

教师：请你说一说，这个标签是什么意思？

生1：每个铅笔盒16元。

生2：每个订书机12元。

生3：每支铅笔2元。

生4：每支钢笔21元。

教师：超市中的这些信息有什么用？在逛超市的时候，了解了这些信息后，你接下来会做什么？

生1：有了这些信息就知道每一种物品我需要付多少钱。

生2：有了这些信息就知道我带的钱够不够付钱。

生3：我接下来就去选择东西。也就是说我要决定买什么，买几个。

小结：看来，我们计划买什么，就是要了解单个商品的价钱，这就是商品的单价。

然后计划这个商品买几个（只、盒、包……），就是购买商品的多少叫作数量。

最后去收银台付钱。就是一共花的钱数叫作总价。

二、主动构建联系，理解数量关系

2011年版课标指出：模型思想的建立是学生体会和理解数学与外部世界联系的基本途径。建立和求解模型的过程包括：从现实生活或具体情境中抽象出数学问题，用数学符号建立方程式、不等式、函数等表述数学问题中的数量关系和变化规律，求出结果，并讨论结果的意义。在教师和学生从超市中抽象出数学问题后，如何引导学生用数学符号建立数量关系呢？这是本节课教学的难点，也是重点之一。在教学活动中，我采用学生自评的方式引导学生主动构建单价、数量、总价的联系。

教师：如果你是超市的收银员，请独立完成下面的账单结算。

安安：买 3 个铅笔盒多少元？
明明：买 8 支铅笔多少元？
王老师：买 6 支钢笔多少元？

学习单：（1）请你把信息填到下面的表格中。

商品	单价	数量	总价	评价方式
				能将 3 种商品的信息填充完整的：☆☆☆

（2）仔细观察上面的表格，用自己喜欢的方式表示**单价、数量、总价**的关系。

用自己喜欢的方式表示**单价、数量、总价**的关系：	能正确表达的：☆☆☆

学生通过独立解决，结合上一环节的概念学习，都能完整地填充出第（1）（2）两个表格，但是内容稍有不同。

在学生反馈的时候，教师追问：为什么用乘法计算呢？

生1：买铅笔盒的时候，我就是要计算3个16元一共多少钱。

生2：买铅笔的时候，我就是要计算8个2元一共多少钱，所以我用简便的乘法计算。

生3：买钢笔的时候，我就是要计算6个21元一共多少钱，我也可以将6个21元加起来。

总结：看来单价、数量与总价三者之间的关系就是：一定数量的物品总共多少钱。所以就是：

单价 × 数量 = 总价

或者是：

数量 × 单价 = 总价

三、分层练习，应用模型思想

为了促进学生对单价、数量、总价的深入理解及对数量关系的灵活运用，在练习部分设置一系列层次分明的练习，帮助学生逐渐感受数量、单价、总价的联系，有助于学生形成数学模型思想。

1. 分层练习，拓展数量关系

变式一：王老师去超市购物，购物小票破损如下：

商品	单价	数量	总价
苹果	8元	千克	24元

说一说：你发现了哪些信息？你能发现并提出哪些数学问题？请你尝试解决。

生1：我发现了，一共花了24元。

生2：我提出的数学问题是：王老师买了几千克的苹果？

生3：24÷8＝3（元）。

教师追问：为了解决王老师买了几千克苹果的问题，你为什么用除法计算呢？

生1：我要把24元分成8元为一份，看看一共能分出几个8元，就是几千克苹果，24－8－8－8＝0，有3份，也可以用简便的除法计算。

生2：这就是要求几个8的和是24元，算除法就想乘法，所以我用除法计算。

总结：当已知单价、总价求数量时，就是总价包含了几个单价。

所以数量、总价、单价的关系是：

总价 ÷ 单价 = 数量

变式二：爸爸去火车站售票口买2张相同的火车票，一共花了388元。

说一说：你发现了哪些信息？你能发现并提出哪些数学问题？请你尝试解决。

生1：爸爸买了2张软卧上铺的票，一共花了388元。

生2：我提出的数学问题是：每张火车票多少元？

生3：388÷2＝194（元）。

教师追问：为了解决每张火车票多少元的问题，你为什么用除法计算呢？

生1：因为火车票的单价是不变的，那就是要把388元平均分2份，每一份就是火车票的单价，所以用简便的除法计算。

生2：这就是要求2个几的和是388元，这样就要用除法计算。

小结：当已知数量、总价求单价时，就是要把总价平均分成一定数量，求每一份是几。所以数量、总价、单价的关系是：

总价 ÷ 数量 = 单价

2.对比沟通，形成模型思想

沟通联系是数学建模活动中一个非常重要的过程，在对比中沟通单价、数量、总价之间的联系，在对比中强化概念本质的理解，在对比中发现数量关系的变化规律。

同学们在超市购物、买票等活动中，对于单价、数量、总价三者之间关系的应用中，你发现了什么？

学生独立思考；生生交流；师生交流。

小结：已知单价与数量，求总价，要用乘法计算，就是：单价 × 数量 = 总价（数量 × 单价 = 总价）；已知总价与数量，求单价，要用除法计算，就是：总价 ÷ 数量 = 单价；已知总价与单价，求数量，要用除法计算，就是：总价 ÷ 单价 = 数量。

在"数量关系"这一小结教学中，学生在课堂中探究单价、数量、总价这三者之间的数量关系的过程，通过复制迁移，同样适用于探究速度、时间、路程这三者之间的数量关系。这一章节的内容有助于学生形成模型思想，提高学生学习数学的兴趣和应用意识。

勤思考，明方向，重实效

（北京小学大兴分校亦庄学校　王凯丽）

导读：时光流转，在成为教师的几年里，我收获了很多教育知识，在数学教学上，一次展示课让我收获颇丰。展示课经历了备课、试讲、反思、再备课、再试讲、再反思的过程，深刻地感受到勤思考、明方向的重要性。

在教学北京版数学"对称"时，我经历了备课、试讲、反思、再备课、再试讲、再反思的过程，深刻地感受到勤思考、明方向的重要性。我意识到孩子学习的过程要教师不断思考进行引导，教师要明确教学方向，一步步落实教学要点。

本节"对称"是北京版数学二年级下册第三单元第一课时的内容，本课时的教学内容属于"图形与几何"领域的"图形的运动"范畴，旨在引导学生直观认识实物或图案轮廓的对称性，建立对称的观念，初步掌握判断图案轮廓是否对称的基本方法，促进学生空间观念的发展，为后面在第二学段进一步学习轴对称图形做准备。通过本课学习，使学生初步感受到生活中的许多事物的轮廓都具有"两边一样"这种特点，这种特点会使事物看起来匀称、端正、美观，激发起学生对这种现象的探索欲望。

一、初试讲，学小结，明方向

本节课我经历了三次试讲，每次试讲对教学目标都有不一样的体会。

第一次试讲，教案就摆在面前，每个流程明明已经牢记在心中，但是等我真正实施课堂教学时，发现自己还是记不清楚环节要点，整节课下来，每一个环节都没有有效落实，感觉整节课很混乱，抓不住重点。第一次试讲之后，我反思自己确定的教学目标明明没有问题，教学环节也没有问题，为什么在实际的课堂教学中，落实不了目标呢？课后请教了师父，师父建议我在每个小环节后面加上"小结"，在小环节教学中，紧紧围绕关键小结组织展开教学，使自己讲的每一句话都是有用的话。小结，看似简单的几句话，却是这个小环节的教学目标，让我茅塞顿开。

"对称"知识的教学，共分为三个大环节：观察对称现象—动手操作对称—感受生活中的对称。这三个大环节分别要落到初步认识对称、加深对称认识、判断对称图形三个目标落点，我课堂上所有的随机应变都是为了这个小结重点做准备。第一次试讲，我虽然知道教学目标，但是怎么落实，落实到哪里，我是不清楚的，这才有了第一次失败的试讲。添加一个个的"小结"后，我心中有数，因为这些小环节是为了"小结"服务，课堂上所有的对话有了"落点"，我不再盲目应对学生的生成，而是能够有目标地处理学生的每一个生成点。

二、再试讲，勤思考，落扎实

通过修改，我进行了第二次试讲，这次试讲我的第一感觉是"心里有底"。

我不用死记硬背教案，只要记住环节和关键落点，落到实处，层层递进就可以了。第二次试讲较为顺利，学生的学习收获更加明显。但是第二次试讲，也出现了一些新问题，比如，图案对称还是图形对称？我用了一张脸谱引入，观察完脸谱，孩子们说："脸谱不是对称的，因为它的下巴上的阴影不对称。"此时的我，对这节课的"对称"特征把握也是模棱两可，觉得孩子们说得有道理，阴影是不对称，那它就不是完全重合的，还夸奖了学生"观察得真仔细"。这样的夸奖让孩子们观察实物时，都去关注实物表面的细节，而不观察轮廓。

在第二次试讲之后，我再读教参，结合课上学生出现的问题进行课后反思，二年级的"对称"，首先要让学生感知的是图案轮廓的对称，而不是图案内在细节的对称。这次试讲，指导教师建议我淡化细节、关注整体，即引导学生从图案中抽象出轮廓，辨别轮廓是否对称，这才是这节课的教学意义所在。

第二次试讲也让我意识到，小结很重要，也就是每个阶段的教学方向十分重要，但是教学方向的产生，一定是教师不断研读教参后确定的，这需要我不断学习，明确正确的教学方向。

布卢姆曾给教学目标以这样的定义："阐述教学目标就是用一种特定的方式描述在一个教学单元或一门学科完成以后，学生应该能做出些什么，或者学生具备哪些特征。"可见，教学目标是以学生身心变化为标准，以学生通过学习以后的直接可观察的行为指标为依据的。第二次由于我的不当评价，让学生过度关注细节，而忽略了事物或图案轮廓的对称，偏离了二年级学生把握对称特征的目标要求。而这句不当评价，是因为我对教学目标钻研得不够透彻导致的盲目评价。所以说教学目标不光要正确，还要精心理解它的达成标准。

三、终呈现，方向明，落点准

第三次正式讲课，我从课件到教案，都淡化了学生对于细节的关注，孩子们无论在动手操作环节还是观察身边对称图形的环节，都可以观察整体轮廓是否对称。尤其当说到"人也是对称的"，有个孩子说："不一定，万一脸上有个痦子呢？"当时我引导说："忽略痦子，人的轮廓是不是对称的呢？"孩子不纠结地回答："是对称的。"这句回答让我觉得这节课圆满完成了。

一次试讲有一次收获和成长，通过前面所述的"二教两反思"，我又进行了第三次反思：

1. 紧扣教学目标，明确课堂方向

从教学目标和教学过程来看，学生是教学的主体。在教学设计过程中，要根据学生接受新知识的能力程度制定出合理的教学目标。但我们不可能将所有的课堂教学都通过"三教三反思"的过程，不断明确课堂的目标和方向，因此，除了教材分析以外，对本班学生的学情分析也非常重要。我们可以通过前测、访谈、请教有经验的教师等多种路径，了解学情，制定出更加符合学情的教学目标。只有教学目标明确，教师的教学才可以避免盲目性和随意性，增强目的性和计划性。

但教学目标是否能够落实，还要看教学活动设计中有没有指向教学目标的具体落点，如"小结""学生反馈"等，使得"教—学—评"具有一致性。在教学"对称"课的过程中，我认识到小结的重要性，每一个小结都是重要的课堂方向，时刻为教学目标服务。

2. 多元反馈，调整节奏

在课堂教学过程中，学生反馈是教师掌握教学目标落实情况的重要路径。学生反馈方式很多，如手势、回答问题、展示汇报、练习检测等。教师要根据学生的反馈情况，及时调整教学节奏，使教学目标有效地落实。如在"对称"这节课上，安排了数字的观察、奥运五环的事物等，通过让学生用手比一比，观察学生对"对称"的掌握情况。

学生的年龄、教学的内容，都应该有不同的反馈方式，这些反馈方式都是课前教师思考后确定的，最大限度在课上检验学生的学习成果，通过反馈调整课上的教学。

3. 归纳总结，深化目标

常言道："编筐编篓，全在收口。"归纳总结在这一环节很重要，通过归纳总结，可以使学生把握知识的内在联系。总结的方法也很多，可以教师总结，也可以学生总结。在"对称"这节课上，学生自己总结：感受到对称无处不在、对称美等，如此，借学生之口总结课堂重点，帮助学生加深印象。

以上是我这次展示课三教三反思的过程，每一节课的落实，离不开思考。课前思考、课后反思，课前思考课堂的教学目标、教学方向，课后反思课中出现的问题与改进方法，哪怕最后完成教学，也应从中汲取经验，为后续的教学做准备。

　　教学过程要紧扣教学目标，教学目标是根本的教学方向，课堂教学是把大目标通过教师加工不断落实的过程，如何落到实处是我们每位教师在教学路上不断探索的方向。

　　为师者，我们永远在路上。

儿童视角下小学数学教学的创新实践与思考

（北京市大兴区团河小学　安宁）

　　导读：在新的课程改革不断深入的背景下，小学数学教育获得了显著的成效。随着时代的发展，从整体角度上来看，依旧存在创新性不足这一问题。所以，小学数学教师应该清楚认识到这一点，基于儿童视角合理进行创新实践，以便有效激发学生的学习兴趣，加深学生对数学知识的理解。基于此，本文主要针对儿童视角下小学数学教育的创新实践进行了详细分析，希望能够对自己及其他教师有所帮助。

　　数学是小学阶段十分重要的一门课程，有助于培养学生的逻辑思维能力、创新能力等。而且这一阶段还是学生夯实数学知识基础的阶段，对于其今后的学习有着很大的影响，由此可见其重要性。不过因为传统教学观念的影响，使得很多小学数学教师在课堂教学中基本上采用灌输式教学模式，不注重学生课堂主体性的体现，忽视了课堂上教学的互动，进而导致课堂氛围十分沉闷无趣，学生学习兴趣缺失，教学质量自然也会受到很大的影响。而基于儿童视角积极进行教学创新实践便能很好地解决这一问题，给予学生全新的教学体验感，吸引他们的注意力，活跃课堂氛围。所以需要教师结合教学实际积极落实，为构建课堂教学的实效提供支持。

一、儿童视角下小学数学教学创新实践的重要性

（一）努力促进学生知识内化

小学阶段是小学生夯实基础的关键时期，由于受到各方面因素的影响，使得学生之间存在显著的个体差异。而教师在教学实践中并没有考虑到这一点，往往采用统一的教学模式，造成学生对所学数学知识与形成的经验不能很好地内化成自己的知识和经验，以形成自己的学习能力，难以有效满足学生的个性化需求。基于儿童视角进行教学创新，则能很好地解决这一问题，促进因材施教的实现，加深学生对知识的理解，并且能够应用其解决生活中的具体问题。

（二）促进提升教学质量

作为一门基础性的学科，学好数学的同时还能帮助学生提升其他科的学习成绩，所以加强关注具有切实高效数学课堂的构建意义重大。如果小学数学教师应用填鸭式教学手段组织开展教学，会使得数学学习枯燥古板，学生兴趣缺失。而基于儿童视角进行教学创新，提倡满足学生的学习需求，关注学生的兴趣爱好，在这一前提下组织开展教学活动，便能瞬间抓住学生的注意力，促使学生主动参与到教学活动中，推动教学质量更上一个台阶。

（三）满足学生发展需要

在教学改革背景下，要求教师在教育教学中，不仅得关注知识的教授，还得进行学生综合能力的培养。所以小学数学教学也应该如此，给学生综合能力的提升提供服务，积极创造适合于学生发展的教学方式显得十分紧迫。基于儿童视角进行创新，要求教师加强注重学生课堂主体性的体现，为学生创造更多锻炼的机会，而在不断锻炼和探究中，学生的综合能力逐渐能够得到提升。

二、小学数学教学中主要存在的问题

（一）应试教育根深蒂固的影响

在应试教育背景下，不论是教师还是家长，都觉得考出好成绩便是最为主要的目的。进而在课堂教学中，小学数学教师有一部分人是采用传统教学模式，教师为主，而学生则从旁辅助，课堂主体性难以得到体现，课堂氛围枯燥。这样，便使学生对数学学科缺乏完整的认识，对其今后学习有着很大的不良影响。

（二）教师所设计的教学内容单一

就小学数学教学情况来看，教师基本是照本宣科，在解题教学中，给出的例题比较少，缺乏代表性。在这种单一的教学内容下，会使数学学习显得十分枯燥无趣，学生的学习积极性自然不高，不愿意主动参与到数学学习中，阻碍教学质量的提升。

（三）教师所采用的教学方法陈旧

因为传统教学观念的影响，使得很多小学数学教师在课堂教学中往往采用陈旧的教学方法，一味地对学生进行知识的灌输。并且在课堂上，不论遇见什么知识点，都生怕学生不能掌握，反复进行讲解，设置大量的习题。这样使得学生对于数学知识的理解停留于表层，思维生硬。同时，还会对教师产生强烈的依赖性，遇见稍微复杂的题目就直接放弃，等待教师的解答。

三、儿童视角下小学数学教学的创新实践措施

（一）设计游戏式课堂

对小学阶段的学生来说，游戏是他们的兴趣之一，如果将数学教学和游戏相结合，将学生对游戏的兴趣转移至数学学习中，必定能够很好地调动学生主观能动性。简单来说，有了兴趣学生便会产

生学习动力，进而主动参与到教学活动中，与教师进行互动，并且积极进行思考，这样不仅可以活跃课堂氛围，还能推动教学质量更上一个台阶。例如，在"乘法口诀表"这一节知识教学中，教师便可以组织学生开展"对口令"的游戏。具体就是让学生两两一组，然后一方问，另一方答。问的一方不仅可以问前半段，还能直接给出结果，让回答的一方猜前半段，如果对方三秒内没能答出正确答案，那就等于失败。通过这种方式，便能很好地激起学生的好胜心理，进而可以使学生积极参与其中，实现对乘法口诀的灵活掌握。同时在紧张的问答中，学生的数学思维也能得到很好的锻炼，相较于死板的背诵，这种方式的效果明显更好。

（二）设计绘画式课堂

众所周知，思维特征和年龄有着很大的关系。就小学阶段的学生来说，他们更倾向于借助音色、形象等具象事物引发思维。所以小学数学教师在课堂教学中，应该将教材中的插图合理利用起来；对于没有插图的，教师可以通过网络、课外书籍等进行弥补，结合实际情况合理进行内容的拓展。这样不仅可以丰富课堂教学内容，而且能有效激起学生的学习兴趣，降低学生的学习难度，推动课堂教学质量更上一个台阶。例如，在"认识图形"这一知识的教学过程中，教师在备课环节便可以准备各种图形的卡片，卡片没有颜色，然后教师设定规则，长方形对应黄色、正方形对应蓝色等，每一位学生基于自身卡片的图案找寻对应的颜色，之后自主进行填充。通过画画的方式，可以很好地集中学生的注意力，同时在具体绘画中，学生对于图形的理解也能更加深刻，达成预期的教学目标。

（三）设计"调查式"作业

小学数学教师在课堂教学中，应该明确本节课的教学目标，然后为学生创造更多实践应用的机会，以便实现知识的内化，促进学生数学能力的有效发展。而在新课改背景下，相较于数学知识的应用熟练度，学生知识面的拓展又显得更为重要。为此，小学数学教师在教学完成之后，还可以鼓励学生在课后借助网络查阅相关资料，基于自身兴趣阅读各方面的信息，如太空、地理、物理等。

数学知识已经被应用到很多领域，所有的书籍都可以从某一角度进行数学逻辑的传达，而对小学数学教师来说，便需要将自身引导作用合理发挥出来，以学生兴趣当作起点，进行内在数学逻辑的分析和探究。例如，可以让学生调查涉及超音速飞机的飞行速度、地球与月球的距离等知识，这些看似简单的数据背后隐藏了科学家多年的研究成果。通过调查，不仅培养了丰富了学生的知识面，也锻炼了他们收集信息的能力及运用知识解决问题的能力，并且培养了他们的学习兴趣。而教师需要做的便是将其背后的故事展示出来，以便对学生进行潜移默化的感染，体会数学魅力，形成良好的学习态度。

（四）合理创设教学情境

情境教学法是小学数学教学中十分重要的一种方式，有助于促进教学质量的提升，并且和小学生的认知规律相契合。数学学科存在很强的逻辑性，还具备各种各样的原理、公式和概念等，所以极易让学生产生疲倦感，难以有效地掌握。而将这些事物合理转变成真实的情境，那便能降低学习难度，激起学生的学习兴趣，提升课堂教学质量。例如，在"100以内的加法和减法（一）"这一节知识教学中，教师便可以结合学生实际营造一个良好的教学情境：周末的时候，同学们跟着父母逛超市，父母给了你100元钱，让你选择自己想要的东西。然后教师借助多媒体展示各种商品的图片和价格，让学生将100元全部花完。这一情境与学生生活实际有着很大的关联性，基本上每一位学生都有和父母逛超市的经历，所以能够吸引学生积极参与其中。而要想将100元钱花完，学生必定会进行深度、综合性的思考，最终实现对本课程知识的深度理解，达成理想的教学目标。

（五）充分考虑学生个体差异性

要想有效满足新课程改革的要求，达成理想的教学效果，必须充分考虑到学生的个体差异，而且这也是因材施教教学方法实现的重要前提。为此，小学数学教师可以积极构建"自助餐"式课堂，简单来说就是让学生结合自身需求自主选择合适的题目与作业。例如，教师在讲解完相关知识点之后，不再以某一题当作案例，而是提前准备好有梯度性的题目，让学生结合自身水平进行题目的选择。这样，学生可以更加积极地参与其中，并从中收获到学习成就感，进而逐渐树立良好的学习自信，为其接下来的学习做好准备。在这一过程中，教师绝对不能以某一固定的标准去衡量学生，而是应该设定一定的评价标准。如果学生选择的题目难度超过了教师对学生的预期，并且正确地解答，那教师便可以给予其一定的奖励，这样便能避免学生一直选择难度不大的题型，影响到他们的成长和提升。

小学数学教学全面改革任务繁重。为此，小学数学教师可以基于儿童视角积极探索合适的改革途径，注重教学方式与小学生之间的契合度，这样才能更好地满足学生的学习需求，加深学生对数学知识的理解，最终达到教育质量提升的目的。

参考文献

[1] 温春青. 小学生数学创新能力培养，有效提高教学质量 [J]. 考试周刊，2020（95）：79-80.

[2] 文涛. 新课改背景下小学数学创新教育策略 [J]. 读写算，

2020（32）：12-13.

[3] 彭秋风. 儿童视角下小学数学教育的创新实践与思考 [J]. 读写算，2020（30）：318.

[4] 陈丽凤. 数学核心素养下的小学数学课堂教学策略研究 [J]. 考试与评价，2020，15（10）：163.

[5] 毛海霞. 小学数学教学中落实核心素养培养工作的路径探究 [J]. 考试周刊，2020，21（81）：191-192.

[6] 杨凯良. 浅谈数学文化及其在小学素质教育中的价值 [J]. 科幻画报，2020，03（09）：229.

浅议小学数学教学中学生基本活动经验的积累

（北京市大兴区团河小学　张杰）

导读：小学数学基本活动经验的获得与积累是学生学习数学的重要目标。教师在教学中要想方设法注意让学生在操作、思维与数学表达中积累活动经验，让学生的数学学习经验在活动中得到积累，数学学习经验得到进一步发展。

小学数学基本活动经验是在学生参与数学学习的活动中积累起来的。设计有效的数学活动是学生积累活动经验的保障。数学基本活动经验的积累还要依靠丰富多样的数学活动的支撑。那么设计怎样的数学教学活动才能持续不断地组织学生参与数学探究的过程，逐步形成数学活动经验呢？结合自己的教学实际，我认为可以从以下四方面着手：

一、让学生在"做"中积累动手操作经验

生活中能给我们留下深刻印象的事情往往是那些自己亲自做过，

亲自经历过的事情，数学知识的学习也不例外。基本活动经验也是学生经历了具体的数学活动之后留下的。

例如，在教学"分数的初步认识"中我设计如下的题目：让学生动手折一折、分一分，思考是怎样得到一个长方形的1/2的。然后让学生说一说折法，思考有几种不同的折法。操作中形式不固定，方法不唯一。经过学生的操作，可以发现主要有三种不同的思路。第①种折法：思维状态一般，只要把两条长方形的长或宽重合，有两种折法；第②种折法：打破思维常规，沿长方形对角线折，思维活跃，也有两种折法；最值得表扬的是第③种折法：先折出长方形的中心，然后过中心任意折一条折痕，都可以把长方形平均分成两份，有无数种折法，此种折法思维敏捷，富有创造性。通过学生的操作练习及教师的鼓励性评价，能激发学生的学习兴趣，促使学生乐意学习，既培养了学生的实践操作能力，又培养了学生的创新能力。同时，也为学生在学习中积累经验，从多角度观察事物，发现知识奠定基础。

二、让学生在"知识深化拓展"中，积累数学思维经验

教师不仅要指导学生学会获取知识，更应让他们掌握灵活运用所学知识，解决实际问题的思考方法。在生活中善于发现问题、提出问题、分析问题、解决问题。所以在数学课堂上，教师应设计一些深化拓展知识的题，让学生的数学思维得到进一步的发展，积累学习经验。

在教学"20以内连加两步式题"后，我设计了这样一道题作为本课的结尾：新年联欢会上，小丽在"闯三关"的游戏中，共得了12分，猜猜看，她在每道关中各得了几分？解答这道结论开放题，不仅要考虑到12的组成，还要运用连加的知识。在猜想、讨论、交流的过程中，学生个性飞扬，得出了诸多答案，既渗透了数学的思维方法，又点燃了学生创新的火花。

又如，在教学"解决图画式的实际问题——停车场里的汽车"后，我引导学生想象，我们生活中还有哪些这样的图画？请你先说出图意，再当小老师，考考同学们怎么解答。同学们根据要求积极思考并结合生活实际编出了很多实际问题争相发言：

1.有4个小朋友在玩编花篮的游戏，又跑来1个小朋友跟他们一起玩，一共有多少个小朋友？ 4+1=5（个）

2.我上午上了4节课，下午上了3节课，一天上了几节课？ 4+3=7（节）

3.爸爸给我买了10支铅笔，我拿走了2支，还剩几支？ 10-2=8（支）

4.树上有14只小鸟，飞走了9只，还剩几只？ 14-9=5（只）

……

这个形式、内容、结论均为学生提供了开放性的空间，为他们的思维插上了翅膀，在数学的天地中自由地飞翔。他们把数学知识应用到生活中，数学思维能力得到了培养，同时积累了数学思维经验。

三、让学生在"质疑"中，积累发现问题的经验

"问"，源于思。它是学生主动学习的重要环节。一个问题的提出往往需要时间和空间，只有留给学生充足的时间和空间，学生才能发现问题和提出问题。在课堂教学中，教师要给学生提供提出开放性问题的材料，给学生质疑问难的机会，留给学生质疑问难的时间和空间让他们积累经验。

例如，在教学"10"的认识时，我出示了一条数轴：0 1 2 3 4（ ）6 7 8（ ）10。先让学生从形象到抽象巩固数的顺序，在学生顺利填出所空数字后，我提出了一个问题："2的前边是几？"学生马上做出了回答。我紧接着把质疑的权利转交给了学生，提出了一个非常开放的问题："你能结合这条数轴，试着提一个问题吗？"话音刚落，学生的小手齐刷刷地举了起来。"4的前面是几？""9的后面是几？"……他们一个个照着样子说了起来。这时有个学生换了一个问法："5的前面都有谁？"这一问不要紧，那些刚刚放下的小手又举了起来。"7的后面都有谁？""6的前面有几个数字，后面又有几个数字？"……看着孩子们那带劲的样子，我耐心聆听，并积极调动全体学生对伙伴的问题进行思考并解答，同时引导学生结合以前的知识进行提问，慢慢地，孩子们的思路打开了："比1小的数是几？""比9大的数是几？""比4大比7小的数是几？""数轴上最大的数是几？最小的数是几？它们之间相差几？""从左边数第二个数字是几？""从左边数第二个数字比从右边数第二个数字少几？"……就这样，学生始终处于积极的思考状态，在相互启发下，积极提取自己已有的知识储备，他们提出的问题可谓层出不穷，在质疑中积累了经验。

由此可见，只要我们在日常的教学中，能给学生创造充足的时间和空间，就能引导学生从无到有，慢慢地学会质疑，从少到多、由浅入深地积累发现问题、提出问题的经验。

四、让学生在"学会数学知识"后，积累解决实际问题的经验

学习就是为了更好地应用，就是为了解决实际问题。面对现实问题，学生能够主动运用学会的数学知识从数学的角度进行分析并探索解决方案，也是数学教学中培养学生应用意识的根本所在，从而也能让学生获得解决问题经验的积累。

如教学三角形的稳定性后可以让学生解释一下：我们住的房子

屋顶为何要架成三角形的？木工师傅帮同学修理课桌为何要在桌脚对角处钉上一根斜条？又如，教学平行四边形的特性后请学生说明：为什么拉栅门要做成平行四边形的网格状而不做成三角形？通过解释一些生活现象，学生更深地感受到数学与现实生活的密切联系。再就是要加强课外实践，也能很好地积累解决问题的经验。

著名的数学家华罗庚先生曾说过："宇宙之大，粒子之微，火箭之速，化工之巧，地球之变，日用之繁，无处不用数学。"其精辟地阐述了数学在现实生活中的广泛应用。例如，让学生帮助父母测算装修住房平铺地板砖的费用。首先让学生测量、计算房间的面积，了解各种图形面积的计算方法在实际中的运用，再了解市面上地板砖的种类。比如有正方形、正六边形等。可以一起探讨什么类型的地板砖可以无空隙镶嵌，如正三角形、正方形、正六边形可以平铺，那么正五边形、正八边形能密铺吗？至于地板砖的花色品种选择后拼成的图案又得出轴对称图形、中心对称图形等。然后通过了解地板砖的单价、地板砖的数量、安装地板砖的工钱如何支付等，最后测算出需要的总费用。通过主动从数学的角度测算平铺地板砖所需费用，学生切实了解数学在实际生活中无处不在，能够主动尝试从数学的角度运用所学的知识和方法寻求解决问题的策略，积累解决问题的经验。

总之，小学数学教学中学生基本活动经验的积累在数学课程改革中不应再是"静悄悄地开"，在数学教育教学中要高度重视数学活动以及学生在活动中所积累的活动经验。数学教学需要学生亲身经历学习过程，从而获得最具数学本质的、最具价值的数学活动经验。著名教育家陶行知做了这样一个比喻：我们要有自己的经验做"根"，以这经验所发生的知识做"枝"，然后别人的知识才能接得上去，别人的知识方能成为我们知识有机体的一个部分。因此，要让学生在亲历中体验，在体验中累积，让经验的"根"长得更深。

小学数学教育中独立思考能力的创新应用

（北京市大兴区团河小学　左月）

导读：学习能力的关键内容就是独立思考能力，它也是小学数学教育的重要目标。在小学数学教育的整个过程中，都需要将培养学生独立思考能力贯穿其中。基于此，本文对目前小学数学教育独立思考能力中的问题做出分析，然后结合独立思考能力的培养目标、学生的性格特点、数学教育的不同内容等，探究小学数学教育中培养学生独立思考能力的具体创新。

随着素质教育理念的深入人心与新课程改革不断深化，传统教学模式已经不能满足独立思考能力的培养要求，在此背景下，培养学生的独立思考能力势在必行。小学数学教育有着独特的思维特征，这和独立思考能力的培养殊途同归，因此，我们很有必要在小学数学教育中培养学生的独立思考能力，这对培养小学生的数学学习能力与综合素质都很关键。

一、小学数学教育中独立思考能力的价值

独立思考能力是一个人特有的思维能力，是处于问题困境时，能够冷静分析问题并找到解决办法的能力，这也是结合自身经验处理疑难问题时所展现的一个思维高度。在现代教育理念中，独立思

考能力是衡量一位学生是否具有综合素养的关键内容之一。2022年版新的课程标准中说明了"三会"的重要性，其中要使学生会用数学的思维思考现实世界这一具体要求说明了数学思考的重要意义。因此，独立思考能力也是教师教学目标的重要内容。小学数学作为一门逻辑性较强的思维性学科，也是一门结合实验与经验提出问题并找到解决办法的基础性科目。在数学领域中有着各种各样的数学问题，只有具备了强大的独立思考能力，才能对这些问题进行有效分析并加以解决。可见，培养学生的独立思考能力对数学学习很重要。小学数学是数学教育的起点，在最初阶段如果能够形成独立思考能力，对以后数学思维的形成往往起着决定性作用。

加强数学独立思考能力的培养对小学数学教育有着重要价值。第一，有效的独立思考能力能够帮助学生找到问题的关键，并能准确解决问题，能够实现学习效率的提升。同时，在这个数学教学过程中，师生之间也可以进行有效的沟通与对话。第二，在轻松愉悦的学习环境中，有效的独立思考能力能够激发学生对数学的学习兴趣与学习热情，这为以后的数学学习提供了更多的可能性。第三，有效的独立思考能力能够帮助小学生形成有效的数学思维——发现问题并能解决问题的思维模式。数学学习本身就是一个步步发展的思维过程，其中每一步都是需要独立思考能力的参与。因此，培养学生的独立思考能力在小学数学教育中有着重要价值。

二、目前小学数学教育中培养独立思考能力的主要问题

独立思考能力是随着新课程改革提出的。小学数学教育中的独立思考能力存在着不少问题。从客观上来说，首先应试教育大环境下，考试分数依旧是衡量学生成绩好坏的唯一指标。这让很多教师将大部分的精力与时间放在学生的答题技巧与如何得分上，很容易造成小学数学教学中的题海战术与高强度训练等现象，这在很大程度上阻碍了学生独立思考能力的形成。其次，传统的灌输式教育还存在于目前课堂教学中，这让学生形成了一种不喜欢接受思维性知识的学习，直接阻碍了小学生独立思考能力的培养。最后，受应试教育与传统灌输式教育的影响，学校举办的数学交流活动也以数学竞赛为主，而培养孩子们独立思考能力的数学实验交流活动却很少。

从主观上来说，首先，教师制定的教学目标与教学设计都存在着严重的滞后性，甚至于教学观念也有一定的滞后性。在教学过程中，教师通常只告诉知识是什么，而不解释为什么，不引导孩子们关注知识形成背后的原因与细节，这让学生很难透彻地理解知识，也没有足够的时间去消化知识，久而久之，学生的独立思考能力便难以形成。其次，小学数学教师在教学方法上缺少引导性。独立思考能力的形成很大程度上取决于教师的引导式教学，但目前绝大多数小学数学教学很少开展引导式教学。最后，小学数学教学内容过于注重标准化的理论知识体系，而独立思考能力的培养是不能在死板的理论基础上开展学习的，单一乏味的数学理论知识很容易限制孩子们的思维活动。而教师教学内容应该多侧重一些开放性的、有趣的教学资源，便会大大利于学生独立思考能力的培养。这种开放有趣的教学内容也是目前数学教学中比较匮乏的。

三、小学数学教育中独立思考能力的创新应用

目前独立思考能力的培养存在着不少问题，这些问题的解决应该结合具体教学过程与教学内容加以开展，在教学前、教学中与教学后三个阶段进行独立思考能力的渗透和培养，对目前的小学数学教育做出创新性探索。

（一）教学前，创新教学观念与教学目标。目前的教学目标应该加以创新，转变原来注重分数的课堂教学，调整数学教学过程中对数学公式的大量训练，而是将更多的关注点放在数学问题的独立思考上，实现小学生独立思考能力的有效培养。如在进行加、减、乘、除运算之前，教师应该减少上课中的讲解，更多地涉及一些能够培养学生独立思考能力的拓展问题。如 $1+2+1=4$，$1+2+3+4+5+4+3+2+1=25$，那么从1加到10再加到1呢，这样的问题，可能课上不一定能够迅速完成，但这样的加、减、乘、除混合运算问题的拓展，能引起孩子们对乘法计算的相关思考，这是培养孩子们独立思考能力的重要方式。

在教学观念创新上，不仅要注重课本知识的创新，而且要注重课本数学知识与生活实际的融合创新。在教学开始前，倘若教师将很多数学问题结合生活实际做出考虑，课堂教学效果便会大大提升，孩子们的积极性与主动性也会空前高涨，这有利于孩子们对数学知识的学习与记忆，感觉数学并不是那么抽象、遥远，而是与生活实际紧密相关的、轻松愉悦的学习过程。如"量感"是2022年版数学新课程标准新出现的一个关键词，它指向的是学生对于物体长度、面积、质量、体积等维度的感知，在日常教学中如何培养学生的量感尤为重要。比如，学习米与厘米单位时，教师应拓展教学资源，不仅仅是课本上的图片等书本案例，更多的是加入家庭成员身高对比、文具盒对比、书本对比等，这样可以将抽象的长度具体化，符合小学生的认知心理。这种创新的教学观念有利于学生快速高效地掌握数学知识，而且为对学生独立思考能力的培养提供了更多的发挥余地。

（二）在教学过程中，以学生为主体，倡导寓教于乐的学习方式。小学数学教学中的重点就是教学活动，教学活动的效率高低与质量好坏直接决定了学生数学思维的形成与独立思考能力的培养。小学生由于心理发展不完善、没有较好的学习耐力、注意力也不是很持久等，这让很多小学生对数学学科有着抵触心理，但采取寓教于乐的方式，从学生角度去开展数学教学则大不相同。如将数学知识与孩子们喜欢的游戏互动相结合，在数学知识学习中也可以满足小学生对新奇事物的关注，这就是很好的寓教于乐。在此过程中，小学生的天性能够得到充分发挥，他们不仅感觉到数学知识的学习兴趣，还能够拓展自身思考水平，提升独立思考能力。如在学习图形知识中，教师可以将这些图形和小学生平时游戏中接触到的事物相结合，长方形的学习桌、椭圆形的操场等，类似的游戏能够加深孩子们对图形的认知与学习。教师还可以进一步引导孩子们去感受图形之间的差异，如正方形的海绵宝宝与长方形的海绵宝宝差别大比拼等，小学生听到海绵宝宝这种故事类语言，便会自觉地去分辨长方形与正方形的差异。类似教学方式的开展，能够促进学生独立解决问题的能力与独立思考能力的迅速提升。

（三）教学后开展非竞争性质的课外活动。数学教师应该注重对课堂学习内容的课外拓展，在课外多举行一些培养学生独立思考能力的交流活动。在这里他们可以自由表达自己的想法，也可以通过与其他人的合作，感受团体力量。如此，培养独立思考能力的教学目标便会得以实现。如学习了千克和克之后，教师可以组织学生开展课外计量单位小活动——"校园二手玩具跳蚤市场"活动，让孩子们在玩与学中感受生活中的千克与克。在这里，孩子们不仅巩固了计量知识，还可以复习买卖运算、人民币换算等。在这个过程中，教师应该考虑学生的思考水平，制定出符合他们认知能力与水平的规则，最大限度地锻炼他们的自主思维能力，培养良好的独立思考习惯。

独立思考能力的培养是小学数学教育的关键内容，这直接影响着教学过程中的每一个阶段。因此，独立思考能力培养应该是小学所有教师的重要教学目标，这是实现提高小学整体教育水平与践行素质教育理念的关键。

参考文献

[1] 张丽琼. 小学数学教育中独立思考能力养成对策 [J]. 课程教育研究，2019.

[2] 许勤川. 关于小学数学教育中培养学生独立思考能力的问题研究 [J]. 学周刊，2021.

对小学低年级学生如何实施"有效学数学"

（北京市大兴区第七小学　姜海荣）

导读：在数学教学中，教师要遵循低年级学生的思维特点和认知规律，以学生的生活经验为基础创设真实的生活情境，为学生提供生动有趣的教学活动，让学生在活动中说数学、读数学、听数学、做数学、用数学，逐步培养学生良好的数学学习习惯，提高学生学习的有效性。

《义务教育数学课程标准（2022年版）》指出："有效的教学活动是学生学和教师教的统一，学生是学习的主体，教师是学习的组织者、引导者与合作者。学生的学习应是一个主动的过程，认真听讲、独立思考、动手实践、自主探究、合作交流等是学习数学的重要方式。教学活动应注重启发式，激发学生学习兴趣，引发学生积极思考，鼓励学生质疑问难，引导学生在真实情境中发现问题和提出问题，引导学生利用观察、猜测、实验、计算、推理、验证、数据分析、直观想象等方法分析和解决问题。"

数学来源于生活，应用于生活。小学的数学学习是以生活经验为基础的。低年级学生活泼好动，注意力持久性较差，思维中具体形象为主，自主学习的能力较弱。作为数学教师要注意引导作用，在教学中以学生的生活经验为基础创设真实的生活情境，为学生提供生动有趣的教学活动，引导学生积极主动学习，以便学生更好地理解知识、掌握知识并能灵活运用知识，让学生在数学课堂中有效学习，快乐成长。

一、说数学，在交流中启迪数学智慧

一个充满活力的高效课堂离不开师生间、生生间的互动交流。课堂上有效的数学交流可以拓展学生的数学思维，可以促进数学认知能力的发展，因此我们要从低年级就开始培养学生的数学交流意识。

低年级学生在数学课堂中进行交流与分享的意愿比较强。在学生入学的第一周，通过安排"数学游戏分享"活动，引导学生说一说自己在幼儿园活动中经历的数学活动、玩过的数学游戏，鼓励学生在课堂上勇于交流、乐于交流，让学生在愉快、轻松的氛围中顺利地开始小学数学的学习。

创设有趣的生活情境，可以激发学生"说数学"的交流欲望。教学一年级"认识1～5"时，首先通过创设学生喜欢的游玩"儿童乐园"的情境，激发学生学习兴趣，然后设置"火眼金睛"的游戏环节，让学生观察主题图说一说"你知道了什么"，学生纷纷举手抢答，你一言我一语，不断发现主题图中蕴含的数学信息，并在教师的指导下用数学语言完整地进行回答。我进一步启发引导："你还能提出哪些数学问题？""谁能来回答他提出的问题？""你有什么不同的观点吗？"学生在数学课堂上继续积极、活跃地进行主动交流，进而促进学生思维能力的有效提升。

二、读数学，在阅读中理解数学问题

在教学中，我发现很多学生做错题的原因不是不会做，而是没有看清题目要求，或是在没读懂题意的情况下就急于做题。错误最多的是看到题目非常熟悉就急于下笔，没有认真审题。

读题是培养学生审题能力的第一步。低年级数学题目大多是以图文结合的形式呈现在学生面前的。在入学的前两周，我就慢慢教给学生各种有序观察主题图的方法，并采用指读、圈画等方法进行阅读，帮助他们不重不漏地找出数学信息，读懂题意。学生升入二年级，我尝试着让学生读数学书，让他们自己在书中找数学知识。我告诉学生在读数学题时首先要学会观察主题图，看清题目表述的意思，然后再去读。"读书百遍，其义自见"，每讲一个新的知识点，都要求学生至少读书三遍，帮助他们理解数学知识。

通过数学阅读的训练，学生渐渐养成了认真读题、独立思考的习惯，读题马虎的现象少了，审题能力大大提高，为进一步思考做好了准备。学生对数学知识和题目的理解更深刻了，做题的准确率提高了，感受到了成功的喜悦，学习的主动性和积极性也提高了。

三、听数学，在倾听中整理数学信息

良好的倾听习惯是获取知识的有效途径。低年级的学生有很强的展示欲望，他们想说的愿望很强烈，但课堂上每位学生的发言次数毕竟有限，如果没有发言机会，很多孩子就会显得很失望，不会认真去倾听别人的发言。学习的过程不能缺少"说"，同样也需要"听"。倾听是一种能力，学生倾听习惯的培养是循序渐进的，需要教师精心组织课堂教学，使学生逐步养成良好的听讲习惯。

　　课堂上，重要的内容我把语速放慢，数学算理算法、揭示数学规律的地方重复强调，让学生听清、听会。小学生注意能力较弱，而且注意力维持时间较短，特别是在听同学发言时容易走神。学生发言的过程中，我要求学生认真倾听，你听清他说什么了吗？你能复述一下他说的吗？你领会到了什么？你同意他的观点吗？有什么不同的意见吗？在倾听和回答的过程中，学生收集、整理数学信息，发现问题并积极思考尝试解决问题，主动参与课堂教学，学习效率逐步提高。

　　四、做数学，在实践中感知数学生成

　　动手实践是学习数学的重要方式之一。有效的数学学习活动不能单纯地依赖模仿与记忆，课堂上更要让学生多动手实践，留出充分自主探索与合作交流的时间与空间。

　　在学习"时、分、秒的认识"时，学生利用学具或实物，自己动手拨动钟表，积极投入教学活动中。在学习"米和厘米的初步认识"时，学生分组进行实际测量，学生通过动手操作，在实践中体验、感知。讲解"绳子对折剪断问题"时，学生都知道绳子对折后长度会变短，段数会变多，那么绳子对折和绳子的长度及段数之间有什么关系呢？如果仅仅依靠课堂上无实物的分析、讨论和讲解，学生难免印象不深，理解得不透彻。学生先猜测再分组做小实验，在活动中"观察与实践""猜测与验证"，可以清楚地感知绳子对折后变成了几段，每段的长度有什么特点，可以总结出已知对折次数求绳子段数的规律。学生动手实际操作过了，在参与中体验了知识的生成过程，对知识点才会真正理解，学习能力也得到有效提升。

　　五、用数学，在应用中感悟数学价值

　　数学学习的目标是能够利用数学解决生产、生活中的问题，有效的数学课堂应致力于对学生学习能力特别是应用能力的培养，教师作为学生认知建构过程中的引导者和促进者，应该采取有效的措施，有意识地将这种观点有效地渗透到课堂教学中。

在学习"认识人民币"单元时，我精心准备了课件、各面值钱币，课堂上学生都认识了人民币，会应用所学知识进行换算和计算。但在解决具体的实际问题时，相当一部分学生不会付钱，不会找钱。于是我借助学校开展的"跳蚤市场"活动，让学生把自己的旧玩具、学习用品等标上适当的意向价格带到学校，每人再准备20元的零钱，准备购买合适的物品。"跳蚤市场"活动持续了两个小时，学生积极投入购物活动中，能清晰地表达和互相交流。在买卖活动中，学生不光懂得了算账、付钱、找钱，还懂得了讨价还价、合理使用人民币，在亲身经历中学习数学、体验数学、应用数学。

一、二年级的数学教材中安排了多个数学实践主题活动。教学中我以学生为本，注重引导学生把课堂中学到的数学知识和数学方法应用到实际生活中，学生通过解决各类实际问题，"在学中用，在用中学"加深了对知识的理解，充分感知了生活中处处有数学。

学生通过说数学、读数学、听数学、做数学、用数学，积极参与数学课堂，真正成为课堂学习的主人。学生数学学习能力逐步提高，在数学学习的过程中逐步成长，课堂教学的有效性也得以体现。

第三节　实施有效策略　让学生学有所得

巧借外力，助学生起航

（北京市大兴区第七小学　郭凤侠）

导读：人无压力轻飘飘。教了20年书的我，如今在家中，经常被已经上高中的孩子提出的一些问题难倒，着实尴尬，感到孩子给了自己很大的压力，与社会脱节了。这激励我要去多读书、多学习、多思考。同时，也让我意识到，如果能借助一些外力的因素，找到吸引孩子、引发孩子学习兴趣的点，势必会收到更好的教学效果。

在学校开展思想状态调研工作中，问及教师阅读了哪些书籍，回想起来寥寥无几，在家中孩子问我：什么是"嫡子"？什么是"对外开放"？什么是……一些问题时，我都不能准确地给出孩子答案。这些引起了我深深的思考，让我感到知识的匮乏与读书的重要性，这些体会来自外力的作用。由此，我想到学生的学习也会在外力的作用下能有突飞猛进的发展。于是，在教学中我巧妙地给予学生点拨，引导他们在外力的帮助下，开展学习活动。

一、激发兴趣，挖掘潜能

学生心里是怎么想的，他要做什么，抓住学生的兴趣爱好，有针对性地对学生进行鼓励，能让学生对学习产生兴趣。班上小甲同学是文艺委员，只要学校有大型活动他都会崭露头角，班级组织活动，班主任根本不用操心，每次都可以说是完美，但一提到学习那简直是上不了台面。他经常以不写作业为理由不带作业，经常以不带作业为理由不交作业，作业错题从来不订正。但他上课回答问题很积极，一看小脑袋瓜就很聪明。

　　一次班主任让他到办公室给我送东西，终于有了单独沟通的机会，我就和他聊了一会儿，我说："你在大兴电视台上的主持表现得真好，太优秀了。"还给了他一个大大的赞，他便显得特别兴奋和自豪。接着我又问他："生活中你有崇拜的偶像吗？"他说："我崇拜李现。""为什么？"我问。他说："李现的即兴发挥特别好。"我说："李现的演技精湛，他靠的是什么呢？"小甲支支吾吾说不上来。我告诉他："李现喜欢看书，喜欢篮球、足球……多才多艺，做事踏实。"第二天早晨，他很早就到我办公室找我改作业，仿佛一下子对数学产生了兴趣。这时我想，在教学过程中，教师利用偶像的闪光点激发学生的学习兴趣，给予孩子需求的力量是至关重要的，学生有了兴趣，才能发挥出自己的潜能。

　　二、建立信任，循循善诱

　　教师应建立与孩子之间的信任关系，要有足够的细心、耐心对孩子的认知过程进行肯定，让他们对学习产生足够的信心，这便缺不了教师的耐心引导。一次，班上的小林同学因为一道计算题做错了，改了两次还不对，我认为她在班里干扰太多，不能沉下心来，于是很生气地让她来我办公室订正。她在一边改，我在一边忙我的，过了好一会儿她才找我批改。结果一看，还是没改对，我很生气地说："怎么还没改对？你到底在干什么？心思都到哪儿去了？去，接着改！"又过了一会儿她来找我，仍然没有改对。"到底是怎么回事？是我哪里讲错了？还是……"我不耐烦地说，"计算题都不会做，你就在我跟前做，我看看你到底错哪儿了。"原来，在做除法时，她把$90.45 \div 4.5 = 20.1$，算成了$90.45 \div 4.5 = 2.1$，当不够商1时，没有用0占位，因此一直算不对。这时，我才知道她为什么出错。我想，这是我没有发现学生出现错误的原因，更是缺乏耐心引导，认为计算题很简单，没有什么不会的，结果让学生自己在那儿一遍又一遍不明原因地修改。

从那之后，每次批改作业时我都会细心观察学生错误的原因，耐心地进行有针对性的引导，学生也不用再一遍又一遍地修改了，节省了大量的时间，每天不再显得手忙脚乱了。作为教师，想教好学生，就要给予学生信心，为他们增添力量，他们会把"要我学"变成"我要学"，会愿意心服口服地变成好学生。

三、创造机会，因材施教

我们常说"机会总是留给有准备的人"。上课时不举手回答问题的孩子是没有准备好吗？作为教师应该了解，在课堂上要尽量让学生多说，要鼓励学生说，哪怕学生说的是错的，也要让学生敢于表达自己的想法，特别是对学习有困难的学生，更要给他们说的机会、说的自由。

我关注到班上总有几个同学不爱举手回答问题，其中有一个同学平时作业写得特别整齐、认真，但是就是没有什么正确的，她也很少找我问问题，都是让同学帮她讲。所以，为了了解孩子做题的想法和思维方式及错误的原因，我就主动叫她，一点儿一点儿地引导她说，说对了我就鼓励她，说错了，我就针对她的问题再次引导她。渐渐地，她也找到自己的问题在哪里，学习逐渐有了信心，期中考试成绩得了89分。

由于每个学生的知识基础不同，对问题的理解也相去甚远，教师在设计问题时要让每个层次的学生跳一跳都能有机会摘到果子，要关注全体学生的发展。相信有很多孩子需要有机会表达自己，我们要给学生创造机会，做一个认真的倾听者，让学生感受到自己的和蔼可亲，让学生发自内心地跟着你走，这样学生才会认真上你的课，达到事半功倍的效果。

物体没有外力的作用，会保持匀速运动或静止状态，人也一样，每个人都有自己的特点与价值，人生的意义就在于体现自身的价值。但是，没有了动力，就会随波逐流，就会埋没了自我，如果有了外力的鞭策，我们就会有所突破、有所作为。在教学中只要我们巧妙地给予学生一点儿力量，就能让他们扬帆起航。

实施开放教学，培养学生的探究能力

（北京市大兴区第七小学　王颖超）

导读：新课程理念下小学数学课堂，教师要向学生渗透开放性教学理念，确保学生能够自觉、主动地参与到小学数学教学过程中。依照学生发展规律让学生在自由、合作、实践中，全身心投入学习中，从而全面改善小学数学体系教学质量。开放教学内容、教学过程、思维方式、问题设计，来培养学生的探究能力。

现代教育是引导学生去探究、去发现、去创造的教育，是培养创新型人才的教育。实施开放的数学教学，能有效地培养学生的探究能力。因此，作为数学教师要努力研究，不断积累经验。下面是我对开放性教学，培养学生探究能力的一些思考与实践。

一、开放教学内容，激活学生思维

　　小学生的学习带有浓厚的情绪色彩，对于熟悉的情境，他们的直觉就能自觉地、顺利地展开，从而激活思维。根据这一认知特点，数学课堂教学内容要向学生生活实际开放。教师要创造性地使用教材，使学习内容贴近学生的生活实际、社会实际和年龄实际，选用学生容易理解和感兴趣的情境，让学生有看得见、用得着的亲切感，使学习内容成为培养学生探究能力的基石。例如，教学"正数和负数"一节时，从学生非常熟悉的天气预报很顺利地引入正数和负数，学生知道 -1℃表示零下1℃，-5℃表示零下5℃，-5℃比 -1℃冷；2℃表示零上2℃，可记作 +2℃，+2℃比 -1℃暖，初步理解负数的意义、大小的比较。

二、开放教学过程，培养探究能力

　　开放教学过程就是要打破以问题为起点，以结论为终点，即"问题—解答—结论"的封闭式过程，构建"问题—探究—解答—结论—问题—探究……"的开放过程。这是培养学生探究能力的必由之路。如教学"同分母分数加、减法"，学生列出算式"$\frac{4}{10}+\frac{3}{10}$"后，让他们先自己想一想，然后小组合作探索结果是多少，怎样算出的。学生从不同角度理解，得出相同结果$\frac{7}{10}$，用不同的方法再让学生计算几道同分母分数加法式题，然后让他们观察、思考，总结出同分母分数加法的计算法则。在教学过程中放手让学生讨论合作，在高度民主的氛围中探求知识，发展能力。

三、开放思维方式，培养思维能力

　　学生参与学习活动的关键是思维参与，不能激发学生思维积极参与活动，就不能视为有效的参与。因此，教学中我们要重视思维方式的开放，鼓励学生从不同角度、不同方向用多种思维方式思考问题、解决问题，初步掌握分析与综合、归纳与演绎、猜想与论证、操作与发现、观察与发现的探究方法。

例如，学生小组合作探究"$\frac{4}{10}+\frac{3}{10}$"的结果后，有的学生从分数与小数的关系得出结果是$\frac{7}{10}$；有的学生用画线段图的方法从线段图中直接看出结果是$\frac{7}{10}$；还有的学生从分数的意义这个角度得出答案也是$\frac{7}{10}$。通过思维训练的开放，学生掌握了探究方法，理解了它们都是分数单位相加的道理，培养了创造性思维。

四、开放问题设计，培养创新能力

教师要充分发挥创造性，依据学生的认知水平和年龄特点，设计探索性和开放性的问题，给学生提供自主探究的机会。例如，让学生说一说怎样画平行线。有的说沿着尺子的两条边画出来就是两条互相平行的线；有的说沿着单线本的线也可以画出来；有的说把长方形纸对折两次沿着折痕也可以画出来；还有的说利用直尺和三角板也可以画出来……这种开放性问题能激起学生参与的积极性，使他们感到这一探索是自己的事，这是培养学生探究能力的关键。

五、开放作业内容，培养实践能力

开放的作业内容，既与教材相联系，又与学生生活相结合，学生有了自由驰骋的空间，在实践中体会到了学习的乐趣。例如，四（1）班学生去公园划船，每条大船可以坐10人，每条小船可以坐4人，四（1）班56人正好坐满。大船、小船分别租了多少条？学生设计出了不同的方案，在活动中体会到了学习的乐趣，运用数学知识的实践能力也有了一定程度的提高。

在课堂教学中减少"指令性"的成分，在师生平等的条件下，学生在教师的引导下独立思考，积极探索，多角度、多方面地探求知识，可以充分挖掘学生的思维潜能，使学生的探索精神和创新意识得到发展。

"双减"需要教师精心设计课堂教学　提高课堂教学质量

（北京小学大兴分校亦庄学校　李璇）

导读：为了推动"双减"政策落地，进一步减轻学生的课业负担，如何在"双减"的背景下，提高课堂学习效率，是值得深入探讨的问题。我认为"提高课堂效率"离不开教师精心设计的课堂教学，只有优化教学环节，才能保证课堂的每一分钟都用在"刀刃上"。

"双减"的总目标就是要提高教育教学的质量，减轻学生在校的学习负担。那么，如何提高教学质量呢？我认为这离不开教师精心设计的课堂教学，只有精心设计课堂教学，才能帮助学生在课上快速掌握并吸收新的知识内容，提高课堂效率和效果，减轻课后的学业压力。

要想精心设计出一堂能够最大限度地实现教学目标，提高学生核心素养的课，需要从以下三方面着手准备：

一、抓住主要学习内容设计核心环节，省略不必要内容

一节课的核心环节应该是用来让学生探讨研究每节课的新知识和重难点内容的部分，这一环节应该是安排并引导学生将主要精力和课堂大部分时间放在新知识的学习上。一堂课只有40分钟的时间，如果课堂非必要环节太多，不但浪费课堂时间，也会导致学生不能完整掌握本节课的新知识，反而会增加学生的课下负担。

例如，在讲"时间、速度、路程"这一课时，我安排的导入部分是让学生看图片找信息，在学生回答完信息之后，再找学生说一说图片中每一个信息的意思是什么。对四年级学生来说，这一环节如果这样设计的话，就相当于是把一个问题拆分成了两个问题，浪费了时间。在实际的课堂上，学生也是习惯性地找出信息说信息的含义，如果我再提问图中信息的意义，反而会浪费时间且打乱了学生的思维，影响了上课的节奏。

在"时间、速度、路程"的自主探究环节，我让学生先比较"小兔和小猴谁快、松鼠和小猴谁快"，说完比较的结果和比较的理由之后，再追问"小兔和松鼠谁快"。这一环节我在设计的时候，虽然按照循序渐进的思想，引领学生一步一步探究思考，但是在这一环节如果把两个问题结合在一起提问，学生也有能力回答出来，并且通过这个问题，学生会直接思考该如何列式解决，就不用我再提问"如何列式解决"，把两个问题结合在一起，直接就提高了课堂效率。

华梦迪老师的课"小数的加减法"采用大单元备课的思想，把相同内容的四个例题放在一节课讲，抓住了"相同单位相加减、满十进一，哪一位不够减，退一当十"这一核心，极大地节省了上课时间，学生再与整数加减法对比，沟通了算理，形成了知识系统，理解和感悟到计算教学都是进行相同计数单位的运算。例如，在课堂开始华老师直接出示主题，让学生找信息提问题，毫不拖泥带水。我认为，根据信息提出问题这个设计，不但帮学生复习了原有的知识，还直接通过问题引出了课堂的内容——小数的加法和减法，节省了有限的40分钟时间。

二、教师要学会放手，让学生自己发挥主观能动性

我在设计"时间、速度、路程"这一课时，对于如何带领学生探究"时间、速度、路程"三者之间的数量关系，想一步步带领学生分析每一个数值代表的含义，再分析每一步算式的意思，最后得出"时间、速度、路程"的关系。在姜老师的指导下我明白了，在这一环节，教师不再手把手带着学生学，让学生自己通过对生活中"时间、速度、路程"的理解探讨三者的数量关系，自己得出结论。教师只在某些部分稍稍指引一下。学生通过自己研究得出结论，会对这个结论印象更为深刻，记得更牢固。教师把课堂还给学生，由教师教变成学生自主探究，不但完成了教学目标，还能加深学生的理解，提高课堂效率。

三、课堂要注重学生的合作学习

一堂高效的数学课，不能只由教师来讲，还要让学生也参与到课堂上。通过合作学习的方式让学生在课上"消化吸收"所学的新知识，检验学生通过课堂学习对这堂课知识的掌握程度，减轻学生课下的学业负担。例如，在"时间、速度、路程"这一课，可以安排同桌之间相互提问或者小组接力的形式练习时间、速度、路程间的数量关系。比如，两人相互提问知道速度和时间怎样求路程，知道路程和速度怎样求时间，还可以以填表的形式，给出时间和速度让学生求路程、给出路程和时间让学生求速度。通过合作学习的形式帮学生夯实课堂知识。

这学期在姜老师的指导帮助下，通过一次次的教研活动，分析每一位教师课堂上的闪光点，我收获了很多。在今后的教学活动中，我会努力吸取宝贵的经验和建议，积极优化自己的教学设计，改进自己的课堂，争取让我的课堂越来越好。

关注学生学习力的真正获得

（北京小学大兴分校亦庄学校　邓柳）

导读：教师最常说的一句话就是让学生做课堂的主人。怎样做才能让学生做课堂的主人？本文通过一些具体课堂案例，说明了学生成为课堂的主人后，获得了学习力，从而影响了教师、改变了自己、推动了课堂。

作为一名教师，在不断的探索实践中，感悟到：我们的课堂应是具体的、可操作的、能实现提高学生学习力的课堂，关注学生学习力的真正获得就是认为学生是学习的主人，教师是引导者，平衡好两者的关系，才能实现学生学习力的获得。

一、明目标巧调控，提高学生学习力

设立好教学目标是教学设计的必要步骤。教学目标统领着教学过程，教学过程更是要环环紧扣教学目标。由此可见，教学目标在一节课中有不可替代的作用。确定教学目标并不难，教参里有不少参考，难的是如何把握好教学目标，充分拓展教学环节，教师能够调控好学生的每一个生成，使之成为为教学目标服务的资源。

例如，在北京版二年级下册中的"对称"，这是一节需要学生充分参与、动手操作的课，因此我把课上的生动活泼并且不偏离教学目标的轨道作为难点。我先从研究教材入手确定教学目标：通过猜一猜、撕一撕等活动，知道对称和轴对称图形的概念。

在课堂中，学生撕一撕轴对称图形后，能够描述出是先将纸对折，再画上一半的图案，最后剪出来就是轴对称图形。他们不能用轴对称图形的概念判断。课后我反问自己：学生说图案是对折后画出来的，你为什么没有往下追问呢？问一句，为什么要对折后再剪出来？学生肯定会回答这样做两边的图案就是完全一样的了。是不是我想要的？是不是符合我的教学目标？对教学目标把握不到位，学生生成资源你没法儿调控好！没错，学生其实已经到了轴对称概念的边缘，就差教师的追问。学生没有表达清楚，教师如果再追问一句，慢慢地，学生就会完整表达自己的想法。

每节课堂教师都把教学目标弄懂、吃透彻、把握到位的话，学生的每一个有用的生成资源就可以轻松调控，我拉他们一把，适时引导一下，他们以后会更主动地学习，既能提高学习力，又能为教学目标服务。

二、对照核心素养，提高学生学习力

核心素养是我们都不陌生的词汇，在我们的课堂中如何落实核心素养，帮助学生获得学习力是教师研究的方向所在。计算教学中应充分体现运算能力、几何直观、推理意识三大核心素养。在我们的课堂中应该怎样落实呢？

《义务教育数学课程标准（2011年版）》中明确提出：运算能力主要是指能够根据法则和运算律正确地进行运算的能力。一年级上学期的20以内的加减法是日后学习百以内数的加减法、万以内数的加减法、小数加减法的基础。学习进退位加减法前，学生接触过10加几及其减法和10以内的加减法，这些都是学生学习新知识的基础，因此在学生学习新知识后要有针对性地进行计算练习，让学生逐步形成运算能力。

北京版教材中采用了小棒和带点的方框帮助学生理解进退位加减法，人教版教材中使用了点子图，都是体现计算教学中几何直观这一核心要素的。因此在我们的教学中，应该给学生时间和机会，用他们喜欢的方式表示运算过程，学生有用小棒摆一摆的，有用计数器拨一拨的，有用点子图或其他简单符号画一画的，他们小小的脑袋里，有着多多的想法，自己借助旧知识解决新问题，这本身就是培养他们的学习力。

以"8、7、6加几"为例，学生已经有了"9加几"的学习经验，知道进位加法需要用凑十法来解决。因此，在"8、7、6加几"的授课时，就要学生调动自己的推理意识，解决新问题。采用帮、扶、放的层次递进方式，让主动权牢牢掌握在学生手中。

培养学生学习力的方式很多，作为教师要有意识地去研究、去实践、去总结与积累，才能不断形成自己的教育智慧。

三、遵循认知规律，提高学生学习力

数学离不开的就是数。从一年级开始认识20以内的数，到认识百以内的数，再到二年级认识万以内的数，环环相扣又层层叠进，其中存在着不少新旧知识之间的联系。学生在之前的学习中已经掌握了数的学习方法，更是在生活中积累了与万以内数有关系的学习经验。

在二年级与学生一起研究"万以内数的认识——数数"这节课时，我由数学模型小正方体入手，用一个小正方体表示1个一，复习旧知识10个一是1个十，10个十是1个百。再一百一百地数，突破"拐弯"数，认识计数单位千，知道10个一百是一千；接着一千一千地数，认识计数单位万，知道10个一千是一万。虽然整堂课突出了数的过程，注意了数位和计数单位，但我忽视了为什么教材直接以999个小正方体的模型引入新知识。我的设计是给学生做好了铺垫，充分帮助学生复习了旧知识，但是例题是直接让学生利用旧知识解决新问题，能锻炼学生的迁移能力。

遵循学生的认知规律体现在两个方面：一是要对学生已经掌握

的知识技能在上课前做到充分了解、认真分析，对学生学习方法的透彻掌握，才能在教学环节的设计上做到脚踏实地，不揠苗助长。二是学生喜欢具有挑战性的新鲜事物。教材中的例题就是抓住了学生的这个特点做文章。

通过"万以内数的认识——数数"这一课，拐弯数我虽然注意了，但没有引起足够的重视，对学生来说这是学习中的难点，教师应该在这方面下功夫。这节课的教学我认识到了遵循学生的认知规律，要关注知识重难点，通过给学生设计难关，设置难度，激发起学生的挑战欲望，提高学生知识迁移的能力。

四、开放型的课堂，提高学生学习力

计算教学中的核心素养之一是几何直观，其实不只计算教学中能够渗透数形结合的思想，只要课堂够开放，教师肯放手，学生的学习力自然能够提高。

学习"万以内数比较大小"一课，我将教材中的买家具情境全部抛出，让学生选择其中两件家具进行价格比较，把自己是怎样比较的在练习本上画一画、写一写。学生动笔的前两分钟我捏着一把汗，担心学生想不起来这样比较的方法。但是我的担心是多余的，学生不仅想到了用计数器比较两个数的大小，还想到二年级刚认识的新朋友数位顺序表。尤其是我发现一个小姑娘挑选了1580和1608这两个数进行比较，她在这两个数下边写了这样的三行：4 = 4，1 = 1，5 < 6。她运用计数器和数位顺序表比较位数的多少，发现都是四位数，4 = 4；于是比较了最高位，又发现1 = 1；高位相同，就比下一位，5 < 6。终于可以比较出1580小于1608。虽然在请了学生上台介绍自己比较的经验后，我让学生用这样的经验补充自己的想法耽误了一些课堂时间，但是却发现了学生更多的想法、更开阔的思维

方式、更强的学习力。

五、学生的学习力发生了变化

为实现学生真正获得学习力，教师必须设置开放的课堂，引发学生的数学思考。经过一段时间的努力，我与学生都发生了变化。

（一）教师在"变"

德国著名的教育学家第斯多惠曾指出：教育的艺术不在于传授本领，而在于激励、召唤、鼓舞。课堂中，教师语言的引导对学生的启发作用不容忽视。数学教师语言应简洁、准确、直观。以前，我总是觉得学生的耳朵没有带到学校来，一个要求不重复两遍以上，学生根本记不住，听不到。"请同学们看大屏幕，仔细观察，你发现了什么数学信息？"看到几个目光呆滞的学生，我会不自觉地重复一遍，希望能够通过我的声音刺激到他们，将学生拽回课堂。然而，却适得其反。学生的注意力时间是有限的，不应把时间浪费在语言重复上，学生多次听一句话也会产生听觉疲劳，注意力涣散。教师应注意训练自己每堂课上力争不重复学生说的话，不重复自己说的话。教师语言不重复既提高了课堂效率，又有效地锻炼了学生的注意力，这个变化真是一举两得。

（二）学生在"变"

从前的课堂我总是不放心，课堂只是给学生开了一扇小窗，多数时间是由我作为主导，让学生进入我的"套路"，久而久之，喜欢发言的学生越来越少，学生的想法越来越少，思维越来越不灵活。这样的教学方式显然是不利于学生的长远发展的，于是我尝试将课堂还给学生，虽然课堂进程慢了一些，学生表达不一定流畅，但我发现他们越来越有自信，解题方法越来越巧妙，课堂越来越活泼了。一点儿小改变，既帮助学生获得了学习力，又让我这个老师轻松了不少。

教师主导的课堂学生是死气沉沉的，学生主导的课堂是热热闹闹的。这里的热热闹闹指的不是氛围，而是学生的思维。通过我放手让学生成为课堂的主人，学生有越来越多的想法，也有越来越多的人愿意到台上展示自己。学生从最初的羞涩不敢说，变成现在的高高地举起小手想分享自己独特的方法；从开始的语言组织不够顺畅，变为现在的能流利地表达自己的想法。学生拿着自己的练习本，展示在大屏幕上，一板一眼地解释着自己的想法。听到他充满自信的发言，我忍不住要为他鼓掌，因为他在课堂上收获了学习力！

教师主导的课堂是呆板单一的，学生主导的课堂是丰富多彩的。这里的丰富多彩不是指色彩，而是指学生的创作。每节课我们都少不了让学生在练习本上用自己喜欢的方式解决自己的问题，用几何直观的方式表示两个数量之间的关系，他们都有自己的想法，学生是各尽所能的。

（三）课堂在"变"

一节课40分钟，以前有20分钟是我在说，还有5分钟是在纠正课堂常规，只有短短的15分钟是留给学生的。40分钟下来，我往往是说得口干舌燥，累得筋疲力尽，而学生还是一脸茫然，不知所云。40分钟对我、对学生来说都是极其漫长的。现在不一样了，我们的时间分配发生了改变，一堂课中有25分钟是学生在展示自己的想法，有5分钟是在讨论，还有10分钟是我在帮助学生厘清思路，一节课很快就过去了。记得我的老师说过快乐之所以叫快乐，是因为当你觉得乐的时候，时间都是过得很快的。现在时间飞逝的40分钟课堂，我和学生都从中获得了快乐，掌握了知识，收获了真正的学习力。

关注学生学习力的真正获得不是一朝一夕就能成功的，需要教师的持之以恒，需要学生的积极思考，需要两者不断磨合。

疫情背景下低年级数学生活的实践研究

（北京小学大兴分校亦庄学校　邓柳）

导读：疫情时代促进了线上教学方式的发展进步，如何在线上教学中保证学生的学习质量？后疫情时代该如何应用线上教学成果？文章介绍了疫情期间低年级数学教学的实践应用。

数学是一门与生活紧密相关的学科，数学来自生活，学习数学更是为了解决生活中的实际问题。在平时的课堂教学中，教师常用生活中的实际情景为引入，带领学生发现信息、提出问题、解决问题，最终实现学生学会知识，积累学习经验的目的。在此背景下，如何发挥数学在生活中的作用，让学生体会到数学的使用价值，一直是数学教师所思考的。

2020年冬天，在这个本应举国欢庆新春佳节的时刻，新型冠状病毒在全国暴发，这次作为教师的我们再一次开启了居家学习的生活。

随着开学时间不断延长，家长越来越焦躁，学生越来越放飞自我，居家学习期间充分展现了"神兽"的特质。大多数学生进入了倦怠的状态，为了改善学生的学习状态，提高学习效率，如何从学生的角度出发，做好疫情背景下的教与学，怎样让学生每天过有数学的生活，是数学教师需要思考的。

一、线上教学中存在的问题

根据北京市教委的统一要求，一个学期的学习分为居家自主学习和线上教学两个阶段进行。居家自主学习阶段是对上学期知识的回顾，线上教学阶段是学习本学期新的知识内容阶段。两个阶段反映出了线上教学存在的有待改进的问题。

（一）不同教师授课造成学习中的困难

不管是北京市提供的线上课堂，还是大兴区提供的微课视频，每节课都有一位新教师讲授知识。不同的教师，不同的教学风格，给学生在学习知识上造成一定的困扰。而且居家学习阶段，微课视频以复习为主，在有面对面课堂的基础上，学生形成第一记忆，不易被改变，所以更难接受其他教师的授课方式。

（二）教学形式单一，枯燥乏味

低年级学生由于年龄较小，对新鲜事物及动手实践类更感兴趣，属于触觉型学习。反观市区级课程，虽然能够做到在课堂中让学生动笔练、用教具摆，但作为一门生活学科的数学，要充分联系生活，实现知识的运用，让数学走进生活，需要的不仅仅是在教学活动中的动手，需要突破单一的教学模式。

（三）缺少师生互动，实效性差

视频微课、线上教学都是授课教师以讲解的方式进行的，没有学生现场参与互动，留给屏幕外学生思考的时间短，不利于学生思维的拓展。因此，常会出现学生对某一节课的知识掌握不到位，课后自主作业无法独立完成。家长承担起了教师的角色，又苦于专业性较强的知识术语讲解不到位，求助无门。教师无法掌握学生的学习情况，无法开展针对性训练，困难重重。

二、线上教学中的变革措施

（一）教师积极配合教研室，做好课程选择

1.采用录制微课的方式，让学生能够自主学习

微课教学，在疫情前已经走进了常态课堂，小而精的微课能够帮助教师完成对课堂最核心内容的讲解。它是课堂组成的一小部分，

起到核心、启发、引导作用。线上教学期间，微课仍然秉承着小而精的常态，但发挥的作用却是归纳、整理、提升。最重要的是微课8~10分钟的时长，可以避免学生因较长时间使用电子产品，造成的眼睛疲劳、假性近视等眼部问题。

针对市区及课程中一课一师，学生不能适应不同教师的教学节奏问题，我与教研组数学教师开始自主录制微课。

录制前，教研组会共同观看市区级课程，做到录制的内容不重复，保证学生的新鲜感，并以视频会的方式共同学习优秀微课录制步骤、商讨录制主题、分配录制内容、选择录制软件、审核录制成果。录制教师还须研读教材、制作 PPT、撰写脚本。录制过程中出现问题及时在教研组微信群内进行讨论。在这个过程中教师的视频剪辑编辑制作能力得到了显著提升。

教师亲自录制微课，是基于对自己学生学情的分析，更能够引起学生的共鸣，产生亲切感，激发学生观看微课的兴趣。并且微课是对市区及课程的补充，使学生对教学重难点掌握扎实，做到独立自主学习。

2.积极开发绘本，为学生的数学学习增添乐趣

绘本阅读深受学生喜爱，既能帮助学生提升阅读兴趣，又能学习到知识。可是数学绘本在日常教学中却很少被用到。在线上教学单一的教学模式下，学生缺乏学习兴趣，数学绘本的开发利用正好可以打破枯燥乏味的状态。

教研组的几位数学教师，在开发数学绘本阅读前期，我们找到了常推出数学绘本阅读的软件、公众号，为了保证推荐的数学绘本内容符合学生的年龄特点、知识水平，教师都会提前观看视频，优中选优，再将绘本故事推荐给学生。这样既保证了学生在观看时能

够有收获，也使教师学习到了数学绘本的编制方法、阅读技巧。

经过前期的学习了解，我与教研组教师一起开始自己给学生讲绘本故事之旅。经过购买书籍、阅读筛选、动画制作、录制音频、后期制作重重关卡，完成了与教学内容相关的数学绘本录制，为学生的线上数学课堂增添了一份乐趣。

3.注重生活实践，锻炼学生手脑口并用的能力

数学是一门解决生活中实际问题的学科。学习数学、应用数学是学生必须经历的过程，只有在生活中用到了数学，才是数学价值的最大化。在校上课时，数学怎样才能有效地走进生活，是一个难点。居家线上阶段正好可以弥补这一部分的空缺。

首先是对学生渗透劳动教育。居家线上学习从寒冬到酷暑，经历了冬、春、夏三个季节的转换。组织学生开展"迎接春天"实践活动，春风和煦，国内疫情防控形势积极向好，学生在外出锻炼时发现冬衣已经穿不住了，要更换衣物。学过的分类知识，正好可以解决衣物换季的生活问题。学生按功能（上衣、裤子）、颜色、穿衣习惯等方式，将衣物进行重新归类。在这个过程中不仅让数学走进了生活，还让学生参与到家务劳动中，起到了劳动教育的作用。

其次是注意美化生活环境。春暖花开，万物复苏，树木抽出了新的枝条，正是栽种植物的好时机。教师抓住时机，开展"美丽的家"实践活动，鼓励学生种下一粒种子，埋下春的希望。并利用统计图的知识，记录植物的生长过程，在班级线上视频会中通过统计表，介绍自己养育植物及植物生长的过程。这个活动培养了学生的耐心与爱心，美化了居家环境，缓解了长期居家的焦虑情绪。

最后是努力提高动手能力。提到数学口算，有不少学生和家长会感到头疼。在校时可以通过反复的记时练习，达到计算正确迅速

的目的。线上教学不能通过此方式练习，那就换一种有趣的方式：制作手指戒指。利用自己的手掌，剪出手指模型，分别在五个手指上写好不同数字。在细长的纸条上写与手指得数相同的算式，做成圆环。学生计算出算式得数，将圆环套在得数一致的手指上。简单的数学活动，丰富了学生练习口算的方式，还锻炼了学生的动手能力，培养了学生的手脑口并用的意识。

（二）采取多元评价方式，及时答疑解惑

1.注意线上直播答疑，解决学生学习中的问题

面对面教学时期，教师能够针对学生的疑惑进行现场答疑及时采取多元评价的方式，让学生学会学习。但居家线上教学不能达到真实的面对面，那就让师生通过网络虚拟面对面。北京市线上教学开始后，学生学习的是新知识，为了保证学生的学习质量，我开展了线上直播答疑课。

通过腾讯会议，满足多人同时在线面对面视频需求，可以进行屏幕共享，将教师需要展示的课件、微课等教学资源实时分享给学生。也能实时与学生简单交流，在某个人交流展示自己的想法时，可通过双击展示人所在屏幕框的方法，最大化看到学生分享自己的学习方法，且对声音有降噪功能，最大限度保障线上课堂的效果。这种方式更贴近于课堂，有任何疑问都能当堂解决，学生和家长都很喜欢这样的答疑课。

2.利用文字语音答疑，帮助学生学会学习

居家学习前，语音答疑的方式多用于教师与家长联系。自开展"停课不停学"的重要防控措施以来，语音答疑成了为学生答疑解惑的重要形式。很多学生在自主完成作业后都会私信发给教师，教师通过微信语音及时反馈，鼓励学生积极提问，养成自主学习的好习

惯，并及时为学生答疑解惑。文字表达不清楚的，用语音沟通，还不是很难明白的地方，教师自己动手画图配合语音讲授，让学生学会学习。

3.采取多元评价方式，鼓励学生学会学习

低年级学生对印章奖励、喜报奖励的形式很熟悉。线上教学，为了激发学生的学习热情，教师通过定期开展学生优秀作品展示、电子喜报、班级会议小主人的方式，树立正面榜样，使学生学有榜样，并积极争取像他们那样去做。有时采取家长参与评价的方式鼓励学生学会学习。多元的评价方式，能够对积极完成自主学习的同学起到鼓励作用，也激起学生之间相互促进的动力。优秀学生展示的一份份学习成果让更多学生通过学习身边的榜样，获得进步，体验成功。

三、后疫情时代的教学思考

（一）继续发挥微课作用，让学生学有所获

微课能够帮助学生完成新知识核心内容的学习，也能实现对旧知识的复习巩固。对于接受程度较慢的学生，可以通过教师录制的微课对知识重难点进行反复学习观看，直至掌握为止，有利于对知识的复习巩固，更能帮助家长减少辅导学生作业的压力。

（二）充分发挥实践作用，让学生感受数学与生活的联系

从疫情期间学生数学实践情况可以看出，处于触觉型学习模式的低年级学生，乐于参与实践活动，能从实践活动中汲取知识，提高能力，最重要的是实践活动不仅体现出数学知识与实际生活的密切联系，更对学生的德育教育有着不可替代的作用。

（三）利用绘本的引导作用，开拓学生的思维

疫情期间以听成熟的绘本故事，教师讲绘本故事两种模式，提

高了学生学习数学的兴趣，也让陌生的数学绘本走进了学生的学习生活，甚至激发了部分同学创作绘本故事的热情。教师可以在指导的基础上，让学生大胆创作，开拓学生的创新思维。

数学来自生活，在疫情期间真正回到了生活中，学生在线上教学的创新模式下，较好地适应了新节奏，更深刻地体验了数学与生活的联系。从面对面的教学到线上虚拟学习，通过不断变换、寻找适应学生的教学方式，实现了学生爱学、乐学、好学。教师在这一过程中，更是提升了对信息技术的应用能力，加强了对教材的深入挖掘理解，并有所感悟，在后疫情时代，实现了线上线下教学相融合，提升了学生的学习力。

抓住知识核心开展教学活动　提高课堂教学实效

（北京小学大兴分校亦庄学校　华梦迪）

导读：教师抓住知识的核心开展备课、上课和设计课后练习，并采取有效措施让学生学会和会学，才能让课堂教学更加高效，让学生有更多的实际获得。

要想上好一节课，不仅需要充分备课，根据教材内容、学情对教学目标、教学活动进行精心的设计，还要整合教学内容，抓住知识的核心本质，开展教学活动，帮助学生形成认知结构，从而提高课堂的实效性，达到减负提质的目的。数学知识的本质是指：对数学基本概念的理解；对数学思想方法的把握；对数学特有思维方式的感悟；（观察—抽象—探索—猜测—论证）对数学美的鉴赏；对数学精神（理性精神与探究精神）的追求。

一、抓住知识的核心备课是提高课堂效率的基础

减轻学生负担、提高学生学习效率最主要的一环是教师的备课，"工欲善其事，必先利其器"。备课是教师上好课的基础，如果备课无效，教学就必然无效。同时，确立教学目标和教学重难点更是备课过程中最重要的环节，它决定着一堂课的教学内容、教学结构、教学方法和教学组织的形式，起着导向作用，直接影响着教学环节的有效性。

比如，在我讲"小数的加减法（不进位、不退位、进位、退位）"这节课时，备课时姜老师带着我研读教材，从大单元的角度出发确定了教学目标及教学重难点。本节课的核心是结合现实情境，以元、角、分为背景探索并掌握小数加法（不进位、进位）和减法（不退位、退位）的计算方法，理解算理，并能正确计算。围绕着这个核心设计了贴合学生实际生活的情境——解决笑笑存零用钱的问题。用一位学生熟悉的生活情境把小数的加减法不进位、不退位、进位、退位整合在一节课完成。预设学生怎样提取信息并提出数学问题，怎样列式、算一算、学生汇报时会出现什么问题，如何把算理讲得更清晰、透彻，等等。

姜老师帮我修改了一遍又一遍，每次姜老师在帮我修改教案时都会特别耐心、认真、负责，还在告诉我具体怎样改最好。姜老师告诉我一定要有充分的预设。讲完课我发现充分的预设非常重要。我深深地体会到了如果没有充分的预设，在上课时就不能及时抓住学生的生成，这样就会造成整堂课的效率低下。其次，教案一定要写详细，经过姜老师指导我几次修改，教案越来越详细，使我对本节课的重点和难点更加清晰，对核心知识有了更深层次的认识。

我一共试讲了两次，在这两次试讲时，我看到了姜老师在教案上用红笔和黑笔记得密密麻麻，我内心特别感动。哪里应该怎样讲、哪里应该要注意些什么等。在课后姜老师一对一地和我进行交流，帮我分析。比如说："要清楚本节课的算理——元＋元，角加角。算法是相同的单位相加减。只要头脑中清楚本节课知识的重难点，教学就不会跑偏。在讲课时要抓学生表达自己想法的核心并随机进行板书。还要注意对学生想法及时有效的评价，这样能够提高学生的积极性，教师在提出问题时一定要有价值，不该问问题时就不要问，否则影响学生的注意力等。"在真正讲课之前我一直很紧张，姜老师一直在鼓励我说："没事，别紧张！和平时咱们讲课一样，其实就是平时的常态课。"经过姜老师的几次鼓励，我确实踏实了很多。

在真正讲课时，孩子们也很会思考并且能够提出有价值的数学问题。比如，在探究小数加减法不进位、不退位时，学生的算法很多，并能够清楚地表达自己的想法，听的同学积极提出问题——为什么你要把元和元加在一起，角和角加在一起？在沟通联系几种方法时，一下就能发现几种方法的相同和不同，相同的地方就是相同的单位相加，知道在列竖式的时候小数点一定要对齐。在探究小数的加减法进位退位时，都是学生自己发现总结出来的——满十进"1"、退"1"当"10"。于是，我又引导学生将小数加减法与整数加减法进行沟通，明确了它们都是相同计数单位相加，满十进"1"、退"1"当"10"。此时，学生已经掌握了进行加减法计算的通理通法，建立比较完整的知识结构，获得了计算教学的本质，为提升运算能力奠定了基础。整节课学生不仅掌握了重点，还会用旧知识解决新问题。

在课后吴正宪老师对我班学生做了一个调研，并把知识延伸到小数"分"这个单位的加减法，提升了学生思维的深度，全班共38名同学，全部正确。我心里高兴极了！这也说明了大单元备课的益处及在上课之前充分备课的重要性，课堂效果非常显著。

二、抓住知识的核心开展教学是提高课堂效率的关键

教学时抓住核心知识，常常会使学生"茅塞顿开"，明白了学习知识时不仅要"知其然"，更重要的是要"知其所以然"的道理以及隐藏在背后的数学思想和方法，为学生以后真正"自主学习"打下坚实的基础，并逐渐形成自主学习的意识和能力。

王璐老师讲"2的乘法口诀"时，本节课教学知识的核心就是知道2的每一句口诀的含义，并熟练记住2的乘法口诀，帮助学生掌握编乘法口诀的方法。教师抓住本节知识的核心本质，先让学生观察情境图获取数学信息和提出数学问题，并根据摆筷子的情况填写表格，帮学生强化数量关系，然后写算式。学生根据算式编制乘法口诀，在学生汇报时，学生互动交流提出："为什么编口诀编到'二五一十'时要把'得'去掉？为什么写口诀时把小数放前大数放后？"在编口诀的任务驱动下，学生自己去想办法完成任务的基础上理解了口诀的意义，获得了编口诀的方法，符合学生的认知规律。

在张晨老师讲"乘法的初步认识"这节课时，抓住了加法和乘法都是表示"几个几相加的和"这一知识的核心，开展教学收到了良好的效果。比如，教师给了一幅情境图，让学生发现信息并提出四个不同的问题，整节课围绕着这四个问题展开思考，在研究"一共有多少人坐小飞机"这个问题时，学生用两种不同的方法解决，有的列出加法$2+2+2+2=8$（人），还有的同学直接列出乘法算式$2\times4=8$（人），然后把加法和乘法进行沟通联系和对比，发现加法和乘法表达的意思都一样，都是几个几，只不过乘法更简单一些，学生在这里学得很明白清楚，知道了乘法表示的意义就是求几个几相加的和。

陈宇老师在讲"循环小数"这节课时，其中我感受比较深的地方就是教师在教学时抓住了被除数除以除数商有余数并且余数反复出现这一知识的核心。学生通过解决生活中的实际问题，用画图策略找出数量关系并列式计算解决问题。在分享交流环节，学生分享是怎样计算的，有什么发现？有个学生说："被除数除完除数总是有余数。"这里不是很严谨，有余数并且余数是重复出现的，商的小数部分一直重复出现，像商是这样的小数就是循环小数。这里虽然学生表达不是很清楚，需要教师引导学生认真观察，并且要把自己的发现表达完整，但从学生的表达来看教师抓住了本节课数学知识的核心。

从这几位教师的教学中我感觉到，他们都抓住了本节课知识的核心，突出数学本质，让学生体验学习的过程，真正提高了课堂教学的效率。

三、抓住知识的核心本质设计练习，帮助学生巩固知识提升思维

"双减"政策下，我们要做到有减有加：减轻作业量，增加学生的学习兴趣，提升学习能力。教师抓住知识的核心本质设计有层次、有思考的练习，这样才能让"双减"政策实现其初衷。

我讲"两位数乘一位数（一次进位、连续进位）"这节课时，在教学环节中穿插了不同层次的练习，不仅达到了本节课的教学目标，学生对于新知识掌握得也非常扎实。本节课在出示情境，明确问题环节，学生找到数学信息："太空船每人12元，电动火车每人6元。"数学问题："3人、4人、5人坐太空船分别需要多少元？"首先算一算3人、4人坐太空船分别需要多少元，并交流算法。然后再用喜欢的方法算一算5人坐太空船需要多少元，给学生充足的时间去探究算法，于是学生出现的方法多种多样。求13人坐电动火车需要多少元？14人？15人？16人呢？学生任选一个人数用竖式算一算需要多少钱。发现相同的地方都是个位的乘积满十需要进位，乘积满几个十就向十位进几。最后用竖式算出18人坐电动火车需要多少元，学生发现竖式的算法和刚才的竖式的不同之处就是：十位的乘积满一个百向百位进"一"。通过几次对比竖式算法的相同之处和不同之处，学生更加清楚"个位上乘积满几个十就向十位进几；十位上乘积满几个百就向百位进几"的算理。最后的练习是一道竖式三位数乘一位数，具有挑战性，拓展学生的思维。通过在教学中穿插不同层次的练习，学生既掌握了基础知识又拓展了思维。

通过一学期的教学研究与实践，我收获了很多，也思考了很多，深深地知道要想上好一节课，一定要时时刻刻严格要求自己，虚心学习，努力实践，不断提高自己的专业能力和水平，让自己的课堂更加高效，让学生的收获更多。

本学期的团队研修很快就要结束，自己虽然有了很大的进步，但是，我觉得本学期还有做得不够的地方，比如："在课上要放开手，主要让孩子们去探究；对于课堂要会及时地调控。"这些方面我还需要再加强，平时可以多听听同伴们的课，吸收其他教师好的做法，同时也要和姜老师多请教，这样才会进步得更快。

姜老师帮助我们数学教师团队在数学教学的工作中不断学习与研究，优化教学的方法、更新教育的理念，帮助我们由传道、授业、解惑的"平面教师"一点儿一点儿变成给予学生智慧与力量的"立体教师"。我们的路还很长，需要学习和研究的还很多，目标在远方，路在脚下，我们相信在姜老师的带领下定会不断进步，不断超越自己！

在小学数学教学中如何培养学生的学习习惯

（北京小学大兴分校亦庄学校　陈宇）

导读：课堂教学中新教师的教学设计要有利于学生学习习惯的培养，注重有效策略，不断总结经验，帮助新教师尽快获得培养学生学习习惯的方法。

著名教育家乌申斯基曾说过："良好的习惯乃是人在其神经系统中存放的资本，这个资本在不断增值，而人在其整个的一生中享受着它的利息。"也就是告诉我们，作为小学数学教师必须重视小学生良好的学习习惯培养，让学生受益终身。经过我走上教师岗位后几年的学习与实践，我的体会很深。

我认为，思考习惯是人终身学习与生活的好帮手。思考不仅是一种能力，更是一种习惯。无论是在生活中还是数学学习中，能够主动思考都是一种非常好的习惯。当思考成为一种习惯后，不仅对学生的学习有帮助，对以后解决生活中的困难也十分有益。对学生思考这一习惯的培养，我主要采取以下四种方式进行：

一、给足学生思考的时间和空间

思考的空间是指不给学生各种限制，让他们的思维尽情放飞在教学中。教师布置好挑战性的学习任务以后留给学生思考的时间和空间，有助于发展学生的思维。当学生接受了新任务，让学生用自己喜欢的方法将已有的知识、经验、思想方法去主动与新的知识对接，也就是用"已知"研究"未知"时，学生的思考就真正发生了。思考的次数多了，学生在相互交流中自己的思维又能得到相互碰撞补充，思维的深度、广度等都得到了发展，自然而然就有了思考习惯，再遇到新问题时就会主动独立思考。

以学习三角形、梯形面积公式为例。我给学生提供了足够多的三角形和梯形，随后让他们根据自己推导平行四边形的面积公式的经验推导三角形和梯形面积公式，没有限制他们必须用几个三角形或梯形，必须怎么割补，完全让他们自己思考、自己尝试。学生在自主探究时，出现很多种不同的方式，有用两个三角形拼成一个平行四边形的，有将两个梯形拼成一个平行四边形的，也有将梯形从中间切开拼成一个平行四边形的。其中有一种推导梯形面积公式的方法是我预设中没有想到的，学生将一个梯形分割成了一个平行四边形和三角形，从而推导出公式。当给了学生思考的时间和空间后，大大地发展了学生的思维，提升了学生的学习力。在"双减"政策下，只有提升了学生的学习力才能更省时高效地学习。

当然，给足学生思考的时间和空间说起来很简单，但如果学生的学习习惯没形成，做起来就很不容易，它需要教师坚持并给予引导，慢慢地学生就会形成良好的思维习惯，从而达到会思考并有一定的速度。好习惯使人受益终身。

二、激发学生的思考兴趣

当学生对要思考的事情感兴趣时，他们会更愿意主动思考，久而久之，就能培养学生良好的思考习惯。对于如何让他们感兴趣，我的策略有创设学生感兴趣的教学情境、解决其他同学未解决的问题和数学游戏。

（一）首先是创设学生感兴趣的教学情境。在低年级段，学生更愿意去帮助别人，所以帮别人解决问题会让他们很感兴趣。对于发生在自己身边的事，比如同学、教师的事情，他们很感兴趣。当学生进入高年级段后，对能够动手操作的事情更感兴趣，更愿意去思考。如在魔术纸圈（莫比乌斯环）这一课中，本身这个纸环的现象就十分有意思，学生更愿意思考其中的道理。学生从中间剪开得到一个大环后，我又让学生思考沿着三分之一处剪开会是什么现象，等学生思考猜测后，让他们动手剪开，发现是一大一小套在一起的环。然后又让他们一边剪一边思考为什么会是这样的现象。

（二）让他们帮助别人解决问题。帮助其他同学解决问题最能提起他们的思考兴趣，这源于孩子的胜负欲。比如，在学习三角形、梯形面积公式这一课中，一位学生有了一些想法，想将一个三角形剪开，但是他拼不成平行四边形。于是我让其他同学思考如何解决这个问题。很快就有同学准备尝试，但依旧没有成功，然后就有更多的同学想尝试，最后在师生思维不断碰撞的基础上，他们找到了解决方案。确实，帮助别人解决问题学生很感兴趣，激发了他们思考的欲望。

（三）数学游戏也是培养学生认真思考的学习兴趣、养成良好思维习惯的好方法。我不仅在课堂上提高学生的思考兴趣，自习期间也常常带着学生做一些数学游戏来提高他们的思考兴趣。我印象最深的是一个"博弈游戏"和一个"消失的妖精"。"博弈游戏"的游戏规则是你在一张纸条上写上字母 A 或者 B，然后我随机将一位学生的字条和另一个人的放在一起，如果你写的是 A，对方也写的是 A，那么你得1分，对方也得1分。如果你写的是 A，对方写的是 B，那么你得3分，对方得0分。如果你写 B，对方也写 B，那么双方都得1分。如果你要得高分，你要写什么字母？现在请你思考过后在上面写数字或字母。在游戏和求胜欲这两个因素的刺激下，学生很喜欢思考。最后让我欣慰的是大多数学生选择了写 A，但依旧有少部分学生写了 B。随后我对写 A 的同学进行了采访，虽然他的理由说得不是很清楚，但思路是对的。我抓住了学生需要提升的地方指导他们用表格的方式梳理信息、分析问题更容易观察和思考。我又提出了一个更难的问题：如果想让全班同学的分加在一起尽可能多，你要写哪个字母？

"消失的妖精"是一幅图片，将这幅图片分割成三部分，交换其中两个图片的位置后，图中的妖精从15个变成了14个，让学生思考其中的原理。学生对这个非常感兴趣，找我要了图片，自己剪裁、移动，思考其中的道理，最后有一位学生想出了其中的原理。课后他自己也设计了一幅这样的图，虽然他的表达和演示还存在问题，但是懂得了当遇到问题时候要用心去思考，去尝试，而不是等着教师或别人公布答案，这就是思考的习惯。对这个有趣的图片学生非常感兴趣，下课也模仿其中原理自己制作图片。由于时间问题，虽然没能让所有学生思考出最终的结果，但学生认真主动思考的兴趣很浓，思考的方法也有了收获。

三、倾听习惯是学生获取知识的利器

不是所有的问题我们都可以自己思考出答案，如果有一个好的倾听习惯才可以更好地从他人那里获得智慧，学习到知识。一个良好的倾听习惯也可以帮助自己获取更多的信息。我认为，要想培养学生的倾听习惯，先要清楚为什么学生没有听。比如，手里玩东西，注意力没有转移到要倾听的地方，没有倾听的目的等。到了高年级同样需要培养他们的倾听习惯。在学生准备说自己的想法时，让学生先说"请同学们看我这儿"，把所有学生的注意力转移到讲话人这里。教师也要提示他们仔细听，一会儿你有不明白的地方可以提问，他没说的你可以补充，也可以提一些好的建议。学生养成了倾听的

习惯，有利于对知识的理解和掌握。

如在"植树问题"一课中，学生要介绍自己两边都种的想法。他到前面先说："请同学们看我这儿。我是这样想的，我准备在两端都种树，每隔4米种一棵，我要先求出种树的间隔数,32÷4=8（个），因为每个间隔都种一棵，而且最后一端也要种树，所以是8+1=9（个）。大家有什么问题吗？"这时对于不明白为什么要加1的同学他就会提出问题，为什么要加1？只要他提问了，就代表他听了，思考了，都是值得鼓励的。因为害怕教师会提问，他在别的同学讲的过程中也会仔细地听。

四、养成主动总结的习惯是提升学习能力的关键

在回顾总结中梳理学到的知识，能帮助自己强化知识的记忆，更重要的是要在回顾总结中梳理自己的思维，以及从中获得的方法和思想，将获得知识、方法和思想建构起联系并加以应用，能够快速提升自己的学习能力。

比如，每节课结束的时候问学生："你有哪些收获？"或"这节课你都学到了什么？""还有什么问题？"学生可以说一说自己这节课学习到的知识和存在的问题，这是对知识的强化。在一些新授课结束后，我会带着学生回忆我们是怎么学习新知识的。如在学习完"植树问题"这一课时："同学们回忆一下，我们是怎么研究植树问题的？"学生自己回忆并总结梳理出：我们先为学校前的路设计了三种植树方案，分别是两端都种、只种一端、两端都不种，通过画图列式计算发现了棵树和间隔数间的关系，两端都种时，间隔数＋1＝棵树，只种一端时，间隔数＝棵树；两端都不种时，间隔数－1＝棵树（边指边说）。这就是今天我们要研究的植树问题。找到这种关系后，遇到类似植树问题的内容，只要知道是哪种情况就可以快速计算出要种多少棵树。长期这样总结，学生就能学会先去发现问题，利用画图、列式方法分析解决问题，最后总结形成数学模型，再运用模型解决其他问题。

再比如，训练学生画思维导图这一思考习惯的时候，我经常让学生回忆这节课从开始到结束我们分别做了什么，并且写在黑板上。学生总结出：第一步，翻看课本，看本单元都学习了哪些知识；第二步，给各个知识分类，找联系；第三步，举出每个知识点的一个习题；第四步，绘制思维导图。

通过实践和总结的方式让学生掌握绘制思维导图的方法，虽然这个总结习惯还需要继续培养，目前来看，学生掌握了总结的方法。我相信，慢慢地学生就会形成一种良好的思维习惯，形成受益终身的学习力。

教师"课堂管理"中的思与行

（北京小学大兴分校亦庄学校　于自航）

导读：课堂管理是教师保证课堂教学的秩序和效益，协调课堂中的人与事、时间与空间等各种因素及其关系的过程。合理的课堂管理不仅能保证课堂上良好的教学秩序，最重要的是通过师生交往互动，共同经历学习的活动过程。

"如果你想让教师的劳动能够给自己带来乐趣，使天天上课不至于变成一种单调乏味的义务，那你应当引导每一位教师走上从事研究这条幸福道路上来。"这是苏联大教育家苏霍姆林斯基对教师工作的理解。

作为一名新教师，刚入职就遇到了姜老师，能与姜老师一起来研究教材、研究学生、研究为人处世，是我莫大的幸运。从刚刚踏上讲台，面对学生抛来的质疑如何解决？运用哪些策略才能有效？我有了初步的理解和掌握，这都离不开姜老师的悉心指导与传授。

课堂管理是教师为了保证课堂教学的秩序和效益，协调课堂中的人与事、时间与空间等各种因素及其关系的过程。合理的课堂管理不仅仅能保证课堂上良好的教学秩序，使教师的课上得顺利，最重要的是通过师生交往互动，共同的学习活动过程，促进学生对知识、技能、思想、方法的掌握，以及情感、态度、价值观的形成与最大发展。保障学生从"学会"到"会学"，教师通过运用合理的课堂优化策略，培养学生的创新思维，让学生真正成为学习的主人。而作为新教师的我们，课堂管理是对我们能否站稳讲台的最大挑战。在一学期的学习与研究过程中，我有以下三点体验和感悟：

一、课堂管理中要学会组织教学

我所任教的是一年级，一年级的孩子有意注意时间短，40分钟的一节课时间对他们来说的确很长。在课堂中，不难发现孩子的注意力从15分钟开始到最后都在慢慢下降，有的孩子甚至在玩数学书或者书桌里的东西，东张西望，注意点不在教师那里。在课堂中，我们如何吸引孩子的注意力，让学生积极主动地参与学习呢？带着这个问题我走进了其他教师的课堂。

我在听陈宇老师的课时，一个男孩子的表现引起了我的注意，他在课堂中勇敢地提出了问题："建议你可以把字写大、写工整，后面看不清楚。"这位同学可以提出问题，大胆质疑，说明他真正地在参与课堂，在思考问题，勇于提出建议。孩子为什么可以质疑呢？因为在陈宇老师的班级中，每个孩子来到讲台上讲述自己的想法时都会说："请同学们看我这里！"在讲完后会说："大家有什么问题吗？""大家听明白了吗？"每次这样说，可以让同学们注意力集中，专心听。陈老师把课堂交给了学生，让学生质疑并接受质疑，有时还要互相补充或辩论，在其中可以引起其他同学的注意，从而明确自己存在的问题并加以改正，达到课堂学习的有效。四年级的孩子属于第二学段，他们需要初步养成乐于思考、勇于质疑、言必有据的良好品质。陈老师通过学生的自我课堂管理培养了学生良好的学习品质。

在我刚刚走上讲台的时候，只是提醒孩子"坐好""认真听"，过了几天，我感觉对一年级的孩子来说，这种单调的语言，无法吸引他们的注意力。在陈宇老师的课上他会提醒孩子们："学会倾听也是一种学习。""认真听，有问题请向他提问。"对于这种简单有效的语言，可以很快调动孩子的积极性，主动去参与课堂。后来我改成："看谁听得最认真？"每个孩子有好胜心，都会争做最好的自己。当课堂中有的学生在汇报，不专心听讲了或者做自己的事情时，我就注意了自己组织课堂的语言，学着用："看谁听得最认真？""看谁做得最好？看谁坐得最端正？"等语言进行组织，效果真的很明显。

课堂教学的核心是调动全体学生主动参与学习的全过程，让学生自主地学习、和谐地发展。学习过程是否有效，就是课堂教学是否有效的关键。在学习中，学生是学习的主体，教师是学习活动积极的组织者和引导者。作为教师，要注重学生的自主学习，让学生利用自己喜欢的方法主动探究，从而在探究学习过程中发展智力，提高能力。但是我们也不得不承认，处于成长发展中的小学生，是不成熟的学习主体。由于受年龄、经验、知识、能力的限制，他们提出问题、分析问题的能力毕竟是有限的。因此，作为教师，适时地组织、引导、合作就显得尤为重要。它能保障学生的积极性、主动性，让学生实现从"学会"到"会学"的转变。

二、课堂管理中要学会利用有效资源

合理地利用课堂资源，并注意随机调控是课堂管理中十分重要的内容。在课堂中寻找资源，需要注意到每一位同学，并且当孩子独立思考时，先把要求提在前面，给孩子时间进行思考。

在组织学生学习"大于、小于和等于"时，当我问到为什么4＞3的时候，高紫宸同学说："一个蓝队同学对着一个红队同学，一个一个对应着，就知道了4比3大。"可是很遗憾，当时我没抓住这一有效的资源。评课时姜老师告诉我，应该抓住此时的正确资源，让孩子再说一遍，并且带着同学们再说一遍。这样不但建立了高紫宸的自信心，而且其他学生对这一知识印象会更加深刻，也能学会清晰地表达自己的想法。

同样是陈宇老师的课堂，一个小男孩提出问题：（9＋90）×3＝9×3＋90×3，为什么不能把括号括在90和3那儿？学生之间经过思考和辩解，从而得出结论，在一个算式中有乘有加，先算乘法，再算加法，既然不加括号也先算乘法，那就完全可以不加括号。这位男孩在解释自己所提出的问题时，说了"90×3的和"，此时陈宇老师抓住了错误资源，把错误资源最大化，陈老师的反问："90×3的和？"引发了孩子们的思考，从而让孩子们意识到了问题，90×3不应该是和而是积，从而加以改正。学生对积与和的认识更加深刻，避免了以后再出现此类问题。

错误资源在课堂中，也是一种宝贵的学习资源，合理利用可以有效提高课堂效率和促进学生的发展。及时抓住正确的资源，可以让学生对知识的汲取最大化。姜老师告诉我们：要充分利用课堂资源。在后续的教学实践中，我学着改进的时候意识到，善用课堂中的资源，逐渐让课堂充实起来，课堂会越来越有色彩、有味道。

三、课堂管理中要帮助学生学会思维与表达

培养学生的思维与表达在学习中是十分重要的，课堂是学生提高思维能力与表达能力的主要渠道。教学活动中我们要注意培养学生的思维能力，激发学生的思维兴趣，促进学生积极思考。语言是思维的工具，也是思维的结果，思考问题的同时可以完整地表达出自己的想法，养成孩子良好的思维能力和表达能力，让孩子一生受益。

在华梦迪老师"连加、连减"的课堂中，她出示完停车场的情境图后，有一位小姑娘清楚地表达出："信息一、信息二有问题。"孩子可以如此清楚地表达出自己所收集到的信息和问题，说明这位学生的思维是清晰的。我们知道，这是因为华老师在之前的课堂中，总是先让学生进行仔细观察，再带领孩子用手指指着自己发现的信息，一个一个进行表达。经过不断练习，孩子的思维与表达能力有了很大的进步。姜老师告诉我们，孩子的思维方式主要是：观察—操作—思考—表达。在我们的课堂上要有方式方法，需要层层递进，对于刚上一年级的孩子有的可能连一句完整的话都无法说出来，需要我们不断地引导和培养训练。

课堂管理对新教师来说确实是一个挑战。因为它是提高课堂教学实效的重要方面。我们需要学会组织教学，合理地利用有效资源，帮助学生学会思维与表达。在我的课堂中还存在很多问题：①在课堂中，尤其要注意学生回答问题的时候其他人不认真听，这是造成差异性的最大问题；②对于教学设计的逻辑性和延续性及备课中的充分预设都需要进一步学习与提高；③课堂中教师说得比较多，学生动手操作思考的时间少，教师在课堂中需要放手。在下学期中，我要汲取本学期的经验，把课堂真正交给学生，让学生实现从"学会"到"会学"的转变，努力提高课堂效率，使得付出与收获成正比。

这次总结的撰写，离不开姜老师的建议和一遍又一遍的耐心指导，使我的总结更加有层次性、逻辑性，也让我回顾了这一学期的收获和成长。希望在新的一年我们可以继续跟着姜老师不断地实践、教研，让我们的课堂越来越有色彩，对学生的研究也越来越深入，在未来的路途上走得更远、更好！

小学数学教师课堂教学语言对学生思维能力的影响

（北京小学大兴分校亦庄学校　王璐）

导读：苏霍姆林斯基认为，教师语言在很大程度上决定着学生在课堂上脑力劳动的效率，决定着课堂教学的有效性。的确，有经验的教师的教学语言，让学生感到温暖如春风，润物似春雨，自然而然地信其师、从其行。教师的课堂引导语言须简洁，引导学生思维发展，使课堂省时高效。并且教师要精心设计简洁有意义的问题串，将学生的思维引向深入。

在小学数学课堂教学过程中，提高学生的数学思维能力是教师工作中的重中之重。它能有效帮助学生经历数学知识的形成、发展与推理的过程，激发学生学习的主动性，让学生在观察、比较、思考的过程中提高数学思维能力。而教师在小学数学课堂教学过程中的教学语言更是充分调动学生的数学思维，引导学生对数学知识进行深入探索，带领学生走进更广阔的数学知识天地的重要工具。

一、教师的课堂引导语言须简洁，引导学生思维发展

在小学数学教学过程中，教师应该充分地使用简洁的数学语言，引导学生热爱思考，积极寻找到解决数学问题的方法。在以往的教学中，我的课堂语言有时过于随意，缺乏逻辑性和准确性。这导致学生无法通过语言来理解所学知识，不利于学生数学思维的发展。

比如，在准备"探索规律"这节课时，我一开始的引导语设计得十分烦琐："儿童节要到啦，小猪佩奇邀请我们去她家参观，我们一起去看看吧。"这样引导学生学习新知识的语言既没有与这节课有关系的实际内容，又将学生刚集中的注意力分散了，即便再聚焦，再吸引学生的注意力，也浪费了时间，学生的数学思维并没有聚焦到每一个数学问题上。在其他教师的指导下，我将本节课引导学生学习新知识的语言变得更加简练，指令性也很强："六一儿童节就要到了，老师买了一些彩灯来布置我们的班级，请你仔细观察这些悬挂好的彩灯，看看你有什么发现？"由此一来，学生明确了学习任务，很快将注意力聚焦在灯笼上，而且引导学生通过观察、比较、思考，发现灯笼的悬挂特点。然后学生经过一系列的思维过程，再将自己的思考表达出来，这样的导入不但符合学生的心理特点，还可以将学生的数学思维更快地吸引到对本节课知识的探索之中，发展了学生的学习能力。

二、教师的课堂语言要精心设计，使课堂省时高效

一节数学课只有40分钟，每一分钟都应该被教师和学生好好珍惜并加以运用。小学数学省时高效课堂的构建是一个循序渐进的过程，需要教师精心设计课堂语言和教学环节，让学生在数学学习过程中的综合能力可以得到更全面的培养。只有提升了学生的数学综合素养，才能全面提高学生的数学学习效率，促进小学数学高效课堂的构建。尤其是"双减"政策的实施，更要求我们数学教师在课堂教学中要有简洁明确的教学语言。

在二年级上册"解决问题"这节课中，我想让学生通过观察图片，发现有很多数学信息，再进一步引导学生找出有关联的数学信息。我在导入环节的语言是："仔细观察图片，你有什么想法？"学生一下子就愣住了，不知道我想让他们说出什么样的答案。就这样，这节课开头就耽误了两分钟左右的时间。后来姜老师建议我这样问："请你仔细观察图片，看了这些图片你有什么感受？"这样一问，学生就马上说出来图片中的数学信息很多。虽然只是两个字的不同，但是后者可以让学生更加聚焦整个图片带来的直观体验，从而达到省时高效的课堂效果。可见，教师在备课时精心设计教学语言的重要意义。

除此之外，教师不要重复学生回答问题的语言也是新教师需要注意的一点。一开始我站在讲台上，由于备课时没有关注自己的课堂语言，经常会因为不太熟悉教学环节，又不知怎样接学生的语言而一遍遍重复学生回答问题时的话，导致浪费了课堂时间。

在二年级上册"平均分"这节课的学习中，我让学生分享自己分桃子的结果，我和学生的对话是这样的：

师：哪位同学愿意把你的分法和大家分享一下，请你认真听，看看他的分法和你的分法一样吗？

生1：一只猴子分2个，另一只猴子分4个。

师：嗯！你是一只猴子分2个，另一只猴子分4个。

生2：一只猴子分3个，另一只猴子分3个。

师：哦！你俩分得不一样，你是一只猴子分3个，另一只猴子分3个。

经过与数学团队教师的一起学习与研究，我逐步感悟到简练的教学语言能够使学生更加容易地掌握数学知识。在确保学生能够理解和掌握知识、思想方法的前提之下，教师应该尽量简化自己的教学语言，尤其是某些数学知识方面的论述，应该最大限度地进行简化处理，将重复学生的语言改为教师或学生评价学生的想法、做法或表明自己的观点，或提出自己的疑问，从而引发学生的深入交流。因为语言结构越是复杂、语言中含有的成分越多，学生在接受和理解方面的难度便越大。基于以上考虑，教师在课堂上尤其是在交流对某些重要的数学知识的理解时，一定要尽量将语言结构简化，或者从中找出几个重点词语进行概述，帮助学生能够更好、更快地掌握相关知识。

三、精心设计简洁有意义的问题串，将思维引向深入

课堂教学中教师围绕学习内容提出引发学生探究的问题串是教学环节中不可缺少的一部分，也是培养学生学会自主思考与探究的重要手段，同时也是构建高效数学课堂的方法之一。问题串的设计要坚持以学生为本，能够激发学生学习数学的兴趣，调动学生学习数学的积极性。编制设计问题串时需要结合学生的最近发展区，要考虑学生的现有经验和知识水平。因此，问题串要立足学生，能够满足所有学生数学学习的需求，尽量减少没有意义的问题。

我之前在课堂中经常反问："是吗？""对吗？"这种片面的问题只会使得学生无法正确解决问题，反而更加疑惑。例如，在讲"2的乘法口诀"的时候，我问："二八十六对吗？""得数大于十就不写'得'了是吗？"等类似的问话。这样的问题是无效的，是不能算在问题串的设计中的。

在后来的评课教研中，姜老师指出教师在课堂中提出的问题不能太过于随意，每一个问题都要设计得有意义。在反思过后，我将本节课的问题设计如下："请你仔细观察这幅图，你发现了哪些数学信息，你能提出什么数学问题？""请你帮助淘气把饭桌上9双筷子摆齐，从一双筷子开始摆，边摆边数数一共用了多少根筷子？并将表格和算式填写完整。""你们能根据这9个乘法算式编出对应的2的乘法口诀吗？"改进完之后，我发现学生通过这一连串逐步深入的问题，对于自主探究2的乘法口诀很感兴趣，并且对于建构关于乘法口诀的知识结构也更加牢固。

问题串教学通过数学问题体系的构建，开发学生的数学认知能力，促进学生数学知识结构的有效建构。学生在教师准确简洁问题串引发下的思考对于以后的数学学习有正向迁移作用，数学思维能力也得到了很好的发展，并形成了良好的数学学习习惯。

总之，教师的课堂语言是有张力的，既有可能对学生的数学思维能力发展有正向的作用，也有可能有反作用。这就要求我们必须合理地设计、积累和运用课堂语言，锻炼学生的数学思维，提高学生的数学思维能力。

在今后的教学工作中，我需要更加认真地准备好每一节课，设计好每一节课的课堂语言，并不断积累，争取让每个学生都能够在掌握知识和技能的同时，拥有灵活的数学思维能力。

数学课堂中教师的语言艺术

（北京小学大兴分校亦庄学校 于自航）

导读：课堂教学是一个动态的、复杂的过程。通过教师激励性的引导语言，创设良好的课堂氛围，启发学生通过倾听和思考发现问题并提出有价值的数学问题。准确精练的引导语使学生有更开阔的思维，给学生带来潜移默化的影响。

很幸运，初为人师的我能与姜老师团队共同学习与研究课堂教学。在这一学年中我有很大的收获。从懵懵懂懂的毕业生到站在三尺讲台上的教师，从慌慌张张语无伦次、啰里啰唆的课堂语言到发现教师明确、简洁的语言在教学过程中的重要作用，这都离不姜老师的悉心指导与耐心讲解。我真正感受到了苏联教育家苏霍姆林斯基所说的"教师的语言修养在极大程度上决定着学生在课堂上脑力劳动的效率，高度的语言修养是合理地利用时间的重要条件"这句话的含义。经历了一学期的学习与研究，我对教师语言的艺术有以下三点体验和感悟：

一、培养学生的问题意识，需要教师激励性的语言

《义务教育数学课程标准（2022年版）》中强调使学生获得数学基础知识、基本技能、基本思想和基本活动经验的获得与发展，发展运用数学知识与方法发现、提出、分析和解决问题的能力，形成正确的情感、态度和价值观。在教学中，我意识到了需要培养学生问题意识，但是在培养学生的过程中又出现了这样的问题：我讲"两位数加、减一位数（不进位、不退位）"这节课中，学生说完自己的想法，问大家有什么问题的时候，有的同学就会说道："你写得有点

儿乱我看不懂！""你说话声音太小了，我没听清！""我没有看见你拨的过程！"提出的问题都是一些行为习惯等方面的问题，数学上的问题几乎没有人能提出。虽然这些也需要重视，但感觉这些问题不但没有培养学生的问题意识，反而浪费了课堂的宝贵时间，它不是学生对本节课重点知识学习中的关键性问题。

在课后教研中，我提出了这个让我困惑的问题。姜老师告诉我们，在学生提出问题的时候，要注意评价激励，如果学生真的声音小，就需要我们介入："你说得真好，如果声音再大一点儿就更好了！"还可以"像老师这样……"。在学生不会提出有价值的符合本节课知识形成过程中的数学问题时，教师需要示范引导，让问题聚焦在本课内容上："他的想法，你们都没有问题，那我有一个问题……""听了他的想法大家有什么问题要问吗？"带着姜老师的建议，我走进了其他教师的课堂。

听王璐老师的"两位数加、减一位数（不进位、不退位）"课时，学生在交流两位数加一位数用摆小棒的方法计算的过程中，有一个小男孩提出了一个问题："为什么2根小棒要和6根小棒摆在一起呢？"王老师及时对这个学生进行评价激励："你真会提问题！我也想问这个问题呢！"因为王老师的语言对学生产生了激励的作用，同时也肯定了学生所提出的问题，后续学生提出的问题就会十分有价值。接下来在探究两位数减一位数时，有学生就提出了："你为什么不在4捆小棒中减去6呢？"等，提出的问题很有价值。

课堂教学是一个动态的、复杂的过程，小学生只是成长中的个体，他们离不开教师的适时点拨和引导。通过教师激励性的引导语言，创设了良好的课堂氛围，启发学生通过倾听和思考发现问题并提出一些有价值的数学问题。培养学生发现问题的兴趣和能力，让学生有条件、有可能将已掌握的知识经验与将要学习的知识联系起来去思索、去探究，教师要做有智慧的追问者。

二、教师语言要明确引导方向，才能开放学生思维空间

教师在课堂中组织活动时要求要明确具体，这样不仅可以开发学生思维，而且学生的思维面还会更开阔。

听张晨老师的"两位数加、减整十数"课时，在学生动手探究"45＋20＝？"前，张老师说了这样一句话："你可以画一画、写一写，也可以借助身边的小棒和计数器来帮忙，看谁今天想出的方法多。"因为张老师提的要求十分明确具体，所以学生在探索交流的时候，出现的方法就很多，不只是计数器、小棒，还有数的组成、竖式等。相反，与张晨老师同课异构的另一位教师的课堂中，由于教师在学生动手探究"45＋20＝？"前没有明确具体地提出要求，并且教师在学习单上画出了数的组成结构图，导致学生交流展示的时候只出现了数的组成、计数器和小棒三种方法，不仅没有发散学生思维，而且学习单上的结构图还限制了学生的思维。

课后教研的时候，姜老师给我们举了一个例子：她说这就像人们在大泳池里面游泳，有很大的空间，每个人都有不同的姿势，他用这种方法，她就用另一种方法，最后都达到了目的。在课堂中也是这样，每个孩子都可以用不同的方法，有的学生用小棒，有的学生用计数器，还有的学生用画图等，用自己的方法解决问题。如果学生只想出一种方法后不想了，教师要适时地引导"看谁的方法最多！""把你的方法写在纸上，让其他人看明白！""用你喜欢的方法算！"教师的语言要明确引导方向，才能使得学生有更开阔的思维，解决问题才会各显其能，培养创新意识。

三、教师语言准确精练，才能提高课堂效率

准确而精练的语言，会给学生带来潜移默化的影响。学生在课堂上也会尽量以简洁的语言正确地表达自己的想法。

我在讲"探索规律"一课时，学生观察气球后，说出了自己的发现，一个孩子说："气球是有规律的，一黄二蓝分一组。"此时，我的语言就很啰唆："哎，就是这样的规律，这个是一黄二蓝的规律，它的颜色是……"在这个时候我不应该重复学生的语言，应该抓住孩子的关键语言，减少自己没用的语言。在组织课堂中，我又说道："说得好不好呀？""真棒！给你一个大拇指！""同学们真棒，那好啦……"这些语言是无效的、啰唆的，学生无法知道到底哪里好，教师的语言不明确，指向性不强，影响教学效果。

经过几次的磨课，姜老师和同伴们都给我提出了建议，我也努力规范自己的语言。在正式讲课时，我特别注意自己的语言，课堂进行得十分顺利。通过姜老师的指导与同伴们的帮助，我在大兴区数学新教师培训班小组教学展示课中表现突出，被推荐在北京教育学院"启航计划"大兴区小学数学班做现场展示课，"探索规律"课例获得北京市"启航计划"小学数学班优秀成果奖。

语言是一种艺术，它随时都在向人们绽放它的光芒，展现它的美，彰显着它的魅力。教师正是和这种艺术天天打交道的语言工作者，我相信，有姜老师及团队教师的帮助，经过自己的不懈努力，我的课堂语言修养会越来越高，也会成为一种艺术，让我的学生享受到语言的艺术美。

让"板书"成为教师传递信息的工具

（北京小学大兴分校亦庄学校　崔丽）

　　导读：板书设计是教师的一项非常重要的基本功，因此，不仅要注意字迹工整和编排布局，更要注重呈现出本节课的教学重点和难点。好的板书可以激发学生兴趣，帮助学生理解和记忆知识，便于学生形成技能，发展数学思维。

　　板书设计所呈现的内容是一节课的核心知识与内容结构，是教学目标的体现，是教师传递信息的工具。好的板书设计为一节课起着画龙点睛的作用。板书的设计虽有千变万化，也可以说是千姿百态，但无论是布局排版，还是书写内容，怎样更有利于学生掌握知识和技能获得数学思想方法是我们要不断研究的。

一、板书设计要呈现思考过程

　　课程的内容不仅包括数学的结论，也包括数学结论形成的过程和蕴含的数学思想方法。板书设计是本节课所学知识的核心，所以更要呈现学生思考的过程，而不仅仅是得到的结果。

　　在学习"大于、小于和等于"一课时，本节课的教学重难点在于借助情境，学习比较数量的多少，并会用符号表示数量的大小关系。但我认为，学生看到教师原本的板书后，只能认识大于号、小于号和等号。本节课更要体会"一一对应"的数学思想，所以板书设计应该有学生思考的过程，也就是比较的、一一对应的过程，学生只有会比较了，才会进行符号的选择。

（图1）

在设计板书前，教师一定要读懂教材，把握教材，厘清本节课的重难点，挖掘数学知识本身蕴含的数学思想方法，让学生通过板书设计能够回忆知识的形成过程，并记住在学习过程中所获得的最核心的知识及思想方法，这是数学最本质的内容。

二、板书设计要直观形象

运用板书可以把抽象的知识具体化，给孩子留下深刻的印象，有利于学生理解知识。在学习"几和第几"一课时，在学生讨论"都用5来表示，为什么表示的意思不一样"时，有学生提出她还想知道"5可以分成几和几"。学生提出这样的问题是因为黑板上的5过于抽象，与前面呈现的场景没有关联，这样的板书设计又与数的分与合相似，从而导致学生的思维发散。对低年级学生来说，借助情境能帮助他们更直观地、形象地理解知识，所以教师如果把数字5替换成情境中的5只小动物，更有利于学生理解和掌握知识。

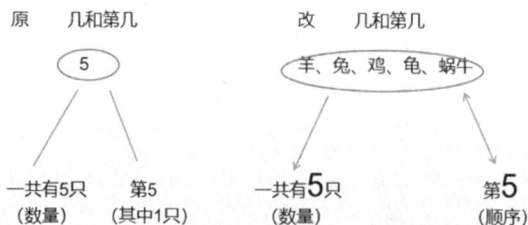

（图2）

因此，作为教师，尤其是低年级教师，在板书设计时要考虑学生的年龄特点和认知规律，增强课堂教学的吸引力，将抽象的知识形象化、直观化，更利于学生理解并掌握知识。

三、板书要随着学习进程随机生成

板书的出示要随着学生学习过程中的生成资源进行板书。随机板书一方面能给学生留下较深的印象，强化学生记忆；另一方面也是对回答问题学生的肯定和鼓励。

学生学习新的知识主要通过教师给出任务，学生在独立思考、合作探究与交流中获得。在此过程中，学生运用已有的知识经验与已获得的思想方法不断地与新知识对接，形成新的知识，获得新的思想方法，积累新的学习经验。这一过程生成性很强，需要教师随时捕捉生成中新的重要内容进行板书，达到预期目标。

比如，在陈宇老师"小数的大小比较"一课中，学生交流是这样表达自己的想法："我先总体看这四个人的成绩，发现有两个一点多、两个零点多，所以把它们分为两类。比1大的一类先比较，整数部分都相同，就比较小数部分，小数部分十分位上1比0大，所以1.12大于1.04。再比较比1小的两个……"这位同学的发言思路特别清晰，他先整体观察，再分类，接着分类比较，最后再整合结果。陈老师随着学生的发言及时板书了"分两类"，又用彩色横线和波浪线画批，并在标记的结果中标注"比1大""比1小"。这样学生在学会解决问题的同时，也学会了这位同学有条理的思维方法。

学生在表达的过程中，教师对重要思考步骤进行板书及画批，可以帮助所有学生拓宽思路，更有利于学生掌握知识和发展思维能力。

张浩	0.91m	整数相同 比较小数部分		张 李	王 齐
李然	1.12m	整数不同 比较整数部分		0.91 < 1.12	0.96 < 1.04
王学军	0.96m	比1大 比1小		李 (1) 齐 (2)	王 (3) 张 (4)
齐建国	1.04m	李然 齐建国 王学军 张浩		1.12 > 1.04	0.96 > 0.91
排名 ？		1.12 > 1.04 > 0.96 > 0.91			
		(1) (2) (3) (4)			

分两类

推理 比较 计数单位

（图 3）

四、学生参与板书能培养良好的书写习惯

开放的课堂，给学生提供了充分的独立思考、自主探究的空间，在这样的条件下，学生会出现多种多样的想法，在学生展示自己想法的过程中，学生的板书就是对学生思维、书写习惯的检验。

学生的板书直接影响着自己的表达和其他同学的理解。所以在日常教学中，我们要注重学生书写、表达、倾听等习惯的培养，对好的板书书写格式、字迹多多表扬，对较差的板书书写要帮助修改、规范。学生的习惯不是一朝一夕能练就和培养的，在对待学生的习惯培养时教师要做到高标准、严要求、勤督促。

板书设计是教师的一项非常重要的基本功，因此，不仅要注意字迹工整和编排布局，更要注重呈现出本节课的教学重点和难点，让学生对本节课的内容一目了然，在板书中获得解决问题的办法。好的板书可以激发学生兴趣，帮助学生理解和记忆知识，便于学生形成技能，发展数学思维。

板书虽小，但要反复琢磨！最终呈现在黑板上的板书体现了教师对教材的理解和把握，对学生认知规律的了解和对学生学习习惯

的培养。在今后的课堂教学中，我们一定要把板书做得简而精，让板书辅助教学，提高学生学习效率。

积极进行课堂评价，培养学生学习自信心

（北京小学大兴分校亦庄学校　陈宇）

导读：本文归纳出多个课堂评价的方法，并对每种方法举出详细的课堂实例，力求结合自己的成长经历帮助新教师尽快掌握课堂评价的方法，更好地培养学生的学习自信心。

课堂上的积极评价有着很强的导向性，一堂课中学生学习的积极程度很受评价的影响。《义务教育数学课程标准（2022年版）》强调：评价不仅要关注学生数学学习结果，还要关注学生数学学习过程，激励学生学习，改进教师教学。采用多元的评价主体和多样的评价方式，鼓励学生自我监控学习的过程和结果。

结合自己的实践体验，我也总结归纳出了以下评价的方式方法：

一、教师的评价要具体明确，给学生一种正确的导向

以往上课的时候当一位学生回答完问题后，我的评价形式单一："说得很好，说得不错！"但是这些话学生听了以后他并不知道自己好在哪儿，其他学生听完后也是仅仅知道了教师夸他好了，但是他怎么好了其他学生并不知道，这也不能给其他学生一个明确的导向。如果我们把评价语变得具体明确，给学生的导向也就具体明确了。比如，在讲三位数除两位数笔算除法时，题目是："王老师带

500元钱去买足球，如果买62元一个的足球，最多可以买几个？"在请同学列式解答的时候，一名学生回答："500÷62，因为有一个62就可以买一个足球，问能买多少个足球就是在问500里面有多少个62，所以用500÷62这个算式计算。"这个时候我给这个学生的评价是："说得非常清楚，不仅说出了算式，还说出了为什么要这么列算式。"这样评价首先肯定了这个同学的回答，同时也给这个同学和其他同学一个导向，就是下次再回答这样的问题时不仅要说出算式，还要说出这样列算式的道理。

学习除数是整十数的笔算除法时，计算800除以60的时候，有一种算法是先把800去掉一个0，再把60去掉一个0，竖式余数那里写的是2，但是像横式报告结果的时候要写余20。这个时候有学生举手提问："为什么余数是20？"我给的评价是："问得真好！这里确实是一个非常值得思考的问题。"首先表扬这个爱提问题的学生，其次表扬出为什么他提的这个问题值得被表扬，因为这个问题是很关键的问题。直接指向余数为什么是20的道理，给其他同学的导向就是要敢于提出不懂的问题，还要提出真正有思考价值的问题。

在学习商不变的性质时，当学生把几个除法算式摆在黑板上后，我让同学们观察这些算式，看看有什么发现。当时学生发现了很多，而且说得很碎，有的学生只说出了都是除法之类很表面的现象，有的说出了被除数和除数都乘了同一个数。对于这两类学生回答的问题，我给予的评价都是"说得很好""的确是这样"之类的评价语，这个给学生的评价就很单一，而且导向性不强，没能引导他们去仔细观察更深层的规律。后来反思发现，对于学生发现很有价值的规律时要给学生像"你观察得真仔细，描述得也很清楚"这类导向性很强的评价，引导他们要仔细地观察，并且把自己观察到的情况用自己的语言描述清楚。

积极的评价可以让学生的学习更加积极活跃。

二、教师评价要注意调动每个学生学习的积极性

无论是大人还是孩子，在听到表扬后都会有更多的积极性。对于这点学生的表现往往比大人更加突出，每个孩子都希望有表达自己想法的机会，也非常愿意听到教师的表扬。

有一次的数学课，课堂气氛很沉重，学生的注意力感觉也比较散。之前对于这种情况，只是叫大家坐好，告诉学生要仔细地听课，但是效果并不是很明显。后来我发现这个时候如果利用鼓励性的评价会有更好的效果。课上有一个环节是用开火车的形式一个人说答案，其他学生进行判断，在第一个学生回答完后我及时评价他的声音真洪亮，这个时候其他学生一起判断对错，判断完后我又紧跟了一个"判断得真及时"，就这样隔两三个同学就来一次评价激励，很快课堂上的气氛就好很多了。在这之后有一道题比较难，需要讲解，我让班里的一名学生去前面讲解，她讲得很清楚，下面同学也都听明白了，我给的评价语是："她讲得真清楚啊，掌声鼓励，相信咱们班同学还有人可以像她一样讲得很清楚，谁可以给大家讲一下下面这道题。"首先给前面发言的学生一个肯定的激励性评价，然后集体鼓掌，营造一个更加活跃的课堂氛围，之后再把这样的讲题机会给更多的学生，一下子课堂的氛围就好了很多。

三、适时的评价会给学生增加学习的自信心

班里有一个女生平时不怎么喜欢说话，上课时候也很少主动回答问题。有一次学生独立思考一道关于商不变的性质练习题的时候，我问："为什么三角形和圆形都乘以10了，商还是27啊？"这时候几乎没有几个学生举手回答，但是有个平时不怎么回答问题的学生举手了，她是个平时胆小的孩子，缺乏自信，既然她这次举手了，也就证明她有足够的信心回答这个问题。所以这次就让她来回答了，果然她的回答是正确的，可她的声音有些小，所以我立刻评价了一句"说得真好，再大声地告诉大家一遍"，得到肯定后，她的声音洪亮了很多。当她坐下后，坐得特别直，脸上还带着笑容。这就告诉我们对这样信心不足的同学一定要特别鼓励，而且最好的时机是在她答对的时候进行正向鼓励。教师把握住评价的时机，可以让学生更加自信。

姜老师常常告诉我们："要发挥评价的激励、调控和导向的功能。教师要用心研究，适时、适切、适度、有针对性的评价会帮助学生建立学习自信心，因为自信心是一个人取得成功的重要因素。"以上这三点是我在教学研究实践中对课堂评价的一些简单理解。

激励性评价　促数学素养提升

（北京市大兴区庞各庄镇第二中心小学　范蕊）

导读：在数学课堂学习中，建立学生学习数学的信心是多方面的，激励性评价不仅仅是针对学生回答的一个问题进行评价，也应该是对学生整个学习过程的评价。而评价语应该是明确的且具有激励性的，能为学生指明方向的。

课堂中的激励性评价，大部分是教师对学生所采取的措施。在评价过程中，教师的评价态度起着十分重要的作用。它决定着学生对这种评价的接受程度、认可程度，影响着对学生产生的激励效果。

我校属于农村小学，学生生源为附近村庄，有部分外地借读学生。学生对于数学学习有一定的兴趣，但缺乏自信心。据此，教师和学生树立一种崭新的评价观，找准适当的时机运用激励性评价语言，发挥评价的导向、激励、改进的功能，促进学生全面发展和主动发展，提升学生的数学核心素养。

一、激励性评价，促问题解决

评价有利于促进问题的解决是教师课堂上要关注的情境之一。因此，教师对学生学习的评价要时刻注意时机。

（一）提取信息时评价，培养良好习惯

"问题解决"的教学中，适时运用激励性的评价语言，鼓励学生主动思考，培养提取信息、发现问题、提出问题、分析问题的能力。在教学解决问题这一课时，直接呈现情境图，让学生试着画出有用的数学信息。在学生提取信息的过程中，及时对学生提取信息的过程进行评价，及时鼓励或主动帮助。学生提取信息的能力需要不断训练，在训练的过程中要及时给学生做出评价："观察得真仔细""信息找得很准确"，给予他们信心，让他们有意识地去提取信息。

在学生提取数学信息的过程中，要鼓励学生依据相关的数学信息提出有效的数学问题。在提出问题时，个别学生可能会提出一些无关的问题，教师此时不能打击学生的积极性，可以采用一些激励的评价，比如："你再认真读一读你所提取的信息，好好地想一想，老师相信你能提出一个更好的问题的！"多给予学生一些鼓励性的评价语，即使学生回答错误，也不会打击学生学习的积极性，反而会激发学生继续去探索。

（二）问题解决时评价，培养思维能力

对学生解决问题的过程适时评价，培养学生的思维能力与创新能力。问题解决既要注重结果，更要注重学生解决问题的过程。古人云：授人以鱼，不如授人以渔。所以教给学生解决的方法更为重要，有助于学生获得学习的成功，增强自信和动力，从而更加愿意自主地探究新知。

二年级下册"解决问题"这一内容的教学，我鼓励学生想一想，画一画，将自己的解题思路画出来，画出来的图要让自己和别人看明白。由于二年级学生在画图解决问题上还有欠缺，所以在教学时，应该充分鼓励学生大胆地将自己的想法呈现出来。教师根据学生所呈现出来的内容进行评价，指出学生的优点与不足，鼓励学生试着将自己的解题思路完全展现出来。通过画一画、说一说，提升学生的思维能力。

理解题意并能够用图来表达后，学生开始尝试去列式计算。可是本单元内容主要是针对万以内数的两步计算，学生经常犯的错误就是小括号的使用。所以在列完式子后，不着急让学生去计算，而是让学生再根据题意检查一下自己的式子有没有列正确。在这一过程中，教师可以有适当的提示，如"根据题意，应该先算什么，再算什么"等话语来激励学生，给学生一个再去思考的机会，所以教师将评价延时，让学生真正获得解决问题的方法。

二、多种方式的评价，促核心素养提升

为促进学生核心素养的提升，教师还可以注意采用多种方式的评价。

（一）分层评价，关注个体差异

每个学生都是独立的个体，有着自己的个性特征、思维方式和看待问题的角度。因此，要想达到"不同的人在学习上得到不同的发展"，教师要因材施教，根据学生的自身特点，达到不同的学习目标。在课堂教学过程中，我会将问题分层次，由易到难，简单的问题留给基础较差的学生，让他们在回答问题的同时被肯定，树立学习数学的自信心。较难的问题留给知识掌握情况比较好的学生，这样可以锻炼他们的思维能力，同时对其他学生也是一种激励。

（二）即时评价，捕捉学生的闪光点

即时评价是教师根据当时的学生表现，实时做出评价。即时评价是一瞬间的，教师要抓住这转瞬即逝的机会，实时对学生做出鼓励性的评价，这样可以促进师生、生生之间的心灵沟通。其实每个学生都渴望被鼓励、被肯定，尤其是成绩较差的学生，内心更希望被肯定。因此对于这些学生应尽量将其优点适当放大，让他们感受到自身的闪光点，重拾信心，增加学习数学的兴趣。

（三）延时评价，留给学生思维发展的空间

在数学课堂中，教师对于学生正在讨论的问题不应很快地给予肯定或否定，应当给予鼓励性的行为或语言，引导学生畅所欲言，并将他们的话语进行总结，找机会说出自己的见解。这样做不会打击学生主动探索的积极性，将评价权交给学生，让学生自己去探索、求知，寻找问题的答案。无论学生的回答是否合理，教师都应细心聆听，做出正确引导，让学生在没有指责声中逐渐找到解决问题的正确方法，为学生的思维发展提供充足的空间。

三、多元的评价方式，获得良好的学习效果

数学来源于生活，最终也是要为生活服务的，所以数学的学习不应仅仅在学校、在课堂，更应在生活之中。因此，在数学学习过程之中不仅仅是师生、生生的评价，还应包含家长及社会的评价。

（一）积极正向的家长评价

通过调查，家长评价学生的方式多为消极的，缺少鼓励性的评价。根据这些情况，我采取了一些措施。首先在家长会及家长群中，我会提醒家长多一些鼓励性的评价及一些指导性的评价，以此来培养学生学习数学的自信心。其次在"双减"政策的激励下，我开始给学生布置一些数学实践性的小作业，如探索规律这一课，我会让学生根据家里现有的东西组合、排列出规律；认识时分秒时，让学生看着家里的钟表读出时间；等等。在录制及拍摄作品的过程中，有的家长会为学生的小作业点赞，有的家长也会和孩子一起不断地完善小作业。由传统的做题到和家长一起完成数学实践，孩子表现得更积极了，家长也发现了在自己的不断鼓励下，孩子的学习兴趣越来越浓了。

（二）实践中的社会评价

在数学学习中，社会评价也是其中重要的一环。而要得到社会评价，就是要鼓励学生积极地将所学的数学知识应用到生活之中。在学习认识钱币之后，鼓励学生走进超市或菜市场，自己进行一次买卖交易。根据地域的特点，甚至有的学生可以帮助家长卖菜卖水果。在实践的过程中，学生多次得到了来自陌生人的赞许。这种赞许的评价，不仅为学生学习数学建立了信心，更让学生明白为何要学习数学。

评价的主要目的是全面了解学生数学学习的过程和结果，激励学生学习和改进教师教学，进而培养学生的数学核心素养。在评价时，不仅要关注学生的学习结果，更要关注学生在学习过程中的发展和变化。在对"解决问题"这一内容教学时，教师不仅要以宽容的心态去评价学生，更应采用多样化的方式来评价学生，让学生在不断学习中了解到自己的学习成果，以及产生这种成果的原因。所以教师要合理使用评价，对学生做出及时有效的评价，让评价的作用发挥到极致，促进学生数学素养的形成。

找准评价误区，优化数学课堂

（北京市大兴区庞各庄镇第二中心小学　祝薇）

导读：找准评价误区，充分发挥课堂评价激励性语言的作用。在学习过程中提供多机会、多角度、多方式的评价，使学生建立自信，优化教学过程，激活数学课堂。

注重激励性评价，在学习过程中提供多机会、多角度、多方式的评价，则使学生建立自信，备受鼓舞。这充分说明了课堂评价中激励性语言在数学课堂中的确占有举足轻重的地位。怎样激活课堂，优化教学过程，发挥学生的主体作用，提高课堂教学效率，这涉及很多方面的内容，但课堂中的激励性评价语言——在具体的教学过程中，教师对学生的学习状况表现出来的高超的语言评价艺术，是其中必不可少且非常重要的一个方面。

一、找准评价误区，激活数学课堂

课堂教学中，教师激励性评价是甄别学生思维成果、提高思维品质、激励思维活动、加强组织教学、提高教学效率的重要策略。课堂教学应该充分"发挥语言评价的教育功能，促进学生在原有水平上的发展"。然而，在目前课堂教学中，对学生激励性评价陷入误区的现象比较普遍，消解了评价本身的积极意义，值得我们重视、思考，并积极谋求对策，以充分发挥激励性评价的积极作用，提高教学效益，促进学生素质的全面发展。我们认为，主要存在以下四方面的误区：

（一）评价"过火"产生不了激励作用

激发学生学习的积极性，表扬的确是一种非常有效的办法，但是，这种表扬一定要适当、适度，让学生确实感受到自己的优点所在。而且，最重要的是感觉到大家的表扬是发自内心的，自己也觉得是名副其实，有所感触的。否则的话，只会让学生觉得表扬不过是一种形式，是一种虚设的摆设而已。久而久之，不仅使教师的表扬失去作用，而且，还会使学生对教师的表扬产生怀疑，根本就不能产生激励的作用。有这样一个片段：

（教学"45＋30"时，教师先让学生讨论计算时是怎样想的。）

师：谁来说说你是怎么想的？

生1：我是用脑子想的。

师：用脑子怎么想的呢？

生1：就这样想的。

师：好的，你先坐下来，听听其他小朋友是怎么说的。还有谁来说说？

生2：我是十个十个往后数的。

师：你真聪明，我们表扬他！

所有学生边拍手边说：嘿嘿嘿，你真棒！

师：还有谁来说说？

生3：我是用数小棒的方法。

师：嘿，你真了不起！还有吗？

生4：我是在脑子里想计数器的，然后在计数器上拨珠子的。

师：你也很聪明，我们也表扬他。

生：（齐）嘿嘿嘿，你真棒！

这样的表扬，受夸奖的学生是否真正为此而激发学习的积极性了呢？我看未必。特别是作为低年级学生，当受到教师和同学们"轰炸式"的表扬时，心情可能会激动得难以平静，还能专心听讲吗？我在思考：教师这样的表扬是否显得有些过火了？

（二）评价"过泛"，不利于学生发展

学生的回答从思维含量上分析是存在着层次的，有的属于大众化的，大家都能想得到。而有的则代表了一种独特的、具有创造性的见解。面对这样的现状，我们教师往往是不加区分地一概而论，也就是"你好、我好、大家都好"。例如，有这样一个片段"三角形的初步认识"：教师为了让学生体验三角形不易变形的特点时，组织学生做了一个比力气的游戏，两名学生分别用三角形和长方形教具做实验，通过拉动，三角形没能变形，而长方形的教具却发生了变形。随后的环节，教师让学生谈谈自己从游戏中受到的启发：

生1：我发现男生的力气反而不如女生的力气大。

师：噢，你挺细心的。

生2：我发现女生拉的三角形不太好拉，所以显得力气小。

师：嗯，你也细心观察了。

生3：我觉得不是力气大小的问题，是因为他们使用的学具不同，三角形的不容易变形，长方形的容易变形。

师：你看，他通过细心观察，发现了其中的问题。

其实，我们都可以看得出来，这三名学生的回答，显然代表着不同的三个思维水平，而教师却都笼统地用一个细心来评价他们，这是否公平？是否有利于学生个性发展呢？答案显然是否定的。

（三）评价"过假"，扼杀了学生的能力

就像我们前边所举的教学片段一样，可能当参与表扬的同学"嘿嘿嘿"过后，或许有些人还不明白为什么要夸他。这种奉教师之命式的表扬，使"决策权"牢牢掌握在教师一个人手中，无形中扼杀了学生明辨是非、自由发表自我见解的能力。而且，很多学生在不明白为什么要表扬的情况下被动地伸出表扬之手，可以说是不情不愿，太过虚假。

（四）评价"过度"，造成学生骄傲自满

赞赏也应该有度，千万不可滥用。对学生顺利得到的结论立刻就大加赞赏，这样的鼓励失去了应有的意义和价值。超值的嘉奖会让孩子产生一种惰性，长此以往也许就会"迷失自我"！例如，经常在数学课上听到教师这样的夸奖："你真是个天才！""连数学家都还没有解决的问题，你都能想得到。"这种过度的夸奖，往往含有的虚假成分太多，只能让人觉得太过夸大其词，丝毫起不到激励的作用。激励要建立在对学生学习过程及其背景有深刻认识的基础上，不切实际、夸大其词的激励，不能促进学生开动脑筋积极思考，反而有可能对学生产生消极作用，造成学生盲目乐观，骄傲自满。学生回答问题或朗读显得一般甚至勉强，并无独到之处，却得到教师过高的评价，既不能使人信服，也不可能使学生建立起真正的成就感。

学生成就感是一点一滴地建立起来的，教师务实一些，肯定他思考结果本身，就足够了，用不着夸大其词地"戴高帽子"。夸张的评价会让学生错误地认为，成功不需要付出艰苦努力，轻而易举就可获得。这样，刻苦钻研的学习品质就很难培养起来。

二、走出评价误区，优化数学教学

现代教育评价理论把评价理解为"为决策提供有用信息的过程"，评价最重要的意图不是为了证明，而是为了改进！激励性的评价不是通过控制机能将学生往正确的方向上推，而是满足学生非常基本而又常常被忽视的人的需求，包括归属感、自尊感、成就感等。

所以，教师在课堂教学中对学生进行评价时可考虑以下三个因素：

（一）评价时要注重情真意切

有关研究表明，人与人进行面对面交流时，面部表情所传达的信息大大超过言语本身。因此，如果教师只注意到表扬对学生的激励作用，而不注意自身的表情、语调对学生的影响，只会使表扬缺乏诚意，学生得不到应有的激励。教师的表扬要做到情真意切——只有通过发自内心的情绪来鼓舞学生，才能激发他们的学习动机，调动学习的积极性，帮助他们建立自信，体验满足需要的乐趣，从而形成稳固的学习激情，促使身心健康发展。教学片段中教师对生1的态度，就显得缺乏关怀。如果我们使学生失去了做人的尊严，怎么能帮助学生认识自我、建立自信呢？

（二）评价时要注意主体多元

新的课程评价强调评价主体的多元化。教师的评价主要是全局性、客观性的评价，但不能垄断整个课堂。我们应该引导学生共同参与，鼓励他们开动脑筋，发表自己的见解，从而形成互评、自评的局面，由教师的"一言堂"变为师生的"众议院"。

课堂评价应当突出学生的自主性，重视学生主动积极的参与精神。当学生回答问题后，教师可引导学生以同桌结对、男女生交叉等多种组合形式进行互评。以互评促互动，以互动促"双赢"，把评价的权利转移给学生，让他们相互补充，完善认识。对教学片段中生4的回答，教师可巧妙地让学生互评："他的这种方法你听懂了吗？你觉得他这种方法怎么样？好在哪里？我们该怎么表示呢？"这样不但能增进同学之间的友情，还能增强他们的群体意识。

自评就是学生在教师的指导下进行自我反思、自我评价。学生的自我评价是学生对自己的学习过程进行自我观察、对学习结果进行自我判断与分析的过程，是一种自我审视行为。通过自评，学生对获得答案的推理过程、思考方法、证据运用等形成更清晰的认识。

（三）评价要发挥好导向作用

评价不是对学生简单的肯定或表扬，而应在肯定正确处激发其潜力，在纠正错误处激发其信心，为学生指明前进的方向。

课堂上学生的回答千姿百态，那么对于不同类型学生的回答我们又该如何反应呢？

1. 急于表现型

低年级的课堂中经常会出现这样的现象：学生急于举手想回答，可答案却让人失望。就像教学片段中生1的回答一样，教师应为保护其自尊而启示他："你是在心里数数呢，还是摆小棒呢，或者是什么别的方法呢？"这样既可以帮他厘清思路，又能使他明白该朝哪个方向去思考。

2. 方法错误型

教师对学生的明显错误既要明确指出，还要保护他们的自尊心。我们不妨让学生说说这个结果是怎么想出来的，学生可能在解释的过程中突然明白自己的错误，也便于教师或其他学生予以帮助。

3. 表达不清型

在让学生说计算思路时，经常会出现这种情况：学生心里知道，可站起来以后却总是说不清楚，如果这时教师能在一旁耐心地倾听，并用这样的语言来鼓励："别急，慢慢说……""如果这样的话，那么……"其效果将远胜于其他。

有人说："孩子总是朝着成人鼓励的方向发展的。"对学生来说，发现、怀疑、猜测、想象、独特见解都是创新思维的表现。评价语言虽然语不惊人，但只要富有启发性，利于激发学生思维，正确地进行评价，学生创造潜能是可以被激发的。作为教师别只在评价语末尾画句号，应多点儿感叹、多点儿省略、多点儿疑问，让评价语言能"随风潜入夜，润物细无声"。教师应充分发挥课堂评价激励性语言的作用，优化数学课堂教学，对学生的发展起到积极的推动作用。

精准学业检测　有效质量分析　提高学生获得
——基于2021—2022学年第一学期四年级数学学业质量分析
（北京市大兴区第七小学　高悦）

导读：以2021—2022学年第一学期四年级数学学业质量监测为依托，根据《义务教育数学课程标准（2022年版）》中的学业质量要求，将检测题目按照数与代数、图形与几何、统计与概率、综合与实践四个领域进行有效的质量分析，为后续的教学提供帮助和指导，提高学生的有效获得。

《义务教育数学课程标准（2022年版）》中明确指出：学业质量是学生在完成课程阶段性学习后的学业成就表现，反映核心素养要求。学业质量标准是以核心素养为主要维度，结合课程内容，对学生学业成就具体表现特征的整体刻画。

数学课程学业质量标准是学业水平考试命题及评价的依据，同时对学生的学习活动、教师的教学活动、教材的编写等具有重要的指导作用。

2021年9月，"双减"政策实施落实，在"双减"政策实施的初步阶段，学生经过一个学期的学习，迎来"双减"政策下的首次学业质量检测。本次质量检测题是一份精心设计有价值的检测试卷，内容覆盖面广，重点突出，有一定的代表性，试卷题量适中，试题类型比较灵活，难易适度，有一定的层次性，既注重对基础知识的考查，又注重对学生能力的培养、归纳，能较全面地检测学生对本学期所学知识的掌握情况。

一、学生概况描述

我同时任教两个班的数学课，所以此次质量分析是以两个班60名同学的检测情况作为依据进行的分析。本次参与监测总人数为60人，其中有2名同学为随班就读学生，因此实际参与监测人数为58人，两个班平均分为89.28，其中有优秀45人，优秀率为77.59%；良好人数9人，良好率为15.52%；合格人数4人，合格率为6.9%；及格率为100%。

二、学业质量题目概况

《义务教育数学课程标准（2022年版）》中指出：义务教育阶段数学课程内容由数与代数、图形与几何、统计与概率、综合与实践四个学习领域组成，以数学核心内容和基本思想为主线循序渐进。

本次数学学业质量题目囊括数与代数、图形与几何、统计与概率、综合与实践四个学习领域，难度适中，分配合理，并采取了常见的选择题、填空题、计算题、解决问题四种题型。

根据《义务教育数学课程标准（2022年版）》中对学习时间的划分，三至四年级为第二学段，在本次学业质量监测中，针对四个领域知识都有涉及，其中涉及数与代数领域：大数的认识、运算定律、商不变的性质、多位数乘除法、编码、探索规律；涉及图形与几何领域：认识线段、射线和直线、认识角、画角、量角；涉及统计与概率领域：条形统计图；涉及综合与实践领域：描绘物体所在的方向、数对等。

三、学业质量分析

针对本次学业质量情况，根据《义务教育数学课程标准（2022年版）》中的四个学习领域，做如下分析：

（一）数与代数

在《义务教育数学课程标准（2022年版）》中，数与代数领域中第二学段的学业要求为：能结合具体事例解释万以上数的含义，能认、读、写万以上的数，会用万、亿位单位表示大数。能计算两位数乘除三位数。能运用运算律进行简便运算，解决相关的简单实际问题。

经过一个学期的学习，学生对于大数的认、读、写，以及大数的位置制、数位等知识掌握扎实。

（1）380025170 中的"8"表示(　　)。

  A．8个十万 B．8个百万 C．8个千万 D．8个亿

在这一题中，学生没有错误，正确率为100%，说明在平时的课堂教学中，教师能重点关注数的位置制、数位、计数单位等相关知识，并能进行重点的夯实基础。

在大数的学习中，本学期重点学习了大数的改写和近似数，学生在近似数这一知识上略显不足。

(11) 长江是中国第一大河，流域面积为 <u>1807199</u> 平方千米。把横线上的数精确到"万"位是(　　)万平方千米。

本题的正确率为84.48%。在平时的教学中，对于大数的改写和求近似数，已经研究了方法，但学生出现的问题比较多，有些写"180"的，有些写"一百八十万七千一百九十九"的。我个人认为学生主要是没有认真审题，因为这题难度并不大，通过对数进行分级，精确到"万"位，看千位，进行四舍五入。学生此题出现较高

的失分率，还是对于近似数并没有完全掌握，四年级下册的教学中，有小数的改写和近似数，在了解了学生的此类情况后，在未来的教学中，需要明确小数的数位、位置制、十进制、计数单位等相关知识，明确改写和近似数与其之间的关系。

在本次学业质量检测的最后一题，也是考查大数的改写和近似数的相关知识，学生出现的问题仍很多。

(28)把甲数改写成用"万"作单位后是 40 万，把乙数用"四舍五入"法精确到"万"位后是 40 万。比较甲数和乙数的大小，说明理由。

这道题考查的知识并不难，但是很灵活，又是逆向思维，所以学生出现了很严重的问题，本题的正确率仅为34.05%。在教学中，我一直在给学生强调改写和近似数的方法，稍微忽略了改写和近似数的本质问题：改写不改变数的大小，而求近似数时，利用四舍五入法精确后大小与原数相比是不确定的，由于忽略了本质上的强化，所以学生在思考时出现了忽略。对于改写都没有问题，但是在精确时，很多学生考虑得并不全面，这与教学时教师的不严谨有很大关系。在平时的练习中，都是正向的练习，而这道题需要逆向去思考，知道改写和精确后的数，去比较原数的大小，学生就有些不会思考了。因此，这道题也给了我警示，在四年级下册中有小数的改写与近似数的教学，在后续的教学中，我首先在备课时准备充分，不要形成思维定式，才能在教学中发散学生的思维；其次，要关注到知识的本质，不要再强调表面的现象，要通过现象看本质。

除了数的认识方面的相关知识，还考查了学生的计算能力。在计算方面，对于两位数乘除三位数，大部分同学都能做到计算准确，并对于商不变的性质等知识能做到基础扎实。学生虽然能计算准确，但是在三位数乘两位数的算理上有明显不足。

(12) 右面的竖式中，箭头所指的这一步表示的是
( )×( )，乘积是( )。

$$
\begin{array}{r}
1\,1\,3 \\
\times\quad 2\,1 \\
\hline
1\,1\,3 \\
\underline{2\,2\,6} \leftarrow \\
2\,3\,7\,3
\end{array}
$$

本题正确率为79.59%，学生出现问题主要是对三位数乘两位数的算理掌握得不扎实。错误的同学大多填写的是2乘113，乘积是226，在教学中，为学生讲解算理时，总是强调十位上的2乘113，所以学生在做题时忽略了对数位的强调，所以直接写出了2乘113。在计算课的授课时，需要让学生明确算理，再正确计算，所以不能把算理与算法剥离开。两位数的乘法，需要学生明确每一步计算的是什么。对于两位数的乘法，学生容易出现问题的也是十位上的算理，因为在竖式计算时，为了凸显十位上的计算，计算20乘113的积为2260，而我们在竖式上只写226，学生就会出现误区，还可以用计数单位帮助学生进行算理的理解，2个十乘113，得到的是226个十，也就是2260，所以图中箭头所指的就是20乘113，乘积为2260。

此外，学生在运算律的实际运用上也存在些许不足。

(6) 同学们在计算 25×32×125 时，出现了四种不同的计算方法。下面计算方法正确的是( )。

A. (25×4)×(8×125) B. 25×30+125×2

C. (25×30)×(2×125) D. 25×4+8×125

本题正确率为70.69%。这道题，25×32×125主要运用了乘法的结合律，将32分解为4×8，25与4进行结合，8与125进行结合。学生大多数选择了D选项"25×4+8×125"和B选项"25×30+125×2"，这两个选项都不是乘法分配律的基本形式，所以学生出现的错误主要是对乘法结合律和分配律不能有效区分二者本质。根据《义务教书数学课程标准（2022年版）》中的要求，能说出运算律的

含义，并能用字母表示；能运用运算律进行简便运算，解决相关的简单实际问题，形成运算能力。所以在教学中，加强了学生利用运算定律的计算，但缺乏一些对运算定律在实际情境中的应用，所以学生对于个别运算定律运用错误，出现的问题就很多。在利用乘法结合律时，通常没有利用小括号来进行两数的结合；在乘法分配律中，通常在对（a + b）×c进行变式时，只把c分配给a或b其中的一个，然后再加上c，这是学生出现最多的问题。针对以上问题，在平时的练习中，让学生利用标箭头的方法，提示自己逐个分配；另一种方法是让学生在做题时，给算式赋予实际情境进行理解。但是学生对于这种变式的乘法结合律，还有像"29×99 + 99"这种变式的乘法分配律还是容易混乱。

综合上述情况，学生在数与代数领域中的个别知识掌握还存在些许欠缺，未来的教学中还有相关的知识，需要汲取经验，夯实基础。

（二）图形与几何

在《义务教育数学课程标准（2022年版）》中，图形与几何领域中第二学段的学业要求为：能说出线段、射线和直线的共性与区别，会用量角器测量角的大小，能用直尺和量角器画出指定度数的角，会用三角板画30°、45°、60°、90°的角。

通过本学期的教学，学生都能掌握线段、射线和直线的共性和区别，相关题目的正确率为98.28%，只有1人发生错误，说明教师在课堂上对于三种情况进行了严谨的区分，所以学生才能熟练地掌握。此外，除了需要在课堂上教师引导学生认真学习，还需要学生动手实践。

(7)用一副三角尺拼角,下面图(　　　　)拼出的角是135°。

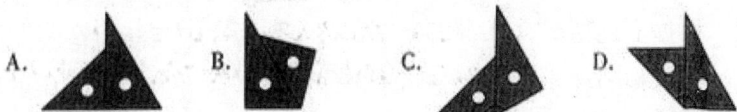

A.　　　　　　B.　　　　　C.　　　　　D.

本题学生的正确率为92.1%,这与课堂上学生的实践操作有关。此题所考查的是用三角板画角,是教材上的思考题。在备课时,我关注了这一习题,专门利用一节课的时间与学生一起摆一摆、猜一猜,进行实践论证,所以在遇到此题时,学生能很快地得出结论,并掌握这一知识。

此外,本次学业质量监测还考查了学生在量角、画角等方面的相关知识。

(23)按要求先画一画,再量一量。
①以 A 为顶点画一个 60°的角,以 B 为顶点画一个 40°的角,组成一个三角形。

$$A \bullet\!\!-\!\!\!\!-\!\!\!\!-\!\!\!\!-\!\!\!\!-\!\!\!\!-\!\!\bullet B$$

②量出这个三角形第三个角的度数。第三个角的度数是(　　　　)度。

本题既考查了本学期所学的量角、画角的知识,还联系了三角形的相关知识,为后续三角形的内角和相关知识做了拓展延伸和铺垫。如果学生不注意审题,会出现画的角方向错误的情况,所以也考查了学生的认真稳重。本题学生的正确率为90.23%,大部分学生基本上能掌握画角的方法,对于第一小题的画角都能掌握,个别同学没有延长角的边组成三角形,也有个别学生延长得过长了,这些学生本质上是掌握了画角的方法,但是由于审题不认真,所以出现了失误;还有个别学生在第二小题中出现问题,在教学中,教师多少会有所涉及三角形的内角和问题,所以大部分学生能掌握并熟记,个别同学可能是使用量角器进行量角时出现了错误,所以填写错误,纠其本质原因，还是在量角上掌握得不够扎实、熟练。

根据上述情况，能看出学生在本学期的图形与几何领域的基础知识学习较为扎实，大部分同学都能完全掌握，个别同学在量角方法上还需要不断练习与熟练。

（三）统计与概率

在《义务教育数学课程标准（2022年版）》中，统计与概率领域中第二学段的学业要求为：通过现实背景，让学生理解条形统计图中横轴和纵轴的意义及二者之间的关联，知道条形统计图的主要功能是表达数量的多少，借助条形统计图可以直观比较不同类别事物的数量。

在本次学业质量监测中，只在解决问题中有一道题目进行监测。

(27)某冷饮店研制出 A、B、C、D 四种新口味饮品，计划先推出一种进行售卖。为了解顾客最喜欢哪种新口味饮品，店长对前 100 名进店顾客采用"免费品尝"的方式进行了调查。下面是根据调查结果绘制的统计图。

某冷饮店四种新口味饮品的喜欢人数情况统计图

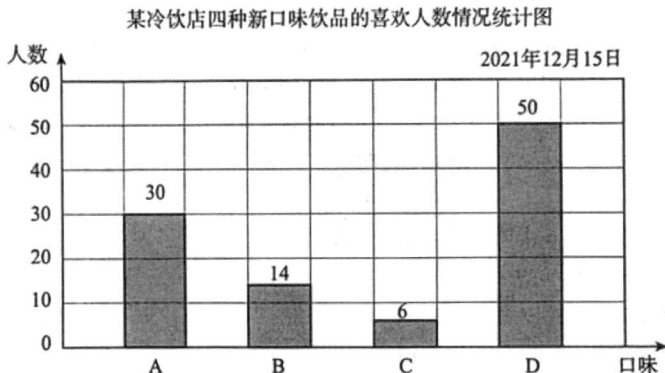

请结合统计图，完成下面的问题。

①喜欢（　　）口味饮品的人数最多，有（　　）人。

②根据调查结果，如果你是店长会决定先推出哪种口味的饮品？写出你的理由。

③如果再调查 100 名进店顾客，那么这次调查的结果一定还是喜欢 C 口味饮品的人数最少吗？写出你的理由。

本题的正确率为94.25%，所考查的是学生根据条形统计图，分析和解决问题的能力。从本题的正确率就可以看出，学生对于条形统计图的特点已经掌握，能根据图中数据做出简单的分析与判断。在日常的教学中，针对条形统计图中的横轴和纵轴，让学生进行了重点关注和解读，明确所表达的含义，并重点让学生根据统计表完成统计图的描画，所以学生能深刻地理解条形的高低表示数量的多少。第三小题不仅考查了学生对于条形统计图的理解，还考查了学生对于后续可能性的推理与分析，对学生的能力进行了多方面的考查。

综合上述情况，学生在本学期条形统计图的学习上能做到扎实掌握，并能根据统计图中的数据进行简单的推理，对问题进行分析和解决。

（四）综合与实践

在《义务教育数学课程标准（2022年版）》中，综合与实践领域中第二学段的学业要求为：能描绘物体所在的方向，判断不同物体所在的方向，以及这些方向之间的练习；能把这样的认识拓展到现实场景中，在简单的实际情境中正确判断方位。

在本次的学业质量监测中，涉及综合与实践领域的有以下三题：

小猴　△△△△△△ 6个

大猴　△△△△△△　△△△△△△ 2个6

（14）下图中,点 A 所在的位置是(3,2),那么点 B 所在的位置是(　,　),点 C
所在的位置是(　,　)。

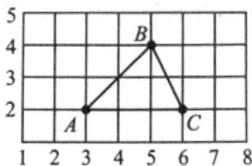

（8）小华家在学校的西北方向上,距离学校 600 米。下面图(　　)表示的位置
是正确的。

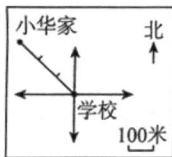 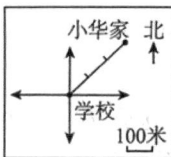 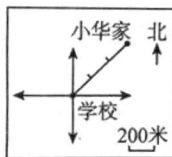 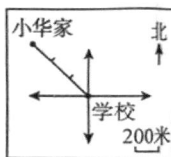

A　　　　　B　　　　　C　　　　　D

　　上图中的三道题，考查的都是认识方向相关的知识，根据物体
所在位置描述方向，以及抽象的数对问题。其中第8题的正确率为
96.55%，第13题的正确率为98.71%，第14题的正确率为99.14%，由
此可见，学生在这一知识上已经完全掌握，能抓住描述物体所在位
置的本质，就是找准方向和距离。在平时的教学中，这一知识需要
课堂上的练习，更需要学生通过实践去深入理解，可以设计实践活
动：让学生以学校操场为中心，先进行观察学校各个教室、建筑所
在的方向和位置，在平面上初步绘制平面图；或者让学生绘制出从
家到学校的线路图，并进行具体描述。通过这样的实践活动，不仅
可以增强学生的方向感，还可以锻炼学生的各项能力。

　　通过本次学业质量监测，有效地了解学生是否对本学期知识已
完全掌握，也能准确地发现学生存在不足的地方。针对学生正确率较
低的题目，对题目所涉及的知识领域、教学方法、练习层次等方面的
分析，发现平时教学中的不足与缺陷，再通过对教材的深度解读与关

联，寻找知识间的联系，为后续的教学提供方法的帮助及指导。

　　在未来的教学中，针对这次学业质量分析得到的经验及发现的问题，加强对学生思维能力的培养，努力提高教学水平，增强学生的实际获得，有效地帮助学生掌握知识，真正做到学以致用。

第四章

积淀教学智慧
追求职业理想

———

　　教师在教学实践中会遇到很多现实问题，需要教师在总结经验的基础上不断调整自己的教学方式，让每个学生学会学习，不断积累学习经验，培养学生良好的学习习惯。同时要努力创新，鼓励学生积极参与学习，与教师和同学互动，以满足他们的学习需求，并帮助他们形成更好更快成长的方式。

　　因此，教师要根据实际需要不断研究，在课堂教学实践中不断尝试新的教学方式，给学生以新鲜感、实际需要感，思考学生是否达到了教师预设的学习目标，是否实现教学效果的最大化。教师在教学实践中要不断积累教学经验，逐步形成教学智慧，从而实现自己的职业理想。

第一节　在实践中增强发展意识

你真的了解"平均数"吗

—— "平均数"教学的学习与思考

（北京市海淀区五一小学大兴二分校　纪芳）

导读：《义务教育数学课程标准（2022年版）》中明确提出学生通过数学学习，最终应学会：用数学的眼光观察现实世界，用数学的思维思考现实世界，用数学的语言描述现实世界。在统计学习过程中学生经历数据的收集、整理后，能够用相关统计量进行分析、表达，最终进行判断和决策，解决现实问题。

"平均数"这一内容属于"统计与概率"领域，教师一般从概念意义、算术意义和统计意义三方面引导学生理解。但在实际教学中，貌似我们更关注对平均数算法或概念的探究，常常将会计算平均数作为教学重点，忽视了平均数的统计意义。

记得最初设计"平均数"一课时，我相信部分学生对平均数的意义有一些模模糊糊的生活认知，甚至知道如何计算一组数据的平均数。既然如此，我们的"平均数"教学又能教给学生什么呢？

带着这样的疑问，我开始研读各种资料。通过研读教材我获得两点补充：第一，渗透移多补少的数学思想方法；第二，体会平均数产生的必要性。在看教学参考书时我又了解到，原来"平均数"是近年来才被划到"统计与概率"领域的。于是我对"平均数"的认识在算术意义的基础上又丰富了一层，即平均数的统计学意义。

继续看教学参考书中提供的教案时，我又发现平均数还有取值范围，这点在教学中也要注意渗透。后来我还看到一篇推文，文中对人教版教材在"平均数"编排上所做的调整做了详尽的解读。于是，我又获得一点儿补充——平均数的虚拟性。缘此种种，我进行了如下教学设计：

【片段一】

师：不管是用计算说明，还是语言讲解或者移多补少演示，结果都说明平均每人踢13个毽子。那我们就说，"13"是14、12、11、15这四个数的平均数。（板书：平均数）

师："13"是这4个同学实际踢的毽子的数量吗？

师：看来，平均数并不是真实存在的，它是一个虚拟的数。

请你仔细观察这组数据。"13"和这4名同学实际踢的数量相比，你发现了什么？

生：有的学生踢得比13多，有的比13少。

师：那么实际踢的个数最多是几，最少是几？它们与平均数"13"相比，你又发现了什么？

生：平均数"13"在最大值和最小值之间。

师：说得没错。现在你能再说说，对平均数你是怎样理解的吗？

生1：平均数可能比实际数大，也可能比有些实际数小，是介于最大值和最小值之间的一个数。

生2：平均数是个虚拟的数。

生3：平均数就是把多的移给少的，最后每个人一样多。

师：大家说得都对！求平均数就是通过移多补少的方法，大家匀和匀和，让一组数变得同样多。那平均数在生活中有什么作用呢？请看大屏幕：两组同学响应环保号召，进行废旧作业本收集比赛，哪个队获胜了？

　　课后我最大的感觉是"头重脚轻"，再想想有这种感觉也对，因为原本预设的教学难点就是理解平均数的意义，上课过程中也发现学生确实对"平均数"有一丝模糊的感觉，但用语言概括、举例说明等方式表达清楚有些困难，可这正是划入"统计与概率"领域后，学生对"平均数"应该掌握的知识技能——用数据分析、表达，预测趋势。新数学课程标准中也明确提出这部分的教学目标包括"能用自己的语言解释其实际意义"。而在教师的不断追问下，学生对"平均数"的认识逐渐清晰，能认识到平均数是一组数据中高的给低的一些，相互"匀和"之后的平均值，它不是具体的某一天、某一个人独有的，而是计算的结果（虚拟性）。最大的迷雾驱散了，学生通过习题继续理解平均数产生的必要性，学习求解方法，感受平均数取值范围就相对轻松了。

　　但这种"头重脚轻"，由难到易的感觉总在我心中挥之不去。

　　"平均数的意义是什么？如果仅就数学计算而言，平均数只是一个包含了加法和除法的算式，对数学计算来说实在是无足轻重，但平均数在统计学中是一个非常重要的概念。"史宁中教授这样定义了平均数的价值。吴正宪老师是这样诠释的：

　　【片段二】

　　吴老师：这两个"92"表示的意思一样吗？

　　生：不一样。一个"92"代表的是个人跳绳成绩，另一个"92"代表的是集体的跳绳成绩。

　　吴老师：这个集体成绩包括1号、2号、3号、4号、5号、6号的成绩，是这一组每一个人的成绩，所以平均数代表了这一组数据的平均水平。

　　吴老师：第二组的平均成绩高于第一组，你能说第二组里任意一个同学的成绩比第一组任意一个同学的成绩高吗？

生：不能。这说明第二组整个集体水平高，不是某一个人的水平高。

吴老师：在集体中，有高一点儿的，有低一点儿的。老师画这样的一幅图，横轴表示学生，竖轴表示成绩，用一条横线表示平均成绩"92"，大多数同学的成绩在"92"的上上下下浮动。

吴老师：班里来了一个高手，平均成绩会提高；假如来了一个状态不太好的同学，全班平均成绩会拉低。看来任何一个新数都会对平均数产生影响。

吴老师：1组和2组进行第二轮比赛，1组的平均个数还一定是"92"吗？为什么？

生：有的同学会多跳，有的同学会少跳，数据是随机的，会有变化。

吴老师：看来平均数是对随机数据一个整体、集中状态的表达。

如果说平均数算法的教学在本节课中是顺水推舟的话，吴老师对平均数具有代表性、随机性这一特点的挖掘，可谓"大张旗鼓"。教学中吴老师通过直观的图示，让抽象的数据形象地呈现在儿童眼前。通过观察代表跳绳个数的点在代表平均数的线的上下波动起伏，学生直观地再次感悟平均数的虚拟性、代表性，以及它的取值范围。最后新数据的加入会如何影响平均成绩，学生也能更准确地判断出结果，由此深刻感受平均数的随机性，学会辩证地看待问题。加之吴老师平易近人的态度，生活化的语言，丰富的表情、手势、姿势等全感官参与，使学生的头脑在思考建构知识系统，眼睛在观察知识特点，耳朵在聆听补充细节，动作使知识生动起来。

虽然看过吴老师很多版"平均数"的教学案例，并在自己的教学过程中，也有意识地引导学生经历统计的过程，体会平均数的必要性、代表性及易受极值影响等特点，但是多是以算术问题解决为依托，忽视了平均数存在的现实性，即统计的意义。本节课，吴老师引导学生在数据分析观念下理解平均数的意义：平均数可以刻画一组数据的集中趋势，具有代表性；介于最大数和最小数之间，容易受极值影响；可以帮助人们做出判断与决策，解决实际问题。通过课例的分析，我更明确了在"平均数"的教学过程中，要让学生感受到平均数的必要性、代表性、趋中性、随机性。于是我做了如下改进：

【片段三】

师：同学们发现生活中也常用到"平均数"。

出示阅读信息，思考：谁家用水更节约？

学生讨论发现：两家人口不同，比总用水量不公平。

师：不能比总量，那怎么才能知道谁家用水更节省呢？

生1：应该比平均每个人的用水量。

生2：比平均数。因为平均数能反映一组数据的平均水平。

生3：还可以比平均每月每人的用水量。

……

师：为什么第三季度用水量多呢？

生1：第三季度是7、8、9这三个月，7月、8月是夏天，天气很热，洗澡多，用水量就会比其他月份多了。

生2：夏天热，爱出汗，衣服每天换洗，用的水也会增多。

我的再思考：

教学首先要从真实情境出发，真正激发学生应用"平均数"解决问题的需求。引导学生真正经历数据分析的过程，让学生感受到所学数学知识真的可以解决现实问题，从而产生学习数学的兴趣，学好数学的渴望，体会到学习数学的价值和现实意义。在阅读资料过程中引导学生学会提炼关键信息，通过对关键信息的分析和理解，使学生感受到平均数能客观地刻画数据程度，凸显平均数的统计意义，最终能够帮助人们做出决策。

平均数是一个统计量，它是承载信息的重要数据，是判断与决策的重要依据。教师在教学过程中不仅要重视知识的传授，更重要的是培养学生的数据意识，并在现实中学会用数据思考，用数据表达与交流。发展学生"数据意识"的过程，就是统计学习的过程。

"授人以鱼"不如"授人以渔"

——小学数学教师教学方式的转变策略

（北京小学大兴分校亦庄学校　张晨）

导读：随着教育的不断改革，素质教育和课程改革开始逐渐深入小学数学教学当中，教师不应单纯地注重教导学生数学知识，还应当注重培养与提高学生的自主学习能力，使学生能够掌握正确的学习方法。这就要求小学数学教师转变教学方式，教导学生使用正确的学习方法，根据学生特性，合理选用教学形式，激发学生对数学的学习潜力，真正发挥"授人以鱼，不如授人以渔"这一教学理念的作用。

在小学教学中，教师"满堂灌""一刀切"的现象还是存在，这不利于学生自主和合作学习及探究能力的提升，不利于培养学生的创新精神和实践能力，严重影响学生的全面、个性、主动发展与可持续发展。在研修中，我最大的感悟是：教师不应再单纯地注重教导学生数学知识，还应当注重培养与提高学生的自主学习能力，让学生能够掌握正确的学习方法。"授人以鱼，不如授人以渔"，这是自古就有的且作为一名教师更应当注重的教育理念。作为一名小学数学教师，在教学中更应注意发挥教师的主导作用，根据学生年龄特点和认知规律，合理选用教学形式，激发学生对数学的学习兴趣，挖掘其学习潜力，让他们真正成为学习的主人。

一、小学数学教学中转变教学方式的意义

对大多数教师来说，教学方式的转变是很艰难的，对我来说甚至是痛苦的。因为教师在实际教学中所理解的教学观念是内隐和缄默的，自己很难意识到，并且很难脱离舒适圈。尤其是新教师，总怕掌控不好课堂，所以不敢放手、不愿放手，感觉教师讲，学生听，课上得顺利，自己觉得很满意。殊不知，这样做其实是遏制了学生的发展。只有切实体验到改变的必要性和重要意义时，才能从内心真正产生需要改变的愿望。这一学期的教研中，陈宇老师的课给我留下了深刻的印象，也深深地触动了我。他的课堂是那么丰富、流畅，学生是那么聪明、自信，也使我迫切地产生了转变的欲望，同时也明白了转变的意义。

从前的我一直习惯于一刻不停地为学生讲述数学知识，忽略了学生在课堂中的主体地位，使得孩子们只能小心地跟在我后面进行被动的学习。这种教学不利于培养学生的自主学习能力，不能使学生的创新思维得到有效提高。而且我在以往的教学中教学方法比较单一，容易使学生感到枯燥乏味，我也习惯于利用大量的讲解及所谓的"题海战术"以达到使学生掌握数学知识的目的。这种教学方式导致学生只能够单纯地接受数学知识，表面上看起来成绩优异，但其实是阻碍了学生对数学知识的探索，不利于学生未来的学习与发展。

要使学生由接受知识转变为主动探索数学知识，教师就应当秉承"授人以鱼，不如授人以渔"的教学理念，转变教学方式，引导学生积极主动地参与到数学知识探索的过程中，通过多元化的教学方式帮助学生学会正确的学习方法，调动学生对数学的学习兴趣，培养与提高学生的自主学习能力，为学生创建更好的学习与发展空间。

二、教学中学生学习方式转变的有效策略

在课堂教学中，学生学习方式的转变十分重要，是教师要研究的重点。学生如果掌握了良好的学习方式，学习就会收到事半功倍的效果。

（一）去伪求真，让学生释放最真实的想法

学生坐在座位上假装思考；只有汇报，没有倾听；只有操作，没有分工等现象在平时的教学中是经常出现的问题，这些现象经常让教师头疼。经过一学期的教研，我发现，其实课堂上很多学生不愿意发言，是因为对新知识不理解，心里没有底气。所以在课堂实施的过程中，教师给学生预备的"合作研究"是培养学生自主学习、合作交流十分重要的环节。例如，在进行"20以内的退位减法"复习课时，需要学生自主发现退位减法表中的规律，我只提出了自己将表格补充完整的要求，却忽略了小组合作讨论，导致在汇报交流时有一部分学生根本没完成，还有即便有足够的生成资源，学生却没有信心完整表达自己发现的规律。其实学生能够根据小组合作交流讨论，带来更激烈的思维碰撞，通过大量的沟通、比较之后，就能发现：表格中的算式不仅可以横着看，还可以竖着看和斜着看，不仅可以从上到下看，还可以从下到上看。有了合作交流，每个学生就都有了准备，他们有了一些储备，发言也就有了底气，再集体交流时学生也就能积极发言。小组合作交流不仅能收获更多的体验，也能通过其他同学对自己的肯定而信心倍增。

在小组活动中，让学生学会倾听，学会讨论，学会表达与交流意见，学会组织和评价，是小组合作学习的主要技能与方法，要形成这些合作学习技能，就需要教师事先明确合作规则，包括如何倾听别人的意见，如何开展讨论，如何表达自己的见解，如何纠正他人的错误，如何汲取他人的长处，如何归纳众人的意见等。同时要求学生要做到：一是认真听每位同学的发言；二是概括别人的发言要点，培养学生收集信息的能力；三是听后提出自己的见解，提高学生质疑、评价的能力。在这样要求下的反复训练，学生不但养成了专心听的习惯，调动了主动参与的积极性，而且培养了学生相互尊重的品质，善于控制自己情绪的习惯。

（二）去腐为奇，让学生用自主生成的资源提升课堂效率

作为一个活生生的生命体，学生带着自己的知识、经验、思考、灵感参与课堂教学活动，从而使课堂呈现丰富性、多变性和复杂性。学生在复杂多变教学情境的相互作用中不可避免地产生新的问题、产生新的学习目标，在课堂上生成的资源更具诱惑力。

比如，崔丽老师在教授"鸡兔同笼"问题的时候，研究：鸡兔同笼，头8，足20，问鸡和兔各几只？

学生在自主探究的基础上交流汇报：

方法一：画图法

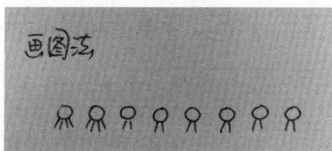

方法二：假设法（全是鸡）

$8 \times 2 = 16$　$20 - 16 = 4$

$4 - 2 = 2$　$4 \div 2 = 2$

$8 - 2 = 6$

方法三：假设法（全是兔）

$8 \times 4 = 32$　$32 - 20 = 12$

$4 - 2 = 2$　$12 \div 2 = 6$

$8 - 6 = 2$

方法四：列表法（略）

其实四种方法都可以用来解决这个问题，但是正因为崔老师平时注重了对学生的培养和训练，所以在解决这样典型的实际问题时，学生很自然地就指出画图法和列表法只适用于数小的题目，数据一旦变大还是用假设法来得更方便、快速，根本不需要教师过多地干预和讲解。崔老师的层层呵护和指导，激发了学生的学习热情，她把时间和空间留给学生，把表现的机会留给学生，促使他们主动地学习，把问题交还给学生，让他们在思考、辩论、质疑、解疑的探究中不断修正，妙解就会在对话中逐渐生成。

（三）去繁为简，让课堂40分钟闪现更璀璨的光芒

"个人学—小组学—全班学—教师点拨学"的教学模式，使数学课堂更加简明，层次更加清晰，这个教学模式很好地拓展了学生的思维，使学生沉浸在生动、紧张、活跃、和谐的课堂气氛中。"破十法"是计算20以内的退位减法一个最重要的方法，在课上我一遍又一遍地对学生进行提问，带领着学生一遍又一遍地说，可还是有部分学生没能理解"破十法"。课后姜老师提出，在课堂上要让孩子达到脑、眼、手、口并用的状态，一节课不是看教师表演得多精彩，

而是看学生的获得有多精彩，而且就"破十法"的具体操作给了我们具体的示范。所以在课后我组织学生再次用小棒演示"破十法"的计算过程，惊喜的是学生不再需要我反复地带领，可以自己直接边说边演示了。遵循学生的认知特点设计教学活动，让学生真正动起来，学生在40分钟内的学习获得才能更多。

总之，课堂不仅是"教师、学生、教材"之间传递信息的场所，更是师生知识共享、情感交流、心灵沟通的渠道。关注学生的发散思维，捕捉学生的灵感火花，使学生的潜能得以释放，让师生在课堂上共同创造学习的奇迹，从而促进学生全面发展。

通过本学期的学习与研究，我对"授人以鱼，不如授人以渔"有了更深入的理解。转变小学数学的教学方式，引导学生积极主动地学习与探索数学知识，促使学生能够掌握正确的学习方法，获得正确的情感态度价值观，为后续的学习与发展奠定坚实的基础，这是今后我进一步追求与发展的目标！

节外生枝　凸显精彩
——小学数学课堂生成性资源的捕捉与利用

（北京小学大兴分校亦庄学校　张晨）

导读："生成"是新课程改革的核心理念之一，它要求从"一切为了学生发展"的角度出发，以动态生成的观点看待课堂教学。但是，我们经常看到这样一种现象：教师把课堂当成了舞台，把学生当成了道具，把教案当成了剧本，把教学当成了表演。这种教学冷落了学生在课堂生成的资源，让教师失去可再创造的空间，对于学生主体尊重、个性的张扬更只是空谈。那如何促进资源生成，又及时捕捉并应对生成呢？

本学期在姜老师的指导下，我一共进行了三次课程设计与教学实践。通过一次次的教研，我能基本抓住每节课的核心知识，也改变了从前灌输式的教学方式，但每堂课讲完以后都还有差点儿什么的感觉。经过姜老师和伙伴们的提醒，我发现在捕捉与利用学生生成性资源方面还有很多不足，导致本该成为闪光点的地方都变成了遗憾。

所谓生成性资源，是相对准备好的课程资源而言的，它不是预先计划和设定的产物，而是学生带着自己的认知和思维在课堂学习过程中动态生成的。因此，我们在教学中经常会出现与自己预设不一致的地方，课堂上的"节外生枝"会给教学带来一定的干扰，但也给课堂带来了不同的生机与活力，所以我们要善于捕捉和利用生成性资源，拓展学生思维空间，提升学生思维层次，使整个数学教学活动变得丰富多彩，从而激发学生的数学学习兴趣，有效提升数学课堂的教学效果，这也是我本学期反思和收获最多的部分。

一、尊重"现实资源"——因势利导

在以往的教学中，我总是把学生当作一张白纸，课堂教学就是在这张白纸上进行描绘。其实，学生是带着自己的认知和生活经验投入学习中的，对于新知识，有一部分学生早已经学会。所以这种潜在的学习资源就是一种"现实资源"，课堂上我们对于学生的这种"现实资源"要进行因势利导，从而呈现课堂的精彩。

例如，在教学"儿童乐园（乘法的意义）"一课时，我自己的预设是结合情境图中的四个数学信息，提出："有4架飞机，每架飞机坐2人，一共能坐多少人？有3条船，每条船坐3人，一共能坐多少人？有2把长椅，每把长椅坐3人，一共有多少人？小火车有6节车厢，每节车厢坐4人，一共有多少人？"这四个数学问题一一解答。当学生运用旧知列出四个连加算式后，引导学生观察出这四个连加算式中加数相同的特点，从而引出像这类加数相同的连加算式，我们可以用新的计算方法——乘法来表示。在课堂实践中，我在巡视学生解答这四个问题时就发现已经有会用乘法来解答的情况，而我怕打乱我的预设选择规避了这类答案，特意记住了一个写了连加算式的学生来回答问题。但事与愿违，不知这个学生何时把自己的答案也改成了乘法，当汇报时我又想糊弄过去，继续追寻我心中的连加算式。这时，姜老师打断了我，并且让学生继续解释为什么列出这个乘法算式？没想到学生把乘法的意义"表示几个几相加"表达得十分清楚。姜老师继续追问："我们以前是用什么方法解决的？两种方法对比你有什么感觉？"此时大部分学生都能反应过来以前就是用加法，而且当加数多了之后就十分麻烦，所以通过对比看出用乘法计算更简便。在姜老师的指导下，本节课在第一个问题中就利用学生的自然生成，揭示了本节课新知识的生长点和教学重难点"乘法的意义"，且在解决后三个问题时学生同时写出了连加算式和改写成乘法算式，及时地沟通了新旧知识的联系，学生充分地体验了乘法的意义，以及用乘法计算的必要性和简洁性。

所以在课堂上，我们不能被课前所预设的教学流程所束缚，而是要充分肯定学生的"未学先知"，进行因势利导，让课堂教学更具生命活力。

二、捕捉"错误资源"——层层深入

在课堂学习中，学生出现错误是很正常的。我们很多时候为了课堂不出岔子，而对很多有普遍指导意义的错误资源视而不见，更别提主动去挖掘和利用了。其实学生的错误是一种很好的教学资源，我们要善于捕捉"错误资源"进行层层深入，让课堂教学更具厚度，这样才能使课堂更精彩，教学效果更好。

例如，我在教学"快乐的动物（倍的认识）"一课时，学生根据"猴子有3只，鸭子有6只"这两个数学信息提出四个数学问题：鸭子和猴子一共有多少只？鸭子比猴子多几只？猴子比鸭子少几只？鸭子和猴子相差多少只？再次体会两个数量之间存在合起来和相差多少的数量关系。然后再通过摆一摆、画图等方式寻找两个数量间的新数量关系——"倍数关系"。这是学生第一次接触"倍"，而且"倍"本来就是一个很抽象的概念，不容易理解。所以在第一次用画图的方法表示倍数关系时，还是有将近一半的学生表示的是相差多少，这时我并没有意识到学生还没有成功地从旧知相差多少迁移到新知倍数关系上来，也没有及时展示错误资源与新知进行对比，造成了在练习中学生虽然能跟着模仿表达什么是倍数关系，但并没有真正内化，出现了假学习现象。

其实，由于认知能力不同，不光是学生，每个人都会有先入为主的习惯，所以学生依赖熟悉的旧知去解决新问题时出现不同的情况，甚至是不正确的想法都属于正常现象。在后来的教研中，通过姜老师的点拨我明白了不要怕学生出错，在第一次发现还有画相差关系时，就应该马上对这两种关系进行对比和讨论，让学生直观地明白相差关系指的是两个数量之间去掉相同数量的部分后，多出来的数量就是相差多少。而倍数关系指的是将数量少的圈起来当成一份，也就是一倍数，再看数量多的里面有像这样的几份，也就是几倍数，所以就可以说数量多的是数量少的几倍，在正确与错误的对比中学生对新知识的理解与形成会更加清楚。

"失败是成功之母。"我们应该允许学生出错，只要及时地进行对比，有效地组织学生讨论，这样既让学生弄清了该怎么做、为什么，同时，学生的思维能力也得到了有效的培养。

三、巧化"意外资源"——促进提升

在我们的课堂教学中经常会出现一些意外答案，这些意外答案如果利用得好，会让课堂出现意外的惊喜。在教学中，我们要学着善于巧化"意外资源"，从而促进学生数学思维的提升。

同样是在教学"快乐的动物（倍的认识）"一课时，学生直接提出了"鸭子的数量比猴子多几倍"的问题，在课堂上我没有理会，而是觉得与本课无关就直接忽略。但是在课后姜老师敏锐地指出：我不该放弃这个闪闪发光的问题，首先它与"鸭子的数量是猴子的几倍"是不一样的，要想知道鸭子的数量比猴子多几倍就要运用本课的新知，通过圈一圈、画一画先找出它们之间的倍数关系，再利用旧知比多比少知道了鸭子的数量比猴子多1份，1份表示1倍，也就是鸭子的数量比猴子多1倍。虽然我们不得而知学生到底是真的明白这个问题的意义还是在表达问题时出现了差错，但无论哪种情况我们及时抓住了这个"意外资源"让学生明白，当然，还达到了既复习旧知识，又学习新知识，帮助学生把新旧知识联系在一起解决更复杂的数学问题。如此，学生既掌握了知识，又获得了方法，还使课堂效果得到了升华。

总之，课堂因生成而精彩。在以后的教学中，我要更善于抓住课堂上的生成性教学资源进行因势利导、层层深入，促进学生学习能力的提升，这样才能让学生的生命活力在课堂上得以凸显！

第二节　在团队研修中提升专业精神

在学习与研究中明确努力方向

（北京小学大兴分校亦庄学校　李妍艺）

导读：作为一名新教师，在一学期的学习过程中，我跟随姜老师团队，从听评老教师的课到反思自我课堂问题，再到对自己的课提出反思策略。每一次的教研与听评课，让我一步一步明确了努力方向，这一切都离不开姜老师的帮助与同伴对我的支持。

在每次听评课后我都要认真反思，当天晚上会对学习内容进行笔记整理，对于其他教师提出的问题认真思考，把学习到的教学方法、管理办法，结合班情用到自己的课堂教学实践中。学习教学理论，提高课堂效果，以达到"双减"政策的更好落地。下面是我在本学期听评课过程中记下课堂生成或教师的课堂实录。

一、我从同伴们的好课中学习与进步

邓老师在上"7、8、9的进位加法"一课时，课堂语言简练，问题提得清晰明白。一句"请你仔细观察图片，看看你从图中发现了什么数学信息"简单直接地进入情境图中，教师的每一句话都是有意义的。令我印象深刻的是邓老师能用最简练的话去概括学生想表达的内容，把学生的方法让更多的学生听懂。对于一年级的孩子，有时出现表述不清的情况，教师的适时介入就格外重要，如何"接"住孩子的话，又该怎样引导是我要学习的地方。邓老在师课堂上简练总结学生的话，适时地接学生的话，让我看到教师在课堂上是一

名组织者，与此同时，教师在课上要对知识进行引导迁移。

华老师讲的"小数加减法"，课上以问题串为引领展开对新课的研究，以"是什么""怎样做""为什么"这样的提问方式引导学生做深入探究。本节课学生的计算方法十分多样，把新知转化成原有知识（把元化成角）用角做单位，把小数计算转化为原有经验整数进行计算。在回答"1月比2月多存多少钱"的问题上，教师追其本质，为什么用减法。同学的答案是求 × 比 × 多用减法，或者是小的减大的减不开。对于为什么要用减法的本质原因，班里没有同学能回答上来。这时华老师适时地画图，给学生画直观图做比较，用减法是从1月去掉与2月同样多的部分是比2月多的部分。让学生在说方法上不浮于表象，更注重深入研究并找到理由。华老师在课上追其本质，让学生不仅知其然，还知其所以然。

在王璐老师讲的"2的乘法口诀"一课中，课上教师用淘气摆筷子的情节，组织学生用摆小棒的方法解决问题，在过程中学生应用手、脑、口自主探究并发现其存在的数量关系。在同学们独立编写乘法口诀过程中思考，对比同学间编写出的口诀，总结出了最简洁的编写方法：①口诀前两个数是因数，后一个数是积；②在积不满十时用"得"字连接；③口诀中乘数把小数放前；④口诀中的数字都写汉字。在这节课上，学生从经历编口诀的过程，找规律、记口诀，与之后课程中用口诀解决问题是我们大单元备课的方向。2022年版数学新课标指出，建立学好数学的信心，课堂上学生积极思考，举一反三，把数学和生活更贴近，让学生能够直接地感受数学。王璐老师课上调动学生的手、脑、口并用，且及时总结更加符合学生的认知规律。

张晨老师讲授"乘法的初步认识"，课上环节清晰，课堂节奏清晰，教师语言简洁，要求提得明确。学生提取信息能力强，观察图片有顺序。张老师的课程环节分为找信息、提出问题、学生自己独立解决以及学生交流分享的四步骤。在找信息过程中，学生发言积极能够很快说出信息；提出问题，对于语言组织慢的同学，张老师耐心帮助，培养学生有所收获。在组织学生上台交流的环节，展现出班级常规训练到位。同学语言规范，说话完整，班级训练有素。在新授环节，学生用原有知识解决问题，学生独立把加法算式改写成乘法算式抓住本质，理解乘法算式的意义。这节课上教师为引导者，更多的是学生发现问题，提出问题，分析与解决问题。在张晨老师的课上让学生成为课堂的主人，有了问题问同学，谁能解决谁来讲的生生互动尤为精彩，为教育的最终目标"学会自我学习"铺好道路。

二、我的上课问题还要从以下三方面努力提高自己

学习之后方知道自己的不足。作为教师要不断学习，对自己教学中存在的问题，及时改正，才能进步，争取让学生享受到良好的教育。

在讲"一天的时间"一课中，我准备工作做得确实不充分，再加上是小单元，对我来说讲起来更加费劲，自己感觉这次的课上得不好。其中，我的课堂问题是：

1.课堂教学环节单一，学生参与度低

这节课在教学环节设计上有着很大问题，课上的环节设计只有师问生答，这种交流方式单一，让这堂课变得只有程度较好学生参与，其他同学的参与度会非常低。这堂课的教学目标比较简单，为什么没有更多的同学来回答呢？原因有以下两点：

（1）我对学生回答后做出的评价语比较单一，没有做到及时评价，会影响其他同学回答问题的积极性。

（2）我提出的问题不明确，语言不简练。在课堂上教师提出的问题要与本课的目标紧密相连，起到引导作用。提出问题要围绕核心价值，要有目的、有意义。没有思考意义的问题提出来会影响学生，就不知道什么是重点，什么要思考。

2.课上教师提出的问题层次不明确，引导性不强

这节课的主线是认识24时记时法，区分普通记时法与24时记时法，推算一个时刻到另一个时刻所经过的时间。在时间安排上，应该多让孩子自己观察两种记时法的区别；在推算时间的经过上，我应该用引导的方式，适时地搭好脚手架，以便达成教学目标。

3.课堂教学没有深度，浮于表面

在问题设计上没有问题串的设计，问题串能让学生的思考更加深入。在PPT中钟表页出现的问题都与本节课的学习目标没关系，这样的问题放在PPT上还会分散学生的注意力。课堂学习只限于表面，为什么下午的时间24时记时法要＋12，学生心里面很明白，却没有让学生表述清楚。在时间的分配上也没有分好，要给着重突破的难点多一点儿时间。

4.学生自主学习情况不理想

在培养学生用自己喜欢的方法解决问题上，学生的思维局限、方法单一。几乎没有学生用画图表示，说明同学没有学会借助直观图解决问题，没有体会到用直观图解决问题的好处。

这堂课是一节失败的课，对我来说也许不是一件坏事，这次的教训更加惊醒我，备课上要更加全面、更加重视。

三、进一步提高自己的方向和策略

听了很多教师的课，每次都会把听课班级和我带的班级进行比

较，相比之下，我班同学语言表达方面很欠缺，学生在讲台上没有完整地独立表达自己想法的能力。我应该从以下两方面努力：

一是在这方面要多给学生表达的机会，创造多种交流的形式。我班学生的听课状态比较浮躁，没有认真听教师的问题就举手，没有养成认真聆听的习惯。对于这样的学生，我会采用延迟评价的方法，对于没听清问题就回答的同学先不评价，再给一次机会，这样学生都会更认真地去听课。从到黑板板书的同学看也暴露出作业书写的问题，如答题的完整性、等号用尺子。

二是向专家型教师学习，丰厚自己的知识底蕴。

这学期有幸听到了吴正宪老师的课，在刚步入教师队伍时，我还买过吴老师的书。吴老师对学生的评语："别看他个子小，却充满智慧。""会讲理的人越来越多了。"这样的评价语言深深地吸引了孩子，激发了他们想学的愿望。

吴老师还为我们讲解了大单元备课，以"数的运算"举例，把1、10、100、0.1、0.01这样的数称为单位，这样无论在学习小数、整数、分数的方法就都是一样了。吴老师打破原有教材的编排体系，根据知识的内在联系，把内容进行重新调整和组合，形成新的知识体系。吴老师把数的运算简化为求单位是谁、有几个的问题，无论是整数、小数还是分数都是同样的研究办法，数是对多少个单位的表达，数是算的基础，算是数的再解读。吴老师通过重新组建的知识体系让学生学习系统化，让数学知识形成知识链，形成知识网，构建脉络清晰的、立体的知识模块，让学生获得认识事物的普遍方法。构建一个个纵横连通的知识网络使数学知识变得脉络清晰，简单明了，从而将一个个零散的、孤立的知识纳入学生原有认知结构中。数学知识本身具有严密的逻辑性，各知识点彼此之间联系紧密。减法是加法的逆运算，除法是乘法的逆运算，乘法是加法的简便运算，除法是减法的简便运算。相关概念之间形成纵横交错的网络，构成了数学的基本内容。

我要学习与改进的地方很多，面对自己的课堂要及时反思，我会从下面四方面反思课堂：

1.反思教学设计

（1）课堂教学目标要与数学新课标总目标一致。

（2）用了哪些方法帮助学生改变以往单一、被动的学习方法。

（3）教学辅助手段是否有助于学生的学。

2.反思教学过程

（1）学生听课的状态如何，思维状态如何。

（2）对课堂发生的意外事件是否有思想准备。

（3）是否注重学生学的过程。

3.反思成功之处

4.反思不足之处

我会努力提高自己，认真研读2022年版数学新课标，比较其与2011年版的差别，在实践中好好学习，在学习和研究中明确教育方向，把学习到的教学理念落实到课程上，争取做一名优秀的、学生喜欢的好教师。

整合知识，让学生课堂更加高效

（北京小学大兴分校亦庄学校　张曦）

导读："双减"政策落实以来，在我们的生活中可以时刻感受到这不仅仅是口号而已。身为数学教师，该如何将"双减"融入我的课堂中呢？那就是整合知识，让课堂的学习更高效，我在一次集体教研中有了新的感悟。

在保证课堂教学内容的完整度前提下，我们整个教研活动都围绕着"大单元备课"的核心概念进行着。何谓大单元备课？就是整合整个单元内的知识，不再按部就班教学，而是融入教师的智慧，以更宽广的格局去解读本单元，适当的整合有利于提高学生学习的积极性与提高学习效率。

以我自身准备的一节课为例：北师大版小学数学四年级上册中的"可能性"，为统计与概率的内容，教学参考中建议本单元设计两课时，分别为不确定性与定性描述可能性的大小。在设计初期，我便有意将两部分进行整合，融合为一课时。对一名入职四年的新教师来说，理解新的教学理念并不难，我时刻谨记要设计符合学生逻辑思维的课堂。我甚至有些沾沾自喜，这就是我们吸收新知识的能力强吧！而当我走上课堂，聆听师父教诲后，恍然大悟，有些环节冗长拖沓，课堂节奏不顺畅。虽然脑海中一直响着"双减双减……"，但知其然，我们也知其所以然了吗？我不禁开始思考。

一、"双减"到底在减些什么

"双减"指的是要有效减轻义务教育阶段学生过重作业负担和

校外培训负担。和我们息息相关的便是学生在学校、在课堂上该如何减负。我虽然有意将两课时的内容融合进一课时，但设计初期的教案是这样的：掷硬币—教师举出生活中随机事件的例子—学生寻找生活中随机事件的例子—摸球认识等可能性—摸球认识可能性有大有小的五个环节，按部就班将各个环节平铺起来，看似什么都不缺，但又没有重点与亮点，只是紧巴巴地上完了两课时而已。经过专家教师提点，我发现存在的问题很多：如教师举例可以省略，融入下面的举例中，不管哪个例子，只要结合生活经验举例理解即可，教师不要再给例子让学生理解；摸球游戏让学生进行分组活动，在活动中体验、感悟事件发生的可能性、不可能、等可能；学生活动过少，要增加活动等。

我根据建议进行了整合，整节课以学生的活动体验为主，设计出不同盒子里装不同情况的球让学生摸球说出摸的是什么颜色的球。看看你有什么发现，想一想为什么摸的球都是（　）色的。从而引发学生思考得出事件发生的几种情况，进而得出事件发生的确定性、不确定性、可能性大小。

然后让学生根据随机现象的几种情况设计活动，也就是第一个抛硬币活动让学生体验事件发生的随机现象，再结合生活实例理解什么是随机现象；第二个活动是摸球游戏，让学生体验可能性的几种情况；第三个活动让学生根据可能性的几种情况设计一个活动（培养学生逆向思维），帮助学生理解本节课知识。总体来说，还是要读懂教材，抓住本质的东西设计活动。

二、教师语言与环节的衔接

经过调整，教案比上次好多了，我的教学活动设计得完整，但环节衔接语言还是不够清楚、不够完整。这是决定教师教学思路的，思路不清课就上不好，教师心中就没有底数。再就是教案中各环节的序号体现了课的逻辑性，教师也要非常清楚。还有就是要细化提问，比如，原提问是"通过掷硬币你有什么感受"，改为让学生"观察自己猜测和抛的情况，看看你有什么发现"，指向性要强一些。当学生不能准确表达定义的时候，如随机、不确定等词语，学生能表达出意思，教师可进行对接。

教师提问要提出有数学思考的问题，而不是反复重复学生的问题或回答，教师的提问就是掷地有声的，像板书一样有提示作用的。全课总结，沉淀所获，这个环节不可省略，可以帮助孩子梳理课堂。没有此环节课不完整，要预设出来，都需要做什么。经过再一次的调整，整个教案更加顺畅，我可以着手准备走进课堂了。

三、实践是检验真理的唯一标准

当我信心满满地走进课堂，与学生互动间我也不停地在思考，这个环节似乎有些反复，为何会有这样的感觉呢？学生兴趣会随着反复使用同样的学具而产生困惑与无趣。

经过师父的提点我明白了，摸球游戏的两个侧重点完全可以融进一个环节，将等可能性的例子也放进可能性大、可能性小的环节，一举击破随机现象中的三种可能性。如此进行课堂整合会更加省时省力，也能真正做到"减负"，不仅学生思路顺畅，教师在准备学具与组织教学时也能更加省时省力。

整合知识，让课堂的学习更高效的路还很长，我们青年教师要多思考、多实践，才会创造出更优秀的课堂。

教师教学实践中教育智慧的沉淀

（北京市大兴区庞各庄镇第一中心小学　石子豪）

　　导读：教师成长在学习中，成长在实践中，成长在课堂中。教育智慧是每位教师的育人经验，它指引教师积极进取，开拓创新，追求卓越，勇于探索。教师的智慧是育人无价，以情加值，以新的发展为智，收获的成长为慧。

　　作为一名刚走上工作岗位两年的年轻教师，我深知自身的业务能力还需要多加历练，上课的时候底气还不是很足，需要在教学实践中努力磨砺和提高自己的专业水平。

一、认真钻研，挑战自己

　　记得有一次学校教研组进行教研，我知道了一、二年级对学生学习数学知识的重要性。在讲万以内数的加减法时，我认真研读教材、教参和专业书籍，了解到100以内数的进位加法和退位减法是学生今后学习万以内数加法和减法的基础，也是学生学习两位数乘法的基础，在学习中具有重要作用。紧接着我上网查阅相关内容的资料，在查阅资料中，以及其他教师的指点下，确立好教学目标和教学内容，带着上好课的目标给学生上了一节两位数乘一位数的乘法运算课。

　　在教学反思过程中，了解自己对整节课教学语言和课堂教学知识点、重难点，以及教学环节都把握得还不够，我及时调整好心态，拿着笔和本详记其他教师的指导，尽管有些太过专业的话我还不能百分之百理解，但我在尽自己的最大努力使着劲儿地往纸上写和心里记，有的话语我录好音然后私下去反思。后来，我把其他教师的建议整理并修改进我的教案里。在反思的过程当中，我总结出，首先在导入的时候就要吸引孩子们的兴趣，让孩子们自己寻找数学信息，提出数学问题。用已知条件去解决数学问题，以此类推对学生进行引导。多用评价语，评语要及时到位。其次，让学生独立解决实际问题，并要清楚之所以用加法计算是因为要把已知条件都用上，去让孩子们找到自己喜欢的方法，通过自己喜欢的方法加深孩子们的理解。由于孩子年龄尚小，动手前须有针对性地提好要求，再选取学生代表在黑板上展示，分析每种方法的相同地方和不同地方。最后，师生小结启发引导学生解决"一共有多少个座位"还可以怎样列式。学生任选一个算式用自己喜欢的方法算一算，巩固用竖式计算连加连减的算理和算法，并能正确计算。

教师一定要注重联系新课标去有针对性地解决问题，在提到量感的时候其他教师提到，会针对真实情境选择合适的度量单位进行度量，会在同一度量方法下进行不同单位的换算；初步感知度量工具和方法引起的误差，能合理得到或估计度量的结果。建立量感有助于养成用定量的方法认识和解决问题的习惯，是形成抽象能力和应用意识的经验基础，并且举例说明实际的数学问题怎样联系到数感，我从中学到了上课的智慧。

二、深入理解和把握教材

在讲北京版教材三年级下册统计与概率领域里的"整理数据"时，我对比不同版本的教材，统计与概率这一领域总的要求都是要让学生经历统计的全过程。但不同阶段有不同阶段的要求，重点也有所不同。一、二年级重点是经历收集数据，三、四年级重点是整理数据，五、六年级重点放在了收集整理数据的基础上分析数据。

本节课设计怎样的情境，才能让学生体验根据生活中真实事例的需要，经历简单的调查、收集数据、整理数据和描述数据的过程？学生要学会收集数据的方法，并在分类的基础上记录数据、分析数据，体会用数据进行表达与交流的作用，从而培养学生的数据分析观念。我又系统地研读了二年级和三年级上册教材，一年级在上册学习了分类比较，下册学习了分类，二年级上册是以综合实践活动的形式呈现"去游乐场"需要调查、设计活动方案，让学生经历数据的收集、整理与分析的过程，制成统计图，综合运用统计的知识，培养学生的统计意识。

二年级下册、三年级上册、三年级下册除了让学生经历统计的全过程外，教学重点还在于分类，以收集数据、记录数据、呈现数据和分析数据为主，从中学习调查的方法，初步了解统计表，它是后续学习折线统计图、条形统计图和扇形统计图的基础。由于学生在学习统计知识方面有了一些基础，生活中也有一些统计的经验，因此我在教学设计时重点放在让学生真正经历统计的全过程。重点让学生对收集上来的数据进行讨论并分类整理，统计每段身高的人数，学生通过画"正"字或计数进行小组合作统计记录。可真正上课时，都没有达到理想的效果。这让我感到困惑和迷茫。再就是情境的创设，统计与概率的最大特点是应用性非常广泛，也有很多新颖的例子。如果出现在教学过程中的情境不够真实，就对孩子的吸引力不够大。例题以学生熟悉的身高情况入手，怎样使学生产生用统计解决问题的需要是我要考虑的。本单元的教学是在学生学习分类的基础上进行的，教学的重点还是在于将数据进行分类整理（分段整理）。我又想，怎么才能让学生对收集上来的身高数据自然而然地产生分段整理的需求内容？

于是我设置的情境是利用学生的身高数据订新学期的校服，由于学生在生活中也经历了很多买衣服的情境，孩子对衣服的尺码有一些了解，知道身高137厘米的应该买140号，如果利用这个情境，学生就顺理成章地对收集上来的身高数据进行分类整理。于是我将教材中的身高数据换成真实的班里孩子们的身高数据，教学效果较理想。

三、教研活动带给我的思考与感悟

在点评的时候，其他教师说选择订校服和买衣服的情境都是从衣服订什么尺码入手，这就说明我的思考方向是正确的，不同的是我选择更为开放的形式，校服要订什么号，让学生自己对身高进行分段整理，想怎么分请说明你的理由。其他教师认为提供给学生适合不同身高段的 T 恤 S、M、L 这样几段，再抛出后续的问题，每个尺码要买多少件，情境都是类似的，但选择的策略是不同的，我们的侧重点也就有了变化。让学生经历过程，让学生去自己收集、自己分类整理。通过举例说明，并分类整理，统计好每类衣服尺码各多少人，呈现一张完整的统计表，最后分析数据，这一系列的过程很好体现了统计的全过程，学生在这个过程中有所收获，并在脑海中留下了深刻的印象，所以我认为花时间让学生经历统计的过程是有必要的。教师引导学生积累学习经验，用数学语言去归纳总结出统计的全过程，也就是回顾本节课我们是怎么解决给班里每个学生都订上合适的校服的。今后遇到用统计来解决的问题，孩子们就知道首先要做什么，其次做什么，这样就容易多了。

以上这几点都是通过与其他教师交流得出的经验，从而带给我的思考，我认为只有课后认真反思了，自己的教学能力才会有提高。教师要学会反思，汲取经验，才能在实践的学习与思考中有所成长，这也让我感受到了成长的自信。在磨课中感悟学生可能生成的课堂资源，我们怎么去预设、怎么灵活地接住学生的生成资源，这点也是我比较欠缺的。

教材的深度把握、巧妙的教学设计、指向性的评价语、儿童语言的交流都是我今后努力的方向。我认为，作为一名年轻教师，就要在自己的反思中，在反复的磨课中，在一次次的对比中，在学校搭建的平台中成长！"千圣皆过影，良知乃吾师"一直在我心中生根发芽，我坚信"人间四月芳菲尽，山寺桃花始盛开"！

将儿童数学教育应用到数学课堂中
——读《吴正宪与儿童数学教育》学习体会

（北京市大兴区第七小学　张迎）

导读：拜读完吴老师的《吴正宪与儿童数学教育》一书后，我深深感受到吴老师用自身的智慧不断唤醒、点化、开启学生的智慧，以自身的人格魅力影响、完善、健全学生的人格，一直努力创设儿童喜欢的数学课堂，每次下课，孩子们都久久不愿离去。到底是什么原因呢？读了吴老师的书，我找到了答案。

读完《吴正宪与儿童数学教育》这本书后，我终于理解了为什么吴老师的课学生都不愿意下课，因为学生在吴老师的课堂上能够享受到学习的快乐。吴老师依靠自身的人格魅力和深厚的知识功底让学生在课堂上享受到了学习的快乐。读完这本书，我受益匪浅。

一、巧妙地创设情境，激发学生兴趣

伟大的科学家爱因斯坦说过："兴趣是最好的老师。"这就是说一个人一旦对某事物有了浓厚的兴趣，就会主动去求知、去探索、去实践，并在求知、探索、实践中产生愉快的情绪和体验。

（一）创设生活情境

如何让学生爱上一节数学课，是让好多数学教师头疼的一个问题，而吴老师巧妙利用恰到好处的情境创设，既让学生眼前一亮，又让学生回味无穷，从一开始上课就牢牢地吸引学生的眼球，抓住学生的心，抓准学生的思维。好的开始就是成功的一半，没有好的开始前路就有可能坎坷不平。如果刚上课学生的积极性没有被调动起来，后面的课程学生学起来就会越来越心不在焉、愈加吃力。

吴老师的授课从学生熟悉的生活场景开始，从4个桃子平均分给2个人，到2个桃子平均分给2个人，最后到只有1个桃子平均分给2个人。这个情境我们大部分一线教师都用过，从学生已有的知识经验引申开来，让学生去感受知识的发生和发展，但是效果却差强人意，没有吴老师的效果好，其中的原因是值得我们深思的。我个人认为这与吴老师对儿童心理学的深入研究密不可分，同样的一句话，从吴老师的口中表达出来总是那么富有儿童味，简单易懂，让人感觉亲切爱听。

"行走中的数学问题"这节课上，吴老师从简单的溜达中引申出了行程问题中的数学模型，为本节课的学习奠定基础。再比如在平均数课程中，吴老师用一场熟悉的排球比赛作为切入点，为同学们上了一堂精彩的数学课，体现了课程标准中所提出的数学源于生活，又高于生活，无形中渗透了平均数的统计意义。

（二）创设问题情境

吴老师的课有一个共性，就是解决学生提出的问题，好问题必须是基于学生的生活经验与学习经验，好问题要引发学生的积极思考，好问题要落在学生的最近发展区上。

在"估算"这节课上，吴老师让学生提出自己遇到的与估算有关的问题、困难和困惑。通过让学生自己提出问题、探索问题、解决问题，提高学生发现问题、探索解决问题的能力，提高学生学习的效率和数学学习实践应用的能力。

情境的创设也并不是孤立地存在于课堂之上，它应该是与课堂内容的有机结合。一堂完美的数学课，应该是以情境的创设为引子，以问题为线索，以解决问题为目的。通过探索、发现、解决问题，不断启发学生的智慧和学习新的知识，解决生活中的实际问题。例如，在"估算"这节课中，吴老师牢牢抓住估算与生活的密切联系，创设恰当的问题情境，如"青青购物问题""外出乘坐出租车问题""安全过桥问题"，将情境贯穿始终并层层深入，在估算中感受具体问题具体分析的道理。

二、笑对课堂中的对与错，欢笑声此起彼伏

还记得自己有一次上课，课后评课的教师对我说："一节课如果不对学生笑、不让学生笑就不叫作一节好课。"这就是笑对学生，笑对教育。观摩吴老师的课，她的笑容给我的印象很深刻，她用智慧启迪学生，用笑容面对学生的错误，吴老师能沉得住气，这正是她对学生深沉的爱和对教育无比执着的具体体现，这也正是我们需要不断学习的地方。

（一）丰富的评价语给学生欢笑

周玉仁教授这样评价吴老师的课："她的课充满了童趣、乐趣。课伊始，趣已生，课继续，情更浓，课已完，意未尽。"吴老师的课试图让每一个孩子获得成功的体验，让学习困难的学生重拾自信。吴老师在评价学生时候总会笑着对学生说，如刚认识分数时，面对分数二分之一写成一分之二的时候，吴老师这样评价学生："挺好的嘛，自己创造的。"这一句话说出来既表扬了这位同学的创造性，也同时表明教师的观点，伴着教师的声声赞许，学生感受到了创造的快乐。当很多同学都觉得用分数表示二分之一简洁时，只有一个同学坚持认为自己的桃子图好，这时吴老师并没有反驳这位同学，而是尊重了他的意见。

如果在我的课堂上出现这样的情况，我肯定会立即莽撞地将这幅图扼杀在摇篮里，找出各种理由说服这位同学，其结果就是既伤害了学生的自尊心，又严重打击了学生的学习积极性，学生也就不愿意学习数学了。

当学到最后出现百分之一时，这位学生自己放弃画桃子了，太麻烦了。这时吴老师微笑着说："感谢你，你终于接受了这个分数。"这样的评价语还有很多，比如："这话说得有力量。""好眼力，说得好，数学就是要追求简洁。"吴老师就是这样充分挖掘学生的闪光点，对于他们的一点儿进步，给予表扬鼓励，让每一位学困生自信自强，乐观向上。

（二）试错的过程，给予学生欢笑

吴老师指出：用儿童的话语系统解读数学，说儿童能懂的话，让儿童说自己的话。教师面对的学生是一个个鲜活的个体，他们有着自己的经验和思考，在教学中具体表现为有时学生的想法与教学设想不合拍，存在一定的差距。面对这种不利于教学顺利推进的情况，教师不应紧张，而应该多听听学生的想法，分析学生的学习需要，变不利因素为有利因素，更好地促进教学。儿童的学习就是一种探索性的试误过程。吴老师不仅给我们讲理论，还将理论用于实践，用一个个鲜活的例子为我们做示范、做榜样。

吴老师的课之所以教师爱听，学生爱学，听者皆笑，就源于课堂中的真实，吴老师上课和我们上课最大的不同就是她不怕学生出错，她总说有问题才好呢。例如，学习"小数除法"时，整节课就是在问题链中不断碰撞出思维的火花，学生没有问题时候教师还"煽风点火"地鼓励学生提出问题。整节课就是在问题中进行，越问越有意思，越问越有深度。关于小数点要不要点时，吴老师这样评价学生，有了这个定海神针就知道每个数站在什么位置了。

三、以学生为主体，尊重学生的思维方式

检验学生是否掌握所学知识的方法不仅仅是看学生是否能够做到正确解答相关题目，更重要的是看学生在掌握了相关基础知识后，是否能够通过自己的理解把知识进行再次消化与吸收，去创造性地表达与应用。

（一）学生走上台，教师走下来

传统的教学方法是教师进行逐一讲解，这种教学方法使得学生被动地接受知识，而不能主动地去探索性学习，学生也失去了更多发言的机会，长此以往，沉闷的课堂气氛就会形成。吴老师的课上经常给予学生发现问题和提出问题的有利条件。让学生来当小老师，使更多的孩子获得了课堂的主动权，尊重了学生的个体差异，给学生创造了更多的展现自我的机会。小老师可不是没有目的地寻找，吴老师在学生上台前会抓紧时机观察学生的作品，找出有代表性的能够逐渐引导学生探索知识本质的作品，这些都是我要学习的。

（二）尊重学生的思维方式，大胆进行质疑

在教学过程中，学生总会提出一些意想不到的方法等待教师去验证，教师如果还没等学生说完就凭自己的主观臆想进行判断会抹杀学生的创新精神，因此这时教师要及时给予学生积极的反馈。

吴老师在执教"行走中的数学问题"这节课时，不局限于教师出示的练习题，学生在回答教师的问题时自己建模，从回答教师的问题到自己编题，不知不觉学生的思维层次就上升了一个台阶。学生的思维不断进行碰撞，不断进行质疑，一场数学课堂上的"辩论赛"不知不觉拉开了序幕，下课铃响了，学生居然请求教师不要下课，这是我们当教师多么期盼出现的景象。整堂课学生学的氛围很浓，在争辩中学习新知，掌握新知，不断纠错。

吴老师的儿童数学教育这本书让我们领略了吴老师的教学魅力，每次看完吴老师的书与听了吴老师的课，很多教师都会说我们怎么想不到，我们怎么不能灵活处理课堂上学生出现的问题，看完这本书我们一定也找到了答案。原因在于吴老师善于学习，勤于笔耕。一个教师只有善于学习，才能不断提高自身的素质；只有博采众家之长，创出自己的特色，才能成为一名成功的教师。

"小数加减法"教学中的思考

（北京市大兴区安定镇中心小学　孔凡赛）

导读："小数加减法"是北京版数学教材四年级下册的教学内容。从整个小学六年的数学学习来看，无论是整数加减法、小数加减法还是分数加减法，其本质均是计数单位的累加或相减，而小数的加减法有着承前启后的作用，学好小数的加减法十分重要。学生在已有整数加减法经验的前提下，如何让学生将已有知识迁移至新知识小数的加减法中是本节课要达成的重要目标。在学生理解了计算小数加减法要保证计数单位相同才能相加或相减且就是要注意小数点要对齐的基础上，我想小数加减法的问题也会迎刃而解。

一、指导思想与理论依据

《义务教育数学课程标准（2022年版）》指出："数学来源于生活。数学渗透到了人们的所有生活、生产之中，运用到了生活的各个方面。"培养小学生数学应用意识最有效的办法是让学生有机会亲身实践。建构主义也认为，学生只有在自己原有认知结构的基础上学习和探索新知识，并将新知识与已有知识经验建立联系，形成知识的结构化，才能形成对知识深刻的理解。

二、教学背景分析

（一）教学内容分析

本单元是在学生已经掌握了整数加减法，对一位小数加、减法有了一定的感性认识的基础上进行教学的。本节课是在学生学习了小数的意义和性质之后进一步的学习。教材中是以购物问题作为情境，考虑到元、角、分之间的进率是相同的而且便于理解，教学中让学生尝试先独立计算，再相互交流，从而理解算理并掌握计算方法。

（二）学生情况分析

本班学生不仅有较为丰富的生活经验，也有三年级关于小数的知识基础，所以具备自主探索小数加减法的计算方法，也有能力探索学习相同数位要对齐所蕴含的深刻道理。所以在课堂上，让学生先尝试独立计算，再反馈方法，用多种方法帮助他们理解算理等数学活动，学生通过自己的独立思考、小组交流，从多个角度去分析

"为什么要相同数位对齐才能相加减"，真正做到掌握计算方法的同时，更能理解背后深刻的道理，为后续学习做好铺垫。

三、教学目标（含重、难点）

（一）教学目标

1. 理解小数加减法的算理，能够正确计算小数加减法。

2. 创设情境，营造自主的探究空间，使学生在独立思考、合作交流的过程中理解小数加减法的算理并掌握计算方法，培养学生迁移类推能力和归纳概括能力。

3. 运用所学知识解决生活中的实际问题，体会数学和现实生活的密切关系。

（二）教学重点：掌握小数加减法的计算方法。

（三）教学难点：理解小数加减法算理。

四、教学过程实录

（一）提出问题，探索算法

师：老师的班级最近正在组织读书活动，于是周末我去了书店，看到这样两本书。同学们发现了哪些数学信息？

1. 获取信息

《童话故事》6.65元、《科学家的故事》2.72元。

2. 提出问题、列算式

师：大家能提出哪些数学问题呢？如何列式？为什么用加法计算呢？（你是怎么想的？）

预设1：问题是两本书一共多少元？

列式：$6.65 + 2.72 =$

要求《童话故事》和《科学家的故事》一共多少元就是求把两个数合起来是多少，要用加法计算。

预设2：《童话故事》比《科学家的故事》多多少元?

列式：6.65 - 2.72 =

也就是说6.65除去和2.72同样多的这部分还多出一部分，要求多出来的这部分，得用减法计算。

3.估算

师：今天这节课我们学习小数的加减法（板书课题），请同学们估一估买这两本书我大约需要准备多少元。

预设：我把6.65元估成7元，2.72元估成3元，7 + 3 = 10元，所以老师大约带10元就够了。（板书估算过程、询问其他学生是否正确）

师：那么老师到底要付给收银员多少钱呢?

（二）自主探索

1.自主探究

师：请同学们在练习本上解决这个问题。（巡视：有的同学已经有一种方法了，难道就这一种方法吗? 花钱的事儿应该有好多种算法呀！）

2.同桌交流

师：请先和你的同桌交流一下你的想法。

3.全班交流

①学生展示

师：大家交流得真热烈，现在我们请三位同学说说自己的想法。其他同学认真听，如果有不懂的地方我们就向他提问。

预设1：

6.65元 = 665分

2.72元 = 272分

665分 + 272分 = 937分 = 9.37元

师评价：运用转化的方法，把小数转换成以分为单位的整数，再去进行计算，你可真会学习。

预设2：

6.65元＝6元6角5分

2.72元＝2元7角2分

6元6角5分＋2元7角2分＝9元3角7分＝9.37元

师评价：同样是转化的方法，把6.65元、2.72元转换成我们之前学过的以元、角、分为单位的复名数的形式，再按照整数加法的方法去进行计算。

预设3：

$$\begin{array}{r} 6.65 \\ +2.72 \\ \hline 9.37 \end{array}$$

学生汇报自己的想法。

师提问：为什么这样算？为什么6对着2、6对着7、5对着2？——因为相同数位要对齐。

为什么相同数位要对齐？——因为相同数位上的数才能相加。

为什么相同数位上的数才能相加呢？——6个一要和2个一相加、6个十分之一要和7个十分之一相加、5个百分之一要和2个百分之一相加。

"一""十分之一""百分之一"，这是什么？——计数单位。

概括为：相同计数单位才能相加。（板书）

师：其实第三种方法中6个一和2个一相加就是第二种方法中的谁和谁相加呢？——6元和2元相加。

（板书：个位、十分位、百分位；元、角、分）

三种方法都算出我需要付给收银员9.37元，并且这三种方法利用原有的旧知识来解决今天的新问题，这种学习方法非常棒。（鼓掌）大家更喜欢哪种方法呢？为什么？

学生说理由。

②规范书写

师生共同完成解题过程，规范书写。

③答题、对应估算

教师完成答题。（答：两本书一共9.37元，说明我们刚才估算出的10元是够的，而且还很接近。）

④小数减法

第一个问题我们解决了，现在请大家解决第二个问题。

A. 独立解题。

B. 找一名同学上前边写边说自己的想法。

C. 加减对比：请大家对比小数的减法和加法，你们发现什么了？我们最需要注意什么？——其实，小数的减法和加法一样，相同计数单位才能相减。

⑤探究算法

那我们现在学习了小数的加法和减法，它们和我们之前学过的整数加减法又有什么相同点和不同点呢？

预设：二者都是相同数位上的数相加减，也就是相同的计数单位相加减；都是从末位算起；满十进一；不够减退一来十。不同的是：小数加减法比整数加减法多了小数点。

⑥小数点对齐

小数的加减法中我们如何保证计数单位相同？

预设：数位对齐，要保证数位对齐就要小数点对齐。

师：老师注意到这些竖式中小数点是对齐的，为什么小数点要对齐呢?

生:因为小数点对齐,数位就会对齐,相同数位上的数就会相加,就保证了计数单位相同的数相加减。

回顾小结:刚才我们通过两本书一共多少元、一本比另一本多多少元这样两个问题,学会了小数的加减法,我们知道了小数的加减法一定要把数位对齐,也就是相同计数单位相加减,而要想让数位对齐,计数单位相同,就需要把小数点对齐。

(三)巩固练习,形成技能

1.竖式计算练习

师:请同学们快速完成这两道竖式计算题,同时还要保证正确、规范。

(第一题让学生说说自己的想法;不规范让学生挑错)

$47.54 - 6.84 =$

$0.452 + 2.048 =$

2.买完这两本书,老师还想买一本词典,这本词典是34.8元,我给收银员50元,应找回多少元?请同学们列式解答。(在小数的加减法中,如果位数不相同的时候我们可以用补0的方法让位数相同,再去进行计算。)

(四)师生合作,总结收获

1.学生分享本节课的收获。

2.教师进行补充,点明:要想做对小数的加、减法,一定要记住相同计数单位才能相加减,而要想保证数位对齐、计数单位相同,记得把小数点对齐。

五、板书设计

板书内容：

小数的加减法

计数单位相同才能相加减　　小数点对齐

《童话故事》6.65元　　　　《科学家的故事》2.72元

两本书一共多少元?　　　　《童话故事》比《科学家的故事》贵多少元?

6.65+2.72=9.37（元）　　　6.65-2.72=3.93（元）

答：两本书一共9.37元。　　答：《童话故事》比《科学家的故事》贵3.93元

6.65元=665分　　　　　6.65元=6元6角5分
2.72元=272分　　　　　2.72元=2元7角2分
665分+272分=937分=9元3角7分　　6元6角5分+2元7角2分=9元3角7分

立足"新的课程标准"优化小学数学作业设计

（北京市大兴区安定镇中心小学　薛嘉凝）

导读：在新的课程标准导向下制定顺应学生发展水平、开阔学生思维、落实学生地位的多元作业。从考虑人文性、创新性、趣味性出发，让课前和课后作业更有层次。让作业设计推陈出新，联系现实生活，增强学生自信心。

2022年4月，教育部印发《义务教育数学课程标准（2022年版）》。新修订的义务教育课程以习近平新时代中国特色社会主义思想为指导，落实立德树人根本任务，强调育人为本，依据"有理想、有本领、

有担当"时代新人培育要求，明确了义务教育阶段培养目标，新增了"核心素养"这一概念，提倡用数学的眼光观察现实世界，用数学的思维思考现实世界，用数学的语言表达现实世界。"三用"的提出，明确了数学与现实世界的联系和未来教师课堂教学发展的导向。

"作业设计"是学生逐步建立核心素养的关键。结合低段学生学情来分析，需要思考的问题：一是要增加学生学习数学的兴趣，增强对课堂教学环节设计的时效性和趣味性，为孩子营造更好的学习环境。提高课堂学习的效率，在布置的作业上也能做到"事半功倍"。二是优化作业设计，要从多方面出发，如何让学生的课前预习作业和课后巩固作业成为课堂深入学习的前提和延伸？在完成好作业的基础上有自己的创新和思考。针对以上的思考，我以二年级所授课的"乘法口诀"这一单元内容进行了具体的设计与实施。

一、了解文化，让作业更有深度

《义务教育数学课程标准（2022年版）》中强调"关注数学学科发展前沿与数学文化，继承和弘扬中华优秀传统文化"。这要求教师注重数学课堂的人文性，以及课前预习作业的重要性，有意义的预习能让学生在课堂学习中更好地融入氛围中，对学习数学的兴趣也会大大提高。带着问题进入课堂，能更好地提高对课堂的专注力。在授课北京版小学数学二年级上册第二、五单元"乘法口诀"这部分内容时，课前我布置了如下作业：

知识窗：2000多年前，我们的祖先为了又快又准地计算出乘法算式，编出了"乘法口诀"。那时把口诀刻在"竹木简"上，是从"九九八十一"开始的，所以也叫"九九歌"。700多年前才倒过来，从"一一得一"开始。乘法口诀分"大九九"和"小九九"，"大九九"有81句，"小九九"有45句。我们现在所学习的是"大九九"

乘法口诀，第一个九指的是有9个数，第二个九指的是每个数有九句口诀。乘法口诀读起来顺口，很容易记忆，是我们计算乘法的好帮手。

①乘法口诀是怎么来的?

②乘法口诀一共有多少句?

③为什么乘法口诀又叫"大九九"乘法口诀?

该项作业以了解"乘法口诀"来源为目的进行设计，不仅让学生对乘法口诀有了初步的了解，更为学生渗透了中国历史悠久的数学文化，感受到2000多年前古人的智慧，为学习乘法创建便利条件。同时加强了学生对数学阅读、提取文字信息的能力。带领学生走进数学的王国，探索并掌握学习乘法口诀的方法。

二、探索研究，让作业更贴近生活

数学来源于生活，应用于生活，同样在数学教学中也要让学生时时刻刻能够感受到数学在生活中的重要性，《义务教育数学课程标准（2022年版）》要求："教学活动应注重启发式、激发学生学习兴趣，引发学生积极思考，鼓励学生质疑问难，引导学生在真实情境中发现问题和提出问题。"提倡与生活的密切联系。在低段教学中，情景的导入和背景的创设都要考虑到日常生活。由此可见，将数学作业和生活串联，能够有效地唤起学生的联想，能够学会用数学的眼光看待事物，感受到数学的重要意义。在"乘法口诀"单元第2课时的教学中，对学生的作业做出如下设计：

请你根据上节课所学习的编口诀的方法，结合实际生活，想一想生活中还有哪些事物可以用口诀来解决。用你自己喜欢的方式来画一画、写一写。

学生联系生活设计的4的乘法口诀和8的乘法口诀（见图1、图2）

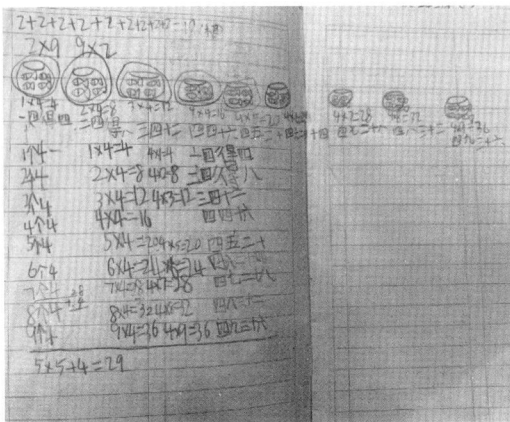

（图1）　　　　　　　　　（图2）

该作业设计引导学生串联知识，将学过的编口诀的方法和生活实际相结合，在自己的身边寻找可以编成口诀的事物。通过自己的观察研究，找到口诀和口诀之间的规律，以画一画、写一写的方式培养学生对数学的多种方式表达，创新思维意识。

三、注重课堂，让练习更有维度

提高学生课堂学习效率，完成课后作业让学生的学习更加得心应手，注重提升课堂的教学质量是教师不可忽视的环节。对乘法口诀部分内容进行大单元整体备课时，为整合教学，我串联了两个单元教学内容，做到思路清晰，引导学生深度学习。在课堂练习中以小组合作为主，相互比试练习的过程中，多感官、多维度地提升学生的课堂练习效率。

例如，"乘法口诀"单元教学第四课时，课堂教学中我让学生完成了如下任务：

（一）试一试：同桌两人合作完成，一人说口诀前半句，另一人对口诀后半句，如：九九，答：八十一。

（二）比一比：准备1到9两副卡片，每人从自己的牌中抽选一张，快速抢答它们的乘法口诀。如：8和7，答：七八五十六。

（三）猜一猜：准备一副1到9的卡片扣到桌面上，抽一张，拿到数后练习用这个数的乘法口诀和乘法算式出题，如，：抽到5，这个数乘9等于45，这张牌是几？答：这张牌是5。

在课堂中根据乘法口诀本身所具有的趣味性，发挥学生自主性，采取同桌两人做游戏的方式，有效地激发学生的好胜心，和同桌来比试看看谁的乘法口诀记得牢，提高学生的课堂积极性，多感官、多维度地让学生眼、耳、手口都能动起来。

四、加强研究，让作业更有深度

随着媒体时代的到来，部分家长将重心转移，希望孩子所拥有的是快乐的童年，而不是被试卷与作业所压迫的童年。不以成绩评判学生虽然是教育者一直所传递的信号，但是难免会有一场两场的考试让学生成绩占主导。这个问题也一直困扰着家长和教师，在2021年"双减"政策的提出和2022年新的课程标准的推动下，看似解决了家长的难题，实际上是在给教师群体一个信号：在为孩子和家长提供便利的基础上，完善对学生课堂教学，课后作业设计的优化，关注学生的学习过程，提高对学生心理健康的关注。

作为新教师的我们更应该注重研究。第一是研读教材；第二是研究学生学情；第三是研究课堂。在本次教研活动中，从第一次备课开始，我不断完善教学设计，重新梳理教材，根据每一次试讲后孩子们不同的课堂反馈，确定教学的环节，一点一寸地抠细节，小到授课中孩子们完成练习后应该说的提示语，大到教学环节的设计都要改进。

在进行"乘法口诀"教学时，从研究教材方面，我准备的是"2的乘法口诀"第一课时，经历第一次试讲后，发现课后孩子们对知识吸收得很少，课堂的教学重点不突出，孩子们不知道自己要学什么，对乘法口诀还是没有达到深度学习的目标。在和学校整个年级组的教师讨论后，我进行了一次大胆的尝试，推翻了第一次"2的乘法口诀"的教学内容，将重点放在大单元整体教学中，让学生第一课时重点掌握编乘法口诀的方法，后面安排两到三个课时，让孩子们记口诀、找规律、用口诀。这样把两个单元七个例题的东西融合到了一起解决，既缩短了教学课时，又达到了不错的效果。最终授课时，也能感受到孩子们与教师之间的互动是有思考、有发现的，是真正参与到课堂当中，进行了深度学习。通过课上先观察图片，再动笔圈一圈，自己列算式编口诀，这一系列过程中的亲身体验，获得了编口诀的方法，体现了本节课的核心。学生在编口诀的过程中列乘法算式，找到图中表示的几个几，有意识地与旧知识加法联系起来。

通过不断试练，也让我对乘法口诀这部分知识有了深入的认识，对学情也有了更多的了解。上一堂课固然简单，但是想上好一堂课，需要我们做的有很多，从深入研究到不断试练，不能想当然，一定要在实际的课堂中研究学生，从学生的角度出发，看学生是怎样去真正学习的，适当根据教材和学情去调整教学，一切以学生为主导，让他们做课堂真正的主人。

上完这堂课后我设计了多元化的作业，画一画、读一读、做一做等，让学生能从不同角度去感受乘法口诀的魅力。通过了解数学文化、联系现实生活、小组合作探究等有趣味、有效率的作业设计，顺应学生发展水平，充分考虑学生的学情及个性差异，让学生的能力真正得到提升，朝着"有理想""有本领""有担当"的方向前进，成为会思考、会学习、会实践的新时代学生。

附录

教师成长小记

———

思维导图在小学数学大单元教学中的应用研究

（北京市大兴区礼贤镇第二中心小学　韩晓甜）

导读：在小学数学大单元教学实践中，用思维导图来引导大单元教学为教师授课提供了新的思路，同时也帮助学生更好地识记概念、完成单元复习。与此同时，它还引导学生有效建构更加完整的数学知识体系，极大地调动了学生学习的积极性，引导学生掌握正确的学习方法。

思维导图是一种由图形标志和关键字组成的科学的思维工具，把知识通过图文并茂的方式呈现出来，它的形式丰富，符合小学生的认知特点与发展规律。《义务教育数学课程标准（2022年版）》中明确提出：教学内容是落实教学目标、发展学生核心素养的载体。

在教学中要重视对教学内容的整体分析，帮助学生建立能体现数学学科本质、对未来学习有支撑意义的结构化的数学知识体系。而思维导图的引入恰恰可以帮助学生更好地理解数学知识，形成结构化的数学知识体系，培养学生的数学思维，同时图文并茂更能激发学生的学习兴趣。因此，用思维导图来指导学生完成单元学习很有必要，并且在此过程中不断探究适用于小学数学教学的思维导图结构来引导学生学习。下面我就自己在教学过程中利用思维导图引导学生进行学习的过程谈谈自己的感想。

一、利用思维导图识记和区分数学概念

在小学数学大单元教学实践中，教师应当采用有利于学生掌握的方式进行教学，而思维导图正是将知识点通过图文并茂的方式呈现出来的，能够帮助学生理解和记忆。

数学概念具有逻辑性强和结构严密的特点，在学习数学概念的过程中，教师与学生对于语言细微的疏漏都可能会导致概念理解的错误。例如，"只有一组对边平行的四边形叫作梯形"，学生对"只有"一词经常忽略，往往凭知识印象判断是不是梯形。如果利用思维导图整理平行四边形和梯形的概念时进行对比区分，就能够有效帮助学生辨别不同概念之间的区别。

在数学概念的教学中，把概念以思维导图的形式进行展现，可以让学生更快、更好、更直观、更全面地了解一个概念的内涵和外延。比如，在学习图形的面积时，如果单纯地反复背诵各个图形的面积公式并不会对学生的思维发展有太大帮助，而通过思维导图进行学习，学生由长方形的面积推导平行四边形的面积，再由平行四边形的面积推导三角形和梯形的面积。将一个原生知识点通过推导得出新知识，推导过程中有的学生还会发散周长知识。通过思维导图的形式展现各个推导环节和推导结果，然后联系起来再对原概念进行全面综合理解，让学生对概念的理解更加透彻，同时也得到了思维的训练。

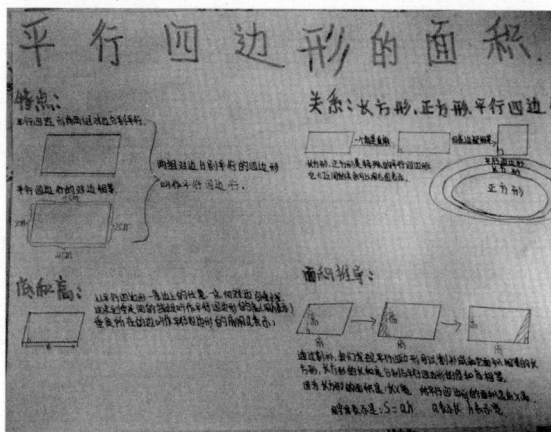

（图1）

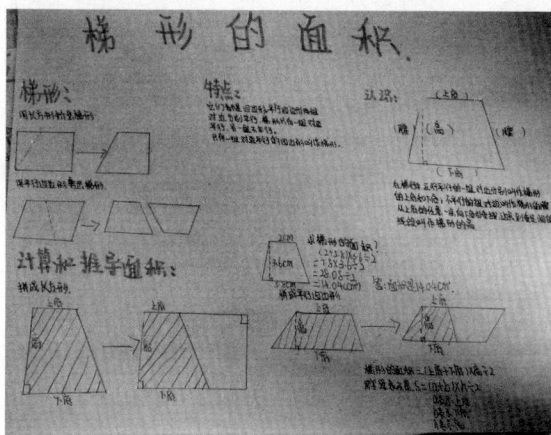

（图2）

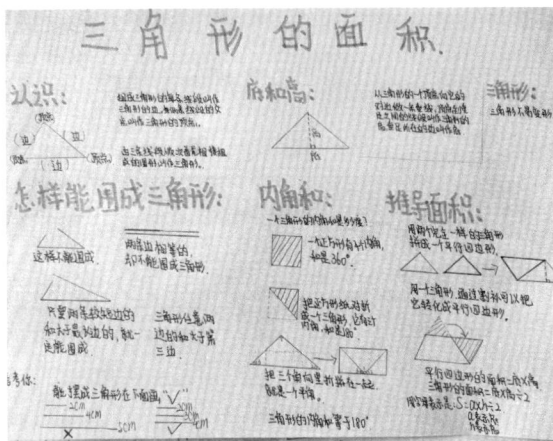

（图 3）

二、利用思维导图帮助学生完成单元复习

在单元复习课上，教师需要指导学生完成对整个单元知识的全面梳理，既要回顾学习过的知识点，又要在知识点之间建立联系。但是由于思维能力的限制，很多小学生无法独立完成回顾知识、梳理知识并建立知识模块的过程。针对这种情况，教师可以帮助学生利用思维导图，将零散的知识建立一个知识模块，并用关键词的形式引领学生绘制单元知识图谱。

例如，北京版教材四年级"运算定律"这一单元，教师可以首先带领学生分类整理这一单元有哪些运算定律，在每一个运算定律的基础上用字母表示其特征，并引导学生举例理解每一个运算定律。对于加法交换律和乘法交换律、加法结合律和乘法结合律逐个分析其相同点和不同点，最后对于本单元难点——乘法分配律通过举例和比较加强学生的理解。通过这样对知识进行分类整理、建立联系并找出区别，再进一步突破重难点的方式加强了学生对单元知识的理解。

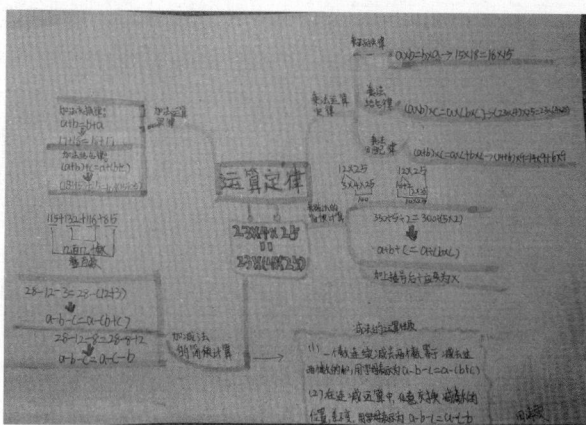

（图 4）

三、利用思维导图引导学生有效建构数学知识体系

《义务教育数学课程标准（2022年版）》中明确提出：单元整体教学设计要整体分析数学内容本质和学生认知规律，合理整合教学内容，分析主题—单元—课时的数学知识和核心素养主要表现，确定单元教学目标，并落实到教学活动各个环节，整体设计，分步实施促进学生对数学教学内容的整体理解与把握，逐步培养学生的核心素养。在单元复习时，教师更是要引导学生整体把握单元知识，尤其学生到了高年级，随着数学知识的丰富，如果只靠机械训练，将来在面对数学知识体系不断庞大的过程中就会无所适从。因此，在"以生为本"的教育大背景下，教师在数学教学过程中应当引导学生通过思维导图把小学数学知识分门别类地整理、归纳，并着重培养学生自主建构数学知识体系的能力。

例如，北京版数学教材六年级上册第五单元"圆"，本单元内容包含圆的认识、圆的周长、圆的面积、扇形。学生对圆的周长及面积的推导过程经常混淆，在进行单元复习时，教师要通过引导学生画出思维导图，将原本零散的知识整体联系在一起。学生通过对知识的整理、加工、对比、区分，不仅加深了对知识的理解和掌握，而且内化为自身知识体系的一部分。

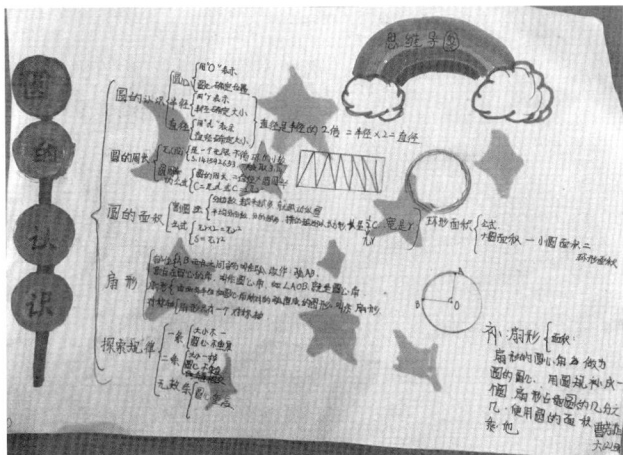

（图 5）

学生有了这个思维导图，将知识形成模块式理解记忆，在运用的时候很快就会找到知识间的内在联系与区别，对学生知识、方法的掌握，技能的形成，以及经验的积累都有好处。

四、利用思维导图调动学生学习主动性

数学知识的抽象性使得学生掌握知识有一定的困难，所以小学生学习数学概念的主动性通常不高。然而利用思维导图图文并茂和简洁易懂的特点，可以很好地调动学生学习概念的积极性。比如，在学习包含多个小知识点的单元时，可以使用一些排列方式来表现各层次主题的从属关系。可以把核心概念作为树干，把各个从属概念作为树干上长出来的树枝，然后把一些具体的例子或者应用方式作为树枝上的树叶。这样来绘制思维导图，不但能清晰地将各层级关系表现出来，也更容易调动学生学习过程中的积极性。

例如，在学习"长方体和正方体的认识"时，学生可以使用不同颜色的彩笔来书写面、棱、顶点不同的特征，又或者在概念旁边画上一个长方体，并且在思维导图上经过简单的对比，容易得出长方体和正方体之间的区别和联系。

五、巧用思维导图促使学生掌握正确的学习方法

小学生在学习过程中由于对知识的掌握不够熟练、概括能力较弱、知识结构不成体系，因此，学习新知识时经常会由于之前的基础不牢固而不断遇到问题。教师在学习的过程中引入思维导图，不仅可以起到培养学生概括和总结能力的作用，还可以把学习过的知识点组成有逻辑性的、结构分明的知识体系。通过这样的方式，学生在未来学习中可以利用原有的知识结构不断去理解新知识，再把新知识内化并融入原有的知识结构中，既能让学生学会以全面的角度去看待数学学习，又让学生形成严密的数学逻辑思维。

总之，思维导图助力了小学生的数学学习，让学生感受到数学知识不再是片状化的，而是一个庞大的知识系统。作为小学数学教师，在大单元教学过程中，我们应当充分认识到思维导图的重要性，并有效运用思维导图辅助教学，积极地将思维导图应用到备课、上课及课后复习上，优化学生的数学知识结构，激发学生的创造思维，让学生有更多的实际获得。

参考文献

[1] 杨顺 . 小学数学阶段数学复习课中思维导图运用策略 [J]. 课程教育研究，2020(6)：146.

[2] 盛文玲 . 思维导图在小学数学高年级段单元复习课中的应用 [J]. 课程教育研究，2019(52)：166.

[3] 刘子健 . 思维导图在小学数学课堂教学中的应用研究 [J]. 课程教育研究，2017(20)：157.

深入开展研究，让学生学会学习

（北京市大兴区礼贤镇第二中心小学　孙彦勇）

导读：随着课堂教学形式的变革，学校提倡生态课堂教学理念，开展思维导图课题研究。通过课前预习，课上探究、思考、操作，与同伴互动交流，展示学习成果，教师适当指导，最后理解掌握知识，让学生经历知识的形成过程，让学生保持学习兴趣，为其可持续发展助力。

学生是学习的主体。在课堂教学中，应充分调动学生学习的积极性、主动性，让孩子经历知识的形成过程，主动学习知识。通过课前预习，课上探究、思考、操作，与同伴互动交流、展示学习成果，教师适当指导，最后理解掌握知识。在这个学习过程中，学生的学习能力得到提升，在与同伴互动交流中，语言表达能力、合作意识得到培养，学习兴趣得到保护，为学生学会学习，促进其可持续发展奠定基础。这是我校多年教学改革的成果，对于回顾学习和探讨过程，我有以下三点体验：

一、认真学习，积极探讨，发展自己的教学特色

教学改革不仅仅是课堂教学行为的一种转变，更重要的是一种育人方式的变革，是教育理念的更新。课堂由原来的教师讲、学生听，要我学，转变为学生学、有问题交流、再有问题请教教师，为我要学。把学生的主观能动性发挥出来，把学习的主动性发挥出来。课堂由知识传授型转变为主动学习型，教师由教知识者变为学习的组织者、指导者。这是由应试教育到素质教育的一次巨大变革。

为此，学校组织干部教师几次外出学习。去江苏参加郭思乐教

授的生本教育现场会；去北京教科研院听韩立福教授的学本课堂理念与做法，学习归来后，干部教师进行了研讨，最终形成共识：提出了生态课堂的理念。生态课堂的探索是符合教育改革发展潮流的，借鉴两位教授的教学理念但是不照搬照抄，要结合我校实际情况形成自己的思路和做法。在此基础上，我们组织骨干教师制定了生态课堂教学评价标准，作为推广这种做法的指导。

有了思想上的共识，我们开始实践尝试。每学期组织生态课堂主题研究课，定期组织学习研讨，每学年组织一次主题优质课展示。几年实践下来，我们的课堂发生了明显变化：教师设计预学习单、学生主动预习；课上主动学习、思考、探究；小组合作学习积极发言，展示学习成果，交流学习中的问题；全班交流展示学习成果，小组汇报，生生质疑答疑；教师组织学生学习，适时答疑指导。学生的学习兴趣提高了，课上课下敢于表现，敢于发表自己的观点，善于与同伴交流。

二、功夫不负有心人，课堂教学发生了可喜的变化

以数学课堂为例。数学课堂一直提倡让学生主动学习，经历知识的形成过程，与我们提倡的生态课堂教学理念相近，我们也重点推进先进的教育理念在数学课堂教学中的应用。

课前预学习。教师设计预学习单，让学生提前学习知识，填写好预学习单；收集学习资料，制作好上课用的学具等，做好上课准备。

上课前教师做好教学设计，做好小组分配。上课时，教师创设学习氛围，让学生交流自己的预学习收获、存在的问题等，采取小组合作学习的形式，教师巡视参与指导。小组学习交流之后是班内汇报交流，小组汇报自己某一方面的学习成果与问题，下面的学生可以提问，上面的小老师解答，还可以互问互答，生生合作，教师适时指导，最后形成结论。这样的过程自始至终都是学生在参与，学生在唱主角，教师是学习的组织者、参与者、指导者。这种学生之间同伴互助往往发挥了教师起不到的作用。

以数学学新知识课堂为例。"圆的周长"一课，任课教师设计好学习任务单，内容包括学具准备，自制圆形纸片、测量圆的工具线绳和尺子等；知识上的准备包括圆的基本知识和周长的概念预习，这些以填空题的形式出现；圆的周长的探究是新的知识，以提纲的形式让学生在自学基础上填写学习收获。上课后，让学生整理自己的预学习成果和学具，随后布置学习任务，在小组内测量几组圆的周长与直径，然后填空并思考二者之间的关系，进行相互交流学习。最后是汇报学习收获，小组展示的形式，通过这样的汇报交流，得出圆的周长与直径的倍数关系，引出圆周率的概念，揭示收集到的祖冲之发现圆周率的数学文化。最后让学生思考圆周长公式，得出文字公式与字母公式。再进行课堂练习，总结这节课的收获与思考。整节课充分体现出以生态课堂理念为指导的设计与实施，学生的学习主动参与、探究、合作，这样的知识形成，使学生牢固烙印在头脑中。

三、努力研究，让教学改革逐步深入

用思维导图的形式呈现所学知识是我们研究的重点。尤其是数学复习课运用生态课堂理念与思维导图的形式更为适合。任课教师往往以思维导图的形式让学生提前归纳知识点、从易错点与重难点出发设计练习题。课上组织小组交流、班内集中汇报展示，让学生主动参与，收到良好的复习效果。在复习小数的认识这个单元知识时，教师让学生课前梳理知识点、易错点，做成思维导图。上课时小组交流，推举出展示方案；班内展示、讲解、提问、交流；最后学生形成小数的知识体系，并对重难点内容有了充分的理解。学校还在此基础上开展了"思维导图在农村小学数学课堂中的应用"区级课题研究，并获得了区级优秀课题评选二等奖。

多年的坚持，我校的课堂教学渐渐形成了特色，学生主动学习，敢于表达，敢于发表自己的见解，学习兴趣高。年轻教师也在不断成长，教学中形成自己的风格，教育理念也能跟上教育改革的发展，并没有因为在农村小学影响他们的发展。生态课堂教学理念的落实取得了让人很欣慰的结果。

且教且研，且思且进

（北京市大兴区安定镇中心小学　刘梦珍）

导读：教学教学，有教也有学，两方面其实是相互促进的。此次在参加吴正宪工作室的活动中，我根据积累的教学经验，总结了一些教学策略。它不仅能更好地指导自己今后的教学，也能和大家交流自己的想法，以相互促进，共同成长。

作为执教两年的数学教师，我认为教学教学，有教也有学，两方面其实是相互促进的。在教学中，我一边学习，一边研究，有着深刻的成长体验。此次在参加吴正宪工作室的活动中，根据积累的教学经验，我总结了如下教学策略：基于核心素养和课标深入研读教材；以现实学情为基点，关注学生实际获得；转变教学方式，尝试"变教为学"；注重思维发展，让学生真正学会学习；学会自我反思，让自己尽快成长。这不仅能更好地指导自己今后的教学，也能和大家交流自己的想法，相互促进，共同成长。

一、基于核心素养和课标深入研读教材

在设计北京版教材二年级下册第六单元"解决问题"这节课之前，就"核心素养""数学核心素养""小学数学""解决问题"等关键词查阅了多篇论文。马云鹏教授认为，素养涵盖人的所有的精神世界。核心素养凸显素养中最重要且关键的部分。数学核心素养可以理解为学生在学习数学的过程中形成的具有综合的、整体的、持久的能力，是一种思考方式和解决问题的策略 [1]。王迎曦认为，问题解决能力是数学教育的重要任务，"问题解决"是学生重要的核心素养 [2]。《义务教育数学课程标准（2022年版）》把"发现和提出问题，分析和解决问题"作为课程总体目标的表述内容，把"能在教师指导下，从日常生活中提出简单的数学问题，尝试运用所学的知识和方法解决问题。在解决问题的过程中，感悟分析问题和解决问题的基本方法，感受数学在生活中的应用，形成初步的几何直观和应用意识"作为课程学段目标的表述内容，这表明了培养学生的问题意识是义务教育阶段数学教学的核心，强化了对学生解决问题能力的培养。

从"问题解决"的特征去分析，"问题解决"具有两个层次的学习功能：层次一，引导学生将学到的数学知识和技能，通过"问题解决"的过程及时加以应用，以检验数学知识和技能的掌握状况，这也可以看成是"问题解决"功能的体现；层次二，引导学生经历"问题解决"的过程，以获取"问题解决"的活动经验，提高应用数学知识和技能解决实际问题的能力 [3]。北京版的教材，明确编排了

"问题解决"课时的内容，在强调及时巩固应用知识的同时，突出"问题解决"自身的教学目标。

翻阅已经使用的一、二年级北京版教材中"问题解决"内容的编排，发现北京版教材中"问题解决"的内容主要分为两类：一类是相关知识的及时应用，另一类是典型问题解答策略的学习。另外，我又以局部视角对这一单元进行分析，我发现"解决问题"例1是解决从一个数里连续去掉两部分的实际问题，属于典型问题解答策略的学习。它是在学生掌握两步式题的运算顺序，会解答简单的乘加、乘减、加除、减除两步实际问题的基础上编排的，是对两步解决问题的进一步深入和拓展。例2是解决数量之间比多比少的加减两步实际问题，例1为例2提供了一些基本的解决策略和分析方法。在例1这一板块，包含了"总量＝分量＋分量"的一类数量关系，例如，"整体－部分－部分＝部分、整体－（部分＋部分）＝部分、部分＋部分＋部分＝整体"等，于是我确定了例1中的例题和练一练的习题作为本节课的核心教学内容。

二、以现实学情为基点，关注学生实际获得

在设计这堂课时，我对学情进行了分析，学生在一年级对整体与部分间的数量关系已经有了比较清晰的认识，在二年级下册第二单元"解决问题"的学习中对两步混合运算及对含有小括号的两步混合运算的实际问题有所认知。通过三次试讲，我发现了大约20%的学生能够直接根据题目中的信息和问题正确分析数量之间的关系，用多种方法解决，并且能清楚完整地表达自己的想法，70%的学生虽然能够用画直条图、线段图或者集合图来表示数量之间的关系，但图画得并不规范，用多种方法解决问题并清楚表述自己思路的能力还有待加强。大约10%的学生不能厘清两步计算的实际问题中数量之间的关系。因此，不同层次的学生对数量关系的理解是存在差异的。

于是，根据学生的经验和学习中可能遇到的困难，本节课我通过创设图书室借阅图书的情境，让学生在这个情境中寻找数学信息，提出问题。鼓励学生利用图式表示出题目中的信息与问题之间的关系，引导学生进行交流，鼓励学生大胆质疑，初步感知解决问题可以用多种方法。通过对比、辨析两种解题方法的异同，从而让学生看清问题结构，进一步理解整体和部分的关系。

三、转变教学方式，尝试"变教为学"

最开始设计这节课时，我只是阅读教材、教参，参考网上优秀课例等资料，设计的内容中没有太多自己的思考，设计实施的过程中不会抓住学生有效的教学资源、学生课堂中的生成和我预设的不一样、教学机智缺乏、我引导得过多等问题。整节课下来，学生的收获说不出来，我也很着急。

例如，本课的第二个环节是自主尝试，探究新知。在这个环节设计时，我没有充分发挥学生的主体作用，课堂中师生互动的时间多于生生互动。后来在其他教师的帮助下，我意识到应该改变自己的教学方式，深入研究课标、教材和学情，放手让学生去尝试和交流，引导学生经历理解数量之间关系的过程。于是在最后一次试讲中，我就放开第二个环节，在这一环节首先让学生独立思考，给予学生充分的时间去尝试解决问题。然后请两位学生进行汇报，其他学生认真倾听并提出了问题。有的学生对他们所画的集合图和线段图的规范性提出了质疑，例如，"为什么整体的450本没有标出来？一年级借走的本数100本和二年级借走的80本一共是180本，为什么画的圈比剩下的270本还大？"于是我与学生及时帮助修改并出示正确的作图过程，以引导学生规范作图。有的学生对算式的含义也提出了问题，例如，"450 − 100 = 350（本）表示的是什么？ 350 − 80 = 270（本）表示的是什么？ 450 − 180 = 270（本）表示的是什么？"学生之间的这种交流让课堂更加"活"了起来。经历了探索与合作交流解决问题的过程，学生能够发现问题、提出问题，并在尝试解决问题的过程中初步感受解决问题的一些基本方法，逐步提高了分析问题和解决问题的能力。就这样，在不断的修改中，我的教学设计也逐渐"活"了起来。此时，我逐渐明白了在上研究生期间我的老师郜叔竹一直所说的"变教为学"的含义，把课堂的以"教授"为主的教学活动，改变成学生自主或合作开展的"学习"活动，让学生的学习活动占据主导地位并且贯穿始终，基于这种理念设计下的教学才是足够开放的。

四、注重思维发展，让学生真正学会学习

重视方法比较能够促进学生思维的发展。"解答问题"是"问题解决"的关键环节。因为在新课程理念指导下的"问题解决"重视解答方法的多样化，致使学生在解答问题过程中，可能会产生较多的问题解答方法。有时不同的解答方法反映的正是学生不同的思考过程和思维水平。于是我引导学生进行方法比较，借助思考过程的展示交流，能够促进学生数学思维的发展。

例如，本节课的第三个环节是"对比提升，沟通联系"。我引导同学们仔细观察这两种方法，指名说看它们之间有什么相同与不同之处。通过观察对比，学生认真思考，联系以前学过的知识，以及刚刚探究过了"整体与部分"的关系式，所以学生很快就找出了计算结果相同，都是从整体450本连环画中把一年级和二年级借的连环画这两部分去掉，求出还剩多少本连环画。他们也发现了都是用两步计算来解决问题的，只不过计算方法不同。第一种用的是连减的方法，先求出一年级借走后还剩下多少本，再从中去掉二年级要借走的80本，就是最后还剩下多少本书了。第二种方法是先用加法求出两个年级一共借了多少本，再从整体里一次减去两个年级借走的本数，就是还剩下的本数。学生交流后，我进行了小结：要想求这时还剩多少本连环画，既可以从整体里分别去掉两部分求剩余，也可以从整体里一次去掉两部分的和求剩余。学生再一次体会到两种方法的不同之处，以及解决同一道题是可以有多种方法的。

五、学会自我反思，让自己尽快成长

在前几次的试讲中，我脑海中其实就一直在反思。例如，教学解决实际问题到底要教给学生什么？低年级的解决实际问题课堂，新知识和新问题是通过具体的情境怎样呈现的？教师在这样的课堂上不能仅仅是让学生会列式解答，更重要的是要让学生在问题情境中发现问题，在相互协作中寻求解决问题的方法和途径，能够根据已知的条件，整理出解题思路。这对培养学生的问题意识、探究能力和合作意识与交往能力都有一定的作用。

例如，教学解决实际问题要不要渗透倒推法检验方法？因为看到有的教师利用倒推法来检验，我就在考虑我班孩子的学情，我觉得这样的内容对我班的学生来说难了一点儿，于是就把这一部分去掉了。但是上完课后我又改变了想法，倒推法的要求其实并不为过，这里的检验不是仅仅对计算结果的检验，同时也是对计算方法及计算过程的检验，无疑用倒推法检验是最合适不过了。虽然部分学生在对此的认知上有一定难度，但是，如果我可以结合解题思路，引导学生一步一步倒过来算，渗透给学生倒过来算检验的意识，对于今后解决实际问题的检验也能打下基础。又例如，要不要在交流解决问题时，说明分析的方法？最后我认为学生的年龄太小，关于分析的方法只要求学生意会就可以，不要求他们完整叙述。

　　学会自我反思是教师成长的催化剂，我觉得自己通过此次教研稍微进步了一点点。路还很长，且教且研、且思且进是我的成长目标。

参考文献

[1] 马云鹏 . 小学数学核心素养的内涵与价值 [J]. 小学数学教育，2015（09）.

[2] 余庆燕 . 紧扣核心素养注重"问题"内涵：小学数学问题解决能力培养策略探究 [J]. 福建教育学院学报，2019（06）.

[3] 段丽莎 . 小学数学教材"解决问题"集中编排的比较研究 [D]. 杭州师范大学，2013.

争做智慧型、研究型、反思型的教师

——"数量关系"教学反思

（北京市大兴区安定镇中心小学　李阳）

　　导读：教育教学工作中，实践、反思、研究三位一体，贯穿教师的专业发展之路。这就要求我们要不断地进行教育教学的反思，自觉地把在课堂教学实践中发现的问题，进行深入冷静的思考和总结，并最终能够有意识地、谨慎地将研究成果和理论知识应用于下一次的课堂教学实践中，努力使自己由"学科型"教师成长为"智慧型、研究型、反思型"教师。

　　"数量关系"是北京版数学教材四年级上册第六单元"除法"第三小节的内容。"单价、数量和总价"是日常生活中应用最为广泛的一组数量关系，掌握这种数学模型，可以方便学生更快、更准确地解决相关的数学问题。

一、认真备课，形成自己的初步想法

在仔细研读教学参考和教材后，我对数量关系有了初步的认识，虽然明确了本课重难点，但对于如何上好这一节课还是只有浅显的见解。此时，我的教学设计思路如下：从去超市购物的情境导入——在例题中理解"单价、数量、总价"三量的含义及三量之间的数量关系——在练习中巩固基本概念——全课总结。

在本课重难点部分，我一共设计了两个大环节，分别是"理解单价、数量、总价的含义"和"探索单价、数量、总价之间的关系"。在第一个环节中，课件直接出示教科书例1的图片，学生找全数学信息后，我立刻抛出一个数学问题："每千克苹果8元，每块瓷砖15元，每张软卧车票383元，这些都是商品的什么呢？"来帮助学生理解单价的含义。然后通过"说一说生活中的'单价'"和"读懂生活中的价签"这两部分继续巩固单价的含义。最后以同样的提问方式再引导学生理解数量和总价的含义。至此，学生在观察和思考中初步理解了三量的含义。

二、精心打磨，关注学生的认知结构

经过以上的准备，我开始了第一次试讲。整节课下来，学生在一问一答的互动交流中更多的是机械性地被动接受知识，无法发散自己的思维；而每一环节看似紧密相连实则各自独立，这导致学生不能在头脑中清晰地建立知识间的联系，自然就不算真正掌握了数量关系。

课后，听课教师对我的课程进行了点评与指导，其中主要讲到了数学课程要从封闭的课堂教学中解放出来，要开拓学生思维。这就需要教师转变想法，以开放的思路创设一种能给每个学生提供更多的参与机会和成功机会的情境，让每个学生在主动参与中得到全方位的、可持续性的发展。

（一）把握教材，研读课标

开放式教学方式的确立离不开教师在前期的备课。充分备课是上好课的前提，若想提高课堂教学质量和效果，首先就要抓好备课这一环。

1.认真钻研教材

全国著名特级教师于永正说："千法万法，读懂教材是妙法。"因此，我对北师版、人教版和北京版的教材进行了横向、纵向对比，发现"数量关系"这一课都是在借助具体的情境唤醒学生的生活和学习经验，从而理解"单价、数量和总价"之间的数量关系，抽象出数学模型并应用模型解决问题。这一点认识使我更加全面地理解和把握教材，也为后续创造性地使用教材打下基础。

2.细致地了解学生

数学教学活动必须建立在学生的认知发展水平和已有的知识经验基础之上。第一次试讲结束后，我以口头访谈的形式调查本班学生对数量关系的认识，主要内容为：提到"数量关系"你能想到什么？经调查大部分学生想到的是：商不变的性质、加减法、乘法口诀和倍数关系，部分学生能较准确地举出实例解释自己的想法，还有少部分学生对"数量关系"这个概念不是很理解，所以难以想到与之相关的生活实例。因此，不同层次的学生对数量关系的理解是存在差异的。这次的调查让我更加清楚：教师设计的数学活动必须建立在学生已有的知识基础之上。

3.反复研读课程标准

课程标准是课堂教学的依据。在对教材进行深度研读和对学情有了一定了解后，我又翻开了《义务教育数学课程标准（2022年版）》

反复阅读，其中在"课程总目标"这一部分提到，通过义务教育阶段的数学学习，学生能"体会数学知识之间、数学与其他学科之间、数学与生活之间的联系"。其中，"体会数学知识之间"和"数学与生活之间的联系"对我设计这节课的指导性是非常大的。

（二）运用已有经验，发展核心素养

基于以上思考，我的教学设计思路修改为：直接板书课题的提问导入—由购物小票初步感知并归纳总结数量关系—探寻新旧知识之间的联系及构建数量关系知识体系—畅谈本课收获—布置课后作业。

在听课教师的指导下，我明白即使是导入部分，教师也要创造性地处理教材，根据需要重组教材，选择开放的教学内容，调动学生学习的积极性，开发学生的发散思维，培养学生的创新能力。本课的情境导入虽提高了学生学习的兴趣，但与本课要学习的知识点联系不够紧密，也不能帮助学生开拓思维。可以采用我直接板书课题"数量关系"并提问："你能结合生活中的事及学习经验说一说你对它的理解吗"这样的导入，帮助我了解学生想法，唤醒学生已有的认知体验。

其中，第三部分的教学设计充分体现了《义务教育数学课程标准（2022年版）》中提出的："推进单元整体教学设计，体现数学知识之间的内在逻辑关系，以及学习内容与核心素养表现的关联。"按照教材与教参提供的教学课时安排，北京版数学教材中的"数量关系"一共分为两课时，分别是"单价、数量和总价"及"速度、时间和路程"这两组数量关系，所以按照我最初的教学思路，第一课时只是研究"单价、数量和总价"。经过进一步思考，我把这两组数量关系整合在一起了，重点研究的是"单价、数量和总价"这一组数量关系，然后由这三个量沟通了已有知识和后续的知识。

以下是我修改后的教学设计片段：

1. 注重新旧知识之间的联系

教师：我们再来看一看这三个量之间的关系，有没有似曾相识的感觉啊！我们在哪儿见过？它们都和我们以前学过的哪些知识有联系？

生1：这三个量和倍数关系有联系。

教师追问：谁和谁是倍数关系？举个例子说一说！

生：在算式2×4＝8（元）中，8是2的4倍，8也是4的2倍。

生2：这三个量和之前学过的几个几有联系。

教师追问：我们在运用几个几所列的乘法算式中，各部分之间的关系是（因数 × 因数＝积）。

生3：这组关系和以前学过的每份数、份数和总数之间的关系是一样的。

教师：8可以表示8元，在走路的情境中，还可以表示8？（8千米），也就是一段路的长度，这是路程，走这段路需要4小时，这就是？（时间），平均每小时走2千米，这是？（速度）

谁还能举出有这样数量关系的例子？

学生举例，教师与学生评价。

教师：同学们很会学习，再想一想，它们之间的关系是？

生4：它们之间是速度、时间、路程的关系；速度 × 时间＝路程，路程 ÷ 速度＝时间，路程 ÷ 时间＝速度。

教师追问：其实，咱们刚刚提到的这些关系都和"几个几"有联系。

2. 构建数量关系知识结构体系

教师：我们再来看看同学们开始在小票"总计、实收、找零"，你发现的数量关系是什么？

生：它们的数量关系有部分与整体的关系，还有比多比少的关系。

这样的设计是在多次深入研读教材、了解学情、符合学生认知特点及规律的前提下的一种知识间的整合，这样的设计会帮助学生探寻知识间的内在联系，构建良好的认知结构，培养学生的推理能力，让学生学得轻松、省力，这正是"双减"背景下的有效探索。

三、注重雕琢，让学生有所收获

第二次试讲结束后，我对整节课进行了复盘。虽然学生的思维大大拓宽了，参与课堂的积极性明显提高了，但我发现个人还不能很好地驾驭课堂，无法捕捉课上的生成资源并进行恰当的引导。尤其在"初步感知数量关系"这一部分，当我用课件出示购物小票后，立马提出一个开放性问题："这是我的一张购物小票，请同学们仔细观察这张小票，看上面的信息有没有数量关系？有怎样的数量关系，和你的同桌说说试试！"此时，如果学生回答的只是小票中的数学信息时，我会直接被学生的回答带跑，没有做到将"数学信息"巧妙地引回数量关系中，以致整节课的教学节奏都由学生把握。

针对上述问题，我及时修改了教学设计，结合我和学生的实际情况，将开放性问题控制在我能较好把握的范围内。

最终，教学设计中的第二环节优化为：由购物小票中的数学信息初步感知三量含义并探究三量之间的关系式；并增加"练习中深化理解"这一环节，帮助学生巩固所学知识。

比如，我将最开始的问题改为："这是我生活中的一件事，请同学们仔细观察这张购物小票，看上面的信息有没有数量关系？有怎样的数量关系？这节课，我们一起来研究！请同学们先找一下小票中的数学信息。"经此修改，我课上可以直接板书记录学生发现的数学信息，由数学信息逐步理解三量含义并探究三量之间的关系。这样的教学设计使学习内容更加开放，又能关注学生的学习体验，把学习过程中的发现、探究等认识活动凸显出来，让每一位学生都能更好地掌握知识。

四、教学效果令人满意，学生的能力增强

经过进一步的整理和修改，我正式执教"数量关系"这一课。"这节课我们学习'数量关系'，你能结合生活中的事及学习经验说一说你对它的理解吗……"带着熟悉的数学问题，我与孩子们共同走进课堂。与之前的试讲相比，我的语言更加精练而富有亲和力，教学设计层次鲜明，教学过程中关注每一个孩子，较灵活地处理课上的生成资源，评价及时且有针对性，就这样，我们一起度过了一堂轻松、高效、有趣、智慧的数学课。

《义务教育数学课程标准（2022年版）》在"评价建议"这一部分明确指出："发挥评价的育人导向作用，坚持以评促学、以评促教。"由此可见，评价是教学的重要组成部分和推动因素。

通过课上的师生互动和课后评测练习的反馈结果来看，这节课的教学效果较为明显。学生能够结合具体情境了解单价、数量、总价的含义，理解单价、数量、总价之间的数量关系；能运用数量关系解决生活中简单的实际问题。同时，大部分学生能较为清晰地在头脑中构建数量关系知识体系。

五、满满的收获，做一名研究型教师

在这整个研究过程中我最深刻的感悟是：

（一）经历了精益求精且符合教师、学生实际情况的研究过程

由于我个人经验不足、能力不够，最开始设计这节课时只是反复阅读教材、教参、查阅网上的参考资料。因此，设计出来的是一

个看起来"规规矩矩"的教学设计，这样的教学过程将学生和我局限在有限的问题与回答之中。整节课下来，学生和我都没有什么特别的收获。后来在姜老师及我校整个团队教师多次耐心、细致的指导下，我开始修改教学设计。例如，我将像"同学们，你们喜欢去超市购物吗"这样与本节课知识联系没那么紧密的导入改为让学生结合生活和学习经验谈自己初步理解的开放性导入；将割裂开的单价、数量、总价的含义这一部分知识与这三量之间的关系式重新融合在一起；将生硬的直接做题后问学生三量之间的关系改为在联系"几个几"的旧知的前提下直接迁移到新知，自然地发现三量之间的关系式，更不用说教学设计中突出的能够体现大单元整体教学思想，以及构建从已知到未知来引导学生学习这样的亮点。在不断修改中，我的教学设计逐渐"活"了起来。这时我才真正明白听课教师最初说出的"开拓学生思维"的真正含义。

（二）学然后知不足，知不足才能有更大进步

经历这次研究，我也真正理解了在"大单元备课"和"减负增效"的背景下，如何让自己的数学课堂省时高效。而引导学生深度学习，建立具有整体性、系统性、逻辑性的知识结构，进行大单元整体教学也是我今后的努力方向。

经过几次的备课和试讲，我进一步认识到自己的课堂还有很多需要学习的地方。接下来，我会加强对课堂细节的研磨，平时课堂中注重积累与反思，努力提高自身的知识素养，打造高质量数学课堂，真正做到读懂数学，读懂课堂，读懂儿童，争做一名智慧型、研究型、反思型的教师。

交流互动 共促师生成长

（北京市大兴区庞各庄镇第二中心小学 刘丹凤）

导读：作为一名新教师，课堂是提高自身能力的主阵地。教学就是一个师生互动、生生互动的过程。在这个过程中，巧设情境、注重课堂评价、善用学生生成，在交流互动中，促进教师专业成长和学生思维发展。

辩证唯物主义说量变是质变的前提和必要准备，没有量变就没有质变。任何一种职业，从新手到熟手都会经历一个过程，我们任何人都没有特异功能，在不费吹灰之力的前提下，摇身一变成为一名职业精英，所以作为一名教师，在质变成为一名优秀教师的路上，我也还在奔跑中。在此我真诚地送给所有初入教师队伍的教师一句话，"不要怯懦，大胆尝试，不怕失败"，要知道我们大家都是一样的。

一、"导"有所"向"，关注学生能力培养

一节成功的课，总是从备课开始的，但是对经验欠缺的我来说，道理虽然知道，但是实施起来却抓不住要害，手忙脚乱的。在三年级上学期准备有关"差额等分"的知识时，上来就是从网上下载有关的资料，对照着教参从下载的各种资料中拼凑出一份课件和教案，自己内心还特别满足，沾沾自喜，还认为算是一个内容很丰富的成品。准备工作结束了，结果到了真正上课的时候，各种问题就凸显出来了。

（一）"玩"有所探

数学新课标指出：数学教学要激发学生的兴趣，调动学生的积极性，引发学生的数学思考。备课时我决定借助游戏导入，培养学

生主动思考，积极参与。

第一次教学过程中的片段，在课上显然并没有激发学生的学习兴趣，他们反而有些失落，内心的想法可能是老师并没有让我们做游戏。开始上课时是这样的：

师：上课前，老师想问问大家，你们喜欢做游戏吗？适当的游戏可以让我们放松心情，锻炼我们的大脑。看，小刚和小红两位同学正在玩一个交换小棒的数学游戏。请你仔细读题，说说你发现了哪些数学信息和问题。

后来，听课教师和我一起进行了修改。将导入环节调整如下：

师：同学们想一想，最近我们学习了有关解决问题的哪些内容？

生：题中给出三个数学信息，利用三个信息解决问题。有的是只有两个数学信息，有一个信息需要用两次来解决问题，还有一个是需要采用逆推。

师：你真会总结。我们是采用什么方法和策略来厘清这些信息的呢？回忆回忆。

生：有画示意图还有线段图的方法，可以从问题入手也可以从数学信息入手。

师：你们学得真扎实，现在让我们借助这些方法和策略继续研究解决问题。

简短的导入，既唤醒了学生的学习经验，又能让学生借助"导"这个支架迈进新的知识中来。

（二）"境"有所悟

创设真实的问题情境，有助于培养学生解决问题的能力，感悟数学与生活中的密切联系，从而达到"三会"，即"会用数学的眼光观察现实世界，会用数学的思维思考现实世界，会用数学的语言表达现实世界"。

学习"有关'0'的除法"一课，我们的目标是让学生理解"0"除以任何不是"0"的数都得"0"的算式意义的时候，我创设"小猴子分桃子"的情境，激发学生的问题思考。

师：同学们请你们看屏幕，小猴子们正在分桃子呢，你们能根据图来编一个数学故事吗？

生：树上有6只桃子，树下有3只猴子，每只猴子能分到2个桃子。（学生边说老师边贴。用磁扣代表桃子）

师：怎样列算式？

生：$6÷3=2$

师：请你说说这个算式表示什么意思。

生：把6个桃子平均分成3份，每份里有2个桃子。（学生边说边在黑板上圈出来）

师：你看第二、第三幅图，这又是一个怎样的数学故事呢？

借助故事情境、图片和摆一摆等学生已经能够理解。所以当出现树上没有桃子，但是还有3只小猴子要分桃子的时候也就很容易理解$0÷3=0$的意义。也就是如果树上没有桃子，每个小猴子就分不到桃子，即3个小猴子，每个小猴子分得了0份，每个小猴子都没有分到桃子。反之，如果有很多只猴子，树上没有桃子，学生很容易说出这样平均分一份就没有意义了，所以在理解"0"不能做除数时也就容易多了。这时我才想到原来情境有化抽象为具象的作用。

通过学习让我对"导入"有了更深的认识。就像游戏导入是非常好的一种方式，尤其是数学游戏课，但是用在"差额等分"教学时就显得格格不入。如果是知识性强的课，结合大单元整体教学思想，以复习回顾整个单元的知识，做到前后联系，进而帮助学生构建完整的知识网络的方式是一个不错的选择，这样前后知识才能很好地衔接，不显得突兀。根据维果茨基的最近发展区理论，对于一些抽象的难理解的，创设学生熟悉的情境，将其转化成具体形象的，就相当于给学生搭建了一个支架，以便其能独立解决问题。

当然，最大的改变是我从最开始的认为导入是一个无足轻重，形式越花哨越好的观念，转变成它是像舵手一般的存在，甚至能左右整堂课，起着指引学生学习方向的作用。

二、精简用语，评价具有导向性

教学不是单方面的活动，是学生和教师根据教学内容展开的碰撞。但是由于缺乏足够的自觉性和经验，新教师在课堂中常常会成为主角，进而忽略学生。经过多次的实践与其他教师的指导，我深刻地体会到，精简用语，评价具有导向性，对提升学生核心素养至关重要。

作为新教师的我，课堂上的突出表现是语言不简洁，经常重复自己和学生说过的话。

师：请你仔细观察图片，说说有哪些数学信息。

生：小刚有30根小棒，小红有70根小棒。

师：小刚有30根，小红有70根（边重复，边板书）。

再比如，让学生计算"306÷3"的时候。

师：请你用自己喜欢的方式写一写，算一算。

学生都已经动笔了，教师还在重复提示学生可以采用画一画、写一写甚至算一算的方式。长此以往，很不利于学生养成良好的听课习惯，因为他知道教师会重复好几遍，一次没有认真听，还有第二次机会。这也是我常常出现的问题。经过其他教师的指导和提示，了解了教师的指令一定要说清楚并且要前置，在学生按照要求做的瞬间，就不要再强调。对于教师，不仅要教会学生数学知识，也要关注学生的发展，培养学生良好的习惯，要做到教师心中有学生。

"你真厉害""你太棒了""说得真好"，这是我常常采用的，往往是重复的，缺乏引导性。在教师指导后，我知道了评价语的力量是无穷的，在潜移默化中它会给学生自信、勇气，塑造相互尊重的学习氛围，所以此刻作为教师要善于表扬。除了鼓励性、心理性、社会性层面的评价语之外，我了解了渗透学科性的评价语也是非常重要的，它会在无形中激发学生的思考力、想象力、学习欲望和动力，加深学生学习的深度，尤其是教师追问性的语言是引发学生思考的重要依据。比如，多问学生："你是怎么知道的？说说你的道理。""你是否同意，为什么？""你同意哪种方法，为什么？"如此一点点引导，有利于学生更清晰、深入、全面、合理地进行思考。

三、紧抓生成，凸显数学本质

作为新教师，对丰富多彩的学生资源常常视而不见，或者不能很好地借助学生完美的生成，结合当堂课知识进行层层递进的引导。例如，让学生用自己喜欢的方式解决小红、小刚怎样分小棒就同样多的问题时，学生展示的方法各种各样，都很形象。

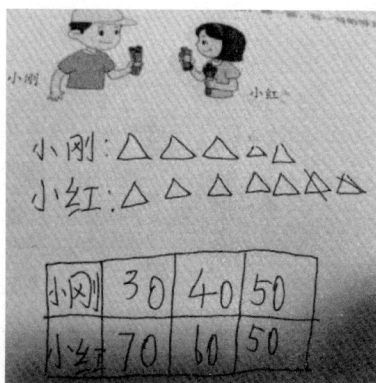

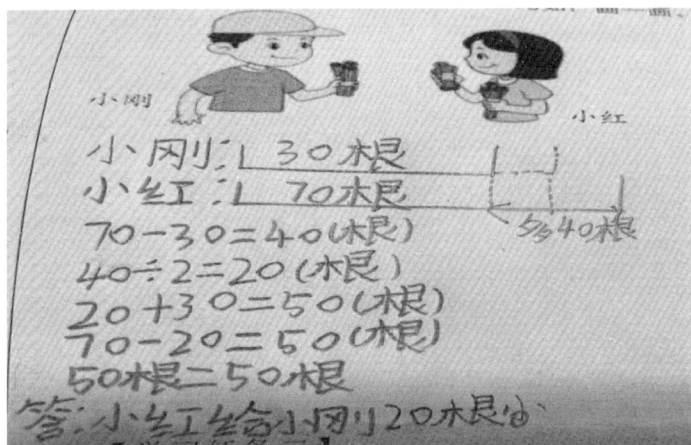

但是当时我的处理方式是简单地让学生分享自己的方法就结束了，并没有针对不同的方法做进一步的提问，也很少有师生或生生的互动，这样整节课都流于表面，学生并没有实际的获得。学生并没有掌握"差额等分"的知识及相关的方法和策略，只是机械地学会了这一道题而已。

通过这节课并经过专家教师的指导，我学到了每节课一定要清楚重难点是什么，通过这节课想让学生掌握什么知识、方法和策略。教师只有对这些本质性的内容了如指掌后，在课上才不会显得不知所措，进而能结合学生的生成引导学生一步步挖掘背后的原理。因此将课调整如下：

首先采用"生教生"的策略，指名让学生一一分享自己的想法，我再进行实时的追问，引导和启发学生理解：比如第一幅作品一个圆圈表示10根小棒，小刚有30根所以是3个圆圈，小红有70根所以是7个圆圈，虚线表示小红比小刚多的部分，箭头表示为什么要划掉下面的两个圆圈（表示小红需要给小刚的），为什么分出去两个圆圈，等等（小红比小刚多40根，所以分出去20根给小刚两人就同样多了）。

学生很容易总结出都是先找到小红比小刚多的部分，然后再将多的进行平均分。我以学生的资源为线索，在教学过程中就能使学生自己解决问题，得到发展。

怎样结合学生的生成深挖内在的知识和蕴含的数学思想，追问是关键。怎样追问，就要研究本节课的重难点，厘清当堂课的知识点。当然如果学生在当堂课没有生成，一是说明我们设计的教学活动有问题，没有结合目标循序渐进引发学生的数学思考。二是学生的学情没有把握住，活动难度超出了学生已有的知识水平。所以，备课还要准确把握学生的情况，把自己想象成学生，预设出学生可能的生成，同时作为教师在选取学生的作品时还要提前考虑好到底要展示哪些形式的作品，针对不同形式的作品要提出哪些问题。如果在课前没有考虑好，在真正上课的时候会很混乱，眉毛胡子一把抓，给人的感觉就是没有重点、没有逻辑，很随意仓促。一节课下来不仅浪费了时间，教学目标也无法完成。当然，在备课时还要做好学生没有相应生成的准备，当学生不能生成时，教师要如何处理等。所以作为教师只有真正把学生的情况了解透了，和学生做到了心灵上的共通，学生学起来才会更轻松。

从步入教师这个行业至此，我从教师身上学到了很多，更懂得了教师不仅仅是授业解惑者，还是研究者。我们不仅要研究自己更要研究学生；不仅要关注学生，更要提升自身的专业能力。在今后的教育教学中，任重而道远。我要在不断学习与反思中拔节成长，更好地为学生发展服务。

教学反思助力新教师快速成长

（北京市大兴区庞各庄镇第一中心小学　李盼）

　　导读：作为新教师，我对自己的工作充满自信，但到了实践当中才真正理解教师工作需要及时进行教学反思，尤其是数学教学要做到博采众长勤思考、多学习、注重细节。

　　刚参加工作的时候，我对教育孩子充满自信与热情，认为只要努力备课、认真讲课，将课堂上所要学习的知识都教给学生，并且抽出更多的时间去练习与改错，学生就能跟着课程进度，学到更多的数学知识。为此，每次课余休息时间教室中的我成了孩子们的"跟屁虫"。追着孩子们，让他们预习、复习、改正错题成为我的标志性行为，也成了我新开启的教学生涯中最经常出现的一幕。

　　但是随着时间的流逝，孩子们对学习的兴趣反而越来越少，逐渐变得反感数学，学习效率变低，成绩寸步难进，生活中遇到一些可以用数学知识解答的小问题也成为学生的"老大难"。因此，我积极向老教师请教，带着疑惑与孩子们进行了多次交流，慢慢冷静下来去思考问题出现的根源，自己努力做一些改变。在每次讲课后，我会进行认真的自我反思，思考哪些教学设计取得了预期的效果，哪些精彩片段值得仔细咀嚼，哪些突发问题让我措手不及，哪些环节的掌握有待改进等，并进行认真记录。我在课后反思自己的教学行为主要有以下三点：

一、因悟而获

　　每天坚持课后及时进行反思。在每次的讲课过程中，我对学生的了解更透彻，同时也使教师的引导能力、临场应变能力、教学创新能力得以提升，教学实践经验不断丰富。对课堂教学也有了自己的想法。每一次上课都是一次难忘的经历，虽然过程艰辛，可收获和成长却都是满满的。

感悟之一：博采众长多思考

在课堂上教授同学们学习加法运算定律，引导学生通过多次实践来逐步体验、感知，从而自己概括出相关的加法交换律与结合律。确定好教学目标和大致方向，认真钻研教材、思考学生的学习情况、找寻成功课例、视频、教案，弥补自己的不足，完善自己的教学设计。

完善自己的教学设计后进行试讲。但给我的感觉仍是课堂内容混乱，听完之后也会有比较"散"的情况。请教师听课后大家你一言我一语，三四个人甚至能提出来二十几个建议，一节课就40分钟，每一个意见都吸纳的话，那这课上起来简直就是大杂烩。所以我认为讨论后一定要再次梳理，将主要的环节罗列出来，再削去杂枝旁干，集中进行再讨论。别人的建议听后要结合自己的教学实际进行思考认真取舍，才能达到课堂教学实效。

感悟之二：细节决定成败

作为教师要关注细节，这是我教学实践中的体会。在讲授"运用加法运算定律进行简便计算"一课时，如何突破本课难点？我将普通计算方法和运用加法运算定律计算的方法进行对比，鼓励学生说出它们的优缺点。学生眼前一亮，使枯燥的数学活起来，孩子会发现交换加数位置再进行计算是如此简便快捷，他们都跃跃欲试，积极性很高，感受到加法运算定律的魅力。所以，教学的每一个细节都决定着课堂的效果与成效。

当然，一节课下来也有不少遗憾。在课堂教学中，我准确把握好每一个孩子驾驭课堂的能力还不够，整节课由于在新授部分花的时间较多，显得有些拖沓，有些细节引导还不是很到位，还需要加强，但在以后的教学中我会不断地学习，不断地研究，不断地提高自己。

因为教师上课面对的是一个"变化"的课堂，有许多不可预测因素的课堂，课堂上的每一分钟，都考验着教师的反应和应对能力。所以可以这样说，"磨课""试讲""反思"对于每一位教师都是一条成长、提高的"必由之路"，也是每一位教师专业发展的"必经之路"。真正的好课不仅需要"精雕细刻""千锤百炼"，还需要教师能不断地反思自己的教学实践。这对于青年教师课堂教学水平的迅速提高是很有帮助的，可谓在磨课中锻炼，在试讲中成长。让我们共同分享智慧，共同经历磨炼，共同达到提高。

二、因获而变

（一）善于举例，深化理解

教师适当的举例，可以帮助学生很好地理解与掌握抽象的数学概念。适当的举例也代表了思考的透彻。教师所举的例子形式要通俗易懂、言简意赅，具有说服力。为了帮助学生理解乘法分配律，有一位教师是这样举例子的。a 代表爸爸，b 代表妈妈，× 代表爱，c 代表我 $(a + b) \times c = a \times c + b \times c$，爸爸和妈妈都爱我，也就是爸爸爱我，妈妈也爱我。$c \times (a + b) = c \times a + c \times b$，或者可以理解为：我爱爸爸和妈妈，也就是我爱爸爸，我也爱妈妈。通过这位教师的举例，原本枯燥乏味的乘法运算定律有了生命，孩子理解起来也更加容易。还有在一次吴正宪老师讲授计算的复习课时，一位学生在黑板上进行小数的加减法计算，将整数部分上面的数字和小数部分上面的数字相加进行计算了，这时吴老师说："一人＋一狗

=？"这个学生听后立刻改正了自己的竖式。我想这个学生，以后再遇到这样的题，就会想到吴老师这个通俗易懂、言简意赅的例子。

在学习"数量关系"一课时，我有意识地培养孩子，让孩子用自己的语言来举出一道已知"路程"和"时间"求"速度"的实际问题。通过孩子的举例，帮助学生很好地理解"路程""时间""速度"所代表的含义。虽然课上举的例子有时还不够简单明了，但我已经有善于举例帮助学生深化理解所学知识的意识。

（二）让出黑板，留出空白

首先，将黑板和讲台留给学生，作为他们讨论沟通的舞台和解决问题的记录板。尽量让每一个孩子都有机会把自己的学习感悟及时地表达出来，为同学讲解自己的思路与方法。他们也在这个过程中互帮互学，做到了及时反馈。比如，在教学"方阵"一课时，孩子们通过画图等方式展示多种解决问题的方法。让孩子们将自己喜欢的方法展示在黑板上，在展示的过程中，每个孩子都用自己的方法进行比较，体现解题策略的多样化。谁的解答有创意，全班一目了然，通过比较的方式来确定哪个方法好，调动了学生的积极性。那些在解答过程中暴露出来的问题，通过全班同学的共同帮扶，也让解答有误的学生明白自己错在何处，达到了"由误到悟"的升华。对那些解答有创意的学生，请他们上台展示自己的聪明智慧，给全班同学分享、借鉴，并接受大家的追问："你是怎么想的？""为什么？"等等。其次，让学生在课堂上互相质疑。对同一个问题表达自己的看法，并相互探讨。而不是仅仅告诉同学们正确答案去死记硬背，让他们真正地掌握知识，听到更多学生的声音。

三、因变而乐

我改掉过去的"我讲你听"的上课模式，采用"学生讲学生听"

的新方式。在做一些习题时，先让学生进行讨论，如仍有学生弄不明白，可请一些已经弄明白的学生上台为大家讲解，这时学生讲解起来特别认真，因为他们站在讲台上把自己当成小老师。这跟教师讲的意义不一样，同时也满足了学生的表现欲。这种方式极大地调动了学生的积极性，使他们体会到了参与的快乐，学习兴趣也进一步提高。

我在教学中采取多种策略，设计一些新奇有趣的问题，鼓励学生一题多解、一图多解等探究活动，激发学生强烈的求知欲和学习兴趣，不仅能减轻学生负担、提高教学质量，更能让学生在快乐中学到更多有价值的数学知识，营造一个快乐的课堂氛围。

寻数学的根，探数学的秘密，创造每一位学生喜欢的数学课堂，是我们的教学目标，围绕目标为之奋斗是我们的追求。

把握本质　突出联系　让模型有"形"
——"倍的认识"教学实践反思
（北京市大兴区第二小学　任秀菊）

导读：作为教师要让自己不断成长，就是在不断实践当中认真学习教育理论，认真分析和研究学生的实际情况，反思自己的教学实践，及时总结经验与教训，把握好数学知识的本质，突出知识之间的联系，让数学模型达到真正的有"形"。

"倍的认识"是北京版小学数学二年级上册，数与代数领域，

"表内乘法和除法（二）"中的内容。本课是在学生认识了两数相比较的比多比少问题，了解了份数、每份数、总数（也就是几个几）的数量关系，会运用这些关系解决简单实际问题的基础上学习的。本课的学习会是今后进一步学习分率、百分率、比、解决倍比关系实际问题、分数实际问题、比和比例问题的基础。

【首次执教】

1. 初步认识"倍"

创设小明一家来果园采摘的情境。

师：小明先摘了2个苹果，又摘了一些梨，仔细观察，你发现了什么？

生：(1)梨有6个，梨比苹果多4个。

(2)苹果比梨少4个。

(3)梨是苹果的3倍。

师：（板书"倍"）梨是苹果的3倍。这句话是什么意思？解释解释。

生：苹果有2个，梨有3个2（板书：几个几）；苹果有1份，梨有3份。

师：为了清楚地看出梨是苹果的3倍，我们可以圈一圈。从图中你还看出了几倍？

生：1倍是2个梨，2倍是4个梨，3倍是6个梨。

师：去掉苹果，只看梨。说"梨是3倍"，你同意吗？怎么想的？

生：没有苹果，就没办法比了。

师：没有比较就没有倍数关系，有了苹果的1倍，梨才是这样的3倍。其实倍表示的是两个数量之间的关系，这种关系就是倍数关系。（板书：倍数关系）

师：如果小明再摘一个苹果，梨还是苹果的3倍吗？

生：不是了，苹果是3个了，梨也要3个一份。梨有这样的2份，就是苹果的2倍。

师：比较的标准变了，比较的结果就会跟着变化。

2. 丰富感知"倍"

出示图片。

师：仔细观察小明爸爸摘的水果，你又发现了什么？

生：(1)苹果有3个，梨有9个。

(2)3个苹果为1份，梨有这样的3份（3个3），梨是苹果的3倍。（随机圈出来）

(3)梨比苹果多2倍。

师：爸爸摘的梨（9个）和小明摘的（6个）不一样，怎么都是3倍呢？

生：1倍不一样。小明摘的苹果是2个为一份，爸爸摘的苹果是3个为一份。

师：1倍的数不一样，也就是比较的标准（板书：标准）不一样，3倍的数就不一样。既然数量都不一样，怎么又都是3倍呢？

生：小明摘的2个苹果一份，梨有这样的3份，爸爸摘的3个苹果一份，梨也有这样的3份。

　　师：管他苹果一份是2个还是3个，只要梨有同样的3份，梨就是苹果的3倍。

　　3. 深入理解"倍"

　　出示图片。

　　师：小明妈妈也摘了6个梨，不知道摘了几个苹果？梨的个数可能是苹果的几倍呢？

　　生：6倍，3倍，2倍，1倍。

　　师：猜，梨是苹果的6倍，妈妈摘了几个苹果？（1个）

　　梨是苹果的3倍，妈妈摘了几个苹果？（2个）

　　梨是苹果的2倍，妈妈摘了几个苹果？（3个）

　　梨是苹果的1倍，妈妈摘了几个苹果？（6个）

　　师：都是这6个梨，怎么有时候是6倍，有时候是3倍，还有时是2倍、1倍呢？

　　生：摘的苹果数量不一样，倍数就不一样。

　　师：苹果的数量不一样，就是什么不一样？（标准）同样是6个梨，比较的苹果数量变化了，也就是标准变了，倍数也随之变了。

　　4. 小结

　　师：我们是怎样认识倍的？

　　生：(1)在比较采摘水果的数量中认识倍的；

　　(2)两个数比较可以有比多比少的关系，还有倍数的关系；

　　(3)一份是比较的标准。

5. 讲故事

师过渡：刚才我们认识了"倍"，你能讲一个"倍"的故事吗？可以先想一想，画一画，写一写，再说一说。讲故事。（略）

【名师观点】

这次教学，有幸得到特级教师吴正宪老师和姜丽民老师的指导，我感到莫大的荣幸。两位专家教师听后提出了几条建议：

1. "倍的认识"这一课重点是建模。模型以什么方式呈现？以什么为抓手？

2. "倍的认识"有三个量，当其中任何一个量不变时，另外两个量都会有规律的变化。

3. 在"大单元"整体教学研究背景之下，"倍的认识"是学生关于"率"的第一次接触，是后续学习的基础，如何与后面的教学建立起联系呢？

【我的思考】

简单的几句话点醒了我，我意识到自己研究教材、研究学生都做得不够，课后我进行了深深的反思。

1. 对"倍"的本质把握不全面。在我的认知中，"倍"是两个数量之间相比较产生的关系，忽略了两个数量比较，会产生第三个量。教学中考虑到了倍数不变时，一倍数与多倍数的变化；也考虑到多倍数不变时，一倍数与倍数的变化；却忽略了一倍数不变时，多倍数与倍数的变化，致使学生对倍的认识比较片面，建模不完整。

2. 没能建立起同类型课之间的联系。"倍的认识"是在两数相比较的基础上进行学习的，两个数比较有比多比少的关系和倍数关系。我关注了学生已有的知识经验，却忽略了与后续知识的联系，没有为这一课的学习开天窗，课的内容深度不够。

3.对学生的学习能力定位不准。教师应对学生的认知经验、能力有准确的把握，才能促进学生更好地进行学习。"倍"表示的是两数之间的关系，要在学生心中建立起"倍"的模型，就要为学生学习提供抓手，让模型有"形"可抓。尽管我在教学中让学生反复说关系，但模型没有载体，知识在学生心中难有落点。

经过反复思考，我对本课重新进行了调整。

【二次执教】

1. 圈一圈，初步认识"倍"

师：秋天，果园里的水果都成熟了，今天咱们就一起来采摘。

出示：

师：我们先摘了2个苹果，又摘了6个梨，比一比，有什么发现？（板书：比一比）

生1：梨比苹果多4个。（板书：比多少）

师：你是怎么知道的？

生1：6－2＝4。

师：除了比多比少，还可以怎么比？

生2：梨是苹果的3倍。（板书"倍"）

师："倍"是怎么回事？请你到前面指着黑板，给同学们讲一讲，你是怎么想的。同学们认真听，都想一想这是怎么回事。

生2：苹果有2个是一份，也是1个2，梨有6个，就有3个2，梨就是苹果的3倍。（板书：1个2，3个2）

师：谁听明白了？再来说一说。

生3：2个苹果是一份，梨有这样3份，梨就是苹果的3倍。

师：看来他说的"倍"和我们以前学过的"几个几""份"都有非常紧密的关系。苹果有1份，就是1倍，梨和苹果比较，有这样的3份，就是苹果的3倍。（板书：1份、3份；1倍、3倍）

师：怎样能让人一眼就看出它们之间的这种关系呢？

生2：可以圈一圈。（到黑板上圈出来）

师：你为什么把2个梨圈一份？

生2：梨和苹果比，苹果是2个一份，所以梨也是2个一份。

师：梨是和苹果比较的，苹果的数量就是比较的标准。（板书：标准）这样一圈是不是更清楚了？你能再用手指着说一说吗？（学生调整说）

师：同学们也像他这样在学习单上圈一圈，小手指着图说一说。（指名展示）

师指黑板小结：刚才，我们看到苹果有2个为一份，梨有6个，就有3个2，所以梨是苹果的3倍。这里的"倍"表示的是2个苹果和6个梨之间的关系，这种关系我们称为"倍数关系"。（板书：倍数关系）

师：你能用算式表示"2个苹果和6个梨"之间的倍数关系吗？是怎么想的？

生1：2×3＝6（板书），苹果有2个，梨有3个2，就用3乘2是6个。

生2：6÷2＝3（板书），6个梨，按照苹果这样2个一份，可以分3份，梨就是苹果的3倍。

生3：6÷3＝2（板书），6个梨是苹果的3倍，苹果就有2个，一份就是2个。

2. 对比、沟通

师：我们把2个苹果和6个梨做比较，以前我们可以比多少，列出加减法算式。现在我们可以把2个苹果看作一份，梨和苹果比较，有这样的3份，就是3个2，梨的数量就是苹果的3倍，根据倍数关系，我们能列出乘法和除法算式。

3. 添一添，丰富感知"倍"

出示：

师：又添上2个梨，现在梨和苹果是什么关系？

生：梨是苹果的4倍。

师：再摘2个梨，现在呢？

生：梨是苹果的5倍。

师：再继续摘下去呢？

生：梨的数量有几个2，梨就是苹果的几倍。

师小结：2个苹果为一份，梨里面有几个2，就是苹果的几倍。

4. 比一比，深入体会"倍"

师：这次又变了，看学习单。请你像刚才这样，在学习单上圈一圈、写一写，然后指着说一说"梨和苹果的倍数关系"。

出示：

指名说：

(1)苹果有3个是一份，梨有9个，是3份，所以梨是苹果的3倍。

(2)$3 \times 3 = 9$，苹果有3个，梨有3个3，就用3乘3是9个。

(3)$9 \div 3 = 3$，9个梨，按照苹果这样3个一份，可以分3份，梨就是苹果的3倍。

师：怎么又是3倍呢？刚才摘了2个苹果6个梨，现在摘了3个苹果9个梨，摘得不一样啊，怎么都是3倍呀？

生1：1倍（1份）不一样。先摘的苹果是2个一份，后摘的苹果是3个一份。

生2：先摘的2个苹果一份，梨有这样的3份；后摘的3个苹果一份，梨也有同样的3份，所以都是3倍。

师小结：虽然比较的标准不一样，梨的数量也不一样，但是倍数有可能一样。不管苹果一份是2个还是3个，只要梨有同样的3份，梨就是苹果的3倍。

5.猜一猜，深入理解"倍"

课件出示图片：

师：现在摘了6个梨，不知道摘了几个苹果？猜一猜，梨的个数可能是苹果的几倍呢？

生：6倍，3倍，2倍，1倍。

师：梨是苹果的6倍，摘了几个苹果？（1个）（随着学生猜出，出示相应图片）

梨是苹果的3倍，摘了几个苹果？（2个）

梨是苹果的2倍，摘了几个苹果？（3个）

梨是苹果的1倍，摘了几个苹果？（6个）

苹果还有可能是几个？假如苹果有12个，这时……

都是这6个梨，怎么有时候是6倍，有时候是3倍，还有时是2倍、1倍，甚至一半呢？

生：摘的苹果数量不一样。都是6个梨，1倍数量不一样，倍数就不一样。

小结：同样是6个梨，苹果数量变了，也就是比较的标准变了，倍数也就随之变了。

6. 讲一讲，讲"倍"在生活中的故事

师过渡：刚才我们认识了"倍"，你能讲一个"倍"的故事吗？可以先想一想，画一画，写一写，再说一说。讲故事。（略）

【我的再思考】

这次的磨课过程对我是一次很好的历练。我深深体会到在教学中要时刻不忘从学生角度出发设计教学，为学生提供"好吃有营养"的数学。

1.经验对接，建立知识的前后联系

这次教学中，根据二年级学生的知识和经验基础，我力求寻找学生的已有知识和经验的生长点，紧紧抓住"比较"这一核心，贯彻始终。体会比较可以比多比少，也可以把几个看作一份，按份来比就有了倍数关系。"倍"又是后续学习分数的基础，猜一猜的环节中，比较的标准变化，也就是"一倍数"变化，由"几倍"拓展到"半倍"，渗透"分数"的内容，使课堂的深度得以延展。

2.模型有"形"，让学生学有抓手

对于"倍数关系"的感受虚无缥缈，学生不易把握，通过列乘法和除法算式，可以变"无形"于"有形"，学生有了算式作为抓手，对倍的认识有了落点，有助于学生运用这些算式辅助思考。三次"变与不变"的比较过程，由浅入深，学生逐渐把握倍数关系变化的规律，模型也由此形成。

3.学法指导，活动中促进学生能力提升

教学中，让学生学会学习尤为重要，因此要注意学习方法的指导，如圈一圈、比一比……让学生遇到问题学会独立思考，自己寻求解决问题的办法。设计丰富的数学活动，让学生充分参与活动，经历学习过程，积累学习经验，掌握学习方法。

在今后的教学中，我还会更加深入地研究教材、研究学生，把握知识本质，沟通知识体系之间的联系，从学生学习角度出发设计教学，让学生"学有抓手，识有落点"，真正得到自身发展所需要的知识经验的积累与能力的提升，发展学生的数学核心素养。

"角的度量"教学设计

（北京市大兴区第二小学　韩立颖）

　　导读："角的度量"属于"图形与几何"领域中图形的认识与测量内容，在测量教学中难度较大。本课教学设计主要突出"做中学"的理念。学生在动手操作活动中通过自主探究感受度量的本质，感悟度量方法，发展度量意识，形成量感和推理意识。

一、教学内容

北京版教材第7册第四单元第二小节"角的度量"。

二、指导思想与理论依据

《义务教育数学课程标准（2022年版）》指出：图形的测量重点是确定图形的大小。学生经历统一度量单位的过程，感受统一度量单位的意义，基于度量单位理解图形长度、周长、面积、体积。在推导一些常见图形周长、面积、体积计算方法的过程中，感悟数学度量方法，逐步形成量感和推理意识。对"角的度量"这部分知识的内容要求是：结合生活情境认识角，知道角的大小关系；会用量角器量角，会用量角器或三角板画角。学业要求是：会比较角的大小；能说出直角、锐角、钝角的特征，能辨认平角和周角；会用量角器测量角的大小，能用直尺和量角器画出指定度数的角；会用三角板画30°、45°、60°、90°的角。内容要求和学业要求相结合，都旨在让学生在活动中加深对角的认识，并形成画角和量角的技能，让学生经历和体验知识的形成过程，逐步培养学生的空间观念。角的度量的学习是学生学习度量其他几何图形的基础，本课的核心是

"做中学"，在"做"和"思考"的过程中累积基本技能和基本活动经验，感受度量本质，发展量感。

三、教学背景分析

（一）教学背景分析

"角的度量"是北京版小学数学四年级上册第四章第二小节第39页的内容，属于图形与几何领域中图形的测量内容，是测量教学中难度较大的一个知识点。本课内容的学习是在三年级初步认识角及直角、锐角、钝角并会判断角的基础上进一步学习的。学生学好本节课内容不仅为后续角的分类和学习画角打下基础，同时也为度量其他几何图形打下基础。

（二）学生情况分析

1.学生已有知识

在学习本节课前，学生已经初步认识角、明确了角的概念，知道角有大小及角的大小与边的长短无关、与边的叉开大小有关等知识；认识了直角、锐角、钝角并会判断角；知道长度单位、质量单位、面积单位，知道测量不同的物体用不同的单位。一部分同学对量角器有初步了解，但多数学生几乎没有用量角器测量角的体验，因此在教学中要关注学生的学习起点，给予学生自主学习的空间，在充分的动手操作活动中认识量角器，掌握用量角器量角的技能。在动手操作量角器的过程中培养量感。

2.学生已有学习经验

在学习本课前学生已经有了一定的度量意识和度量经验，如测量长度和测量面积。知道长度多少就是长度单位的累加，面积大小就是面积单位的累加。虽然学生在日常生活中接触了很多大小不同的角，但对角的度量的知识生活中接触很少，显得比较抽象。小学四年级的学生抽象思维虽然有一定的发展，但依然以形象具体思维为主，分析、综合、归纳、概括能力较弱，有待进一步培养。

3.学生已有能力

学生已初步具备用旧知识学习新知的迁移能力、动手操作能力、小组合作能力及问题解决能力等。

我的思考：基于以上分析，本节课在教师的引导下，让学生自主探索发现并认识角的度量工具、角的度量单位、角的度量方法，培养学生的度量意识，进一步形成角的量感是本节课的重要内容。

四、教学目标分析

本课教学目标：

1.结合生活实例，联系学生已有经验，经历角的度量过程，体会度量角的大小需要有统一的工具与计量单位，感悟角的度量的本质。

2.建立1°角的表象，认识并经历量角器的形成过程。掌握用量角器量角的方法，能用量角器量出各种角的度数，发展学生量感。

3.在量角的过程中，通过观察、操作、比较等数学活动，培养学生的问题解决能力，培养空间观念。

4.在探索角的度量方法的过程中，获得成功的体验，感受数学与生活的联系，体会数学的应用价值。

五、教学重难点

（一）教学重点：

1.经历角的度量过程，感悟统一度量单位和度量工具的必要性，感悟角的度量的本质。

2.建立1°角的表象，认识并经历量角器的形成过程，掌握用量角器量角的方法。

（二）教学难点：能够用量角器正确量出各种角的度数。

六、教学手段及材料准备

教学手段：问题引领、动手操作、自主探索、合作交流、生活应用。

数学准备：材料袋（小角、三角尺、量角器），学习任务单及多媒体课件。

七、教学过程

（一）谈话导入，引出课题

出示三种滑梯的图片：

同学们请看大屏幕，这是你们喜欢玩的滑梯，想一想，为什么他们的感受不一样呢？

预设：因为滑梯的角度不一样。

角度在哪里？

PPT 抽象出角：

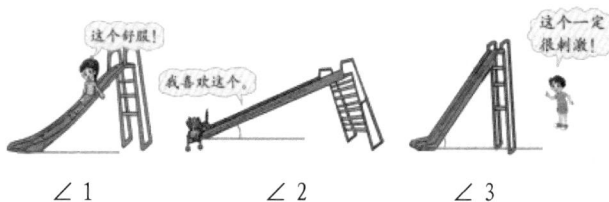

人们设计滑梯时要考虑角度的问题，怎样知道这些角的大小？

预设：量或测量。

今天我们就来学习"角的度量"。（揭示课题）

【设计意图】课前借助滑梯情境引入，激发学生兴趣，使学生经历从实物抽象出角的过程，体会角在生活中的应用，并激发学生的度量意识。

（二）探究新知，体会度量本质

1.量角，感受统一度量工具和计量单位的重要性。

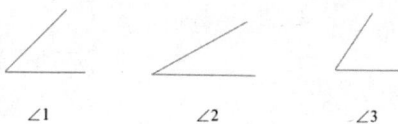

我们先来看第一个滑梯的角度，怎样度量∠1呢？

在你的学习单上也有一个跟老师一样的∠1，请你用喜欢的方法试着测量∠1的大小。可选用你身边的东西，包括材料袋里的，还可以自创。如果有困难可以合作。提示：你可以把材料袋里的东西都拿出来看看有什么。

说说你是用什么量的，怎样量的，结果是什么。

预设：

（1）三角板量边：不可以，角的大小指的是两条边夹的部分。

（2）用三角板的一个角量：比一个角多一些（30度）。

（3）用量角器量：∠1＝40度。

（4）用小角量：∠1是4个黄色角，或者是2个多紫色角。

（三角板，量角器投影）大家量的都是这两个角，为什么测量的结果不一样？

预设：用的工具不一样，标准不一样，所以测量的结果就不一样。（板书：工具）

看来量角时我们要统一工具。

我们看这两种都是用纸质的小角量，工具一样了，遇到什么问题了？（表达结果不准确）

用什么样的角去量能够准确地表达结果呢？

预设：更小的角，1度的角。（你和古人想的一样，真厉害）

出示幻灯片：1°角的产生。（板书：计量单位：度，"°"）

出示纸质的1度角。你有什么感受？

预设：1度的角太小了。

2.了解量角器的产生

1度的角就是一个量角的标准。当人们1度1度地去量角时发现虽然准确但太麻烦了，为了方便，人们把1度的角一个挨一个合并在一起。想象一下，合并成了一个半圆，并标上刻度，就成了一种工具，叫作量角器。（板书：工具：量角器）

3.认识量角器、自主量角

（1）在自主测量∠1中认识量角器

有了量角器量角就方便多了！（将教具量角器贴黑板上）仔细观察你手中的量角器，你在上面能找到1度的角吗？同桌互相说一说。

预设：在纸量角器上画出几个1°的角。有180个。

你还知道了量角器的什么？

介绍量角器：中心点、0刻度线、内圈刻度、外圈刻度。

请你试着用它去量一量∠1，有困难的可以同桌合作。

（学生自主测量∠1）

（2）汇报交流测量方法与结果

说一说你是怎样测量的。其他同学认真看，注意听，如果有问题一会儿你问问他！

预设：

（1）正确资源

学生汇报，板书：∠1 = 40°

总结量角的方法：点对点，0对边，数刻度（板书）

你们有问题问她吗？为什么是40度不是140度？

预设：

∠1是锐角；90°是参照物。

∠1是从内圈的0度开始数的（选择起点），是40个1度，或4个10度。

（2）错误资源（用量角器的弧线去量或测量不准确的）

量角器上有角，所有角的顶点都在中心点。

（3）再次量角

用我们总结的方法，试着测量下面的角。

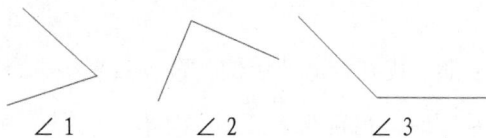

∠1　　　　∠2　　　　∠3

预设：∠1，明确选择哪圈的0刻度，就数哪圈刻度。

∠2，直角还叫90°的角。

∠3，明确如何数一半的度数。

你发现这三个角越来越……？想象角的开口再大……180°（平角）

【设计意图】探究环节是基于度量本质设计的教学活动，让学生经历单位的产生过程，单位的累加过程，形成单位的观念，并以此为标准学会估计，积累度量活动经验，形成量感。

（三）练习巩固

1.生活中的角

刚才同学们测量了∠1是40度，请你估一估∠2和∠3的度数。和同桌说说你是怎么估的。

设计滑梯时对于这个角度是有规定的：

PPT 出示：滑梯的坡度45°～56°

儿童滑梯的坡度：30°～40°

2. 知道角的大小可以服务我们的生活

PPT 出示：高铁列车椅背倾斜角度：101.8°

读书时，书本与课桌的角度：30°～45°

3. 对比沟通

同学们想一想，这节课度量角，我们都做了哪些事？

预设：我们测量角的时候先找到量角的工具（量角器），认识了角的计数单位（度），用量角的方法，得到结果（有几个1度就是几度）。

角的度量和我们以前度量长度、面积有什么相同的地方？

预设：

度量本质：都是找到合适的单位，数一数有多少个这样的单位。

我们测量长度时，也都得有工具、单位、方法、结果，将来我们可以用我们测量的经验学习后续的知识。

（四）全课总结

今天这节课你有什么收获？

预设：我们知道了怎样度量角。

要有量角的工具，量角的工具是怎样得来的？

测量角的度数与测量面积都是一样的，看有多少个度量单位。

八、板书设计

角的度量

计量单位：度，"°"

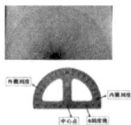

工具：量角器
方法：点对点，0 对边，数刻度
结果：记录

"角的度量"一课教学反思

（北京市大兴区第二小学　韩立颖）

　　导读："角的度量"属于"图形与几何"领域中图形的测量内容，在测量教学中难度较大。本节课内容的学习是在三年级初步认识角，并会判断直角、锐角、钝角的基础上进一步学习的。在学习本课之前学生已经有了一些度量意识和度量经验，如测量长度和测量面积。所以本节课主要突出的是让学生"做中学"。学生在操作活动中通过自主探究感受度量的本质，发展度量意识，形成量感。

　　整节课有三个重要环节：一是探索用不同工具量角，发展度量意识。学生在用不同工具量角的过程中，感受到统一度量工具和计量单位的重要性；二是学会用量角器量角，学生在自主尝试量角的过程中认识量角器，掌握量角的方法，感受度量的本质，也就是角的大小是单位角的累加；三是从大单元视角沟通角的度量与长度的度量之间的联系，感受度量的一致性。学生在对比沟通中感受到度量的本质和度量要素是一致的，进而可以将度量的经验迁移到以后面积、体积的测量中。

　　对于学生量感的发展，我主要是从三方面进行的：第一，通过培养学生度量意识发展量感；第二，让学生在经历度量工具产生的过程中发展量感；第三，在量角、读角、估角中发展量感。

　　上完这节课我感觉到，自己虽然关注到对学生量感的培养，但也有很多地方不够扎实。比如，怎样判断是读内圈刻度还是外圈刻度，这正是学生感受度量本质的关键点，我处理得有些仓促。再就是借助估测发展学生的量感时，需要建立几个特殊角，像10°、90°等，在课中还需要再突出一些。另外，由于面对的是三年级学生，所以在课前对学生的解读还需要再全面些，课堂生成资源的把握及对学生的评价需要进一步加强。

数据真的会说话　感受数据的力量
——"百分数的意义"教学及反思

（北京市大兴区第二小学　苏美凤）

　　导读：百分数的学习重在理解百分数的意义，如何引导学生更好地去理解百分数的意义？教学中教师引导学生经历探究百分数倍数关系与统计意义的过程，了解百分数作为统计量是对随机数据的刻画与表达，进一步发展数据意识和数据观念。

一、指导思想与理论依据

　　"百分数"属于"统计与概率"领域，作为小学阶段统计量的学习，要引导学生在真实情境中探索百分数的统计意义，解决与百分数有关的简单实际问题，培养数据意识和应用意识。百分数的学习重在理解百分数的意义，它是两个数量倍数关系的表达：一方面，表示确定数据，表达数量间的倍数关系，有利于进行比较和判断；另一方面，百分数是对随机数据的一种表达，感受百分数的统计意义，运用百分数刻画数据的分布，为人们对随机事件的判断和决策提供依据，从而形成合理的判断或决策。

二、教学背景分析

1. 教学内容分析

"百分数的认识"是六年级上册第三单元"百分数"的第一课，是在学生学过整数、小数、分数，以及"求一个数是另一个数的几分之几"的基础上进行教学的。主要内容包括：百分数的意义，百分数和小数、分数的互化，以及生活中的百分数（解决一些有关百分数的简单实际问题）。

百分数是学生在日常生活中经常能见到的一种数。由于百分数的分母是100，用"％"表示，便于比较，所以百分数被广泛应用于人们的生产、生活中，尤其在统计中很常见。百分数是表示一个数是另一个数的百分之几的关系，所以它同分数既有联系，又有区别。能够弄清它们的联系和区别，学生才能够知道什么时候用百分数表示，什么时候用分数表示。

百分数的意义是本单元最重要的一个概念。它的教学是通过具体情境，引导学生对数据进行分析，了解百分数作为统计量是对随机数据的刻画与表达，理解百分数可以帮助人们做出判断和预测，感受百分数的统计意义，进而培养数据意识。

2. 学生情况分析

学生在三年级学习了"分数的初步认识"，四年级经历了简单的数据收集和整理、描述和分析的过程，了解简单的收集数据的方法，会呈现数据整理的结果，认识条形统计图，会用条形统计图合理表示和分析数据。五年级学习了小数、分数的意义和基本性质及分数加、减法，对数的概念有了一定的认识，经历了数据收集、整理的完整过程，能合理述说数据分析的结论；认识了折线统计图，会用条形统计图、折线统计图呈现相关数据，解释表达的意义，能在简单的实际情境中应用统计图表，形成了一定的数据意识和初步的应用意识。

学生在实际生活中见过百分数，有一定的了解，但对于百分数是对随机数据的一种表达则不是很理解。本节课旨在探索百分数的意义，引导学生对百分数有更清楚的认识，能解决与百分数有关的简单实际问题，感受百分数的统计意义，并为后续学习"扇形统计图"等做好铺垫。

3. 教学方式：自主探究、合作交流。

4. 技术准备：小黑板、PPT课件。

三、教学目标

1. 结合具体情境，探究百分数的意义，理解百分数是对两个量之间倍数关系的表达。

2. 理解百分数是对随机数据的表达，感受百分数可以帮人们做出判断与决策。

3. 感受百分数的应用价值，培养积极思考和敢于质疑的良好学习习惯。

教学重点：经历百分数意义的探索过程。

教学难点：理解百分数是对随机数据的表达，感受百分数可以帮人们做出判断与决策。

四、教学过程

（一）谈话引入，唤醒已知

师：今天我们来学习百分数，大家在哪儿见过或者听到过百分数吗？举例来说一说。

生1：天气预报降水概率为95%。

生2：橙汁含量为75%。

师：老师所教的六（3）班，有女生19人，全班38人，女生人数和全班人数有什么关系呢？

生：女生人数占全班人数的50%，也可以说女生人数占全班人数的一半，也就是全班人数是女生人数的2倍。

师：他从中发现了一个百分数，还说出了一个倍数，大家想想是不是这样，都是两种量去进行比较的关系。

【设计意图】生活中存在大量的百分数，孩子们对百分数也有一定的了解，唤醒他们的认知，找准起点，便于后面的学习。

（二）深入研究，理解意义

看来我们对百分数已经有了一定的认识，今天我们继续认识它。咱们先看这样一件事，投篮的事，谁的投篮更准？

1.多种方法比较，感受百分数标准统一、好比较

师：有三位篮球运动员，他们在星期一进行了投篮的训练，1号投进18个，2号投进10个，3号投进12个，如果去比赛，你选谁？

生1：1号！因为他进球数多。

生2：不能只看进球数就说谁投得准，因为假如2号进球10个，他一共投了20个。3号进了12个，但他一共就只投了12个，那就选3号。

师：也就是说只看进球数行不行？

生：不行，还需要知道他们投篮的总次数，再看他们每次投进的数量。

师：为什么一定要知道投篮总数？

生：因为那样可以看出成功的概率，也就是进球的概率。比如他投了10个，进了10个，那他进球的概率就是100%。

师：也就是说还要看投篮的总数，这样才能看出投篮的水平。那就给大家他们投篮的总数。

继续给出所需信息，出示：（投篮总数）：1号投了50个，2号投了25个，3号投了40个。

师：你能算出谁的投篮更准吗？把你的想法写在作业纸上。

（学生独立思考解决，小组讨论。教师寻找代表性资源，指名板书）

汇报交流：

师：你认为谁的投篮更准呢？让我们一起来讨论、交流一下！其他同学仔细听，可以提问也可以进行补充。

（图1）

生1：求出分数进行比较的：我是这么想的，1号投了50个进了18个，如果投25个就进9个。2号投了25个进了10个，如果投5个进2个。3号投40个进了12个，如果投10个进3个。但是它们的总数不同，不便于比较，我就把它们总数都化成100。

生2：我是分别求投中的占投篮总数多少，然后通分成200分之几。1号是$\frac{72}{200}$，2号是$\frac{80}{200}$，3号是$\frac{60}{200}$。所以2号投篮的概率大。

师：第一个同学都变成了一百分之几，找到了一个标尺和标准。第二个同学是用200作为标准的，我们做这些都是为了干什么？

生：找到1号、2号、3号的一个统一的标准，便于比较。

师：我们可以通分成分母是50的，分母是100的，或者200的等，其实是在找一把标尺，只要标尺统一，就好比较了。

师：现在4号、5号同学也来了，6号、7号也参加，你想选哪个标准？

生：分母是100的，更方便简洁。

师：其实这些都可以写成百分数的形式（板书：36%、40%、30%）。

2.感受百分数是投进个数与投篮总数的倍数关系

师：回顾一下，我们是怎么得到的命中率？分别说一说这三个命中率是怎么得到的。

生1：36%就是1号选手投中的次数和总次数之间的倍数关系，把投中的次数放到总次数里去衡量，用投中次数÷总次数，这个倍数关系我们用百分数表示就是36%。

生2：40%表达的是2号选手投中的次数÷总次数，这个倍数关系用百分数表达出来就是百分率，实际就是2号选手的命中率是40%。

生3：30%表达的是3号选手投中的次数和总次数之间的倍数关系，这个倍数关系我们用百分数表达出来就是百分率，实际就是3号选手的命中率。

师：你还有什么发现？

生4：命中率都是把投中的次数放到总次数里去衡量，用投中次数÷总次数。

生5：百分数这个命中率就是表示出了进球数和投篮总数之间的关系，命中率越高，投篮就越准。

师：原来咱们还学习了分数，分数也可以表示两个数量间的倍数关系，那为什么现在不用分数表示了？

生：分数也可以进行求进球占几分之几，但需要进行通分，再进行比较，太麻烦了。小数得到的是一个数，不太容易观察两个数之间的关系。百分数标准统一，好比较，还能看出两个数量间的关系。

师带领回顾：我们都是在看投中数量是总数量的百分之几，也就是把投中数量放到总数量里去衡量，看它占百分之几。其实也是它俩之间的倍数关系。只不过这时不够一倍。

3. 体会百分数是对随机数据的一种表达

（指第一个百分数40%）我们选择2号，他的命中率最高是40%。我们再看40%，你能再说说对这个数的理解吗？

生：我的理解是投了100个，进了40个。

师：是一定就真的正好投了100个，正好进了40个吗？

生：也可能如果投了50个，就进了20个，投了25个进了10个，如果投了200个，就进60个……

师：但不管怎么投，什么是不变的？

生：命中率是不变的！也就是投中次数与总次数的一种——倍数关系，命中率永远是40%。

师：第一次2号队员他的命中率就是40%，其实百分数又叫作"百分率"或者"百分比"。

师：既然2号投篮最准，我们就派2号上场，真正比赛的时候，他一上场，投篮命中率就肯定是40%，对吗？

生：我觉得不一定，因为每一次和每一次可能是不一样的，因为2号的状态可能会变化，命中率可能是50%，可能是60%，也可能还是40%。（感受数据的随机性、变化性）

生：可能比40%低，也可能比40%高，也可能依旧是40%。因为每个人发挥得好与不好，个人的状态、心理素质等，都会影响他下一次比赛的水平。

生：只看这一天的数据有点儿太少了。

师：也就是说你们觉得从一天的训练情况还看不出太多，我们就来看看第二天的训练情况。出示第二天（星期二）他们的训练数据：

编号 星期 选手	星期一		星期二	
	射中次数	射门总次数	射中次数	射门总次数
①号	18	50	15	25
②号	10	25	25	50
③号	12	40	7	20

（图 2）

快算算，这次的投篮情况，与星期一比较一下，你有什么发现？这时应该谁命中率高一些？

$15 \div 25 = 60\%$　　$25 \div 50 = 50\%$　$7 \div 20 = 35\%$

生：星期一的训练是2号最好，进球率高达40%，星期二的训练1号又变最好了，达到了50%。

师：也就是这次比赛可以分出这次的名次，下一次比赛名次可能会有变化，第一次我选2号去比赛，第二次我选1号去比赛，把他推到赛场上，他也不一定就得第一呀，那咱们做这些统计还有意义吗？

小组讨论然后全班汇报交流：

生1：有意义！虽然每次都可能有变化，但大体的情况可能很接近，可能在一个范围内波动。

生2：只有这两天的还不行，还要多观察几天。我想要看一段时间的，比如一个星期、一个月等，看他们投篮命中的平均数、平均律。

师：也就是说你们希望有更多一些的数据来支撑自己的决定。那我们来看他们三位队员从星期一到星期五这一个星期的训练情况。

4.体会百分数在统计中的意义

出示：完整的一个星期（星期一到星期五）训练情况统计表。

编号＼星期 选 手	星期一 命中率	星期二 命中率	星期三 命中率	星期四 命中率	星期五 命中率
①号	36%	60%	20%	40%	71%
②号	40%	50%	40%	50%	50%
③号	30%	35%	40%	47%	52%

（图 3）

师：看到这么多数据，你想说什么？你有什么感觉？

生：看着不太方便，有点儿乱，如果整理成折线统计图就更清楚了。

师：大家看，这是整理好的图。（出示折线统计图）仔细观察，这是前两周的数据，你能从中又看出些什么？

生：我看出3号的水平在稳步提升，现在最高纪录是50%。

师：那3号下一次的命中率可能是多少？再下一次呢？

生：可能是52%，也可能是55%，下一天可能是60%，也可能是45%，还可能是50% 不变，但他上升的可能性会大些。

师：也就是说他下一次命中率有可能——上升，有可能——下降，还可能——不变。但是他上升的可能性会——大一些。虽然每一次都是不确定的，但当数据越来越多，我们就能从中看出点儿——变化，看出点儿——规律。

接着出示后面更多的，前两周的折线统计图，观察：

师：你现在觉得选谁呢？

生：我选2号，我能看出2号太稳定了，命中率都在50% 左右浮动。

生：我选3号，如果比赛的时候3号状态好呢，就会达到一个新的高度，所以我选3号。

生：我选1号。1号情况虽然很不稳定，高一次，低一次，但如果对手很强，那天他超常发挥的话，达到他最高纪录90%，他能达到其他几个人不能达到的高度，比另外两名选手都好。

师：他不但考虑到自己的情况，还考虑到了对手的情况！但总体看这三个人，也就是这一次的结果是这样，下一次不一定还是这样。有可能高，有可能低，还有可能还是这样，也有可能超常发挥，我们把这种变化的、不确定的现象就叫——随机现象。咱们得到的这些数据叫作——随机数据。

师：虽然统计一次会变化，但随机数据越来越多的时候，比如给咱们一个月的数据，半年的、一年的数据，我们就越能看出他水平的整体情况，对我们做出决定就会越来越有帮助。

师：刚才还提到了对手，咱们就来看看对手的情况，想知道对手的实力到底怎样吗？我们来看看——（出示对手那一条折线统计图）综合对手的情况，现在你觉得派谁上场更好呢？

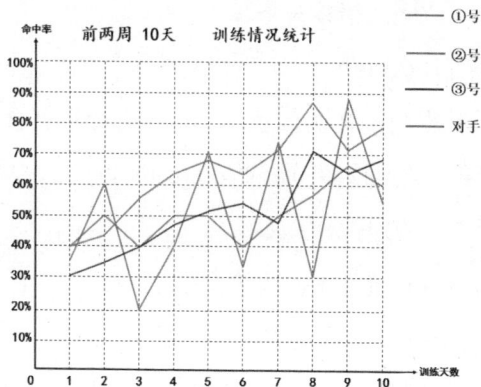

（图 4）

生：我选3号上场，对手和3号差不多，都是不断上升的，因为他一直在上升，所以他上升的可能性很大。

生：现在我想选1号上场，他如果发挥得超常的话，1号能达到的高度是命中率90%，很有可能打败对手，其他两个人也有可能，但最好成绩好像还是差一些，所以我觉得概率小一些。

师：他们说得有道理吗？为什么他们选谁都有道理呢？

生：因为三名选手，一个对手，下一次都会变化。

师：比如说2号命中率，现在基本在50%左右，那下一次命中会不会落在50%左右？会不会落在这个范围之外？

生：有可能，都有可能！

师：就是说我们在只比赛一次的时候，可能会有偶然性，再来一次可能低，也可能高，还可能和原来相等。这种像投篮的事，比赛的事，一组组数据都是会变化的，会波动的，想一想这些数据是怎么产生的。

生：随机产生的，称之为随机数据。

师：随机数据能不能表达两个数量间的关系？

生：能，可以表达倍数关系。

师：你还有什么收获？

生：如果数据越多，次数越多，这些百分数就会越稳定，对判断越有参考价值。数据越多，就越能看出他们的——整体水平、趋势。这些数据就具有了稳定性。

5.感受百分数在统计中的决策作用

师：现在你觉得派谁应战更好呢？为什么？

生：派1号，因为他进球率最高在87%～88%，对手进球率最高在85%，有可能赢过对手。所以派他应战。

师：那第100次他肯定会在这个范围内吗？

生：不一定。（体会不一定，都有可能发生）

师：像这种比赛的事、点球的事、投篮的事等数据都是会变化的，波动的，那我们就说它们是不确定的，随机产生的。虽然是随机产生的，如果这样一组一组的数据越来越多，会怎么样？

生：就会越来越有一个相对稳定的百分率，会帮助我们做出决定。

【设计意图】通过解决问题，理解百分数是对两个量之间倍数关系的表达。再通过一系列问题串，感受百分数可以记录随机数据，以及在统计中帮助决策的作用。

（三）练习巩固，加深理解

师：我们做决定的时候要看命中率，而且不能只看一天的数据，要看好多次的、好多天的，其实在篮球明星身上也有这样的命中率呢！（出示姚明的信息）

1. 姚明整个职业生涯的投篮命中率为59.6%。（截至2021年10月4日）投篮命中率最少的赛季是最后一个赛季，命中率48.6%，其余的7个赛季命中率只有新秀赛季是49.8%，其他的都是在50%以上。

师：说说你对这一段话的理解。

生：姚明整个职业生涯的投篮命中率是他所有赛季的总的平均命中率，但不是每一次比赛他的投篮命中率都是59.6%，有可能比它高，也有可能比它低。

生：姚明新秀赛季命中率低一些，因为刚开始打比赛，没经验，后面就越来越高了。

师：大家理解得不错。

师：看第二段话，说说在这段话中你印象最深刻的一个百分数，解释一下是什么意思。（出示第二条信息）

2. 我国用占世界7%的土地，养活了占世界22%的人口。

生：我们祖国是强大的，用只有世界7%的土地，养活了世界22%的人口，非常伟大！

【设计意图】学以致用，学生借助现实素材，感悟它是由随机数据计算得来的，这个百分率有可能变化，但对人们做出决策是有参考价值的，进一步感悟百分数表示的意义，感受其应用价值。

（四）回顾小结，整理收获

师：今天我们认识了百分数，说说今天你对它都有了哪些认识和收获。

生：百分数可以表示两个数量之间的倍数关系，又叫作百分率或百分比。

生：这两种数量可能是固定的，也可能是变化的。

生：百分数也是对随机数据的一种表达，可以帮人们做决定，有很好的参考价值。

教师小结：我们从两方面认识了百分数：一方面是固定不变的情况，我们可以看出事件的进程，完成的情况，占比的多少，等等；另一方面是不断变化的情况，每次统计出来的结果可能都是随机的、变化的、不确定的，但在大量的百分数中，我们又可以发现其中隐藏的规律或秘密，帮我们做出更科学的决策。

【设计意图】数学学习离不开反思，通过对自己的学习进行自我反思，更加学会学习，更加敢于提问，敢于思考。同时梳理自己的收获，积累学习经验。

（五）板书设计

百分数 （百分率 百分比）

倍数 关系

1 号 $18 \div 50 = \frac{72}{200} = \frac{36}{100} = 0.36 = 36\%$ 　60% 简单方便

2 号 $10 \div 25 = \frac{80}{200} = \frac{40}{100} = 0.4 = 40\%$ 　50% 随机数据

3 号 $12 \div 40 = \frac{60}{200} = \frac{30}{100} = 0.3 = 30\%$ 　35% 帮助决策

五、教学反思

本节课以"百分数"这一概念的建构为核心，遵循学生的认知特点，引导学生在创设的情境中，通过解决具体的数学问题一步一步深入，体会百分数的意义。

（一）借助有趣的情境，探究百分数的意义

课的开始，创设了谁的投篮水平更好的情境，放手让学生自己解决问题，接着出示这几名选手前两周的训练情况，感受百分数在解决问题过程中的作用。在课的最后，通过球星投篮命中率的资料，再一次对百分数进行解读，保证始终在具体情境中，结合实例理解百分数，解读百分数。

（二）注重问题引领，逐渐走向数学本质

以"哪一位选手投篮水平更好"为问题开始，激起学生的思考。再从小数、分数、百分数等学生出现的不同方法进行对比，引导学生感受百分数和分数一样，也可以表示两个量之间的倍数关系，但它标准统一，所以更方便、简单，便于比较。再通过追问如果再比一次，他的进球率还一定是36%吗？如果再比一次，他们的名次还会是这样的吗？用这样的问题串感受数据的随机性，体会百分数是对随机数据的表达。

（三）不断加深思考，培养数据意识

在谁的投篮技术更好这一情境下，让学生感悟在现实生活中，我们有许多问题可以先做调查研究，收集数据，感悟数据中蕴含的信息。每次收集到的数据可能不同，而且都具有随机性，而只要有足够的数据就可以从中发现规律，感受在这些大量的随机数据背后，百分数可以对决策起到很好的参考作用，帮助做出决策。虽然每个人的风格不同，决策可能也不同，但只要是基于数据而做出的决定，就是在读懂了数据的基础上而做出的，这也就是数据的力量。在这一过程中，思考一步一步走向更深入，学生的数据意识也得到了很好的培养。

"组合图形的面积"教学设计

（北京市大兴区第二小学　赵雪峰）

导读："组合图形"一课的核心是培养学生学会综合运用已有知识和经验解决问题的能力。让学生学会从"未知到已知"的学习方式是教师的教学任务之一。教师在引导学生经历运用各种不同的方法解决问题的过程中，不断感悟找到已知信息和具备量感的重要性，为以后研究新问题时学会思考奠定坚实的基础。

一、指导思想与理论依据

"图形与几何"内容在小学阶段包括"图形的认识与测量"和"图形的位置与运动"。"组合图形的面积"，主要是应用学生已有经验，通过转化的思想方法，由"未知到已知"的学习方式来解决问题，增强学生的空间观念和应用意识。

二、教学背景分析

1.教学内容分析

组合图形面积的计算安排在第二学段"图形与几何"的知识体系中。本课是让学生灵活运用所学平面图形的面积计算方法解决问题。学生通过从实际生活中提炼出组合图形，让学生感受到学习组合图形面积计算的必要性；针对不同的组合图形结构和数据上的特点，让学生自主探索计算组合图形面积的不同方法。在数据选取中培养学生的推理能力，在学生对图形的分割、添补、平移、旋转的过程中培养学生的空间观念。

2.学生情况分析

学生已经学习了长方形、正方形、平行四边形、三角形与梯形面积的计算方法，能够应用"割补法"通过平移、旋转把未知图形转化成已经学习过的图形。在已有经验基础上学习组合图形的面积，一方面可以让学生对已经学习过的图形知识进行巩固，另一方面还能让学生在解决问题的过程中提升应用意识。

3.教学方式

积极思考、动手实践、自主探索、合作交流。

4.技术准备

实物投影。

三、教学目标（含重、难点）

1.引导学生结合生活实际认识组合图形，自主探索计算组合图形的面积，培养学生的应用意识。

2.培养学生灵活运用所学知识解决问题的能力，培养学生学会独立思考，利用割补、平移、旋转等手段渗透转化的思想方法，发展学生的空间观念。

3.学生在学习的过程中，感受到数学与生活的密切联系，在合作、交流的过程中学会倾听别人的观点，提出有价值和建设性的意见，获得成功的体验，养成严谨的学习态度。

教学重点：通过观察，能够把比较复杂的组合图形转化成基本图形，选择合理的方法解决问题。

教学难点：空间想象能力的形成。

四、教学过程

（一）情境导入

出示：同学们，回忆一下我们学过了计算哪些平面图形的面积？

预设：回答（我们学过长方形、正方形、平行四边形、三角形、梯形的面积）。

出示：这是我们少先队中队旗的图形（课件出示），它是少先队组织的标志，每个少先队员都要热爱它，为它添光彩。

下图数据（单位：厘米）

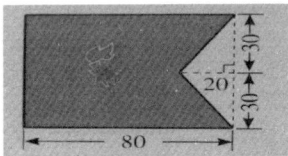

根据图中所给的信息，你能算一算它的面积是多少吗？用你喜欢的方法独立解决这个问题，请你来试一试！

【设计意图】回忆学过的基本几何图形，唤起学生已有的知识经验，出示少先队中队旗，激发学生作为一名少先队员的荣誉感和责任感，同时让学生体会到数学与生活的联系，抽象出组合图形，激发学生探究组合图形面积的欲望。

（二）探究新知

1.出示课件：这是中队旗的图案，请你利用老师发的学习材料动手操作，自主探究解决问题。（学习材料：A4纸打印好的中队旗图案）

教师巡视，找学生解决这个问题的方法。

找出"补成长方形减去三角形；分成两个大小一样的梯形；一个长方形加两个大小一样的三角形"三名同学的解题方法投影展示。

2.汇报交流

同学们有了很多想法，我们一起看看这几位同学的想法（分别投影几位同学的解题方法）。请其他同学认真观察，认真听，注意看，有问题问问他，也可以做一下补充。

找补成长方形减去三角形、转化成梯形、一个正方形加两个大小一样的三角形的同学汇报。

出示补成长方形减去三角形同学的解题方法。谁看懂了他这种解题方法？请你来说一说。

预设1：补成长方形求出它的面积然后减去三角形的面积

$80 \times （30+30）-（30+30）\times 20 \div 2 = 4200（平方厘米）$

预设2：转化成梯形

$（80+80-20）\times 30 \div 2 \times 2 = 4200（平方厘米）$

预设3：一个正方形加两个大小一样的三角形

$（80-20）\times （30+30）+30 \times 20 = 4200（平方厘米）$

这些同学的解题方法你们都听明白了吗？还有没有其他的方法？

预设：如果这时候有同学提出割下图形再平移、旋转的方法，先引导学生（这种方法可以，如果我们先不通过平移、旋转的方法，那有没有其他方法解决。学生如果有困难，可以出示课件）。

预设4：分成三个三角形

$80 \times 30 \div 2 \times 2+（80-20）\times （30+30）\div 2 = 4200（平方厘米）$

3.回顾对比

刚才我们用这么多种方法都可以解决队旗面积这个问题，同学们观察、回忆、思考一下这些同学的解题方法，你能找到它们的共同特点吗？

预设：相同点是，解决这个复杂的不规则图形都是要想办法把它转化成我们学习过的基本图形。也就是说我们在解决这个复杂的不规则图形时要想办法把这个未知的图形转化成已知的基本图形来解决。

板书：未知　　　已知

同学们，回想一下，以前我们在没有学习平行四边形、三角形、梯形的面积时，我们是用什么方法探究出它们的面积的？

预设：我们都是把这些没有学习过的图形转化成以前学习过的图形来解决的。

在以后的学习中，我们可能会遇到更复杂的图形，我们该怎么办呢？

预设：我们会想办法把它们转化成我们学习过的基本图形来解决。

你们真的很了不起。聪明人不会被问题难住的，看来这个转化思想太重要了。我们今天这节课研究的就是"组合图形的面积"。

板书：组合图形　转化　基本图形

【设计意图】通过对少先队中队旗面积的探究活动，唤起学生原有的知识和经验，让学生经历把复杂问题简单化的过程，培养学生从简单问题入手分析问题的思想方法；再就是培养学生自主探究用多种方法解决问题，培养学生思维的灵活性。能找出找解决问题方法的相同特点，进一步强化转化思想在解决未知图形时的重要性，凸显转化思想的重要性，引导学生在未来遇到更复杂图形时，与后面知识建立联系，培养学生的应用意识。

（三）练习巩固

1. 星星广场有一块草坪，形状如下图所示（单位：m）

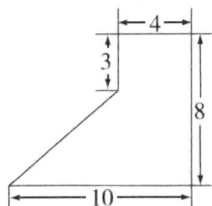

（1）估一估，这块草坪的面积大约是多少？与同伴交流你的想法。

（2）画一画，算一算草坪的面积，说说你是怎样想的。

（3）还有其他方法计算草坪的面积吗？分一分，算一算。

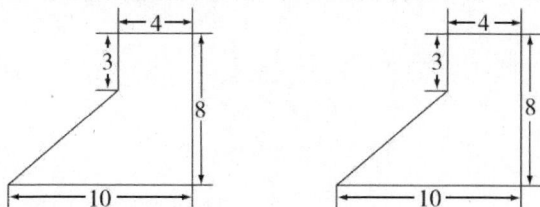

2.你能想办法求出下图中湖面的面积吗？（小方格的边长为1厘米）

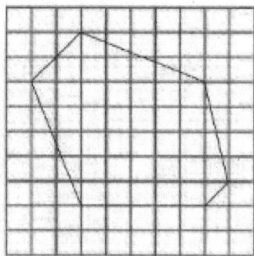

【设计意图】通过练习巩固解决组合图形的方法、策略，同时进一步培养学生的空间想象能力。

（四）全课总结

通过这节课的学习，说说你有哪些收获。

预设：

1.我们学习了怎么解决组合图形的面积。

2.我觉得转化思想太重要了，应用好它可以把没有学习过的图形转化成学习过的已知基本图形来解决新问题。

【设计意图】通过学生对本节课回顾，培养学生归纳、概括的能力；同时，进一步强化学生在遇到复杂问题时想到从简单问题入手去分析问题的思想方法。

（五）板书设计

组合图形的面积

未知 ——————→ 已知

转化

组合图形 ←——————→ 基本图形

1.补成长方形减去三角形

80×（30+30）-（30+30）×20÷2

=80×60-60×20÷2

=4800-1200÷2

=4800-600

=4200（平方厘米）

2.转化成梯形

（80+80-20）×30÷2×2

=140×30÷2×2

=4200÷2×2

=4200（平方厘米）

3.一个正方形两个大小一样的三角形

（80-20）×（30+30）+30×20

=60×60+600

=3600+600

=4200（平方米）

4.分成3个三角形

80×30÷2×2+（80-20）×（30+30）÷2

=2400÷2×2+60×60÷2

=2400+3600÷2

=2400+1800

=4200（平方厘米）

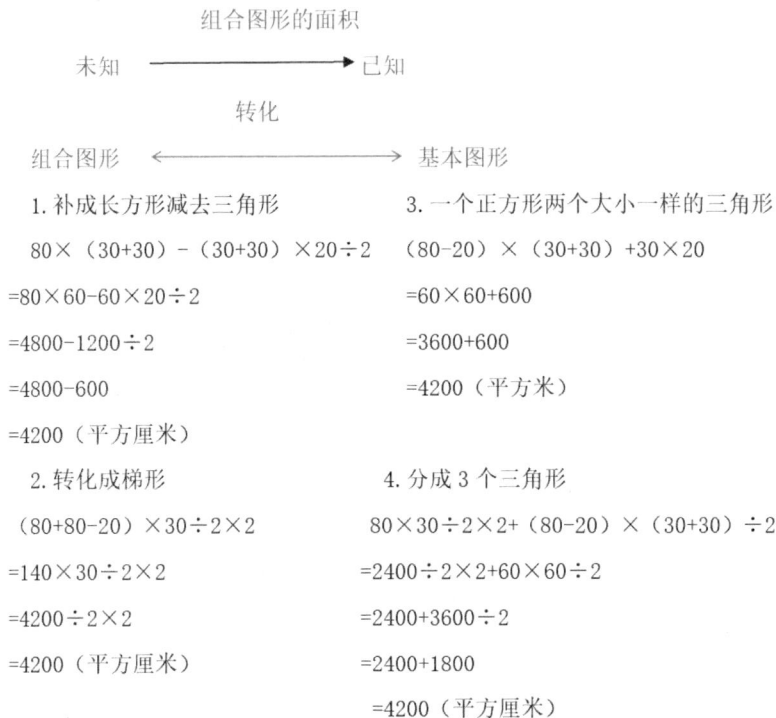

五、学习效果评价设计

《义务教育数学课程标准（2022年版）》要求："学生的数学学习内容应当是现实的、有意义的、富有挑战性的；学生的数学学习活动应当是一个生动活泼、主动的和富有个性的过程。"我从学生已有的知识和经验出发，让学生积极主动地参与到教学活动之中；通过让学生动手操作，给学生独立思考的时间，通过剪开组合图形把它转化成基本图形，或者在方格纸上画一画，到台前展示说一说自己的解决问题的方法等环节进行教学的。主要采用"自主探究、算一算、说一说、比一比，方法择优而定"的教学主线开展教学，在发展学生空间观念的同时，渗透解决问题的思考策略，培养了学生解决问题的能力。让学生在已有的知识基础上，通过自主探究与汇报交流探索出组合图形的面积计算方法。通过不同解题方法的比较与甄别，让学生感受由"未知到已知"学习方式的重要性，提高了学生解决问题的能力，丰富了学生的经验。

在整个教学过程中，强化了转化的数学思想与方法的重要性。通过本节课的学习，学生应用已有的知识经验，动手操作，独立思考，交流汇报，解决了从现实生活中抽象出的组合图形的面积，体验了转化思想的价值，为今后继续学习更复杂的图形积累了经验，让学生感受到学有价值的数学。

六、本教学设计与以往或其他教学设计相比具有的特点

组合图形的面积属于"几何与图形"领域，是在学生积累了基本几何图形面积的基础上进行的教学。学生在解决未知图形的面积时，用"割补法"，通过平移、旋转把未知图形转化成已知图形的经验。我在设计时，从学生熟悉的中队旗入手，让学生体会到数学与现实生活的密切联系，抽象出组合图形后，大胆放手，让学生独立思考，自主探究，体现了教师为主导，学生为主体，教师是引导者、合作者。学生在独立解决问题的过程中，不断感悟转化思想的重要性，为他们今后解决更复杂的组合图形积累了宝贵的经验。通过比较选择自己更喜欢的解决问题的方法，学生也能真实地感受到数学的简洁美。

基础练习题的设计让学生能够灵活应用化繁为简的思想方法解决问题，培养学生的应用意识，让学生感受到问题虽然变了，但是解决问题的思想方法是不变的，让学生切身体验到，由"未知到已知"的学习方式不是为了解决一个问题，而是能够解决一类问题，深度学习，结构化思考，建立知识之间的关联的重要性，学生真正体验到了学有价值的数学的重要性。

对于"十进制计数法"的教学研究

（北京市大兴区安定镇中心小学　张娜）

在小学数学教学中，教师会发现学生学习时经常会出现这些问题：

1. 在学生初学数数时，数"几十九"后面是几总爱数错；

2. 对于10个一是1个十，10个十是1个百……学生会觉得不好理解；

3. 在学习"数的大小比较"时，学生很难说出其中的道理；

4. 在学习"数的运算"时，学生在计算进位加法和退位加法时容易出错。

事实上，这些问题的背后，有一个共同的原因：学生没有真正理解数的意义。在"数与运算"领域中，学生对于"数的认识""大小比较""进退位加减法"的学习都离不开对"十进制计数法"的理解，可以说"十进制计数法"是"数与运算"领域的根本。然而，在教师的教学中却只重视知识技能的掌握，而轻视了对数学内在本质的理解。对比国内外的教学方法和学具使用情况，笔者谈一谈对于"十进制计数法"教学实践的思考。

一、对比国内外教学方法

（一）从新加坡、美国、日本、中国台湾地区的教材了解其教学方法

从多版本的教材可以发现：美国、新加坡、日本、中国台湾地区教材最突出的特点是注重几何直观在理解十进制与位值制中的作用，但透过教材的呈现方式，还可以看出教学方法的差别。

新加坡教材每个单元的起始页不仅呈现了单元重点，还呈现了课堂学习的方式——讨论。从这里可以看出，他们的教学方法主要以课堂研讨为主。

美国将"数的认识"的学习融入学生的生活当中。在每个单元学习之前，都有家庭数学学习单，包括将要学习的内容、重点、在家中配合做的数学实践活动、相应的数学阅读。课上学生动手操作学习新知，大量直观图示的练习题，注重问题解决策略的培养。课后有数学游戏、数学实践应用。

中国台湾地区小学数学教材与中国大陆地区小学数学教材相比，呈现的形式基本相似，不同之处有三点：一是他们对知识点、难点分解更细致，二是将数概念的学习与钱币的认识相结合，三是课后有大量的练习题。由此可以看出，他们的教材重视动手操作、几何直观、实践活动、课堂研讨等教学方法，学生能够在长时间的亲力亲为，多种图示刺激，自由研讨与实践活动中理解数位、位值的内在含义。

（二）对国内教学方法的简单总结与分析

在我国现有的中文文献中，关于"数的认识"的教学设计，大多注重对小棒、小立方体、计数器等学具的使用，教学模式一般为"现实情境引入—教师带领学生操作学具—说数的组成—课堂小结—巩固练习"。对比国外的教学，我国的教学虽然更加精致，内容丰富，但各环节不免有些形式化，实效性不强，学生真正动手操作的时间短，所给出的直观刺激不多，真正研讨、实践活动的不多。

在实际教学中，教师往往急于得到"探究"的结果，真正留给学生认真思考、操作学具的时间反而不长。有研究讨论过"能否将0-5和6-10的认识整合在一起"和"'拐弯处'的数为什么容易出错，怎样解决"的问题，他们考虑到有的学生对于认数还处于空白状态，学生的写字训练也还欠缺，认为不宜将0-5和6-10的认识进行整合。认为19-99不易出错，而109、119等易出错的原因是学生不够熟悉，只需在课堂上多做些数数的活动。有研究认为一年级数的认识，教师创设使学生感兴趣、与学生实际密切联系、能让学生积极思考、动手操作的教学情境，会使教学更有效、更精彩。有研究认为"几十九之后的数如何接着数"是教学的难点，提供了在课堂上数班内人数、小棒、花片、粉笔等实物的实践活动，指名接数、拍手数等多种形式巩固数数。有研究表明数的认识教学中要"激在核心要点处"。

一般情况下，在数的认识教学中，教师会把"10个一是一个十，10个十是一个百……"作为教学重难点，解决的方法主要是创设有趣的情境、利用实物进行实践操作、多种形式的强化记忆练习等。探讨的问题主要从学生学习的角度出发，但解决问题时更多的还是追求多样的形式，不崇尚简单形式的操作、研讨课等。那么，这些花样式的讲授、强化记忆的方法，真的能突破教学的难点吗？学生在心里会问："为什么每逢10个就向上一位进1？百位上表示的是一个百，是什么意思……"值得思考的是学生是否能提出这些问题。

二、对比国内外学具使用的效果

（一）国内外学具

我国在学习数的认识内容部分，所使用的学具比较丰富，传统的有算盘、小棒、数位桶、计数器，近些年又出现了小正方体块、点子图、数袋等。每种学具都有不同的价值，下面对常用的几种学具进行分析：

1.小棒

这是我国小学数学教材中最常见的学具之一。这种学具的优势有：一是直观，能把抽象的数概念具体化，教师带领学生亲身经历

10根捆成一捆的过程，在这个过程中能使学生感受到10个一变成了1个十；二是便于学生携带，好寻找，鉴于中国的国情，即使是贫困地区，学生也能找到这种学具。小棒的劣势是在学习较大数的认识时，不好操作。

2. 计数器

计数器也是我国小学数学教材中最常见的学具之一。它与小棒相比，是学生对数认识的进一步升级，最接近数的表示方法。计数器上，标有所有数位的名称，每个数位上配有9颗或者10颗珠子。例如，在表示"11"这个数时，个位上放1个珠子，就相当于11个位上的"1"，表示1个一，十位上也放1个珠子，相当于11十位上的"1"，表示1个十。所以说计数器表示数的方法与数的实际表示方法最为接近，是学生认识数最近的一个桥梁。

3. 小正方体

这种学具在我国也较常见，优势是很直观，有利于学生学习20-10000的认识，劣势是造价高，无法连接，不好操作。教材中多以小正方体块图的形式出现，课堂教学中也主要以课件的形式出现图片，很少让学生动手操作。

近些年教师们在教学中越来越多地认识到计数单位"十"的重要性，经常使用点子图，让学生通过圈一圈，感受"十"的便捷。北京版教材中出现了"数袋"，它与小棒的作用相似，但更便于学生操作，学生不会在课上花费太多的时间学习捆小棒。

从美国、新加坡、日本、中国台湾地区的教材中可以看出，在学习数这部分知识时，主要使用一种学具——小正方体块。他们这种学具与我国的小正方体块学具不同，而与乐高玩具相似，可操作性强，可以任意拼插，10个小正方体可拼插成一个长方体，表示1个十，100个可拼插成正方体，表示1个百，1000个又可拼插成1个大的正方体，表示1个千……由"点"（也可以说是体）到"线"再到"面"为一个周期，这正与他们的分级方法一致——三位为一级，有利于学生结合学具建构知识体系。

（二）学生眼中的学具

我国的学具种类很多，从教师的角度考虑，每一种学具都有存在的效果与价值。那么，学生最喜欢哪种学具，为什么？哪种学具在学生的学习过程中更有利于学生理解数？带着这些问题笔者对北京第二实验小学大兴实验学校一（6）班的40位学生进行了一次调查。

调查中为学生提供了最常用三种学具——小棒、计数器和可以拼插的小正方体。

第一个问题：你最喜欢哪种学具，为什么？对于此问题，学生的选择竟然完全一致，都喜欢可以拼插的小正方体。通过调查了解到，理由有三个：一是学生喜欢玩拼插"玩具"。学生认为小正方体是玩具，不是学具，在课堂上用小正方体学具学习，就像是在玩乐高玩具，不仅能够学到知识，还能够玩出乐趣。二是小正方体更容易操作。与小棒相比，小棒比较小，在数的过程中，不好数，还经常会数错，数完之后还需要捆在一起，很复杂。三是小正方体更加直观。小棒捆在一起，是不是10根，还需要数一数才能够确定。小正方体则很直观，10个插在一起，很容易数出，其他的10个插在一起的一个"十"，只需要对比一下就能够看出有多少。学生喜欢的第二种学具就是计数器，理由是计数器好拨，能一眼看出数是多少，还能够表示更大的数。

（三）国内外学具使用效果分析

我国使用的学具主要是小棒和计数器，新加坡、美国、日本等国家所使用的学具主要是可以拼插的小正方体和标有计数单位的小图片。通过对学生的调查与访谈教师可以看出，学生最喜欢的学具是小正方体。反思我们现行使用的学具，跟我国的国情有很大关系。长期以来，我国经济条件欠发达，小棒学具造价较低，取材方便，便于携带。而计数器学具，应该是受到我国原有算盘文化影响较大。美国、日本、新加坡、中国台湾等国家和地区的教材中显示，数的认识部分，学生所使用的主要学具都是小正方体和小图片。那么，为什么我国一直以来主要使用小棒和计数器，其他国家并没有效仿的呢？其中的主要原因应该是学生更加喜欢小正方体这种能拼插的学具，小图片更加直观，有利于学生理解十进制计数法的本质。

三、对国内"十进制计数法"教学实践的反思

（一）教学情境形式化

教师在教学过程中往往通过生活中的各种情境引入对数认识学习，确实能够引起学生的学习兴趣，有助于学生进行活动、掌握知识。是否能够有助于学生理解知识的本质值得推敲。

比如，北师大版的"古人计数"一课，某位教师是这样处理的（图片源于北师大版教材）：

（图1　古人计数）

师：坐在羊圈旁的牧羊人在做什么？（在用石头数羊）

师：每个学生都用小棒代表羊，摆一摆，数一数，牧羊人一共有多少只羊？（板书：十一）

师：羊的只数与学过的数10有什么关系？（板书：比10多1）

师：用什么数表示羊的只数？（11）

讲解：数词"十一"是羊的只数的语音形式，数"11"是羊的只数的书写形式，11是比10多1的数，就像数10紧跟在数9后面一样，11是紧跟在10后面的数。

师：请每个学生跟着老师一起做：数出10根小棒，用橡皮筋捆成1捆，讨论：1捆小棒和1根小棒有什么区别？

师：1捆小棒与1根小棒的粗细不同，形态不同。用1捆小棒表示1个十，1根小棒表示1个一，一眼就能看明白。

情境很吸引学生，但由情境引出让学生用小棒数羊的只数的活动之后，学生就直接跟着老师摆小棒认识计数单位，显得情境的作用有些小了，数小棒的活动也只不过是跟着老师做，思维价值还有多大值得教师思考。在美国的教材中并没有这样的情境，取而代之的是几位真实的学生在摆小正方体块。目的若是简单的引出摆小棒的活动，倒不如直接带领孩子摆小棒，还能节省出更多的时间让学生操作活动。

（二）课上留给学生的空间太少。

每一堂课有40分钟，分为课前导入、探究新知、交流研讨、课堂小结、巩固练习等五部分，教师对每一节新授课都会划分得非常细致。从大结构我们不难看出，能够留给学生静下心来独立思考的时间不大于5分钟，动手操作时间不大于5分钟，交流研讨时间不大于5分钟。将课堂划分得如此精细，真正留给学生自己的时间不会很长。时间短，学生就不可能进行深入的思考、探讨。

（三）对数概念的教学缺乏整体性认识

大多数学教师平时上课的主要依据是教材、教参，教参上怎样写，教师就怎样教。只有遇到做公开课、研究课、参加课赛时才会多参看几本教材、教学设计。但关注点一般也只在这节课知识点的前后，很难关注到数概念的知识体系。出现这种现象的主要原因有三个：一是教师很难经历一轮六年的数学教学；二是教师的学习力不够，教师整体知识水平不高、学习能力不强、反思意识不够；三是不能定期进行集体教研。教师平时琐事过多，能静下心来反思教学的时间不多，能把教研组内的教师聚在一起研讨的时间就更少了。

从国内外数学教材的编写与各种学具的使用上都能看出教学中的差别，我们需要不断反思差别背后教学理念的异同，提高数学教学质量。鉴于自身理论知识欠缺，实践经验和精力不够丰富，对于"十进制计数法"的教学研究也不够深入，对于"十进制计数法"如何教学，本人将带着这些思考继续研究、实践。

参考文献

[1] 潇湘工作室. 数的认识教学掠影 [J]. 湖南教育（数学教师）2008,（8）.

[2] 魏小弟. "数的认识"一节教学策略 [J]. 甘肃教育. 2014,（23）.

[3] 苏双群. 小学数概念教学浅议 [J]. 教育科学. 2013.（12）, 163.

[4] 江萍. 彰显"数"的教学魅力——小学数学"数的认识"有效教学策略研究 [J]. 中国教师. 2014,（4）, 73-76.

[5] 栾晓婕. 以学定教 顺势引导 彰显本质——"古人计数"教学案例与思考 [J]. 小学数学教师. 2014,（7）, 40-42.

图书在版编目（CIP）数据

小学数学教师专业成长的实践探索 / 郝丽萍，姜丽民主编 . —
北京：北京燕山出版社，2024.1
ISBN 978-7-5402-7098-8

Ⅰ . ①小… Ⅱ . ①郝… ②姜… Ⅲ . ①小学数学课 –
教学研究 Ⅳ . ① G623.502

中国国家版本馆 CIP 数据核字 (2023) 第 203372 号

小学数学教师专业成长的实践探索

主　　编：郝丽萍　姜丽民

责任编辑：王月佳

图书策划：方祥华　周翠翠

版式设计：张　悦

出版发行：北京燕山出版社有限公司

社　　址：北京市西城区椿树街道琉璃厂西街 20 号

电　　话：010-65240430（总编室）

印　　刷：廊坊市新景彩印制版有限公司

开　　本：710mm×1000mm 1/16

字　　数：380 千字

印　　张：33.25

版　　次：2024 年 1 月第 1 版

印　　次：2024 年 1 月第 1 次印刷

定　　价：88.00 元